edition suhrkamp

Redaktion: Günther Busch

Hans Manfred Bock, geboren am 13. Mai 1940 in Kassel, studierte an den Universitäten Marburg/Lahn und Paris. Von 1970 bis 1972 war er Außerordentlicher Professor an der Universität Paris, seit 1972 ist er Professor für Politikwissenschaft an der Gesamthochschule Kassel. Wichtige Publikationen: *Syndikalismus und Linkskommunismus von 1918 bis 1923*, 1969; *Die »Literaten- und Studentenrevolte« der Jungen in der SPD um 1890*, 1971; *Bibliographischer Versuch zur Geschichte des Anarchismus und Anarcho-Syndikalismus in Deutschland*, 1973; *Anton Pannekoek in der Vorkriegs-Sozialdemokratie*, 1975.

Nicht erst seit Lenin, der den »linken Radikalismus« als die Kinderkrankheit des Kommunismus bezeichnet hat, ist die Auseinandersetzung zwischen linken und rechten Fraktionen ein Bestandteil der Arbeiterbewegung und der Geschichte sowohl ihrer Theoriebildung als auch ihrer politischen Praxis gewesen. Eine spezifizierende Darstellung dieser »linken Abweichung«, eine historisch argumentierende Soziologie des linken Radikalismus, soweit er in Deutschland sich artikuliert hat, gibt der Kasseler Politikwissenschaftler in seinem Buch. Er erschließt ein für das Verständnis politischer Strukturen wesentliches Material – die linksradikalen Ideen in Deutschland von der Revolte der »Jungen« in der SPD um 1890 über die rätekommunistische Bewegung zwischen 1918 und 1933 bis zur Studentenrevolte 1966 bis 1969.

Hans Manfred Bock
Geschichte
des ›linken Radikalismus‹
in Deutschland. Ein Versuch

Suhrkamp Verlag

edition suhrkamp 645
Erste Auflage 1976
© Suhrkamp Verlag, Frankfurt am Main 1976. Erstausgabe. Printed in Germany.
Alle Rechte vorbehalten, insbesondere das der Übersetzung, des öffentlichen Vor-
trags und der Übertragung durch Rundfunk und Fernsehen, auch einzelner Teile.
Satz, in Linotype Garamond, Druck und Bindung bei Georg Wagner, Nördlingen.
Gesamtausstattung Willy Fleckhaus.

Inhalt

Vorbemerkung

Die vorliegende Arbeit versucht, die politikwissenschaftliche Diskussion über den Linksradikalismus fortzusetzen, die unter dem aktuellen Eindruck der Außerparlamentarischen Opposition in der Bundesrepublik Deutschland während der späten sechziger Jahre begann und dann Anfang der siebziger Jahre abrupt endete, obwohl der Begriff des Linksradikalismus in der verfassungspolitischen Auseinandersetzung der nachfolgenden Zeit eher an Aktualität gewann. Nach einer kritischen Sichtung der wichtigsten Deutungsansätze der antiautoritären Studentenbewegung in der zweiten Hälfte der sechziger Jahre wird der Versuch unternommen, den Begriff des Linksradikalismus aus der theoretisch-taktischen Diskussion der Zweiten und der frühen Dritten Internationale (Engels, Kautsky, Radek, Lenin) inhaltlich zu rekonstruieren. Auf der Grundlage dieser Begriffsbestimmung, die den Linksradikalismus als ein politisch-soziales Phänomen an der Peripherie der Arbeiterbewegung definiert, wird am Beispiel der Opposition der »Jungen« in der Sozialdemokratie um 1890, der rätekommunistischen Bewegung in der Weimarer Republik und der antiautoritären Studentenrevolte am Ende der sechziger Jahre in der Bundesrepublik die Geschichte des linken Radikalismus in Deutschland dargestellt. In der historiographischen Darstellung wechseln jeweils Abrisse der spezifischen ereignis- und organisationsgeschichtlichen Zusammenhänge mit systematisierenden Zusammenfassungen der typischen linksradikalen Merkmale dieser Oppositionsbewegungen. Beim gegenwärtigen Stand der wissenschaftlichen Erforschung des Linksradikalismus scheint es mir geboten und gerechtfertigt, das historisch-empirische Material erst einmal mit Hilfe einer überwiegend typologisch-deskriptiven Methode zu erschließen, um einer weiterführenden theoretischen und politischen Analyse den Weg zu bahnen.

Kassel, im März 1976

Die Aktualität des linken Radikalismus

Der Begriff des Linksradikalismus ist gegen Ende der sechziger Jahre in den tagespolitischen Auseinandersetzungen der Bundesrepublik Deutschland – in häufiger Verbindung mit dem Begriff des Rechtsradikalismus – zum ebenso geläufigen wie unbestimmten Sammelbegriff geworden. Von der Hypothese des gleichartigen, ja gleichgewichtigen Beitrages des linken und des rechten Extremismus zum Untergang der Weimarer Republik aus wird gleichsam unter Analogiezwang geschlossen, daß auch die Bundesrepublik Deutschland gleichermaßen von links und von rechts bedroht sei und entsprechend unnachsichtig nach beiden Seiten hin verteidigt werden müsse. Zwar haben Politikwissenschaftler wiederholt darauf hingewiesen, daß die »Beschwörung einer gleichzeitigen und gleich starken Gefahr von links und von rechts nicht begründet« ist und der quantitativen Verharmlosung der Gefahr von rechts Vorschub leiste.[1] Auch hat man der diese Beschwörung betreibenden politischen Publizistik gegenüber politikwissenschaftlich nachgewiesen, daß die genaue Prüfung des Selbstverständnisses und der Zielsetzungen der durch die studentische Protestbewegung geprägten Neuen Linken eine solche qualitative Gleichsetzung nicht zuläßt.[2] Das Fehlen einer begrifflichen Klärung und einer historischen Analyse des linken Radikalismus in Deutschland verleitet jedoch nach wie vor zu fragwürdigen Verknüpfungen und oberflächlichen Vergleichen.

Systemüberwindung als Konstituens

Bei einer Sichtung der wichtigsten gegenwärtigen Diskussionsbeiträge zum Thema Linksradikalismus von seiten der Sozialwissenschaften kann man mindestens drei kritische Definitionsversuche unterscheiden, denen jeweils spezifische politische Optionen zugrunde liegen. Je stärker in diesen Definitionsversuchen das Interesse an der Bewahrung des politisch-sozialen Status quo ist, desto größer ist die Variationsbreite der Phänomene, die unter dem Begriff des linken

Radikalismus subsumiert werden. Die verbreitetste Fassung des Begriffs ›linker Radikalismus‹ in der gegenwärtigen Diskussion, die zugleich die weiteste ist, wurde von Helmut Schelsky formuliert.[3] Nach ihm zielt die Strategie der Linksradikalen auf »Systemüberwindung«: »Das strategische Ziel bestimmt die politische Einheitlichkeit mehr als eine Einigung über die Ordnungsvorstellungen eines neuen, nach gelungener ›Systemüberwindung‹ einzusetzenden Systems. Da diese Strategie revolutionären Handelns sie eint, bleiben organisatorische Unterschiede, Spaltungen oder ideologische Auseinandersetzungen Oberflächenerscheinungen. In diesem Sinne reicht die strategische Einheit ›linker Radikalismus‹ von der DKP und ihrer universitären Unterorganisation ›Spartakus‹ über die verschiedensten anarchistischen Gruppen bis hin zur Führung der Jungsozialisten (›Jusos‹) und gewichtigen Teilen der Jungdemokraten (›Judos‹); daß ihr große Teile der westdeutschen Journalisten und jüngeren Theologen beider Konfessionen, die meisten Studenten- und Assistentensprecher der Hochschulen sowie wesentliche Gruppen der jüngeren Lehrerschaft zuzurechnen sind, auch wenn keine organisatorische Bindung zu Linksorganisationen besteht, ist kaum zu bezweifeln.«[4] Das nach Schelsky für den Linksradikalismus konstitutive Ziel der »Systemüberwindung« erscheint hier als kleinster gemeinsamer Nenner und typologisches Merkmal verschiedenartigster politischer und sozialer Gruppen. Der auf dieser Basis bis zur Bedeutungslosigkeit ausgeweitete Begriff des linken Radikalismus ist eine Ad-hoc-Konstruktion, die eine historische Ableitung des Begriffes oder des gemeinten Phänomens gar nicht erst versucht. Die Willkürlichkeit der Begriffsbildung weist Schelskys Definitionsversuch wesentlich als politische Invektive aus.[5] Bei einer so vagen Bestimmung wird der Begriff zum beliebigen ideologischen Versatzstück politischen Kampfes und dient im Extremfall dezisionistischer Herrschaftspraxis nach der Devise »Wer linksradikal ist, das bestimme ich!«

Bei den meisten sozialwissenschaftlichen Autoren, die sich im Zusammenhang mit der Studentenrevolte zum Thema Linksradikalismus geäußert haben, überwiegt daher das Bemühen, den Begriff nicht erst vom aktuellen Phänomen abzuleiten, sondern ihn durch historischen Vergleich zu fundieren und zu konkretisieren. Sofern diese Versuche im weitesten Sinne liberalem Selbstverständnis verpflichtet sind, haben sie die Tendenz, den historischen Vergleichspunkt zum Studentenradikalismus im Faschismus bzw. in bestimmten Vorformen und Varianten desselben zu suchen; sofern sie marxistischem Selbstverständnis verpflichtet sind, weisen sie die Tendenz auf, die Studentenrevolte in historischer Analogie zum Anarchismus zu interpretieren.

Faschismus als historischer Bezug

Der kritische Definitionsversuch, der auf die Parallelen zum Faschismus abzielt, greift in der Regel auf eine mehr oder minder kritisch geläuterte Form der Totalitarismus-Theorie zurück.[6] In den einschlägigen Diskussionsbeiträgen werden einzelne Elemente des theoretischen Selbstverständnisses und der Taktik der Studentenrevolte herausgegriffen und kritisch analysiert mit Bezug auf vergleichbare Phänomene in der Entwicklung faschistischer Bewegungen, vorzugsweise der nationalsozialistischen Bewegung. Gerhard A. Ritter zum Beispiel setzt seinen »Versuch zur Herausarbeitung der Ähnlichkeiten der Ideologie und der Praktiken der Neuen Linken mit gegenwärtigen oder traditionellen rechtsextremen Ideen und Verhaltensweisen«[7] an bei dem beiden gemeinsamen »Anspruch, die objektive, ausschließliche und absolute Wahrheit zu besitzen, die nur allgemein erkannt und verwirklicht werden muß, um den paradiesischen Zustand einer dem Menschen vorausbestimmten, vollkommenen und konfliktfreien Gesellschaft herbeizuführen«.[8] Erwin K. Scheuch bringt diese Beobachtung auf den Begriff der quasi-religiösen »Erweckungsbewegung«, die ein durchgehender Zug beider Bewegungen sei.[9] Ein dem linken und dem rechten Radikalismus gemeinsames theoretisches Motiv, aus dem allerdings unterschiedliche Schlußfolgerungen gezogen würden, sei die resolute Kritik an der technischen Zivilisation der hochindustrialisierten Staaten. Aus dem tiefen Unbehagen angesichts einer Situation, »in der sich der in seiner Umweltbeziehung verunsicherte Mensch nur noch als Rädchen einer komplizierten Maschinerie, als Objekt der Tätigkeit mächtiger und von ihm kaum noch zu beeinflussender bürokratischer Apparate versteht«,[10] resultiere in der Studentenrevolte wie auf dem linken Flügel der frühen nationalsozialistischen Bewegung gewissermaßen eine »antikapitalistische Sehnsucht«. In diesem Motiv begegnet nach Meinung eines anderen liberalen Kritikers die Neue Linke »in denkwürdiger Weise den konservativen Kulturkritikern, die den Einbruch der modernen Wissenschaft und Technik in unsere Welt und den steigenden Lebensstandard immer noch für den modernen Sündenfall halten«.[11] – In der Überzeugung, die wahren Ursachen der Misere zu kennen, werde von der Neuen Linken wie früher von der extremen Rechten »die Berechtigung zur Führung der Massen durch revolutionäre Eliten«[12] abgeleitet. Einem der wichtigsten Protagonisten der Studentenrevolte versucht ein anderer Beobachter »elitären Ästhetizismus« nachzuweisen, der – typisch für linke wie für rechte »Bewußtseineliten« – in Gesellschaftskritik umschlage: »Die ästhetische Entrüstung wird zur Gesellschaftskritik, deren kritische Kategorien und Maßstäbe nicht der gesamtgesellschaftlichen Wirklichkeit, also einer empirisch wenigstens noch einigermaßen faßbaren Anthropologie, Psychologie, Soziologie oder Politikwissenschaft, sondern dem eigenen, vom gesamtgesellschaftlichen Prozeß emanzipierten Bewußtsein entnommen werden.«[13] – Sowohl die Nationalsozialisten wie auch die studentischen Radikalen betrieben eine hemmungslose Manipulation der noch unaufgeklärten Massen: »Die von Hitler mit zynischer Offenheit in ›Mein Kampf‹ geschilderten Methoden erfolgreicher Propaganda – die Simplifikation komplizierter Tatbestände, die Schwarzweißzeichnungen, die monotone Wiederholung – werden heute mit wachsender Virtuosität an einigen deutschen Universitäten in studentischen Versammlungen praktiziert.«[14] Daß die Massen, zu deren Fürsprechern die Radikalen beiderlei Provenienz sich erklärten, noch nicht auf dem Stand ihres eigenen Bewußtseins angekommen seien, werde übereinstimmend darauf zurückgeführt, daß sie Opfer einer massiven Bewußtseinsmanipulation durch die Massenmedien im Dienste der Herrschenden seien. »Die Ablehnung, auf die die eigenen Ideen bei den Massen stoßen, wird durch deren geschickte Manipulation seitens des bestehenden Systems, vor allem durch die Massenmedien, erklärt.«[15] Bei beiden bestehe der Hang zur Personalisierung der feindlichen herrschenden Kräfte, zur Sündenbock- und Verschwörungstheorie: Im Denken der Neuen Linken erhalte beispielsweise »das Großkapital die Stellung der Weisen von Zion im Denkgebäude der Nationalsozialisten«.[16] An weiteren Ähnlichkeiten bzw. Gemeinsamkeiten werden von Gerhard A. Ritter und den anderen bisher zitierten Autoren bemerkt: die grundsätzliche Rechtfertigung der Anwendung von Gewalt[17], die Ablehnung des traditionellen Toleranzbegriffs[18], tendenzielle Mißachtung des positiven Rechts[19], genereller Antiliberalismus und besonderer Antiparlamentarismus.[20]

In der hier für die liberale Radikalismus-Kritik herangezogenen wissenschaftlichen Essayistik bleibt das Bewußtsein für die manifesten Unterschiede und Gegensätzlichkeiten zwischen linkem und rechtem Radikalismus (anders als in der vulgarisierenden politischen Publizistik[21]) trotz des Bemühens um den Nachweis typischer Analogien zwischen beiden in unterschiedlichem Maße erhalten. Da etwa in den Beobachtungen von Gerhard A. Ritter – wenn auch in unzureichendem Maße – die Inkommensurabilität der beiden politischen Phänomene thematisiert wird[22], die Konstruktion einer historischen Kontinuität zwischen dem Faschismus und der Neuen Linken also implizit ausgeschlossen wird, drängt sich die Frage auf, warum denn der Faschismus oder ihn vorbereitende Bewegungen der Weimarer Periode wie der Nationalbolschewismus oder die »konservative Revolution« zum Vergleich herangezogen werden. Die Argumentation erweist sich als pseudo-historisch in dem Maße, wie es ihr nicht gelingt, direkte oder auch nur indirekte Einflüsse des Faschismus auf die Neue Linke nachzuweisen. Das Bemühen dieser Autoren läßt sich kritisch deuten als Versuch, über das Aufweisen im wesentlichen formaler Analogien im Erscheinungsbild beider Phänomene eine Affinität der Studentenrevolte zum Faschismus zu suggerieren, um damit den nicht erbrachten Beweis für die objektive Gefährlichkeit dieser Bewegung für den Bestand der Rechtsstaatlichkeit und des parlamentarischen Systems der Bundesrepublik zu ersetzen.

Auch die von marxistischem Selbstverständnis her in den letzten Jahren unternommenen kritischen Analysen der Studentenrevolte, die diese Bewegung weitgehend mit dem historischen Anarchismus identifizieren, weisen prinzipiell ähnliche
pseudo-historische Züge in ihrer Argumentation auf. Sie versuchen durchgängig, die studentische Revolte als eine Reprise
des historischen Anarchismus zu interpretieren und verweilen
dann ungleich länger als bei dem Nachweis der entsprechenden Analogien bei der Anwendung der marxistisch-leninistischen Anarchismus-Kritik auf das Gegenwartsphänomen.
Bruno Frei nimmt sich etwa vor, nachzuweisen, »daß die theoretischen und praktischen Positionen des Gegenwartsanar-
chismus im wesentlichen leicht oder kaum modifizierte
Reproduktionen des historischen Anarchismus sind«.[23] In der
durch diese These geforderten Diskussion der vergleichbaren
oder gar identischen Elemente sieht er sich allerdings zu der
Einschränkung veranlaßt: »Selbstverständlich handelt es sich
nicht um mechanische Wiederholung (wenn auch die Versuchung groß ist, altanarchistische und neuanarchistische Texte
zur Deckung zu bringen), sondern um eine Reproduktion auf
höherer, ökonomisch und gesellschaftlich fortgeschrittener
Ebene.«[24] In Wolfgang Harichs »Abrechnung mit dem
alten und dem neuen Anarchismus«[25] geht der Vergleich zwischen dem vermeintlichen historischen Vorbild und seiner
aktuellen Erneuerung aus von der hastigen Konstruktion
eines gemeinsamen »Grundmotivs«.[26] Der Absicht nach subti-
ler angelegt ist die vergleichende Deutung des gegenwärtigen
Linksradikalismus durch Hans G. Helms[27], einen der besten
Kenner der Geschichte des individualistischen Anarchismus.[28]
Er hält die Interpretation der antiautoritären Ideologie des
gegenwärtigen Linksradikalismus als direktes Derivat des
klassischen Anarchismus für unzureichend: »Weder treten
diese Modelle (Stirners, Bakunins und Kropotkins) so unver-
wandt auf, daß deren Kritik die reale Problematik des gegenwärtigen Linksradikalismus genügend ausleuchtete, [...]
noch ließe eine Kritik der ideologischen Großväter die Motive
der Enkel, sich analogen, in die Terminologie der Zeit übersetzten Illusionen hinzugeben, transparent werden.«[29]

Gleichwohl unternimmt es Helms ebenso wie Frei und Harich, in der Diskussion der einzelnen Charakteristika der Studentenrevolte im wesentlichen auf den Anarchismus als historischen Bezugspunkt zu rekurrieren.

Versucht man, die wichtigsten Argumente der genannten marxistischen Autoren für eine Vergleichbarkeit der Studentenrevolte mit dem klassischen Anarchismus zusammenzufassen, so stößt man zunächst auf die Beobachtung, beide konzentrierten ihre Kritik und Kampfkraft nicht auf Ursachen und Wirkungsformen des Klassenantagonismus, sondern gewissermaßen auf Sekundärphänomene, indem sie vorrangig im Staat und anderen Institutionen den Gegner sähen. Beide halten Harich zufolge für ihre Hauptaufgabe das »Verunsichern von Institutionen«[30]; dabei greife vor allem der »Neoanarchismus« mit Vorliebe solche Institutionen an, »auf die es gar nicht ankommt, die zu den zentralen Fragen des Wirtschaftslebens und der Politik in indifferenter oder nur entfernter Beziehung stehen«.[31] Die gleiche Beobachtung hat in der Argumentation Freis und Helms' einen zentralen Stellenwert.[32] Alle drei Autoren finden die abstrakte Institutionenkritik des klassischen Anarchismus besonders in der von der Studentenrevolte rezipierten politischen Philosophie der »Kritischen Theorie« in ausgeprägter Form wieder: »Der aktuelle Linksradikalismus begreift Herrschaft kaum mehr als Klassenherrschaft. Für ihn meint Herrschaft die ›totalitäre‹ Repression der ganzen Gesellschaft durch einen anonymen Apparat, durch ein System, darin Herrschaftsakte zunehmend in Verwaltungsakte, Herrschaftsmechanismen in hierarchisierte Verwaltungsmodalitäten umgewandelt werden. Kaum noch gilt Herrschaft als exploitative Durchsetzung partikularer Interessen der besitzenden Klasse.«[33] Inhaltlich eng damit verbunden ist eine andere Beobachtung, die den hier zitierten Autoren als wichtiges gemeinsames Merkmal des »alten« und des »neuen« Anarchismus gilt und die Harich auf die Formel der »revolutionären Ungeduld« gebracht hat. Gemeint ist die Unfähigkeit, »das Heranreifen objektiver Bedingungen abzuwarten, von denen eine Begünstigung [des] Wollens erst später und nicht schon im nächsten Augenblick zu erwarten ist«.[34] Während Helms diese Einstellung besonders auf die fehlende oder mangelhafte Analyse der aktuellen Klassenverhältnisse zurückführt[35], betont Frei vor allem die radikale Protesthaltung, die leidenschaftliche Ablehnung der bestehenden politischen und sozialen Zustände, als Ursache der »revolutionären Ungeduld«. Auch er konstatiert: »Eine Ungeduld, die dem Klassenkampf mit seinen Peripetien, Rückschlägen, Teilerfolgen, Übergängen, Phasen ablehnend gegenübersteht und von einem historischen Kurzschluß, der Revolte, die herrschaftslose Endzeit erwartet. Solche eschatologische Ungeduld ist die Grundstimmung für die Renaissance der anarchistischen Utopie auf dem Boden der gesellschaftlichen und politischen Krisen, die nach dem zweiten Weltkrieg die entwickelten kapitalistischen Länder erschüttern.«[36] Als Charakteristikum der Studentenrevolte und des traditionellen Anarchismus sehen diese Autoren auch die Neigung beider, die selbständige und unerläßliche Aktionskraft der Arbeiterklasse durch die Aktion von Teilen der Intelligenz im Bündnis mit sozialen Randgruppen ersetzen zu wollen. Nach Frei kennzeichnet beide der Konsens: »Ausgestattet mit einem sensibleren Gewissen als etwa die Arbeiter, seien sie [die Intellektuellen, Vf.] die ersten, um gegen die ›innerparteiliche‹ Repression zu revoltieren, die Autonomie des Individuums gegen das hierarchische Organisationsprinzip zu verteidigen, die neorevolutionäre Initiative anzuleiten.«[37] In der sich auf Marcuse berufenden These antiautoritärer Studentenführer von der revolutionären Bündnisfähigkeit der »deklassierten Intelligenz« mit sozio-ökonomischen Randgruppen erblickt Helms eine Parallele zu der Glorifizierung des Lumpenproletariats durch Bakunin.[38] Dieser Substituierungsanspruch, die »ideologische Selbstfetischisierung der Intelligenz als die neue revolutionäre Klasse«[39], wird von den marxistischen Kritikern auf die spezifische Bewußtseinslage des Kleinbürgertums zurückgeführt, aus dem sich sowohl der klassische Anarchismus als auch der »Neoanarchismus« wesentlich rekrutiere.[40] Schließlich wird von diesen Kritikern übereinstimmend Apolitizismus als analoge Konsequenz des Anarchismus und des antiautoritären Protests der Studenten festgestellt. Besonders Harich hebt in diesem Zusammenhang den »abstrakten, abstinenzlerischen Antiparlamentarismus«[41] hervor, der jede parlamentarische Tätigkeit und folglich die Beteiligung an Wahlen ablehne. Da der »alte« und der »neue«

Anarchismus nicht fähig und willens sei, Institutionen wie das Parlament für seine revolutionären Zwecke zu nutzen, vermöge er gar nicht erst in die Diskussion tagespolitisch relevanter Themen einzutreten. Der Taktik der »direkten Aktion«, auf die man sich damit festlege, liege die nicht haltbare Vorstellung zugrunde, daß »selbst praktisch erfolglose, scheiternde, nichts bewirkende Handlungen, wenn sie nur den Gestus der Auflehnung an sich haben, Aufklärung verbreiten könnten«.[42] Besonders die apolitischen Konsequenzen des alten und des »neuen« Anarchismus disponiere beide für das Umschlagen von einer sich subjektiv als revolutionär-emanzipativ verstehenden Bewegung zum objektiv sich reaktionär auswirkenden Reformismus; der Anarchismus sei – in seinen verschiedenen Varianten – der »Zwillingsbruder des Reformismus.«[43] Unter Hinweis auf Entscheidungen und Entwicklungen prominenter historischer Anarchisten wird im Hinblick auf den »Neoanarchismus« bei Harich Reformismusverdacht, bei Helms und bei Frei sogar Faschismusverdacht artikuliert. Aus der Parteinahme Kropotkins, Paul Réclus' und Jean Graves für die Parole der Vaterlandsverteidigung im Ersten Weltkrieg folgert Harich: »Da so etwas aber passieren konnte, kann niemand dafür garantieren, daß der Apolitizismus unserer heutigen Antiautoritären nicht irgendwann von ähnlich befremdenden Parteinahmen für eine reaktionäre, chauvinistische, auf imperialistischen Krieg hinarbeitende Politik durchbrochen werden wird.«[44] Helms zieht aus der teilweisen Aufnahme von Ideen des als radikale Mittelstands-Ideologie gedeuteten Individualanarchismus Max Stirners durch den Faschismus Rückschlüsse auf die potentiell reaktionäre Beschaffenheit des gegenwärtigen Linksradikalismus, in dem er wesentliche Elemente des Stirnerschen Anarchismus wiederfinden zu können glaubt: »Überprüft man die Entwicklung des Einflusses der Ideologie Max Stirners [...] auf die politischen Vorstellungen im 20. Jahrhundert bis zum Faschismus Mussolinis und Hitlers, wird es noch wahrscheinlicher, daß anarchistische Tendenzen bei bestimmten politisch-ökonomischen Konstellationen in faschistische umschlagen können, zumal beide ideologische Extremformen des Selbstbewußtseins des vermeintlichen Mittelstandes darstellen und diesem als ›Ersatzklassenbewußtsein‹ dienen können.«[45]

Die Anwendung der traditionellen marxistischen Anarchismuskritik auf die Studentenrevolte der späten sechziger Jahre, wie sie hier in ihren wesentlichen Punkten referiert wurde, ist auf den ersten Blick einleuchtender als die Applikation einer Variante der Totalitarismus-Theorie, wie sie der auf Faschismusanalogien zielenden Kritik am Gegenwartsphänomen des linken Radikalismus zugrunde liegt. Anarchistische Doktrinen sind im Gegensatz zu Bestandteilen faschistischer oder präfaschistischer Ideologie tatsächlich in der und durch die antiautoritäre Studentenbewegung wiederentdeckt, diskutiert und auch neu ediert worden.[46] Das in der radikalen Studentenbewegung nachweisbare Interesse am Anarchismus rechtfertigt jedoch keineswegs den Versuch, diese Bewegung auf den Nenner des Neoanarchismus zu bringen. Eine konkrete Überprüfung des Verhältnisses der radikalen Studentenbewegung zu den residualen Traditionen des Anarchismus in Deutschland ergibt trotz punktueller Kontaktnahmen und gewisser Affinitäten unüberbrückbare theoretische, organisatorische und agitatorische Gegensätze zwischen beiden Bewegungen.[47] Das Etikett des Anarchismus benennt die Spezifika des studentischen Linksradikalismus nur partiell und stiftet eher Verwirrung als begriffliche Klärung.

Historisches Selbstverständnis des Linksradikalismus

Erstaunlicherweise geht keiner der kritischen Deutungsversuche des gegenwärtigen Linksradikalismus auf das in dieser Bewegung selbst artikulierte historische Selbstverständnis ein. Zwar ist es angesichts des organisatorisch diffusen und theoretisch buntscheckigen Charakters des studentischen Linksradikalismus nicht unproblematisch, von einem einheitlichen und ausgeprägten historischen Selbstverständnis auszugehen; doch ergibt sich bei der Sichtung seiner Veröffentlichungen eine ganze Reihe in die gleiche Richtung deutender Hinweise auf die historischen Bewegungen, deren Lehren man als wichtig für die eigene Theorie und Praxis ansieht oder gar als deren direkte Erben man sich betrachtet.

Als besonders aufschlußreicher Versuch zu Beginn der antiautoritären Studentenbewegung, die unterschiedlichen, marxistischen wie auch nichtmarxistischen Traditionen aus der Geschichte der Arbeiterbewegung für die eigene Theorie und Praxis fruchtbar zu machen, darf Rudi Dutschkes zuerst 1966 veröffentlichte *Bibliographie des revolutionären Sozialismus*[47a] gelten. Dutschke ging davon aus, daß »die historischen Alternativen und ›Weiterentwicklungen‹ der Marxschen Formung des Sozialismus, also die Beiträge der utopischen Sozialisten, die von Proudhon, Blanqui, Bakunin, den deutschen Revisionisten, französischen Syndikalisten und den russischen Bolschewisten [...], bei der Neubegründung einer revolutionären Theorie und Praxis für die hochkapitalistischen Länder aufgearbeitet werden müssen«; dies habe sinnvollerweise so zu geschehen, daß man die genannten Traditionen »nicht als Vorläufer von Marx und nicht als Abweichler und Verräter der ›reinen Lehre‹, sondern als ambivalente Antworten auf die jeweiligen Veränderungen der geschichtlichen Wirklichkeit« interpretiere.[48] In der Ausführung dieses Programms berücksichtigte er in seiner Bibliographie in besonderem Maße neben den frühsozialistisch-utopischen Tendenzen und den frühen Marxschen Schriften die anarchistischen Strömungen und Autoren in der europäischen Arbeiterbewegung. Das wichtigste Motiv dieses historischen Interesses war nicht der Wille, die anarchistische Theorie pauschal zu rehabilitieren, sondern angesichts bürokratisch verfestigter Strukturen in den kapitalistischen und sozialistischen Ländern die libertären Elemente anarchistischen Denkens in die Ausarbeitung einer neuen revolutionären Strategie einzubeziehen, ohne hinter den Erkenntnisstand der marxistischen Diskussion zurückzufallen.[49]

Diese Motivation lenkte das historische Interesse der antiautoritären Bewegung der folgenden Jahre u. a. auf jene Gruppen und Konzepte, die in der jungen KPD und in der frühen Komintern zu Beginn der zwanziger Jahre unseres Jahrhunderts auf dem Boden marxistischen Selbstverständnisses eine radikale und antibürokratische Kritik an der tendenziell zentralistischen Entwicklung der KPD seit ihrem zweiten Parteitag (Oktober 1919) und an dem hegemonialen Anspruch des sowjetischen Kommunismus seit den 21 Aufnahmebedingungen des 2. Komintern-Kongresses (Juli/August 1920) zu formulieren versuchten. Im Münchner und im Berliner Sozialistischen Deutschen Studentenbund (SDS) hatte man bereits seit 1965 die wichtigsten Theoretiker dieser rätekommunistischen Tendenzen, Otto Rühle und Anton Pannekoek, eingehend diskutiert.[50] Die Wortführer der antiautoritären Studentenbewegung neigten ganz offensichtlich dazu, sich in der kritischen Auseinandersetzung mit der Strategie und Taktik des Bolschewismus tendenziell der Argumentation der rätekommunistischen Opposition in der frühen Dritten Internationale anzuschließen bzw. sich sogar inhaltlich mit dieser Opposition zu identifizieren. In der Diskussion eines der zentralen Dokumente bolschewistischer Strategie und Taktik, Lenins Schrift über den *Linken Radikalismus – eine Kinderkrankheit im Kommunismus*, schrieb 1968 einer der Frankfurter Wortführer der antiautoritären Bewegung: »Der Vorwurf des Linksradikalismus wird von der KP *und* den Liberalen überall dort erhoben, wo die außerparlamentarische Emanzipationsbewegung sich nicht den traditionellen realpolitischen Zwängen überlieferter Institutionalisierung der oppositionellen Politik in Parteien und Parlament beugen und wo sie die revolutionären Prinzipien ihres Protests nicht in den Pluralismus einer kompromißpolitischen Bündnispolitik zwingen lassen will.«[51] Er schloß sich den wesentlichen Punkten der rätekommunistischen Kritik an der bolschewistischen Taktik, insbesondere an der von ihr geforderten Arbeit der revolutionären Kommunisten in den Gewerkschaften und im Parlament, an und konstatierte in Anlehnung an die Taktik der Rätekommunisten: »Die studentische Emanzipationsbewegung und die von ihr repräsentierten Teile der Schüler und Jungarbeiter lehnen heute zwar nicht die Legalität, wohl aber die Mitarbeit in den traditionellen Institutionalisierungen des Politischen ab, weil diese eine alle emanzipatorische Selbsttätigkeit bürokratisch und administrativ erstickende Funktion haben. Wenn es primär um die Herausbildung einer *emanzipatorischen* Selbsttätigkeit antiautoritärer Sensibilität geht, dann ist eine Taktik der Mitarbeit *im* Parlament und *in* den Gewerkschaften um des öffentlichen Lebens der Bewegung willen nicht möglich.«[52] Eine nachdrückliche Identifizierung mit der Bolschewismuskritik und der revolutionären Taktik der Rätekommunisten formulierte im selben Jahr der deutsch-französische Sprecher der antiautoritären Studentenrevolte Cohn-Bendit:

»Hauptziel, Hauptkennzeichen jeder Partei bolschewistischen Typs ist die zentrale Steuerung der Revolution und der Wirtschaft. Die meisten Sozialisten haben diese Auffassung vertreten. Nur Rosa Luxemburg, Anton Pannekoek und die ›linken Kommunisten‹ (KAPD) bestritten vor und nach der Revolution den Führungsanspruch der Partei zugunsten der Spontaneität und der Selbstorganisierung der Massen. Dagegen wendet sich Lenin mit seiner Schrift ›Der linke Radikalismus, die Kinderkrankheit im Kommunismus‹. Wir treten in die Fußstapfen dieser linksradikalen Gruppen.«[53]

Diese deutlichen Hinweise auf den historischen Bezug, in den sich die bewußtesten Sprecher der antiautoritären Studentenbewegung gestellt wissen wollten, wurden 1969 aus der Bewegung heraus erweitert, systematisiert und zu einer historischen Legitimation des eigenen Wollens zusammengefügt.[54] Der Autor dieser historiographischen Skizze[55] ging aus von einer »historischen Kontinuität der Kritik an einer politischen Taktik, die in legaler Interessenvertretung innerhalb der Institutionen und des Rahmens der bürgerlichen Demokratie besteht«.[56] Diese linksradikale Kontinuität sah er gegeben in der antibürokratischen, antiparlamentarischen und antigewerkschaftlichen Argumentation und in der Forderung nach revolutionärer Spontaneität der Massen (eventuell in der Form von Räten), wie sie übereinstimmend von der Bewegung der »Jungen« in der deutschen Sozialdemokratie der neunziger Jahre des vergangenen Jahrhunderts, von der rätekommunistischen Bewegung in den zwanziger Jahren und von der antiautoritären Studentenbewegung der späten sechziger Jahre vertreten worden seien. Als taktische Grundlage der antiautoritären Studentenbewegung empfahl er in direkter Paraphrasierung der historischen Vorbilder: »Zunächst bedeutet parlamentarische und gewerkschaftliche Praxis prinzipiell Aufgabe von Selbsttätigkeit zugunsten der Erwartung an Bürokratien oder Repräsentanten, daß sie die eigenen Interessen radikal vertreten möchten. Diese Verschiebung auf eine abstrakte Organisationsebene kann sich eine politische Bewegung nicht leisten, die eine eigene Massenorganisation von unten her aufbauen will. – Neben diesem durchaus nicht formalen organisatorischen Aspekt spielt eine wesentliche Rolle, daß gewerkschaftliche und parlamentarische Arbeit die

Illusion verstärkt, daß sich Reformen innerhalb dieses Systems für die Massen erreichen ließen. Gerade die Radikalisierung der gewerkschaftlichen Lohnpolitik muß diese Folgen haben. Das schließt zugleich ein, daß die Herrschafts- und Machtverhältnisse nicht direkt angegriffen werden können, weil so in den Kategorien des Reformismus in diesem System keine Konzessionen erreicht werden können.«[57] Der Autor konstruierte gemäß diesen Kriterien eine Tradition »revolutionärer« Politik von der linksradikalen Bewegung der »Jungen« über die in der Kommunistischen Arbeiterpartei Deutschlands (KAPD) und der Allgemeinen Arbeiter-Union Deutschlands (AAUD) organisierte rätekommunistische Bewegung bis hin zum antiautoritären SDS[58]; zum säkularen Gegner dieser linksradikalen Politik stilisierte er eine Tradition »reformistischer« Politik in der deutschen Arbeiterbewegung von der Vorkriegs-Sozialdemokratie über die KPD der Zwischenkriegszeit bis zur gegenwärtigen DKP.

Dieser Entwurf ist nicht als überzeugende historiographische Leistung interessant[59], sondern als Indiz dafür, daß sich in der antiautoritären Studentenbewegung zumindest ansatzweise ein historisches Traditionsbewußtsein ausbildete, das in eine andere Richtung wies als die historischen Reminiszenzen fast aller ihrer sozialwissenschaftlichen Kritiker.[60] In den theoretischen Artikulationsversuchen der antiautoritären Studentenbewegung von 1966 bis 1969 spielten die Thesen des frühen Georg Lukács und Karl Korschs wahrscheinlich eine größere Rolle[61] als diejenigen Pannekoeks und Rühles; anders als die von Lukács und Korsch repräsentierte philosophische Opposition innerhalb der frühen Komintern bot ihnen jedoch die rätekommunistische Bewegung und allenfalls die radikalsozialistische Bewegung der »Jungen« am ehesten eine organisationsgeschichtliche Identifikationschance.

Eine geschichtliche Darstellung des linken Radikalismus in Deutschland kann sinnvollerweise bei diesen Tendenzen in der deutschen Arbeiterbewegung ansetzen, die nachweislich in der antiautoritären Studentenbewegung als historische Vorwegnahmen des eigenen Wollens angesehen wurden und deren politische Theorie (neben anderen theoretischen Ansätzen) von der Studentenbewegung rezipiert wurde. Die Voraussetzung für eine solche Darstellung ist allerdings die Definition und Beschreibung des linken Radikalismus als authentisches, von anderen (z. B. Anarchismus, Faschismus usw.) verschiedenes und unterscheidbares politisch-soziales Phänomen.[62]

Der linke Radikalismus
als politisch-soziales Phänomen

Die wissenschaftliche Diskussion, die den Linksradikalismus als authentisches politisch-soziales Phänomen begreifen will, kann anknüpfen an den typologisch bedeutsamen Gehalt der in der internen Auseinandersetzung innerhalb der europäischen Arbeiterbewegung vollzogenen Begriffsbildung. Die im folgenden zusammengefaßten Kritiken Engels', Kautskys, Radeks und Lenins an den jeweils zeitgenössischen linken radikalen Tendenzen weisen weitgehend übereinstimmende Merkmalskombinationen auf im Hinblick auf die soziale Rekrutierung, die theoretische Position, die taktische Konzeption, die organisationspolitische Konzeption des Linksradikalismus sowie auf dessen Haltung zum Parlamentarismus und zur Gewerkschaftsarbeit.

Engels

Eine kritische Analyse des derzeit noch nicht auf den Begriff gebrachten Phänomens des ›linken Radikalismus‹ ist im Rahmen dieser Diskussion zuerst geleistet worden in Friedrich Engels' Kritik an der um 1890 in der SPD entstehenden Opposition der »Jungen«. Diese Opposition, in der sich die Kritik an der Funktion der sozialdemokratischen Reichstags-Fraktion mit der Forderung nach einer offensiveren Klassenkampf-Taktik verband, kommentierte Engels, gelegentlich polemisch, in seiner aus London an die deutschen Sozialdemokraten abgesandten Korrespondenz. Eine Zusammenfassung dieser niemals zusammenhängend entwickelten Deutung der Bewegung der »Jungen« ergibt eine Reihe relevanter Anhaltspunkte seiner Analyse dieser Manifestation des ›linken Radikalismus‹ avant la lettre.

Die vorherrschende Stellung junger Intellektueller in der Opposition veranlaßte ihn zu dem Verdikt, es handle sich hier um eine »Literaten- und Studentenrevolte«[1] in der Partei. Er sah die oppositionelle Bewegung in ihrer sozialen Zusammensetzung charakterisiert durch eine »Menge Studenten, Literaten und andere junge deklassierte Bürgerliche«, die aus ihrer akademischen Ausbildung das Recht ableiteten, »in die Reihen der Partei mit dem Offizierspatent, wenn nicht Generalspatent, einzutreten«.[2] Diese soziologische Charakterisierung ergänzte er bei anderer Gelegenheit um die zur Bewegung gehörende Gruppe der »literarisch werden wollenden Ex-Arbeiter«.[3] Ihre theoretische Position sah er gekennzeichnet durch einen »krampfhaft verzerrten ›Marxismus‹«[4]; worin dieser bestehe, erläuterte er einem der oppositionellen Wortführer mit dem Versuch nachzuweisen, daß dieser in seiner Anwendung der historisch-materialistischen Methode Gefahr laufe, »daß die materialistische Methode in ihr Gegenteil umschlägt«; dann nämlich, »wenn sie nicht als Leitfaden beim historischen Studium behandelt wird, sondern als fertige Schablone, wonach man sich die historischen Tatsachen zurechtschneidet«.[5] Marx habe angesichts vergleichbarer reduzierter Übernahmen seiner Methode erklärt: »Alles, was ich weiß, ist, daß ich kein Marxist bin!«[6] In diesem vergröbernden Gebrauch der marxistischen Methode der Klassenanalyse sah Engels letztlich auch den Ursprung des taktischen Weges, auf den die Opposition die Sozialdemokratische Partei besonders mit ihren antiparlamentarischen Parolen bringen wollte. Er bescheinigte den »Jungen« die Unfähigkeit, »die einfachsten Dinge mit Augen zu sehen und bei Beurteilung einer ökonomischen oder politischen Sachlage weder das relative Gewicht der vorliegenden Tatsachen noch die Stärke der ins Spiel kommenden Kräfte unbefangen abzuwägen«; sie versuchten daher, »der Partei eine total verrückte Taktik auf-[zu]nötigen«.[7] Ohne die in der oppositionellen Bewegung entwickelten Programmpunkte (Anti-Bürokratismus, Anti-Parlamentarismus, tendenziell antigewerkschaftliche Haltung und Massenaktions-Postulat) im einzelnen zu würdigen, beschrieb er den spezifischen Radikalismus der Bewegung als ein »rücksichtsloses Hinwegsetzen über alle tatsächlichen Bedingungen, ein todesverachtendes ›Nehmen von Hindernissen‹ in der Phantasie, das zwar dem ungeknickten Jugendmut der Verfasser alle Ehre macht, das aber bei seiner Übersetzung aus der Vorstellung in die Wirklichkeit imstande wäre, auch die stärkste, nach Millionen zählende Partei zu begraben unter dem selbstverdienten Gelächter der ganzen feindlichen Welt«.[8] Engels zog zwar gelegentlich Verhaltensweisen der Bakunisten in der Ersten Internationale zum Vergleich mit den »Jungen« heran[9], setzte die Opposition jedoch niemals mit den Anarchisten gleich. Erst die Hinwendung verbleibender Teile der Oppositionsbewegung zum Anarchismus seit Mitte 1893 und der Verlauf der Internationalen Sozialisten-Kongresse in Zürich und London (1893 und 1895) leiteten die Anarchismusdebatte auch in der deutschen Sozialdemokratie ein. Mit diesem neuartigen Adressaten änderten sich nun auch die Inhalte der offiziellen Kritik und theoretischen Abgrenzung der SPD nach links.

Kautsky

Erst in und nach der 1905 entfachten Massenstreik-Debatte in der SPD kam es wieder zur Bildung einer (im Vergleich mit der Bewegung der »Jungen« zweifellos quantitativ und qualitativ bedeutenderen) innerparteilichen Opposition mit der Zielsetzung einer offensiveren Klassenkampf-Taktik. 1910 erfolgte der offene Bruch zwischen Karl Kautsky als Sprecher der Mehrheit der SPD und Rosa Luxemburg als Protagonistin der Opposition im Zusammenhang mit den Demonstrationen gegen das Dreiklassen-Wahlrecht in Preußen.

  Aus Anlaß der gegensätzlichen Einschätzung der taktischen Möglichkeiten und der strategischen Bedeutung dieser Massenaktionen kam es zur erneuten expliziten Abgrenzung der taktischen Position der SPD gegen eine linke Minderheit. Kautsky glaubte, bei den Befürwortern einer Verschärfung der Massenbewegungen in der preußischen Wahlrechts-Kampagne eine unzulässige Verwechslung der Bedingungen der Russischen Revolution von 1905 mit denen dieser Bewegung feststellen zu können. Besonders die Argumente der »Massenaktionäre« im weiteren Verlauf der Debatte erinnerten ihn an die Opposition der »Jungen«.[10] Namentlich in der Argumentation Anton Pannekoeks und der mehrheitlich seine Massenstreik-Konzeption vertretenden Bremer Parteiorganisation sah er eine Reprise der »Jungen«; er beschrieb die Kräfte um die *Bremer Bürgerzeitung* wortspielerisch als den »jüngsten Radikalismus«.[11]

Pannekoek hatte Rosa Luxemburg in ihrer Kontroverse mit Kautsky von Anbeginn, im März 1910, unterstützt. Hatte im Mittelpunkt der Diskussion zwischen Rosa Luxemburg und Karl Kautsky die teilweise kasuistische Erörterung der Übertragbarkeit der Erfahrungen der Russischen Revolution von 1905 auf die preußischen Zustände gestanden, so rückten in der von Kautsky und Pannekoek in den Jahren 1911/1912 fortgeführten Debatte mehr die prinzipiellen Fragen sozialdemokratischer revolutionärer Organisation und Taktik in den Vordergrund. Die in dieser Debatte von Kautsky entwickkelte Argumentation enthält einige weiterführende Ansätze der typologischen Beschreibung des linken Radikalismus.

Er wies – wie Engels im Falle der »Jungen« – seinen Kontrahenten um die *Bremer Bürgerzeitung* als Merkmal ihrer theoretischen Position einen »vereinfachten Marxismus«[12] bzw. »Vulgärmarxismus«[13] nach. Diese Art »Vulgärmarxismus« begnüge sich damit, »den Klassengegensatz zwischen Kapital und Arbeit im allgemeinen zu konstatieren«, ohne »den ganzen sozialen Organismus in all seinen Details [zu] durchforschen«; »unter diesem großen Gegensatz bestehen noch zahllose andere in der Gesellschaft, von geringerer Bedeutung, die aber nicht übersehen werden dürfen und deren Verständnis und Ausnutzung die proletarische Taktik bedeutend erleichtern und viel fruchtbarer machen kann«.[14] Er übersehe »den komplizierten Charakter der menschlichen Gesellschaft, der bewirkt, daß jede gesellschaftliche Erscheinung das Produkt zahlreicher Faktoren ist, von denen jeder seinerseits in beständigem Flusse begriffen ist«.[15] Den Fehler, den »Marxismus zu einer bloßen Formel und Schablone herabgedrückt«[16] zu haben, versuchte Kautsky seinen Gegnern vor allem durch eine differenzierende Analyse des Massen-Begriffs nachzuweisen.[17]

Auf die taktischen Konsequenzen aus dem »vereinfachten Marxismus« der »Massenaktionäre« ging Kautsky wesentlich expliziter ein als Engels in seiner Polemik gegen die »Jungen«. Ganz ähnlich wie Engels prangerte er jene Auffassung an, »die unsere einzelnen Aktionen, unabhängig von allem Studium der jeweiligen Kräfteverhältnisse, Situationen und Stimmungen der verschiedenen Bevölkerungsklassen, ein und für allemal schablonenhaft durch bloße Spekulationen aus dem Klassengegensatz zwischen Lohnarbeit und Kapital abzuleiten sucht«.[18] Anders als Engels ging er aber im Detail auf die insbesondere von Pannekoek artikulierten Elemente der Taktik des linken Radikalismus ein. Nach seiner Meinung kam dessen auf vereinfachter Klassenanalyse beruhendes Vertrauen in die spontane revolutionäre Qualität der Massen einer »mystischen Teleologie«[19] gleich. Er unterschied in den für Massenaktionen im Deutschen Reich des Jahres 1910 in Betracht kommenden, überwiegend unorganisierten Massen z. B. neben den industrieproletarischen Elementen Lumpenproletarier, Kleinbürger, Bauern; er sah in dieser bunt gemischten Masse keine Voraussetzung für ein einheitliches Klassenhandeln. Aus dieser Überschätzung des revolutionären Potentials der Aktion der unorganisierten Massen resultierte nach seiner Auffassung die Unterschätzung der Bedeutung des konkreten Organisationskörpers der Sozialdemokratie. Er begründete die Notwendigkeit einer starken, formalisierten Organisation mit der materiellen Schutzfunktion der Arbeiter-Verbände und hielt fest an der unverzichtbaren Leitungsbefugnis der gewählten Führung in den Arbeiterorganisationen.[20] Der aus der Massenstreik-Debatte nach 1905 sich herleitenden Kritik an der Fixierung der deutschen Arbeiterbewegung auf die parlamentarische und gewerkschaftliche Tätigkeit und der damit einhergehenden Infragestellung dieser beiden erfolgreichen Aktionsfelder durch die linken Radikalen hielt er entgegen: »Wir haben [...] eine wachsende Bedeutungslosigkeit weder der Gewerkschaften noch der sozialistischen Parlamentsfraktionen zu erwarten, sondern vielmehr eine gewaltige Steigerung ihrer Aufgaben und ihrer Kämpfe und damit auch ihrer Bedeutung.«[21] Zumal die Schlußfolgerung mancher Genossen, »daß wir uns um die Parlamente immer weniger zu kümmern und auf die außerparlamentarischen Aktionen der Masse immer mehr den Schwerpunkt zu legen haben«[22], hielt er für grundfalsch. Nicht der parlamentarische »Mechanismus« als solcher versage, vielmehr sei die ausschließlich an der Sicherung ihrer Herrschaftspositionen interessierte bürgerliche Parlamentsmehrheit die Ursache der offenkundigen Ohnmacht der Parlamente. Auch Kautsky wies darauf hin, daß die taktischen Konsequenzen seiner Kontrahenten diese tendenziell anarchistischen, anarcho-sozialistischen oder syndikalistischen Positionen annäherten. Pannekoeks Position etwa charakterisierte er als einen Versuch, »Syndikalismus und Sozialdemokratie miteinander zu vereinigen«.[23] Trotz der agitatorischen Auswertung dieses Etiketts behauptete er niemals ernsthaft, die Position seiner linksradikalen Gegner sei identisch mit dem Anarchismus oder Anarcho-Syndikalismus.[24]

Radek

Unmittelbar nach der Gründung der KPD am Jahreswechsel 1918/19 ergab sich noch einmal in der Geschichte der deutschen Arbeiterbewegung eine für die Klärung des Begriffs des ›linken Radikalismus‹ bedeutsame theoretisch-taktische Abgrenzung nach links, in deren Verlauf Lenin seinen Begriff vom ›linken Radikalismus‹ explizierte. Die Kontroverse über die angemessene revolutionäre Taktik der KPD begann nach dem Ende der bewaffneten Kämpfe im Reich, Ende April 1919, und im Hinblick auf den 2. Parteitag Ende Oktober 1919. Angeführt wurde die Initiative zur Abgrenzung nach links von der Parteizentrale unter Paul Levi. Zur theoretischen Klärung trug neben Paul Frölich insbesondere Karl Radek bei, dem als Verbindungsmann Lenins in Deutschland eine besondere Autorität des Urteils zukam.

 Diese Kritiker brachten die auf dem Gründungs-Parteitag noch eindeutig vorherrschende, auf unmittelbarer Revolutionserwartung basierende radikale Konzeption auf die Formel der »syndikalistischen Krankheit in der KPD«.[25] Radek, Levi und Frölich bemühten sich, der Opposition eine situationsbedingte vorschnelle Antizipation des ungebrochenen Fortschreitens der proletarischen Revolution nachzuweisen. Es wiederholte sich hier im neuen Zusammenhang der Nachweis des »vereinfachten Marxismus«, der der Komplexität der Situation nicht gerecht werdenden Analyse. Radek gab zu bedenken, die wirtschaftliche Not des Winters 1919/1920 könne wieder zu spontanen Massenaktionen führen; das erfolge aber nicht zwangsläufig so, und man müsse die Möglichkeit einer Niederlage des Proletariats von vornherein einkalkulieren.[26] Frölich sah bei der Opposition die »Verluderung der Theorie«[27] des Marxismus insofern gegeben, als diese ein »völlig falsches Bild von den wirklichen Zuständen«

ihrer Taktik zugrunde lege und über die Schwierigkeiten der gegenwärtigen Lage hinwegtäusche.[28] »Eben weil die historische Entwicklung für die nächste Zeit gar nicht vorauszusagen ist, darf sich die Partei keinen taktischen Weg durch irgendwelche Beschlüsse verbauen.«[29]

Die im verbreiteten antibürokratischen Ressentiment wurzelnde Forderung der Opposition nach konsequent innerparteilich demokratischer Ordnung, die durch weitgehend föderalistischen Organisationsaufbau gewährleistet werden sollte, hielt Radek für das Ergebnis einer solch vereinfachten Situationsanalyse. Wer unter den gegebenen Bedingungen des Bürgerkrieges und des Belagerungszustandes diese Forderung aufstelle, löse praktisch die Partei in eine Reihe von Ortsgruppen auf, »in denen allerhand Götter kleineren Formats als angebliche Willensvollstrecker der örtlichen Mitgliedschaften ihrer persönlichen Unklarheit und Wirrköpfigkeit frönen können«.[30] Die Situation verlange nach einer zentralisierten und handlungsfähigen Parteileitung. Der Vorstellung eines Teils der Opposition, die Organisationsform der Partei müsse im Laufe der Revolution durch neue Klassenkampf-Organisationen des Proletariats auf der Grundlage der spontan entstandenen Betriebsorganisationen ersetzt werden, traten Radek und Frölich entgegen mit der Feststellung, die Partei als Vorhut der Arbeiterklasse, als »Knochengerüst, Muskel und denkendes Hirn der revolutionären Masse«[31] sei schlechterdings nicht substituierbar.

Der in der Opposition deutlich artikulierte prinzipielle Antiparlamentarismus berief sich auf die apodiktische Feststellung, in der Revolution sei das Parlament, eine bürgerliche Institution, überholt, und folglich sei jede Mitarbeit in dieser Institution abzulehnen. Frölich zeigte, daß dieser Behauptung die Annahme vorausging, die Revolution sei eine »gradlinige, sich beständig steigernde Entwicklung«[32]; gerade aber in den zu erwartenden revolutionären Depressionsphasen sei das Parlament als Plattform der Propaganda und als Mittel der Integration der Massen unverzichtbar. Daher, so folgerte Radek, sei die KPD »weder eine prinzipiell parlamentarische Partei wie die Sozialdemokratie, noch eine prinzipiell antiparlamentarische Partei wie die Anarchisten«.[33] Auf der gleichen falschen Voraussetzung wie der Antiparlamentarismus der Opposition beruhte nach Meinung Radeks und Frölichs deren Parole: »Heraus aus den Gewerkschaften!« Mit der Gründung von »aus dem Ärmel geschüttelten Neuorganisationen«[34] wie z. B. den in Unionen zusammengefaßten Betriebsorganisationen isoliere man sich von den Massen in den Gewerkschaften.

Die pauschale Benennung des von Radek und Frölich kritisch analysierten politisch-sozialen Phänomens des linken Radikalismus in der frühen KPD mit dem »Syndikalismus«-Begriff wurde insbesondere von Paul Levi verallgemeinernd aufgegriffen. Für ihn waren die gesamten Auseinandersetzungen bis zum 2. Parteitag ein Kampf um die Frage, »ob die marxistische Schule dem Gang der proletarischen Revolution gemäß sei oder durch syndikalistische – sie nennen es Gedanken – zu ersetzen sei«.[35] Er schloß in polemischer Absicht von der Vergleichbarkeit einiger Merkmale der Opposition und des revolutionären Syndikalismus auf eine durchgängige Identität beider.[36] Durch diese Begriffsmengung allenfalls verdeckt, wurde in der internen Diskussion der KPD im zweiten Halbjahr 1919 genau das Phänomen kritisch erörtert, das Lenin dann in seiner bekannten Arbeit auf den Nenner des »linken Radikalismus« brachte.

Lenin

Lenin nahm erstmals Stellung zu den internen Richtungskämpfen in der deutschen KP in einem vom 11. Oktober 1919 datierten *Gruß den italienischen, französischen und deutschen Kommunisten*[37]. Dieses Grußschreiben enthält, zusammen mit zwei kürzeren Briefen vom 28. 10. 1919 und der breiter entfalteten Argumentation seiner *Kinderkrankheits*-Schrift, geschrieben im April und Mai 1920 im Hinblick auf den 2. Weltkongreß der Komintern, seine Deutung des Phänomens des linken Radikalismus.

Soziologisch sah Lenin die Opposition gekennzeichnet durch ihre Jugend: »Sehr begabte Agitatoren, unerfahren, jung, ähnlich unseren ›linken Kommunisten‹ von 1918 (was Unerfahrenheit und Jugend betrifft) – das ist mein Eindruck.«[38] Diese beiden Merkmale hatte er bereits in seiner Grußadresse vom 11. Oktober angeführt: »Es ist klar, daß sich bei vielen jungen deutschen Kommunisten einfach ein Mangel an revolutionärer Erfahrung bemerkbar macht. Hätten sie ein paar bürgerliche Revolutionen (wie 1905 und 1917) erlebt, sie würden nicht so bedingungslos den Boykott predigen, würden nicht von Zeit zu Zeit in syndikalistische Fehler verfallen.«[39] Im Zusammenhang mit den theoretischen Unzulänglichkeiten der deutschen und niederländischen Linkskommunisten verweist er an anderer Stelle auf die Prägung dieser Strömungen durch Intellektuelle: Ihre mangelhafte Argumentation weise sie aus als »eine Gruppe von Intellektuellen und einigen wenigen Arbeitern [...], die die schlechten Eigenschaften der Intellektuellen kopieren.«[40]

Ihre theoretische Position bezeichnete er als »linken Doktrinarismus«.[41] In ihrer »grundsätzlichen Opposition« und prinzipiellen Verweigerungshaltung gegenüber allen bürgerlichen Institutionen und reaktionären Arbeiterorganisationen erwiesen sie sich als »Nichtdialektiker« in der Praxis[42]: »Der linke Doktrinarismus versteift sich darauf, bestimmte alte Formen unbedingt abzulehnen, weil er nicht sieht, daß der neue Inhalt sich durch alle nur denkbaren Formen Bahn bricht, daß es unsere Pflicht als Kommunisten ist, alle Formen zu meistern und es zu lernen, mit maximaler Schnelligkeit eine Form durch die andere zu ergänzen, eine Form durch die andere zu ersetzen, unsere Taktik einer jeden solchen Änderung anzupassen, die nicht durch unsere Anstrengungen hervorgerufen worden sind.«[43] Als mögliche Erklärung für die taktische Intransigenz der linken Radikalen führte er an, daß man in einigen westeuropäischen Ländern aufgrund allzu langen vergeblichen Wartens auf die Revolution nun zu einem »Revolutionarismus« neige. Dieser sei im Bereich der Theorie dadurch erkennbar, daß man prinzipiell richtige Einsichten durch ihre undialektische Anwendung ungewollt selbst diskreditiere: »Jede Wahrheit kann man, wenn man sie ›überschwenglich‹ macht [...], wenn man sie über die Grenzen ihrer wirklichen Anwendbarkeit hinaus ausdehnt, ad absurdum führen, ja sie wird unter diesen Umständen unvermeidlich absurd.«[44]

Im Bereich der Praxis neige der »linke Doktrinarismus« bzw. der »Revolutionarismus« dazu, »die subjektive ›Ablehnung‹ einer reaktionären Institution für deren tatsächliche

Zerstörung durch die vereinten Kräfte einer ganzen Reihe von objektiven Faktoren [zu] halten«.[45] Lenin gab den Argumenten der Levi-Zentrale der KPD sowohl in dieser Analyse der theoretischen Unzulänglichkeiten der linken Radikalen wie in allen wesentlichen Punkten der organisatorischen und taktischen Praxis recht.[46]

Die bis zur Auflösung der Partei gehenden Organisationsvorstellungen der linken Kommunisten in Deutschland wies Lenin mit großer Entschiedenheit zurück. Er machte im wesentlichen auf zwei Ursachen für die Resonanz aufmerksam, die ihre Parolen über die Verderblichkeit von »Führerparteien« und die Notwendigkeit von »Massenparteien« fanden: Zum einen sah er die Ursache in einer in Deutschland lange dauernden Tradition legaler Arbeit, in der man sich »an die freie und regelrechte Wahl der ›Führer‹ durch regelmäßige Parteitage usw.«[47] gewöhnt habe. Nun sei man offenbar nicht fähig, den im Falle der Illegalität der Parteiarbeit notwendigen Übergang »zu ›unbequemen‹, ›undemokratischen‹ Methoden der Aussonderung oder Bildung oder Erhaltung von ›Führergruppen‹« zu leisten.[48] Zum anderen sah er die Ursache in der in allen Ländern nach Kriegsende in Erscheinung tretenden Kluft zwischen dem Typus »der verräterischen Führer, der Opportunisten, der Sozialchauvinisten [...], die die Interessen ihrer Zunft, ihrer dünnen Schicht der Arbeiteraristokratie vertreten, und den Massen, überwiegend den schlechtest bezahlten Arbeitern«.[49] Es sei jedoch absurd, in der Manier der linken Radikalen in Deutschland aufgrund dieser Erscheinungen »sich bis zur lächerlichen ›Verneinung‹ der ›Führer‹ [zu] versteigen«.[50]

In der Frage der parlamentarischen Arbeit der KP waren die oppositionellen Kommunisten in Deutschland (und besonders in Holland) nach dem Urteil Lenins Opfer ihres eigenen Doktrinarismus. Sie leiteten von der, im welthistorischen Sinne gesehen, richtigen Feststellung, der Parlamentarismus sei obsolet, in verkürzender Weise ab, das Parlament sei schon hier und jetzt für die proletarische Revolution uninteressant. Es sei aber »eine haarsträubende theoretische Unrichtigkeit, sich in einer Frage der praktischen Politik auf den welthistorischen Maßstab zu berufen«.[51] Mit der Behauptung, der Parlamentarismus sei bereits jetzt in ihrem Lande historisch und politisch erle-

digt, hielten sie »*ihren eigenen Wunsch,* ihre eigene ideolo-
gisch-politische Stellung, für die objektive Wirklichkeit«.[52]
Für die Nutzung der Parlaments-Tribüne in Deutschland in
der gegebenen Situation argumentierte Lenin mit dem Hinweis, daß eine ganze Reihe von spezifischen Bedingungen, die
in Rußland den Beginn der Räteherrschaft ermöglicht hatten,
im Deutschland der Jahre 1919/1920 noch nicht gegeben
waren.[53] In der Gewerkschaftsfrage bewies er, daß die linken
Radikalen wiederum aus der an sich richtigen Beobachtung
die falsche Konsequenz für die praktische Tätigkeit zogen,
daß sie »aus der Tatsache, daß die *Spitzen* der Gewerkschaften reaktionär und konterrevolutionär sind, den Schluß
ziehen, daß man aus den Gewerkschaften austreten!!! und
neue, *ausgeklügelte* Formen von Arbeiterorganisationen
schaffen müsse!!«[54] Damit entferne man sich gerade von den
in bisher ungekanntem Maß den Gewerkschaften zuströmen-
den Massen.

Im Gegensatz zur Levi-Zentrale der KPD setzte Lenin niemals die linken Kommunisten pauschal mit dem Syndikalismus oder Anarchismus gleich. Er sprach in historisch zutreffender Weise (ähnlich wie Kautsky in anderem Zusammenhang) von »syndikalistischen Fehlern«, einem tendenziellen
Abgleiten in »Ideen und Praxis des Syndikalismus« oder auch
einmal von »Halbsyndikalisten«.[55]

Ein Überblick über die in den vorangegangenen Abschnitten
zusammengefaßten kritischen Analysen, die in der Taktik-
Diskussion der Zweiten und der frühen Dritten Internationale
gemacht wurden, läßt erkennen, daß alle in dieses Resümee
einbezogenen Kritiker den ›linken Radikalismus‹ als ein
genuines politisches Phänomen verstanden. Dieses Fazit wird
zusätzlich bestätigt durch die Tatsache, daß keiner dieser Kritiker die Manifestation des ›linken Radikalismus‹, mit der er
gerade im Kampf stand, als etwas nur Akzidentelles auffaßte;
vielmehr betrachteten sie diese als etwas durchaus Typisches,
als ein sich wiederholendes oder wiederholbares Syndrom. Für
Engels war die Revolte der »Jungen« die »jüngste Literaten-
und Studentenrevolte«. Kautsky sah in der Position der Bremer Linksradikalen in wesentlichen Momenten eine Wiederholung der Opposition der »Jungen«. Besonders Lenin war
daran gelegen aufzuzeigen, daß es sich bei der Opposition in

der jungen KPD um ein Phänomen handelte, das einerseits in der Parteigeschichte der Bolschewiki in analoger Weise aufgetaucht war: »Die Kommunistische Partei, die (im wesentlichen) die gleichen Meinungsverschiedenheiten durchmacht, wie sie der Bolschewismus durchgemacht hat, wird erstarken und sich stählen.«[56] Andererseits sei der linke Radikalismus innerhalb der Dritten Internationale keineswegs auf Deutschland beschränkt, sondern zeige sich in den wichtigsten Merkmalen in den KP Italiens, der Niederlande und Englands: »Es ist zu befürchten, daß die Abspaltung der ›linken‹ Antiparlamentarier (die zum Teil auch Antipolitiker, Gegner der politischen Partei und der Arbeit in den Gewerkschaften sind) zu einer internationalen Erscheinung werden wird, ebenso wie die Abspaltung der ›Zentristen‹ . . .«[57]

Aus der älteren marxistischen Kritik am linken Radikalismus von Engels bis Lenin lassen sich die folgenden konstituierenden Merkmale ableiten: die Überrepräsentanz junger Intellektueller als Spezifikum seiner sozialen Rekrutierung; eine simplifizierende Situationsanalyse der Klassenverhältnisse als Kennzeichen seines theoretischen Zuschnitts; die Hypostasierung der spontanen revolutionären Aktionsfähigkeit der Massen als Grundlage seiner organisationspolitischen und taktischen Forderungen; die antizentralistische und antibürokratische Programmatik als Kern seiner organisationspolitischen Vorstellungen; die prinzipielle Ablehnung der Parlaments- und Gewerkschaftsarbeit als typische Festlegung seiner Taktik; und schließlich seine Affinität (nicht aber Identität) mit den theoretischen, organisatorischen und taktischen Positionen des Anarchismus bzw. Syndikalismus. Die durch diese Merkmalskombination umrissene Definition des politisch-sozialen Phänomens ›linker Radikalismus‹ liegt der folgenden Darstellung zugrunde.[58]

Massenpsychologische Definitionsversuche

Diese in Anlehnung an die ältere marxistische Kritik formulierte Bestimmung des linken Radikalismus erscheint präziser und besser verifizierbar als die vereinzelten Definitionsversuche, die in der frühen deutschen Soziologie unternommen worden sind. Die bedeutendsten Versuche dieser Art wurden von Curt Geyer[59] und Alfred Meusel[60] in der ersten Hälfte der zwanziger Jahre und unter dem Eindruck der revolutionären Ereignisse in Deutschland nach 1918 unternommen. Geyer bezieht sich nachdrücklich auf die Kautskysche Kritik des linken Radikalismus. Er referiert im ersten Drittel seiner Schrift in allen wesentlichen Punkten und unter Zuhilfenahme zahlreicher Zitate die kritische Analyse, die Kautsky in der Auseinandersetzung mit der Bremer Linken in der deutschen Vorkriegssozialdemokratie, dem »jüngsten Radikalismus«, vorgetragen hatte. In Anlehnung an Kautsky stellte er im linken Radikalismus, der sich nach seinem Eindruck von der Bewegung der »Jungen« über den Bremer Radikalismus bis in die KPD und Teile der USPD hinein verlängert hatte, eine »dogmatische Verzerrung des historischen Materialismus« in der Gestalt einer »mechanistischen Geschichtsphilosophie« und einer »teleologischen Auffassung der Funktion der Masse in der Geschichte«[61] fest. Wesentliche Elemente der Taktik des Radikalismus sah er, wie Kautsky, in der negativen Haltung zur parlamentarischen und zur gewerkschaftlichen Arbeit.[62]

Die Arbeiten von Geyer und von Meusel treffen sich in methodischer Hinsicht in dem Bemühen, das »Wesen des Radikalismus« mit den Kategorien der zeitgenössischen Massenpsychologie zu ermitteln. Beide gehen dabei vom historischen Beobachtungsmaterial der »linken Arbeiterbewegung«[63] in Deutschland aus. Geyer sind die historischen Manifestationen allerdings nur »Ausgangspunkt« seiner Überlegungen, die sich konzentrieren auf die »Untersuchung der seelischen Vorgänge und Grunddenkformen des Radikalismus« und die »Darlegung der Beziehungen dieser besonderen Geistes- und Willenshaltung zu ihren Bedingungen allgemeiner und besonderer Natur«.[64] In der Untersuchung der Grundzüge der »radikalen Geistes- und Willenshaltung« kommen beide Autoren zu einer Reihe sehr allgemeiner und überwiegend formaler Charakterisierungen des Radikalismus. Geyer beobachtet etwa eine Neigung zur Reduktion theoretischer Zusammenhänge zu Schlagworten, eine »Herrschaft des Schlagworts«[65]; ganz ähnlich sieht Meusel den Radikalismus gekennzeichnet durch »Simplizität und Aktivität«.[66] Geyer konstatiert ein Überwiegen affektiver gegenüber rationalen

Motivationen, eine »Herrschaft von Instinkten und Affekten«[67], und auch Meusel vermutet eine »Vorherrschaft des Gefühls über den Verstand«.[68] Als weitere Charakteristika nennt Geyer die Unfähigkeit des Radikalismus zur kritischen Überprüfung der eigenen Vorstellungen, eine »Herrschaft der Dogmatik«[69] sowie die Überschätzung seiner Kräfte und der Kräfte der Massen gegenüber den herrschenden Mächten, den »Glauben an die Allmacht und Allfähigkeit der Masse«.[70]

Die beiden Radikalismus-Studien sind interessant als Versuche, den linken Radikalismus als authentisches Phänomen zu beschreiben. Insofern sie auf den methodischen Voraussetzungen der älteren Massenpsychologie beruhen, sind sie jedoch unzulänglich; sie werden in dem Maß, in dem sie sich von ihrem historischen Ausgangspunkt entfernen, zunehmend spekulativ und kommen nur zu Aussagen allgemeinster Art wie den oben zitierten.[71] Wegen dieser methodischen Schwäche, aber auch aufgrund des Zeitpunktes ihrer Entstehung[72] gelang es beiden Studien nur unzureichend, die Spezifika des linken Radikalismus, die ihn vom Rechtsradikalismus unterscheiden, zu benennen. Die nachfolgende Darstellung der Geschichte des linken Radikalismus in Deutschland wird sich eine Reihe von interessanten Einzelbeobachtungen dieser Studien zunutze machen.[73] Sie wird jedoch nicht ihre Definition des ›linken Radikalismus‹ als psycho-soziales Phänomen übernehmen, sondern der vorab aus der älteren marxistischen Diskussion rekonstruierten Bestimmung des linken Radikalismus als eines politisch-sozialen Phänomens folgen.

Die Bewegung der »Jungen«
in der deutschen Sozialdemokratie um 1890

Jeder der im folgenden darzustellenden Manifestationen des linken Radikalismus in Deutschland liegen einige allgemeine Entstehungsbedingungen zugrunde, die in der jeweiligen sozio-ökonomischen Situation, der verfassungspolitischen Konstellation und der organisationsgeschichtlichen Lage der Arbeiterbewegung lokalisierbar sind. Für die Entstehung der Opposition der »Jungen« in der deutschen Sozialdemokratie um 1890 kann man diese Rahmenbedingungen in der folgenden Weise skizzieren:

Die der großen Wirtschaftskrise von 1873 folgende und bis 1895 anhaltende konjunkturelle Abschwungphase mit ihren verschärften Klassengegensätzen ermöglichte den kontinuierlichen Ausbau der Sozialdemokratischen Partei und das fast kontinuierliche Wachsen ihrer Reichstagswahl-Ergebnisse. Die diese »große Depression«[1] charakterisierende allgemeine diffuse Existenzangst und die insbesondere die proletarischen Schichten bedrohenden Lohnsenkungen und Arbeitsentlassungen bedingten nicht nur die Entwicklung der sozialdemokratischen Bewegung im allgemeinen, sondern – in Verbindung mit weiteren Faktoren – auch ihre radikalen Randerscheinungen. Aufgrund der krisenhaften Entwicklung entstand das Bündnis der parteien- und verbandspolitischen Vertretung der agrarischen und industriellen Interessen mit der von der preußischen Militäraristokratie getragenen Staatsmacht. Dieses Bündnis wandte sich mit dem Sozialistengesetz vom Oktober 1878 gegen die organisierte Interessenvertretung der Arbeiterklasse durch die Sozialdemokratie. Die staatliche Kampfansage disponierte insbesondere die organisierten Teile der deutschen Arbeiterschaft zu einer prinzipiellen Verweigerungshaltung: »Der tatsächlichen Negation der Sozialdemokratie durch den Staat entsprach die grundsätzliche Ablehnung des Staates durch die in ihrer Existenz bedrohte Sozialdemokratie.«[2] Als weitere allgemeine Bedingung für die Entstehung der radikalen Opposition der »Jungen« kommt ein organisationsinterner Faktor in

Betracht: Die momentane taktische Unsicherheit, die in der Sozialdemokratie hervorgerufen wurde durch einen erheblichen externen Eingriff in ihre bisherige Praxis; diese Verunsicherung und die daraus folgende Notwendigkeit der taktischen Orientierung an den neuen Verhältnissen traten ein bei der Errichtung und beim Fall des Sozialistengesetzes.

Die linke Opposition in der Sozialdemokratie unter dem Sozialistengesetz

Die hier angedeuteten Entstehungsbedingungen der Bewegung der »Jungen« waren bereits wirksam vor der Formierung dieser radikalen Opposition im Jahre 1889. Sie führten zu einer Reihe radikaler Unterströmungen in der deutschen Sozialdemokratie unter dem Sozialistengesetz, die man als vorbereitende Tendenzen bezeichnen kann. Hier wie bei den späteren Manifestationen des linken Radikalismus sind die Kontinuitätsmomente schwach ausgeprägt. So gibt es beispielsweise wenige nachweisbare personelle und lokale Verbindungslinien zwischen der radikalen Opposition, die 1879 von Johann Most und Wilhelm Hasselmann angeführt wurde, und der späteren Bewegung der »Jungen«. Wohl aber finden sich analoge Topoi der Kritik an Organisation und Taktik der Sozialdemokratie.

Nach Inkrafttreten des Sozialistengesetzes im Oktober 1878 erfolgte in der in sich noch wenig gefestigten Sozialdemokratischen Partei eine nahezu vollständige organisatorische Desintegration; gleichzeitig zeigten die Führungsorgane der Partei die Tendenz, keine weiteren Anlässe zu Repressionsmaßnahmen zu geben und gewissermaßen mit dem Sozialistengesetz zu leben.[3] Da sich schon bald bei der resoluten Unterdrückung der sozialdemokratischen Presse zeigte, daß dieser Wille zum Wohlverhalten keineswegs eine milde Anwendung des Gesetzes nach sich zog, regten sich Ende 1878 Gegentendenzen in der Partei. Aus einer mit dieser Haltung sympathisierenden Sicht stellen sich diese Tendenzen folgendermaßen dar: »So entstand bei vielen eine sozialrevolutionäre Stimmung, der noch eine geistige Grundlage fehlte, da sie die ›revolutionäre Sozialdemokratie‹ vergeblich suchten. [...] Diese Stimmung bei diesen innerlich noch durchaus autoritären Sozialisten äußerte sich also in der Disposition zur Gewalt gegen die heutige Gesellschaft, *politischem und sozialem Terrorismus* und in Parteihaß gegen die konsequenten Vertreter der bisherigen friedlichen Taktik der Sozialdemokratie, denen nun einmal das Temperament fehlte, die Lage lebhafter aufzufassen, und die durch ihre materielle Verbindung mit den Parteiunternehmungen meist ihre oberste Pflicht darin sahen, sich selbst und die Druckereien und Blätter, wo irgend möglich, in den farblosesten Erscheinungsformen und gänzlich abgeplattet, der Partei bis auf bessere Zeiten zu erhalten.«[4]

Diese »sozialrevolutionäre Stimmung« artikulierte sich seit Januar 1879 in dem von Johann Most herausgegebenen »Sozialdemokratischen Organ« mit dem Titel *Freiheit*. Most (1846-1906)[5] hatte sich kraft seines agitatorischen Talents in der schweizerischen und österreichischen Arbeiterbewegung schon vor der Reichsgründung in den Ruf des Enfant terrible gebracht und war bei seiner Rückkehr nach Deutschland von Wilhelm Liebknecht nicht ohne Vorbehalte aufgenommen worden.[6] Zweifellos war es aber gerade die von Liebknecht an ihm getadelte »revolutionäre Phraseologie«[7], die vor 1878 erheblich zu Mosts erfolgreicher Tätigkeit als sozialdemokratischer Redner und Zeitungsredakteur beitrug und die ihm nach Inkrafttreten des Sozialistengesetzes die Leitung der Opposition gegen den Legalitätskurs der Parteispitze ermöglichte. Nicht weniger erfolgreich als Most hatte der aus dem Führungskreis der lassalleanischen Tradition kommende sozialdemokratische Reichstagsabgeordnete Wilhelm Hasselmann (1844-1916)[8] für die Partei agitiert. Beiden Wortführern gelang es unter den Bedingungen des »kleinen Belagerungszustandes« nicht, die Opposition zu organisieren oder auch nur ständigen Kontakt mit den im Reiche verstreuten oppositionellen Gruppen zu halten. Eine theoretische Fundierung hatte keiner von beiden der Opposition anzubieten: In Mosts Überlegungen gingen etwa gleichrangig mit Marx' politisch-ökonomischen Entwürfen[9] die Ideen Dührings und anderer zeitgenössischer Theoretiker des Sozialismus ein; auch Hasselmann blieb durchaus im Rahmen des für die deutsche Sozialdemokratie Ende der siebziger Jahre typischen theoretischen Eklektizismus, wobei er allenfalls mehr als andere unter dem Eindruck Blanquis stand.[10]

Blanquistisch inspiriert war dann auch die taktische Alternative, die zum legalen und parlamentarischen Kurs der Parteiführung in der *Freiheit* im Laufe des Jahres 1879 skizziert wurde. Im Januar 1880 wurde zum Beispiel in der *Freiheit* zu dieser konspirativen Taktik ausgeführt: »Bereiten wir uns vor auf die Stunde des Kampfes, nimmermehr wird diese erlösende Stunde schlagen, wenn wir nicht selbst die Sturmglocke schwingen. Und hierzu müssen wir im engen Kreise uns organisieren und rüsten; nicht große Haufen, aber zuverlässige Männer vereinigen. [...] Nicht eine Verschwörungsspielerei wird den Arbeitern empfohlen, sondern eine Organisation, vollkommen wirksam, wenn in den vertrauten Kreisen je 10 bis 20 einander genau bekannte Freunde zusammentreten, ohne durch Mitgliederverzeichnisse, Statuten etc. der Polizei Anhalt zu Entdeckungen zu geben; wenn diese freiwillig gebildeten Gruppen mit aller Energie durch Wort und Schrift die revolutionäre Idee verbreiten, wenn sie sich schließlich, jeder auf eigene Faust, mit einem guten Hinterlader versehen, [...] wenn 4000 derartig organisierte und bewaffnete Sozialisten in der Hauptstadt Berlin und eine entsprechende Anzahl in den Industriestädten sich sammeln, den Volksaufstand organisieren und im kritischen Moment sich erheben, dann sind 100 000 Volkskämpfer, die ihnen nachfolgen, gewiß, und der Volksaufstand ist unbezwingbar, jeder Widerstand vergeblich.«[11]

Diese beiden theoretischen und taktischen Momente der Opposition in der Sozialdemokratie der Jahre 1879/80 blieben Episoden. Zwei andere Aspekte erwiesen sich als konsistenter: Sowohl die von der Opposition geübte Kritik am Verhalten und an einer Reihe von Entscheidungen der Parteiführung als auch die Kritik an der parlamentarischen Taktik und am Parlamentarismus überhaupt sollten bis zu ihrem Höhepunkt in der Bewegung der »Jungen« nicht mehr verstummen. Diese Kritik entzündete sich immer wieder an der durch die Auswirkung des Sozialistengesetzes geschaffenen innerorganisatorischen Konstellation der Sozialdemokratie: Der Reichstagsfraktion, dem einzig legal handlungsfähigen Rest der Parteiorganisation, fiel praktisch die Funktion der Parteiführung zu; gleichzeitig war für die Dauer des Sozialistengesetzes die

Verbindung zwischen der Reichstagsfraktion und der lokalen Parteibasis extrem schwierig und entsprechend locker.[12]
Zumal da von der Verkündung des Sozialistengesetzes bis
zum Wydener Kongreß im August 1880 die sozialdemokratische Fraktion im Reichstag nicht offiziell in dieser Funktion
bestätigt war, bot sie sich als Ziel vehementer persönlicher
und taktischer Kritik für Most, Hasselmann und deren gleichgesinnte Gefolgschaft an. In der *Freiheit* steigerten sich ab
Mitte 1879 die Angriffe gegen diese »Führer« und gegen ihre
auf Legalität bedachte parlamentarische Taktik aus Anlaß
verschiedener Reichstagsreden Bebels, Liebknechts und anderer.[13]

Die *Freiheit* wiegelte zum Beispiel gegen die Autorität der
führenden Persönlichkeiten auf: »Ihr alle habt zu Tausenden
gesucht, das weiter zu tragen, was Euch von Männern, die
gegenwärtig ein so beklagenswerthes heuchlerisch-feiges Spiel
treiben, eingeimpft wurde; Ihr alle habt gewissermaßen das
Schallhorn dieser Leute, die immer und unaufhörlich die
Beseitigung der heutigen Bourgeois-Gesellschaft predigten,
abgegeben; Ihr alle habt ihnen zugejubelt, wenn sie mit einem
kräftigen Schlagwort die Rednertribühne verließen, in Euch
die Überzeugung zurücklassend, daß sie, die Hasenclevers,
Bebels, Liebknechts, Fritzsches, Auers und wie sie alle heißen,
diejenigen Männer seien, welche Euch einstens auf die Barri-
caden führen würden; denn das Ammenmärchen vom ›friedlichen und gesetzlichen Wege‹ haben genannte Personen *selbst
doch nie* geglaubt.«[14] Die antiparlamentarischen Äußerungen, die mit diesen persönlichen Attacken einhergingen, gip-
felten in der Reichstagserklärung Hasselmanns vom 4. Mai
1880, »daß die Zeit des parlamentarischen Schwätzens vor-
über sei und die Zeit der Taten beginnt«.[15]

Die Parteiführung, die seit September 1879 in der Schweiz
mit dem *Sozialdemokrat* eine Plattform gegen die Parolen der
Freiheit geschaffen hatte, reagierte mit dem Ausschluß Hasselmanns aus der Reichstagsfraktion und mit dem Ausschluß
Mosts und Hasselmanns aus der Partei auf dem Kongreß in
Wyden im August 1880. Dieser Kongreß, zu dem Most und
Hasselmann nicht eingeladen waren, wurde weitgehend be-
herrscht von Kritik und Rechtfertigung des bisherigen Verhaltens der Reichstagsfraktion unter dem Sozialistengesetz. Der

inhaltlich den Losungen der *Freiheit* verwandten Kritik, die insbesondere von den durch die Ausweisungsmaßnahmen der lokalen Verwaltungen betroffenen Sozialdemokraten alimentiert wurde, hielt die Mehrheit des Kongresses die folgenden wichtigsten Argumente entgegen: Die »Revolutionsmacherei des Herrn Most« diene lediglich dazu, »die Partei gegenüber den reaktionären Behörden zu kompromittieren«.[16] Zwar habe man angesichts der hysterischen Reaktion des Bismarckschen Staates und der öffentlichen Meinung auf die Kaiser-Attentate des Jahres 1878 zunächst möglicherweise unsicher und zurückhaltend taktiert; aber, so führte ein Sprecher der Fraktion unter dem Beifall des Kongresses aus: »Der nothwendige ›Rückzug‹ beim Eintritt des Sozialistengesetzes war nicht ein ›Rückzug‹ im Sinne der Preisgabe von Prinzipien, sondern der trotz der Übermacht der Feinde erzwungene Rückzug in eine gesicherte Position. Der momentane geordnete Rückzug war nöthig, denn zum ›Losschlagen‹ war keine Möglichkeit.«[17] Keineswegs sehe er im »gesetzlichen Weg« eine unumstößliche Norm. In der Tat erfolgte in Wyden neben dem Ausschluß von Most und Hasselmann aufgrund unsolidarischen Verhaltens die Streichung des Wortes »gesetzlich« als Charakterisierung der Mittel, mit deren Hilfe die Sozialdemokratie gemäß der Formulierung des Gothaer Programms die Erringung ihrer Ziele anstreben wollte.[18]

Erst dieser Ausschluß aus der Sozialdemokratischen Partei und seine daraus folgende politische Isolierung brachten Most von der Linie einer konspirativen Offensivtaktik der illegalisierten Sozialdemokratie zu einer Taktik der prinzipiellen Anti-Gesetzlichkeit und schließlich zur Propagierung des zeitgenössischen Aktions-Anarchismus[19] unter dem Schlagwort der »Propaganda durch die Tat«.[20] Auch nach diesem Parteiausschluß der Protagonisten der linken Opposition und nach der offiziellen Bestätigung der sozialdemokratischen Reichstagsfraktion in ihrer Funktion als Parteiführung brach insbesondere in Berlin und anderen Großstädten des Reiches bei weiteren Gelegenheiten der Konflikt zwischen lokalen Oppositionellen und den »Fraktionellen« auf. Diese oppositionelle Kritik an der Führung der Partei richtete sich auch in den achtziger Jahren vorzugsweise gegen vermeintliche personelle Unzulänglichkeiten und taktische Fehlentscheidungen. Sie trat jedoch in den Hintergrund angesichts einer neuen, nach dem Wydener Kongreß die interne Frontenbildung markierenden Kontroverse.[21] Die Auseinandersetzung entbrannte zwischen den »Radikalen«, der Avantgarde der Marxismus-Rezeption um Bernstein, Kautsky und Bebel, die über den *Sozialdemokrat* verfügten, die gelegentliche Unterstützung Wilhelm Liebknechts fanden und die ständige Beratung Engels aus London genossen. Diese Minderheitsgruppe in der Parteiführung war gekennzeichnet durch ihre radikale Agitation im *Sozialdemokrat,* ihre ambivalente Haltung zum Parlamentarismus und ihre klare Ablehnung des Bismarckschen »Staatssozialismus«.[22] Dieser Richtung gelang es erst um 1887, die unter dem Einfluß Lassalles und Rodbertus' stehende, die sozialdemokratische Parlamentsarbeit und die Prinzipien des Staatssozialismus stärker bejahenden »Gemäßigten« aus ihrer Mehrheitsposition in der Parteiführung zu verdrängen. Zu einer deutlichen Annäherung zwischen der seit 1878 bestehenden radikalen Disposition der lokalen, vor allem großstädtischen Basis und der Minderheit der »Radikalen« in der Führung der Partei kam es in dem internen Streit um die Stellung der Sozialdemokratie zur Bismarckschen Dampfersubventions-Vorlage während der Jahre 1884 bis 1886.[23] Die Fraktionsmehrheit machte im Verlauf dieses Streites namentlich ein Kontrollrecht über das Parteiorgan, den *Sozialdemokrat,* geltend. Neben der auf aktueller Revolutionshoffnung gegründeten skeptischen Einschätzung der Parlamentsarbeit verband besonders die im Dampfersubventions-Streit gemeinsam bezogene Position gegen den Verbindlichkeitsanspruch der »gemäßigten« Fraktionsmehrheit die lokalen Oppositionsbewegungen mit den »Radikalen« in der Fraktion.

Die beiden zentralen ungelösten Fragen der Sozialdemokratie unter dem Sozialistengesetz, die theoretisch-taktische Frage des Parlamentarismus und die praktisch-organisatorische Frage der Kompetenzen der Reichstagsfraktion, gaben auch die konkreten Anstöße zur Neubelebung der lokalen Oppositionsbewegungen nach der mit 24 Reichstags-Mandaten für die Sozialdemokratische Partei über Erwarten erfolgreichen Wahl vom Oktober 1884. Die im Verhalten der »gemäßigten« Fraktionsmehrheit erkennbare Tendenz zur nunmehrigen positiven legislativ-parlamentarischen Mitarbeit[24] stieß auf heftigen Widerspruch. Der Wydener Kongreß hatte zwar empfohlen, »sich mit allen Kräften an den stattfindenden Wahlen für Reichstag, Landtag und Kommune zu betheiligen und zwar aus agitatorischen und propagandistischen Rücksichten«.[25] Es galt jedoch weder für erhebliche Teile der Mitgliederschichten noch für die »Radikalen« in der Fraktion als ausgemacht, daß diese Resolution eine Billigung konstruktiver parlamentarischer Arbeit sei. Bernstein umriß diese eher diffuse Opposition: »So griff immer wieder eine kritisch-oppositionelle Stimmung gegen die Reichstagsfraktion um sich, die sich nicht jedesmal sofort in Resolutionen äußerte, auch meist keinen persönlichen Charakter trug, aber doch vorhanden war und sich gelegentlich in Ablehnung von Anregungen jener kundgab.«[26] Seit 1885 trat allerdings diese Opposition klarer artikuliert in verschiedenen Großstädten des Reiches hervor. In einer Entschließung der oppositionellen Sozialdemokraten in Frankfurt/M., in der ein Wortführer der »Jungen« später die erste Regung der von ihm vertretenen Bewegung sah[27], hieß es Mitte 1885 mit Bezug auf die zustimmende Haltung der Fraktionsmehrheit in der Dampfersubventions-Frage, die Differenzen zwischen dem Kern der organisierten Parteigenossen und den Abgeordneten seien seit einiger Zeit offensichtlich: »Während die Genossen in ganz Deutschland, in allen Ländern, müde des unwürdigen Drukkes, mit eiserner Energie daran arbeiten, eine Armee zu schaffen, die Proletarier zu organisiren, um im kommenden Augenblicke die Menschheit mit Gewalt von der Gewalt zu befreien, scheinen sich unsere Abgeordneten mehr und mehr mit den Vertretern der heutigen Gesellschaft in diplomatische Unterhandlungen einzulassen und sich mit diesen auszusöhnen. Mit einem Wort, sie finden Geschmack an dieser, jedes freien Mannes unwürdigen Komödie. Wir können mit Minister Puttkamer konstatiren, daß thatsächlich das Sozialistengesetz anfängt, seine erzieherische Wirkung auszuüben; unsere Abgeordneten sind schon sehr zahm geworden.«[28] Zu ganz ähnlichen antiparlamentarisch und antifraktionell pointierten Auslassungen kam ungefähr gleichzeitig die Berliner Sozialdemokratie in der Frage der Beteiligung oder Nichtbeteiligung an den preußischen Landtagswahlen. Man verwarf die Teilnahme an den Wahlen u. a. aufgrund der Überlegung, »daß angesichts der Tatsache, daß jedes Mitglied des preußischen Abgeordnetenhauses 15 Mark Diäten pro Tag erhält, wir uns des Gedankens nicht erwehren können, daß wir uns eventuell eine Pflanzstätte der Prinzipienverleugnung und eine Züchtungsanstalt für Berufsparlamentarier schaffen könnten«.[29]

Die Berliner Bewegung

Die Berliner Oppositionellen wurden in den kommenden Jahren zum Wegbereiter der Revolte der »Jungen«, während gleichzeitig analoge Unterströmungen in anderen Städten des Reiches fortexistierten. Bereits Anfang 1886 wiederholte sich die Ablehnung der Teilnahme an Wahlen im Zusammenhang der Berliner Kommunalwahlen mit der gleichen puristischen Begründung, ein Wahlprogramm könne man unter den Bedingungen des Sozialistengesetzes nicht aufstellen, ohne die revolutionären sozialistischen Prinzipien zu verwässern.[30] Die »rabiate Richtung«[31] der Berliner Parteiorganisation hatte Anfang 1887 die Oberhand gewonnen, als ein Berliner Sprecher anläßlich eines erneuten Streites zwischen »Radikalen« und »Gemäßigten« in der Fraktion um den *Sozialdemokrat* erklärte, man habe ganz recht, wenn man sie für »grundsätzliche Gegner des Parlamentarismus«[32] halte. Einer der maßgeblichen Vertreter dieser Richtung, Dr. Max Schippel, erläuterte im Mai 1887 in der Wiener *Gleichheit,* für die Tätigkeit der Sozialdemokratie sei »von fundamentaler Bedeutung einzig und allein die Massenagitation und ihr Erfolg«[33], nicht aber die Zahl der parlamentarischen Vertreter der Partei. Dieser unzweideutige Antiparlamentarismus brachte die Berliner Opposition nun auch in Konflikt mit den »Radikalen« um den Zürcher *Sozialdemokrat.*

Die Berliner gründeten daraufhin als Plattform ihres innerparteilichen Konzepts Anfang August 1887 ein eigenes Blatt unter der Redaktion Schippels, die *Berliner Volkstribüne.* Obwohl Schippel sein um Ausgleich bemühtes Temperament geltend machte, um die Konflikte mit der Parteiführung nicht zu verschärfen, und obgleich der St. Gallener Parteitag der Sozialdemokraten im Oktober des Jahres mit seiner von den

»Radikalen« geprägten Parlamentarismus-Resolution die Berliner Opposition eher zufriedenstellte[34], bestanden die taktischen Differenzen fort. Schippel selbst brachte sie 1888 vorsichtig auf die Formel: »Ein Theil unserer Partei richtet mehr als der andere sein Auge erwartungsvoll auf diejenigen Gesetzgebungs- und Verwaltungsorganisationen (Parlamente, Gemeindevertretungen), welche die Bourgeoisie geschaffen hat, um ihre wechselnden Interessen und Wünsche zum Ausdruck und Durchbruch bringen zu können. Dieser Theil legt sehr leicht einen übertriebenen Werth darauf, die Bourgeoisorganisationen mit sozialdemokratischen Gliedern zu durchsetzen, um so – gleichsam von oben herab – größere agitatorische und positive Erfolge für die Partei zu erzielen. – Die Gegenpartei leugnet diese Erfolge nicht, aber sie legt der direkten Agitation unter den Massen, der Vereinsbildung, der unmittelbaren Ideenvertretung in Wort und Schrift, von Arbeiter zu Arbeiter ohne die Dazwischenkunft eines ganz andersartigen Mediums, einen verhältnismäßig größeren Werth bei.«[35]

Diese Differenzen brachten die Berliner Parteibasis in immer deutlicheren Gegensatz zu den in der Parteiführung nun dominanten »Radikalen« um Bebel, Liebknecht, Singer u. a. Ende November 1888 machte z. B. einer der populärsten Agitatoren der Berliner gegenüber einer öffentlichen immanenten Kritik Singers an der Bismarckschen Gesetzesvorlage zur Alters- und Invalidenversicherung geltend, er könne ihm in verschiedenen Punkten nicht folgen; er halte es für unmöglich, »daß den Arbeitern in der bestehenden Gesellschaftsordnung Gerechtigkeit zuteil werden könne; kleine Forderungen und Gesetzesspielereien hätten keinen Zweck; man solle vielmehr unablässig darauf hinarbeiten, daß die Arbeiter ihr Geschick selbst in die Hand nähmen«.[36] Die auf direktes Handeln drängende prinzipielle Opposition wurde in der folgenden Zeit wesentlich stimuliert durch die großen Streikbewegungen des Jahres 1889 im Ruhrgebiet, die Erfolge der Sozialdemokraten bei den Reichstagswahlen vom Februar 1890 und besonders durch die seit Anfang 1890 erkennbare Perspektive der Aufhebung des Sozialistengesetzes.[37] Diese seit längerer Zeit sich vorbereitende Revolte gegen die Parteiführung trat in Berlin und einigen anderen Städten des

Reiches in dem Augenblick in den Vordergrund, als sich angesichts der Aufhebung des Sozialistengesetzes die Frage nach Organisation und Taktik der Sozialdemokratie in nachdrücklicher Weise aufs neue stellte.

Soziale Rekrutierung

Versucht man, an dieser Stelle die Merkmale der sozialen Zusammensetzung der Gruppen zu ermitteln, die zu Trägern der Opposition der »Jungen« wurden, so weisen alle Spuren[38] auf den prägenden Einfluß relativ junger Intellektueller. Die meisten dieser jungen Akademiker, z. B. Paul Kampffmeyer, Conrad Schmidt, Max Schippel, Paul Ernst u. a., waren im Zusammenhang mit ihren Universitätsstudien durch Karl Kautsky zu eingehender Beschäftigung mit den ökonomischen Grundlagen des Marxismus, besonders zur Aneignung der beiden ersten Bände des *Kapital* angeleitet worden.[39] Sie versuchten, mit diesen frisch erworbenen sozio-ökonomischen Kenntnissen das soziale und politische Geschehen im Deutschland der späten achtziger Jahre zu deuten; ihre Studien erschienen in der *Neuen Zeit,* der *Berliner Volkstribüne* und in der vom Verlag der *Volkstribüne* herausgegebenen Schriftenreihe der *Berliner Arbeiterbibliothek.*

Ihre Analyse der Stellung der Intellektuellen im Bismarck-Reich der achtziger Jahre gibt zugleich Aufschluß über ihr soziales Selbstverständnis und ihr Engagement in der Sozialdemokratie. In der in den Jahren 1889/1890 in der *Volkstribüne* geführten Intellektuellen-Debatte ging man aus von der allgemein konstatierten Existenz eines »Gelehrtenproletariats«.[40] Dieses resultiere aus dem starken Andrang zu den Universitäten von Kindern aus kleinbetrieblich selbständigen Sozialschichten, die sich unmittelbar vom gegenwärtigen forcierten Konzentrationsprozeß des Kapitals in ihrer Existenz bedroht fühlten und darum auf der (illusionären) Suche nach gesicherteren Existenzgrundlagen für die nachfolgende Generation seien. In der Einschätzung der politischen Bedeutung dieses »Abiturientenproletariats« für die Sozialdemokratie wurden in dieser Debatte zwei Positionen[41] vertreten: Einerseits wurde argumentiert, die soziale Lage der »Reservearmee der bürgerlichen Berufe« unterscheide sich unwesentlich von derjenigen der Proletarier; aufgrund dieser Einsicht nehme »an allen Universitäten [...] trotz aller Maßregelungen von seiten der Universitätsbehörden die Zahl der ausgesprochenen Sozialdemokraten in progressiver Weise stetig zu«.[42] Andererseits war Paul Ernst der Meinung, die arbeitslosen Akademiker zeigten wegen mangelnden Solidaritätsgefühls eher Verhaltensweisen des Lumpenproletariats und seien insofern kein möglicher Zugewinn für die Sozialdemokratie. Ausnahmen von dieser Regel ließ er gelten und zählte sich offenbar selbst dazu.[43] Neben diesen Studenten und jungen Universitätsabsolventen stand eine Reihe ebenfalls jüngerer Schriftsteller und Literaten an der Spitze der Berliner Opposition und der Bewegung der »Jungen«. Zu ihnen gehörten außer Paul Ernst und Bruno Wille, die an führender Stelle der Bewegung der »Jungen« von 1890 bis 1893 wirkten, in einem weiteren Sinne auch Arno Holz, Johannes Schlaf und andere Vertreter der naturalistischen Schule in der zeitgenössischen Literatur.

Bruno Wille zählte zu den »Geistesarbeitern, welche theils aus Idealismus, theils unter dem Drucke der wirthschaftlichen Zustände«, zu Anhängern oder doch zu Freunden der sozialdemokratischen Bewegung geworden seien: Karl Henckel, Arno Holz, Johannes Schlaf, Gerhart Hauptmann, John Henry Mackay, Detlev von Liliencron, die Brüder Julius und Heinrich Hart u. a.[44] In Berlin verkehrten diese Autoren im literarischen Club »Durch«; sie diskutierten im Bewußtsein der literarischen Avantgarde kritisch die großen Vorbilder des literarischen Naturalismus, insbesondere Zola und Ibsen. Alle genannten Autoren waren mit zahlreichen belletristischen oder kritischen Beiträgen in allen Jahrgängen der *Berliner Volkstribüne* hervorgetreten; auch die Naturalismus-Diskussion schlug sich dort nieder, insbesondere in den fast regelmäßigen kritischen und feuilletonistischen Beiträgen Willes und Paul Ernsts.[45] Einig waren sich die jungen Naturalisten in dem Willen, als Dichter nicht mehr länger »Vergnügungskommissar der satten Zehntausend«[46] zu sein. Die konsequentesten Beiträge zur Naturalismus-Frage in der *Volkstribüne* folgerten aus dieser antibürgerlichen Grundhaltung, der Naturalismus habe »nur dann eine Zukunft, wenn seine Vertreter sich voll und ganz auf den Boden der sozialistischen

Weltanschauung stellen«.[47] Die Literatur könne zum sozialen
Agens werden, wenn sie sich auf die »Behandlung ökonomisch
bedingter Massenkonflikte« konzentriere.[48] Aus dem Bemühen der Berliner literarischen Gruppen um eine Verbindung
zwischen der neuesten Literatur und den arbeitenden Massen
ging die Gründung der »Freien Volksbühne« im August 1890
hervor, an deren Entstehung und Entwicklung (bis 1914)
Bruno Wille maßgeblich beteiligt war.[49]

Abgesehen von ihrer prekären sozialen Lage und vom Vor-
satz, ihre spezifischen Fähigkeiten nicht den Verwertungs-
zwängen der kapitalistischen Ordnung zu unterwerfen[50],
waren ein gewisser theoretischer Rigorismus und eine bohème-
haft-antibürgerliche Haltung die ausschlaggebenden Momente für das radikale Engagement der Intellektuellen in der
Bewegung der »Jungen«. In ihrer aus der Beobachtung der
rapiden Konzentrationsvorgänge in der Wirtschaft abgeleite-
ten Überzeugung vom baldigen Zusammenbruch des ökonomischen und politischen Systems trafen sie sich mit Teilen der
Arbeitergeneration, die ihre Tätigkeit in der Sozialdemokratie unter den Bedingungen der Illegalität begonnen hatten.
Bei einigen der Wortführer der »Jungen«, die aus proletarischen Schichten kamen, kann man die Erfahrung der gefähr-
deten Existenz als kleiner selbständiger Gewerbetreibender
oder Händler vermuten. Ihre politische Erwartungshaltung
erläuterte Bernstein: »Während auf der einen Seite die Überzeugung immer mehr Verbreitung fand, daß die kapitalistische Gesellschaft mit Riesenschritten ihrem Zusammenbruch
entgegen eile, sah man im Parlament nur Streitereien um
Gesetze, die im Angesicht dieser großen Perspektive wirklich
lächerliche Winzigkeiten darstellten. Wozu daran herumflik-
ken? Die große Mehrzahl der Arbeiter, die in der Agitation
standen, waren im Durchschnitt höchstens dreißig Jahre alt;
was konnte in ihren Augen eine Altersversicherung sein, bei
der der Arbeiter erst mit dem 70. Lebensjahr rentenberechtigt
sein und eine Rente von etlichen Pfennigen pro Tag erhalten
sollte? Nicht in vierzig, in zwanzig – ja vielleicht in weniger
als zehn Jahren mußte ja der ganze bürgerliche Gesellschafts-
krempel zusammengebrochen sein.«[51] Daß das Bündnis zwischen diesen durch revolutionäre Ungeduld charakterisierten
Teilen der Arbeiterschaft und den kulturradikalen Gruppen

der kleinbürgerlichen Intelligenz am Ende der Periode des Sozialistengesetzes bereits etabliert war, bezeugt ebenfalls Eduard Bernstein: »Arbeiter und Student war in Berlin längst keine unbekannte Verbindung mehr.«[52]

Die Kontroverse um die Maifeier

Aus dem beiden gemeinsamen Willen zum direkten revolutionären Handeln ergab sich die enthusiastische Zustimmung zu der auf Anregung der französischen Genossen zustande gekommenen Empfehlung des Internationalen Arbeiter-Kongresses in Paris (1889), mit einer demonstrativen Arbeitsniederlegung am 1. Mai des kommenden Jahres für den achtstündigen Arbeitstag einzutreten. Die Führung der deutschen Sozialdemokratie traf allerdings nach der erfolgreichen Reichstagswahl vom Februar 1890 weder eine Entscheidung noch Vorbereitungen zu dieser spektakulären internationalen außerparlamentarischen Aktion. Die im Falle Bebels[53] belegbare Abneigung der Parteiführung gegen dergleichen Massenaktionen hatte mit einiger Wahrscheinlichkeit u. a. ihren Ursprung in der Furcht der Fraktionsmitglieder vor einer praktischen und erneuten prinzipiellen Infragestellung der parlamentarischen Interessenvertretung der Sozialdemokratie. Die Initiative für die Vorbereitung der Mai-Demonstrationen ging im März 1890 von den Berlinern und ihrem Presseorgan, der *Berliner Volkstribüne*, aus.[54] Sie proklamierten: »In allen Industriestädten, in denen starke Organisationen bestehen, ist der 1. Mai Feiertag. Alle Gewerke ruhen!«[55] Die sozialdemokratische Reichstagsfraktion nahm Anstoß an Inhalt und Form des Aufrufes; zum Inhalt erklärte sie in der ab Ende März (1890) in der gesamten Partei beginnenden Diskussion, die Befolgung des Aufrufes würde »möglicherweise wirthschaftliche und politische Konflikte von unabsehbarer Tragweite veranlassen und dem Zwecke der Manifestation nur Abbruch thun«[56]; an der Form des Zustandekommens des Aufrufs rügte sie die Initiative der Berliner und empfahl, »nicht eher Schritte in dieser Angelegenheit zu thun, bis die Fraktion, als die Vertreterin der Partei, gesprochen hat«.[57] Ihre Direktive lief am 13. April darauf hinaus, die Arbeitsniederlegung dort zu praktizieren, wo dies »ohne Konflikte«[58] möglich sei. Die Demonstrationen am 1. Mai 1890 verliefen in Deutschland dann in der Tat ohne Zwischenfälle, blieben aber auch ohne Resonanz. Die seit langem existente, gegen die Autorität der Fraktion und gegen die parlamentarische Taktik gerichtete Opposition schwoll aufgrund dieser Kontroversen um die Maifeier des Jahres 1890 merklich an, u. a. auch deswegen, weil in Mitgliederkreisen der Eindruck verbreitet war, daß hier wichtige, die organisatorische und taktische Entwicklung der Sozialdemokratie nach dem Sozialistengesetz präjudizierende Entscheidungen getroffen würden.[59]

Im Rahmen der organisatorischen Expansion der Partei wurden die Redaktionen von zwei der 1890 neu gegründeten Parteiblätter auf Wunsch der lokalen Mitgliedschaft und durch die Vermittlung des als Herausgeber der *Volkstribüne* für fraktionsunabhängig geltenden Dr. Schippel mit Oppositionellen besetzt. Die Magdeburger *Volksstimme* unter der Redaktion der Schriftsteller Hermann Teistler, Bruno Sommer und Paul Ernst und die in Dresden erscheinende *Sächsische Arbeiterzeitung*, redigiert von Hans Müller und Paul Kampffmeyer, dienten neben der *Berliner Volkstribüne* ab Mitte 1890 als Organ der linken Kritik an der Parteiführung.[60] Ende Juli (1890) entluden sich die latenten Spannungen in der Partei in der Debatte um einen Artikel Bruno Willes in der *Sächsischen Arbeiterzeitung*. Wille hatte im Hinblick auf die fälligen innerparteilichen Veränderungen nach dem Auslaufen des Sozialistengesetzes die von der Opposition diagnostizierten Mißstände in der Partei auf die Formel der politischen »Korruption« gebracht. Die Invektive rief August Bebel gegen die Opposition auf den Plan, der dieses Stichwort als persönliche Beleidigung deutete.[61] Der offene Kampf zwischen »Fraktionellen« und »Oppositionellen« in der Sozialdemokratie beherrschte die innerparteiliche Szenerie bis zum Parteitag in Halle im Oktober 1890. Wille brachte gelegentlich die Streitpunkte der Diskussion dieser Monate in folgendem Katalog zusammen: »1. Die Haltung der Sozialdemokratie im Reichstage, welche zuweilen geeignet war, die Hoffnung zu wecken, als könne bereits auf dem Boden der kapitalistischen Gesellschaft die Lage der arbeitenden Klasse nennenswert verbessert werden. 2. Die Agitation bei den letzten Reichstagswahlen, welche vielfach mehr darauf hinauslief, Sitze im Parlament zu gewinnen, als Sozialdemokraten zu machen. 3. Das Eintreten der Fraktion für bürgerliche Kandidaten bei den letzten Stichwahlen – entgegen den prinzipientreuen Beschlüssen zu St. Gallen. 4. Das Vorgehen der Fraktion in der Frage des 1. Mai. 5. Das Verhalten maßgebender Fraktionsmitglieder in Angelegenheiten unserer Presse. 6. Eine gewisse Art dieser Genossen, sachliche Kritik als persönliche Beleidigung zu behandeln ... 8. Der Aufruf zu den Kongreßwahlen, welche von vornherein, autoritativ einen bestimmten Wahlmodus zur Geltung zu bringen suchte. 9. Der Organisations-Entwurf, besonders deswegen, weil er der Fraktion eine allzu große Macht einräumt.«[62]

Da der Streit bereits Spaltungsgerüchte innerhalb und außerhalb der Partei hervorgerufen hatte, unternahm Bebel, die populärste und am wenigsten umstrittene Persönlichkeit in der Parteiführung seit dem St. Gallener Kongreß, eine Agitationsreise in die Hochburgen der Opposition. In Dresden und Magdeburg setzte er Mitte August 1890 in der lokalen Mitgliedschaft Resolutionen durch, die die »ungerechtfertigten Angriffe auf die Parteileitung«[63] tadelten und die Überführung der örtlichen Oppositionsblätter in Parteieigentum veranlaßten.[64] Abschluß und Höhepunkt dieser Reise bildete die Konfrontation Bebels mit den Berliner Wortführern der »Jungen«, wie die Opposition inzwischen von der bürgerlichen Presse genannt wurde[65], in der Berliner Brauerei »Friedrichshain«.[66] Bebel und Wille faßten auf dieser Versammlung, die im ganzen Reich mit Spannung erwartet wurde und ein ungewöhnlich zahlreiches Publikum angezogen hatte, ihre bekannten Argumente zu den taktischen Fragen der Partei am Beispiel der Maifeier und der Bedeutung der parlamentarischen Tätigkeit und zu den organisatorischen Problemen am Beispiel des Entwurfs eines Organisationsstatuts und der innerparteilichen Stellung der Fraktion zusammen. Wegen der massiven Parteinahme der Anwesenden für Bebel konnten die Sprecher der Opposition sich nur mit Mühe Gehör verschaffen, und die Bebelsche Resolution, die die Fraktion von allen Anschuldigungen freisprach, wurde gegen wenige Neinstimmen gebilligt. Dieser nicht nur durch Argumentation, sondern auch durch das Bebelsche Charisma erwirkte

Triumph über die »Jungen« hatte erhebliche desintegrierende Konsequenzen für die ohnehin bislang diffuse oppositionelle Bewegung. Auf dem Kongreß in Halle war der Effekt dieser Diskussionen noch so stark, daß der größte Teil der Verhandlungen die von der Opposition aufgebrachten Beschuldigungen zum Inhalt hatte. Die Debatte des Parteitages, die anfangs auf beiden Seiten durchaus von Ressentiments geprägt war, führte in allen Punkten zur Exkulpierung der Fraktionen und zur Bestätigung der von ihr vorgelegten Resolutionen. Der quantitativ und qualitativ schwach vertretenen Opposition gelang keine zusammenhängende Selbstdarstellung; aus ihrer Defensivstellung protestierte sie gegen eine »Abschlachtung«[67] durch die Fraktion. Andererseits fehlte es in der akklamierenden Parteitagsmehrheit nicht an argumentloser Selbstgerechtigkeit.[68]

Organisationskritik

In der Argumentation der »Jungen« hatte seit 1890 der von der Fraktion vorgelegte Entwurf eines Organisationsstatuts im Mittelpunkt gestanden. Die während der Sozialistengesetz-Periode niemals verstummende Kritik an der Kompetenzfülle der Reichstagsfraktion fand hier einen Höhepunkt und in der Folgezeit auch eine neue Qualität. Wille hatte schon in seinem folgenreichen Artikel vom 22. Juli 1890 im Hinblick auf die Fraktion erklärt: »Von manchen ›Führern‹ wird straffe ›Unterordnung‹ verlangt. [...] Ein ›Führer‹, welcher politische Subordination verlangt, züchtet sich einen Hofstaat schmeichelnder Streber heran, nicht aber freie, offene, muthige Männer, wie wir sie brauchen.«[69] Die »Autoritätsgläubigkeit« der Genossen und das »Verlangen einer straffen Unterordnung seitens der Führer«[70], diese einander wechselseitig bedingenden Phänomene, sah man institutionalisiert in dem fraktionellen Statuten-Entwurf.[71] Man lehnte vor allem das vorgesehene Kontrollrecht der Fraktion über den Parteivorstand (§ 16) und die Kontrollbefugnis des Parteivorstandes über die Parteipresse (§ 14) ab. Dieser Kritik in den Blättern der »Jungen« in Berlin, Dresden und Magdeburg schloß sich vorübergehend Georg von Vollmar als Fraktionsmitglied in der *Münchner Post* an, der hier und auf dem

Parteitag in Halle[72] mit dem Hinweis auf das Fortfallen der die zentralistische Orientierung der Parteiorganisation in der Illegalitätsphase bedingenden Umstände sowie aufgrund vereinsrechtlicher Bedenken für eine eher föderalistische Parteiorganisation plädierte.

In der weiteren Entwicklung der Bewegung der »Jungen« wurden über diese mehr punktuelle Kritik an der etablierten Parteiführung (»Fraktionsdiktatur«) hinaus grundsätzlichere Elemente der Organisationskritik hervorgebracht. Vor allem nach dem Ausschluß der »Jungen« auf dem Erfurter Kongreß entstand eine Organisationsdebatte, in der im wesentlichen drei Argumentationsstränge identifizierbar sind: Aus dem Zusammenhang der von Hans Müller entwickelten Thesen über die Verbürgerlichung der Sozialdemokratischen Partei wurde das Phänomen der Verselbständigung der Parteiführung gegenüber der Basis abgeleitet und ein erster Ansatz zur Bürokratiediskussion in der deutschen Arbeiterbewegung begründet.[73] Man konstatierte, die Parteileitung werde »von Tag zu Tag mehr von einem verwaltenden Organ zu einem selbständigen Beamtenthum«.[74] Man führte diese Entwicklung nicht auf subjektive Unehrlichkeit der sozialdemokratischen Führer zurück, sondern auf ihre »veränderte Lebensstellung« und die »zu geringe Fühlung mit dem Proletarierelend«.[75] Domela F. Nieuwenhuis, ein führender niederländischer Sozialdemokrat, der sich auf die Seite der »Jungen« geschlagen hatte, sah voraus, möglicherweise kämen einmal »Kleinbürgerthum und die Aristokratie der Arbeiter ans Ruder«[76]; ihnen gegenüber wäre dann der gleiche Kampf zu beginnen, wie ihn das Proletariat gegenwärtig gegen die Bourgeoisie führe. – Die Kritik an der parlamentarisch-politischen Tätigkeit der Sozialdemokratie und die Gegenkonzeption eines rein ökonomischen Kampfes des Proletariats um die Macht mündeten konsequenterweise in die Ablehnung der Organisationsform der Partei: »Die Bildung geschlossener Parteien [ist] überhaupt ein großer Unsinn, weil darin immer Meinungsverschiedenheiten auftauchen werden, welche den Gang der großen ›Maschine‹ stören müssen. Der wirkliche Fortschritt der Arbeiterbewegung [...] kann nur gesichert werden durch Gründung autonomer, d. h. unabhängiger Gruppen, *in denen das zentralistische Prinzip gänzlich bei-*

seite gelassen wird.«[77] »Die Aufgabe einer zielbewußten Arbeiterpartei sehen wir aber lediglich darin, die Rolle eines permanenten Agitationsausschusses der wirthschaftlich organisirten Arbeiter zu übernehmen, nichts weiter.«[78] Ohne daß diese Diskussion je abgeschlossen wurde, empfahl man, »allgemeine Arbeitervereine« auf lokaler Basis zu gründen mit der Möglichkeit der Untergliederung in Berufssektionen[79], und sah einen dezentralisierten übergreifenden Verbund vor. Schließlich wurde, anknüpfend an die insbesondere von Wille vertretenen Forderungen nach vorrangiger Entfaltung der Individualität der Arbeiter, die Auffassung vertreten, man solle überhaupt auf Organisation verzichten.[80]

Reformismus-Kritik

Die mangelnde agitatorische und organisatorische Kohärenz der Bewegung der »Jungen«, die von Wilhelm Werner auf dem Hallenser Kongreß eingestanden worden war[81] und in der die Oppositionellen selbst einen Nachweis der Spontaneität der Bewegung erblickten, machte ihre Aktivität stark abhängig von äußeren Anstößen. Diesen aktivierenden Impuls empfing sie nach dem Parteitag in Halle erst wieder durch die Münchener »Eldorado«-Rede Georg von Vollmars Anfang Juni 1891. Vollmar, der den »Jungen« durch seine Forderung nach ressentimentfreier Auseinandersetzung mit der Opposition vom Parteitag in Halle in Erinnerung war, empfahl in dieser Rede der Sozialdemokratischen Partei eine gezielte außen- und innenpolitische Kooperation mit der Regierung Caprivi. Zumal da Vollmar in der anschließenden Diskussion die These verfocht, er schlage im Grunde nichts anderes vor, als was die Mehrheit der anerkannten Parteiführer (die sich nachdrücklich von seiner Rede distanzierten) bereits vielfach zum Ausdruck gebracht hätten, kam die Opposition nun vollends zu dem Schluß, die Sozialdemokratie sei eine kleinbürgerliche Reformpartei geworden. In Berlin fand in den Monaten Juli bis September 1891 eine Reihe erregter Versammlungen und Diskussionen statt[82], in denen sich nun von der Parteispitze insbesondere Ignaz Auer den Anschuldigungen der »Jungen« stellte. Diese Anschuldigungen hatten Mitte Juli (1891) in Berlin Paul Kampffmeyer,

Bruno Wille, der Tapezierer Karl Wildberger, der Kaufmann Albert Auerbach u. a. zu einem Manifest zusammengefaßt[83], das in den Kontroversen mit der Fraktion bis zum Parteiausschluß der Opposition auf dem Erfurter Parteitag die Debatte beherrschte. Auer reduzierte die zentralen Thesen des Manifests auf folgende Punkte: »1. Der revolutionäre Geist wird seitens einzelner Führer systematisch ertötet. 2. Die geübte Diktatur erstickt jedes demokratische Fühlen und Denken. 3. Die ganze Bewegung ist verflacht und zur puren Reformpartei kleinbürgerlicher Richtung herabgesunken. 4. Die Revolution wird von der Bühne des Reichstags feierlich abgeschworen. 5. Es geschieht Alles, um einen Ausgleich zwischen Proletariern und Bourgeois herbeizuführen. 6. Angesichts der Arbeiterschutz- und Versicherungsanträge sei die Begeisterung unter den Genossen verflogen. 7. Majoritätsbeschlüsse in der Fraktion kommen fast immer mit Rücksicht auf andere Parteien und Gesellschaftsklassen zustande und ebnen so den Boden zur Schwenkung nach rechts. 8. Die Taktik der Partei ist falsch und verkehrt. 9. Sozialismus und Demokratie hat nichts gemein mit den Reden unserer Abgeordneten. 10. Es sei Betrug, wenn man die Genossen glauben zu machen versucht, daß mittelst des Parlamentarismus innerhalb der heutigen Gesellschaft eine Sozialisirung der verschiedensten Klassen möglich sei. 11. Es ist ein Unsinn, dem Volke glauben zu machen, den Königen werde ihr Handwerk schließlich zu schwer. 12. Das Reden vom Hineinwachsen der heutigen Gesellschaft in den sozialistischen Staat sei ein Blödsinn. Die solches sagen, sind selbst weit schlimmer als politische Kindsköpfe. 13. Das Flugblatt redet von jämmerlichen Gesetzentwürfen und kläglichen Reichstagsreden und einer ›sichtbaren Schwenkung‹. 14. Die neue Taktik ist ein Kompromiß mit der Masse auf Kosten des Prinzips.«[84]

Auf dem Erfurter Parteitag wurde von den 5 Vertretern der »Jungen« der Wahrheitsbeweis für diese Thesen gefordert, und der Kongreß stand, wie der vom vergangenen Jahr, überwiegend im Zeichen der Auseinandersetzung mit der Opposition. Die Beiträge der Oppositionellen und einiger Sympathisanten, besonders diejenigen Auerbachs und Wildbergers, waren kohärenter als in Halle und versuchten, dieser Forderung nachzukommen[85], vermochten jedoch nicht, die anderen

Delegierten zu überzeugen. Dem von Bebel und Auer ange-
kündigten Ausschluß der Opposition aus der Partei kamen
deren 5 Delegierte zuvor, indem sie die teilweise polemischen
Angriffe gegen sie als Beweis für die »Fraktionsdiktatur« nahmen und ihren Parteiaustritt erklärten.[86]

Theoretische Positionen

Die vor und auf dem Erfurter Parteitag geführte Programm-
diskussion war auch für die Opposition die Gelegenheit gewesen, zu einer Klärung ihrer theoretischen Vorstellungen zu
gelangen. Die schwach entwickelte interne Verständigung
innerhalb der Opposition hatte allerdings in diesem Bereich
eine noch ausgeprägtere Inkonsistenz zur Folge als in der
taktischen und organisatorischen Argumentation, ihrem
eigentlichen Aktionsfeld. In den 1890/91 in der *Berliner
Volkstribüne* erscheinenden Beiträgen *Zur Kritik des Pro-
gramm-Entwurfs* wurde der theoretische erste Teil nicht in
Frage gestellt. Die dort skizzierte Klassenanalyse entsprach
völlig dem marxistischen Selbstverständnis zumindest der
theoretisch versierten Intellektuellen.[87] Der aus den Reihen
der oppositionellen Intelligenz dem Erfurter Kongreß vorgelegte Programmentwurf, für den Albert Auerbach, Paul
Kampffmeyer und Dr. Lux verantwortlich zeichneten[88],
unterschied sich nur in wenigen, allerdings aufschlußreichen
Details von dem schließlich angenommenen Entwurf der
Redaktion der *Neuen Zeit* (Kautsky, Bernstein): Emphati-
scher war dort der Trend zur Aufreibung der Mittelklassen im
Konzentrationsprozeß des Kapitals beschrieben[89]; die
Bewußtseinskorrelate, »die geistigen Lebensbedingungen«[90]
der ökonomischen Umwälzungen, wurden thematisiert; und
schließlich enthielt der Entwurf eine Passage gegen den
»Staatssozialismus«.[91] Versucht man, unter Berücksichtigung der Schwierigkeit generalisierender Aussagen über die
»Jungen« in diesem Punkte, die Charakteristika der theoretischen Position der Opposition erkennbar zu machen, so kann
man in der Tat an diese drei Motive anknüpfen.
  Die sozio-ökonomischen Analysen der Entwicklung des Reiches, die die oppositionellen Intellektuellen mit ihrem marxistischen Rüstzeug in den Heften der *Berliner Arbeiter-Biblio-*

thek und in der *Berliner Volkstribüne* unternahmen, richteten sich nahezu ausschließlich auf die in der Depressionsperiode sich vollziehenden Konzentrationsvorgänge des Kapitals und die diesem Prozeß korrespondierende Existenzbedrohung der kleingewerblichen und kleinbäuerlichen Betriebe. Anfänglich verblieben die einschlägigen Artikel der *Berliner Volkstribüne* durchaus im Rahmen der parteioffiziellen Meinung, daß das Kleinbürgertum angesichts seiner mit naturgesetzlicher Notwendigkeit voranschreitenden objektiven Proletarisierung lediglich in Verkennung seiner wahren Interessen sich noch nicht mit dem Proletariat solidarisiere. In dem Maße, wie in der Opposition die These von der »Verkleinbürgerlichung« der Sozialdemokratischen Partei Verbreitung fand und der Eindruck entstand, die Partei werde von spezifischen Interessen des Kleinbürgertums fehlgeleitet[92], wuchs die taktische Intransigenz der »Jungen« gegenüber allen nicht-proletarischen Schichten. – Nach dem Parteiausschluß führte diese Intransigenz zu voluntaristischen Verformungen marxistischer Klassenanalyse folgender Art: »Die Beseitigung des Kleinbürger- und Kleinbauernthums halten wir für eine der Vorbedingungen des Sozialismus. Die wirtschaftliche Entwicklung räumt bereits damit auf, und wir werden den Untergang dieser Elemente nur zu beschleunigen suchen. Das ist eins der wichtigsten Unterscheidungsmerkmale zwischen uns und der offiziellen Sozialdemokratie.«[93] Die theoretische Eskamotierung und die faktische Negierung der Zwischenklassen (sowie der unterschiedlichen Tendenzen im Großkapital) bedingten einander in der Theorie der »Jungen«: »Unserer Überzeugung nach, und darin gehen wir von der Meinung der Parteileitung und dem Erfurter Programm ab – unserer Überzeugung nach gibt es für die Arbeiterklasse nur ein einziges Hilfsmittel zum Übergange aus der passiven in die aktive Stellung, zur Sicherstellung der Existenz, zur Erhöhung ihrer Kultur und Lebenshaltung, zur Beseitigung des Lohnsystems: das ist die organisch fortschreitende wirthschaftliche Vereinigung unter Ausschluß der nicht proletarischen Klassen.«[94] Die sozio-ökonomische Analyse der »Jungen« blieb so auf die einfache Beobachtung der Dichotomie Großkapital–Proletariat reduziert und trat niemals in die Analyse kurzfristigerer Klassenbewegungen, als es die säkulare Tendenz zur Verelendung war, ein.[95]

Verblieb die marxistische Analyse der »Jungen« durchaus im Rahmen des für die Sozialdemokratie ihrer Zeit nachgewiesenen Marxismus-Verständnisses, das durch die Überzeugung von der Notwendigkeit der ökonomischen Entwicklung zum Sozialismus gekennzeichnet war[96], so stand andererseits die offensive Klassenkampf-Taktik der Opposition in einem deutlichen Widerspruch zu einer solch fatalistischen Haltung. Dieser Widerspruch wurde in der Tat artikuliert in einer Marxismus-Debatte, die 1890 in der *Berliner Volkstribüne* von Paul Ernst angeregt wurde. In einem (von logischer Inkohärenz nicht freien) Artikel[97] hatte er aufzuzeigen versucht, daß nach dem Schritt vom utopischen zum wissenschaftlichen Sozialismus, also aufgrund der historisch-materialistischen Geschichtsauffassung, der Eindruck entstehen könne: »Was nützt deine Thätigkeit, was nützt alles Agitiren und Organisiren – die ökonomische Entwicklung bringt die Leute weiter, nicht deine Thätigkeit«; dieser Eindruck könne »zu Indifferentismus und Gleichgültigkeit führen und die revolutionäre Energie schwächen, welche ja so häufig durch die Illusion auf das wirksamste unterstützt wurde«. Diese von ihm diagnostizierten »Gefahren des Marxismus«, die auch von einigen Beiträgen zu der auf diesen Artikel folgenden Debatte[98] als gegeben angesehen wurden, machten es nach seiner Meinung unvermeidlich, daß »bei den meisten Bekennern der Sozialdemokratie trotz aller materialistischen Geschichtsauffassung und allem Skeptizismus, die Illusion doch eine große Rolle spielen« müsse. Er schloß seine Überlegungen mit dem Hinweis: »Die großen Thaten werden nicht von nüchternen, kalten Verstandesmenschen gethan, sondern von begeisterten Phantasten.« Er variierte damit das Motto, das dem Berliner Flugblatt vom 9. 7. 1890 vorangestanden hatte: »Erinnere Dich, mein Sohn, daß man begeistert sein muß, um große Dinge zu vollbringen.« Auch Wille, der Ernst in den Marxismus eingeführt hatte, erinnert sich, sein Sozialismus dieser Jahre sei »sittliche Begeisterung« gewesen.[99] Als Palliativ gegen die »Gefahren des Marxismus« galt den »Jungen« in der Tat die »Begeisterung«. Die mit diesem Schlüsselwort angedeutete Betonung der subjektiven Momente des sozialen Transformationsprozesses signalisiert zwar möglicherweise ein kritisches Gespür für die fatalistische Ausprägung des Marxismus in der offiziellen Parteiideologie der SPD vor dem Ersten Weltkrieg[100]; sie war jedoch wesentlich ein Amalgam aus marxistischen Grundbegriffen, ethischen Impulsen und aktionistischem Wollen und somit ein Symptom der voluntaristischen Komponente in der Opposition, nicht aber ein Zeichen einer besseren Marxismus-Rezeption. Ein Teilnehmer an der Debatte hielt dem Voluntarismus der »Jungen« entgegen: »Es ist nicht zu leugnen, daß mancher Heißsporn in unserer Bewegung sich nach anderen Thaten sehnt, dem das Alles, die ›Entwicklung‹ etc. nicht schnell genug geht, aber er wird sich schon gedulden müssen, bis ihm die Massen nachfolgen können.«[101] Keiner der Beiträge zu dieser Debatte entwickelte die authentische Marxsche Dialektik von ökonomischer Gesetzmäßigkeit und politischem Handeln.

Die durch Vollmars Rede angefachte Kritik am »Staatssozialismus« schlug sich nieder in der Forderung des oppositionellen Programmentwurfs: »Die anzustrebende Produktion durch und für die Gesellschaft wird jedoch keineswegs durch den sogenannten Staatssozialismus, das System der Verstaatlichung zu fiskalischen Zwecken, erfüllt, weil dieses System den Staat an die Stelle des Privatunternehmers setzt, und damit die Macht der ökonomischen Ausbeutung und der politischen Unterdrückung des Arbeiters in einer Hand vereinigt.«[102] Das Fehlen dieser Passage in der endgültigen Redaktion des *Erfurter Programms* wurde von den »Jungen« immer wieder angeführt als Beleg dafür, daß die Partei sich unter dem Druck des Kleinbürgertums zum »Staatssozialismus« bekenne. Die in der Opposition während der ganzen Zeit des Sozialistengesetzes vorhandene antietatistische Spitze wurde ansatzweise theoretisch erst artikuliert nach der Abtrennung der »Jungen« von der Partei. Nach dem Eindruck ihrer den (im »Vollmarthum« gipfelnden) Staatssozialismus bekämpfenden Autoren hatte die Parteiführung ihr Staatsverständnis total verändert, oder sie handelte wider besseres Wissen, wenn sie die Institutionen des Staates als ein mögliches Vehikel sozialistischer Transformation ansah. Der Staat könne sich »unmöglich nach dem Willen derjenigen richten, die zu beherrschen und niederzuhalten seine Bestimmung ist«.[103] Angesichts dieser Repressionsfunktion des Staates im Dienste der besitzenden Klasse könne man die Ziele der Besitzlosen nicht unter Zuhilfenahme des Staates, sondern einzig im Kampfe gegen ihn verfolgen. Die Bemühung innerhalb der staatlichen Institutionen um Forderungen wie die Erweiterung der Arbeiterschutz-Gesetzgebung, die Beseitigung der Lebensmittelzölle, die Erringung des uneingeschränkten Vereinigungsrechtes u. a. sei daher illusionär und schädlich. Die Partei dürfe sich aufgrund des Klassencharakters des Staates und seiner Institutionen nicht auf solche »possibilistischen« Wege begeben, sondern müsse zu »der alten revolutionären Taktik mit ihrer prinzipiellen Propaganda«[104] zurückkehren. In ihrer Klassenanalyse und in ihrem Staatsverständnis brachen die Oppositionellen die schlechterdings allgemeinsten Einsichten der Marxschen Klassen- bzw. Staatstheorie aus ihrem theoretischen Zusammenhang heraus und stilisierten sie zu Prinzipien, die unter allen Umständen bewahrt werden mußten.

Der Verein Unabhängiger Sozialisten

Nach dem Bruch mit der Partei schlossen sich die Vertreter der »Jungen« noch am letzten Tage des Erfurter Kongresses zusammen zu einem »Verein Unabhängiger Sozialisten«.[105] Das Anfang November 1891 erschienene *Manifest der Unabhängigen Sozialisten,* das u. a. von Kampffmeyer, Wille und Ernst redigiert war, wurde weitgehend geprägt vom Stil ressentimenthafter Auseinandersetzungen mit dem »Ketzergericht« in Erfurt. An Ansatzpunkten einer selbständigen Programmatik enthielt es erstens die Forderung nach freiem Meinungsaustausch innerhalb einer föderalistischen Organisation: »Der Organisationskörper der politisch und wirthschaftlich organisirten Arbeiter muß unserer Ansicht nach nicht nur groß und umfangreich sein, er muß auch über starke, selbstthätige Glieder verfügen; auf deren Entwicklung wollen wir besonders hinwirken.«[106] Zweitens proklamierte das *Manifest* die »Individualisirung des Arbeiters«: »Der Individualisirung des Arbeiters legen wir oppositionellen Sozialisten einen großen Werth bei. Wir wollen den Horizont des Arbeiters durch rege Diskussion über alle öffentlichen Fragen stetig erweitern. Wir wollen ihm nicht sofort diese oder jene allein seligmachende Ueberzeugung aufdrängen, sondern wir wollen ihn vor Allem anregen, aus Diskussionen heraus sich seine eigene Meinung zu bilden.« Die programmatische Offenheit des *Manifests* war nicht geeignet, die Opposition organisatorisch zu festigen und zu integrieren. Vom Erfurter Parteitag bis Ende 1892 bestimmten zwei Richtungen die Entwicklung der Opposition. Die eine artikulierte sich in der *Berliner Volkstribüne*, die andere umfaßte die Mehrheit der Oppositionellen und gab ab Mitte November 1891 ein eigenes Blatt als Organ der Unabhängigen Sozialisten heraus, den *Sozialist*. Die *Volkstribüne,* deren Redaktion Paul Ernst aus Protest gegen die Ereignisse auf dem Parteitag in Erfurt niedergelegt hatte, wurde zum Sprachrohr der Gruppen der »Jungen«, die weniger an der Formulierung einer neuen Programmatik interessiert waren als an der proletarisch-revolutionären Regeneration der Partei. Hans Müller hielt die »Ausscheidung aller opportunistisch-possibilistischen Elemente, die Emanzipation des Proletariats von dem die Partei beherrschenden Kleinbürgerthum«[107] für die vordringliche Aufgabe. Man lehnte die »Willesche Individualitätsfaselei« des Manifests der Unabhängigen Sozialisten ab[108] und bekannte sich in der weiterhin im Mittelpunkt stehenden Parlamentarismusdebatte zum ambivalenten Parlamentarismus der St. Gallener Resolution.[109] Diese Richtung erwies sich im Laufe des Jahres 1892 als nicht entwicklungsfähig, da sie der Kritik von beiden Seiten, vom Parteivorstand und von der Oppositionsmehrheit, ausgesetzt war. Die *Berliner Volkstribüne,* deren Herausgeber sich 1892 immer öfter zur redaktionellen Distanzierung von Artikeln über den Generalstreik, die Jura-Föderation, Bakunin und ähnliche Themen veranlaßt sahen, stellte am Jahresende (1892) ihr Erscheinen ein.[110] Sie hatte offenbar ihre Leserschaft an das neue Blatt der aus der Partei ausgeschlossenen Opposition verloren, das angeblich anfangs 20 000 Abonnenten zählte.[111]

Konzeption des rein ökonomischen Klassenkampfes

Im *Sozialist,* dessen erster Jahrgang von Hermann Teistler redigiert wurde, kamen bis etwa Mitte 1893 alle wesentlichen Themen der Opposition, besonders die Organisations- und die Parlamentarismus-Frage, in kohärenterer und konsequenterer Weise zur Sprache, als dies in der weitgehend diffusen Argumentation der »Jungen« bislang der Fall gewesen war. Dem Ziel, zur Klärung und Festigung der eigenen Position zu kommen, dienten offenbar auch die häufigeren historischen Beiträge über die Entwicklung der Opposition in der Sozialdemokratie unter dem Sozialistengesetz[112], als deren Fortsetzer man sich verstand. Im Zentrum der taktischen Überlegungen stand bei den Unabhängigen Sozialisten die Konzeption eines »gewerkschaftlich-sozialistischen Klassenkampfes«, eines Klassenkampfes, der sich völlig auf den Produktionsbereich und nicht auf die Eroberung der politischen Macht konzentrierte. Dies sei die »zweckmäßigste Form, unter welcher der Arbeiter heute der Bourgeoisie gegenübertreten kann«.[113] Diese Konzeption verdrängte fast vollständig die Individualitäts-Thesen des ersten Manifestes der Unabhängigen Sozialisten. Den Stand der Diskussion in den Reihen der Unabhängigen Sozialisten, die eingestandenermaßen im Schwinden begriffen waren, gibt der *Entwurf einer Prinzipien-Erklärung* vom Oktober 1892 wieder: »Die heutige (bürgerliche) Gesellschaft beruht auf dem Monopolbesitz an den Produktionsmitteln und hat darum die Knechtung der Besitzlosen zur Folge; sie gewährt der großen Masse der Arbeiter im besten Falle nur so viel, daß sie kümmerlich vegetiren kann. Einer dauernden Besserung der Lage der Arbeiterklasse tritt die Armee der Arbeitslosen entgegen, welche durch die Vernichtung der Kleinbetriebe mit Naturnothwendigkeit immer aufs Neue erzeugt wird. – Ferner kann die staatliche Sozialreform die Lage der Arbeiter nicht wesentlich heben, weil der Staat die Organisation der besitzenden Klasse behufs Niederhaltung der nichtbesitzenden, arbeitenden Klasse ist. Die besitzende Klasse wird die Kosten jeder Sozialreform auf Grund ihrer wirthschaftlichen und politischen Machtmittel auf die Arbeiterklasse abwälzen. – Bei ihren Bestrebungen nach Hebung ihrer Klassenlage haben die Arbeiter den Staat, den politischen Machtapparat der herrschenden Klasse, nicht zu stärken, sondern auf die Schwächung, auf die gänzliche Abschaffung desselben hinzuwirken. Sie haben deshalb den Staatssozialismus in jeder Form zu verwerfen. – Eine totale Verbesserung ihrer Lage können die Arbeiter nur durch die Eroberung der Produktionsmittel erlangen. Aus diesen Gründen erstreben wir mit allen Mitteln die Abschaffung der kapitalistischen Gesellschaft, damit die Aufhebung der Klassenherrschaft und des Staates überhaupt. – Vorzugsweise haben die Arbeiter sich durch große wirthschaftliche Massenaktionen (Streiks, Boykotts, Verweigerung privatrechtlicher Verbindlichkeiten usw.) zu Herren der Produktion zu machen. – Sie haben in ihrem Kampfe gegen den Kapitalismus ihren prinzipiellen Gegensatz zu allen Institutionen der heutigen Gesellschaft, z. B. zur Kirche, zur Schule, zum Heer, zur Bureaukratie, zum Parlamentarismus, zum Ausdruck zu bringen und mit keiner anderen Gesellschaftsklasse zu paktiren. – Um diesen Kampf wirksam führen zu können, erklären sich die ›Unabhängigen Sozialisten‹ solidarisch mit den revolutionär-sozialistischen Bewegungen aller Länder. Im Bunde mit diesen kämpfen sie für eine auf genossenschaftlicher Produktion und ebensolchem Besitz der Produktionsmittel beruhende freie Gesellschaft auf demokratischer Grundlage mit vollkommener Gleichberechtigung der Geschlechter.«[114] Mit großer Wahrscheinlichkeit wurde die hier begründete Taktik des rein ökonomischen Klassenkampfs in Verbindung mit und in Anbetracht der sozialrevolutionären Minderheit der Lokalisten in den »Freien Gewerkschaften«[115] entwickelt, deren wichtigster Protagonist, Gustav Keßler, häufig in der *Volkstribüne* und im *Sozialist* zu Worte kam.

Antiparlamentarismus

Die in der Prinzipien-Erklärung vom Oktober 1892 zum Ausdruck gebrachte »prinzipielle Gegnerschaft zu allen Institutionen der heutigen Gesellschaft« ging bereits von der bislang im Mittelpunkt stehenden Parlamentarismuskritik zur umfassenderen Institutionenkritik über. Sie bezeichnet insofern den Endpunkt der seit der Sozialistengesetz-Periode die Opposition charakterisierenden antiparlamentarischen Argumentation. Im *Sozialist* wurde von Anfang an ein rigoroser Antiparlamentarismus vertreten. Programmatisch hieß es in der redaktionellen Absichtserklärung der Zeitschrift vom 15. November 1891: »Wir verwerfen alle Kompromisse mit den herrschenden Klassen und jedes Entgegenkommen seitens der

Arbeiter. Unterhandlungen mit der Bourgeoisie entsprechen einer proletarisch-revolutionären Bewegung nicht. Darum bleiben wir Gegner der gesetzgeberisch-parlamentarischen Thätigkeit; die Erfahrung hat gelehrt, daß dieselbe unabwendbar zur Korruption und zum Possibilismus führt.«[116] Die antiparlamentarische Agitation beherrschte die Versammlungen der Unabhängigen Sozialisten im Jahre 1892. Die bei diesen Gelegenheiten vorgebrachten Argumente faßte Hermann Teistler in folgendem Gedankengang[117] zusammen: Im Parlament habe man wie im Staat eine »Herrschaftseinrichtung« zu sehen, »durch welche die zu Zeiten machthabende Klasse ihre Herrschaft über die Besitzlosen ausübt«.[118] Eine positive gesetzgeberische Mitarbeit im Parlament sei aufgrund der fundamentalen Interessenunterschiede und der sich zuspitzenden Gegensätze zwischen den herrschenden Klassen und dem Proletariat unmöglich.[119] Die Agitationsmöglichkeit von der Tribüne des Reichstages (das wichtigste Argument des ambivalenten Parlamentarismus) suchte er zu widerlegen mit dem Hinweis, daß – soweit dort überhaupt die wesentlichen Probleme verhandelt würden – das Volk lediglich durch die verzerrende Darstellung der bürgerlichen Presse erreicht werde.[120] Nichts wiege die Nachteile der notorisch korrumpierenden Wirkung der Parlamentsarbeit auf die sozialdemokratischen Abgeordneten auf, die man auch bei Bebel und Liebknecht[121] beobachten könne; »bewußt oder unbewußt werden die sozialdemokratischen Parlamentarier zu Renegaten der gefährlichsten Art – um so gefährlicher, als sie äußerlich den Schein der Prinzipientreue aufrecht erhalten«.[122] Die Ursache der korrumpierenden Wirkung sah er, wie Hans Müller[123], in der materiellen und bewußtseinsmäßigen »Verkleinbürgerlichung« der Arbeiterführer; sie gründeten sich »mit Parteihilfe eine bürgerliche Existenz«.[124]

Massenaktions-Postulat

Korrespondierend zu dieser prinzipiellen Parlamentarismuskritik erörterten die Unabhängigen Sozialisten als taktische Alternative Aktionsformen, die in bestmöglicher Weise das direkte Handeln der klassenbewußten Arbeitermassen gewährleisten und fördern sollten. Die Forderung, daß der direkten Aktion und Agitation anstelle der Einrichtung repräsentativer Mechanismen in der Partei größerer Wert beigemessen werden müsse, hatte Schippel schon 1888 als ein Spezifikum der Opposition bezeichnet. Auch in den Individualisierungsthesen des ersten Manifestes der Unabhängigen Sozialisten war dieser Wunsch nach Unmittelbarkeit artikuliert worden; zur Grundlage einer eigenständigen Taktik wurde er in den Schriften der Unabhängigen der Jahre 1892/93 entfaltet. Für die Opposition nach dem Erfurter Kongreß war die Parlamentsarbeit der Partei dafür verantwortlich zu machen, daß die proletarischen Massen nicht durch die eigene Aktion zum Bewußtsein ihrer Klassenzugehörigkeit gelangten. »Wie im Parlament die Vertreter für das Proletariat denken und handeln, und ihre Wähler, die Massen, so des eigenen Denkens und Handelns entwöhnen, so braucht sich auch die Parteigenossenschaft über die wichtigsten Angelegenheiten der Partei nicht mehr aufzuregen; [...] auch hier die unserer Ansicht durchaus falsche Verlegung des Schwerpunktes von den Massen weg in einen allgemeinen Vertretungskörper.«[125] »Jede Repräsentation schwächt einerseits das Interesse der Masse an den sozialen Bewegungen ab und macht andererseits diese Bewegungen von dem moralischen Muth der Vertreter der Masse und nicht vom moralischen Muth der Masse selbst abhängig.«[126] Die wachsende Bedeutung und Aktualität der Massenbewegungen ergab sich nach Meinung der Unabhängigen direkt aus dem kapitalistischen Konzentrationsprozeß und der durch ihn bedingten Zusammenballung großer Arbeitermassen; »die Emanzipationskämpfe des Proletariats finden in der ökonomischen Zentralisation der Massen ihre sicherste Stütze«.[127] Das auf diese Weise materiell begründete wachsende Solidaritätsgefühl ermögliche in zunehmendem Maße die selbständige Initiative der proletarischen Massen. »Das klare Bewußtsein der Arbeiter von der Zusammengehörigkeit aller proletarischen Elemente, das erstarkte Solidaritätsgefühl derselben beseitigt auf höherer Stufe der Entwicklung die Nothwendigkeit rein äußerer Bindemittel. Und so werden denn zum großen Leidwesen der Führer und Regierer der Arbeiterverbände dereinstmal große Massenaktionen möglich sein auch ohne ihre Diktatur und ohne ihre Bevormundung.«[128] Jede Form der Agitation sei geeignet, die Fähigkeit der Massen zum eigenverantwortlichen Handeln zu steigern. In Wahlkämpfen habe man eine besonders günstige Gelegenheit, die revolutionären Prinzipien zu propagieren; die Bedeutung der Wahlkämpfe liege in der »prinzipiell-negirenden Agitation«, nicht im Stimmenfang für parlamentarische Mandate.[129] Die Maifeier habe potentiell »den Charakter einer imposanten Manifestation revolutionär-proletarischer Kraft und Energie«.[130] Das wichtigste Stimulans proletarischer Massenaktion war für die Unabhängigen aber der Streik. Im Streik greife das Proletariat die Grundlage des kapitalistischen Wirtschaftssystems, die Ausbeutung der menschlichen Arbeitskraft, direkt an; jeder Streik »möge er nun gewonnen oder verloren werden, stärkt das Machtbewußtsein und den Kampfesmuth des Proletariats«.[131] Als Beweis dafür, daß die SPD nicht fähig und willens sei, sich spontaner Massenbewegungen anzunehmen, galt den Unabhängigen die sozialdemokratische Kritik an den gewaltsamen Arbeitslosen-Demonstrationen in Berlin vom Februar 1892. Im *Vorwärts*, dem Zentralorgan der Partei, war diese Hungerrevolte als das Werk von Lumpenproletariern, von »Ballonmützen«, bezeichnet worden.[132] Im Gegensatz zur Distanzierung der SPD-Führung von diesen Demonstrationen solidarisierten sich die Unabhängigen Sozialisten mit dieser Bewegung.[133] Man argwöhnte, daß die Parteiführer fürchteten, aufgrund solcher Aktion »durch Maßregeln der Regierung ihre fetten Pfründen zu verlieren«.[134] Im übrigen war man um den Nachweis bemüht, daß in der Revolte das lumpenproletarische Element keineswegs vorgeherrscht habe, stellte aber auch die im *Vorwärts* vorgebrachte Begriffsbildung als Diskriminierung schuldlos Verelendeter in Frage. Die Unabhängigen solidarisierten sich generell mit den Aktionen der in Bewegung geratenen Massen.

Die Wendung zum Anarchismus

Die Diskussion um den rein ökonomischen Klassenkampf beherrschte zweifellos die Entwicklung der Unabhängigen Sozialisten im Jahre 1892. Die zu dieser Konzeption stehende Mehrheit wurde jedoch schon im selben Jahr nicht nur durch die in der Auflösung begriffene Minderheit um die *Berliner*

Volkstribüne attackiert; auch die besonders in Berlin aktiven anarchistischen Gruppen versuchten, die Opposition nach dem Bruch mit der Partei in ihre Bahnen zu lenken. Die anarchistische Bewegung in Deutschland war zu Beginn der neunziger Jahre getragen von einer Reihe konspirativ arbeitender Gruppen in größeren Städten[135], deren Tätigkeit sich wesentlich auf den illegalen Vertrieb anarchistischer Zeitungen und Schriften beschränkte.[136] Sie war seit Mitte der achtziger Jahre in zwei einander befehdende Tendenzen gespalten, von denen die eine der bakunistischen Tradition der Ersten Internationale verpflichtet war und in Mosts *Freiheit* ihren Ausdruck fand; die andere vertrat in ihrem in London erscheinenden Blatt *Die Autonomie* vor allem den kommunistischen Anarchismus Kropotkinscher Prägung.[137] In Berlin war im Februar 1892 der Versuch der Anarchisten, ihrer Bewegung durch die Tätigkeit in den Reihen der ausgeschlossenen sozialdemokratischen Opposition neuen Aufschwung zu geben, von den Unabhängigen abgewehrt worden durch die Aufforderung, sich von ihren Versammlungen fernzuhalten.[138] Allerdings wurde in der zweiten Jahreshälfte 1892 die Diskussion über den Anarchismus im *Sozialist* intensiviert, wenn auch in einem überwiegend ablehnend-kritischen Sinne.[139] Noch im August 1892 wurde auf einer gemeinsamen Konferenz der Unabhängigen und der Anarchisten der Wunsch der letzteren, der *Sozialist* möge sich der anarchistischen Propaganda zur Verfügung stellen, besonders von Hermann Teistler abgelehnt, obwohl man inzwischen gemeinsame Unterstützungsaktionen für die Familien verhafteter Genossen aus beiden Lagern durchgeführt hatte.[140] Noch im Mai 1893 wiederholte eine Reichskonferenz der Unabhängigen diese Abgrenzung gegenüber den Anarchisten mit dem Beschluß, künftig keine von Anarchisten eingesandten Artikel mehr im *Sozialist* zu publizieren. Zu dieser Zeit hatte jedoch bereits Gustav Landauer (1870-1919) die Redaktion des *Sozialist* seit einigen Monaten übernommen und die Entwicklung zur Fusion der Unabhängigen mit den Anarchisten durch seine Diskussionsbeiträge und durch seine Redaktionspolitik eingeleitet. Landauer, ein typischer Vertreter der literarischen Intelligenz in der oppositionellen Bewegung[141], hatte in der Züricher Gruppe der Unabhängigen seine ersten Kontakte mit der Arbeiterbewegung geknüpft. Dort war er u. a. mit seinem Kommilitonen Franz Blei[142] im Dezember 1892 mit weitgehend oppositionell-stereotypen Ausführungen öffentlich hervorgetreten; er wandte sich »hauptsächlich gegen den Parlamentarismus und die positive Mitarbeit« und forderte, daß »keine andere Agitation getrieben werde als eine prinzipielle und begeisternde, die das Proletariat zur gänzlichen Umgestaltung der sozialen und politischen Verhältnisse reif macht«.[143] Nachdem er im Februar 1893 das Angebot aus Berlin angenommen hatte, die Redaktion der *Sozialist* zu übernehmen, brachte er dort die Theorien Eugen Dührings (1833-1921) wieder zu Ehren, deren Kritik durch Engels die Marxismus-Rezeption in der Sozialdemokratie entscheidend beeinflußt hatte. Mit Hilfe der Dühringianer Theodor Hertzka (1845-1924) und Benedict Friedländer, die eine kollektivistisch-bodenreformerische Variante des Anarchismus vertraten[144], räumte er anarchistischen Beiträgen mehr und mehr Raum ein und schlug schließlich im April (1893) vor, man solle das Anarchismus-Etikett übernehmen, da »zwischen dem freien Sozialismus und dem Anarchismus weder in prinzipieller noch in taktischer Hinsicht ein Unterschied besteht«.[145] Er würdigte die Konzeption des ökonomischen Klassenkampfs der Unabhängigen als einen Schritt auf dem Wege zum Anarchismus und erwartete von den Anarchisten unter dem Einfluß Dührings, Hertzkas und Friedländers eine konvergierende Entwicklung. Die an diesen Vorschlag Landauers anknüpfende Diskussion[146], in der heftiger Widerspruch laut wurde von den Unabhängigen, die sich nach wie vor als radikale Sozialdemokraten und Marxisten[147] verstanden, endete Mitte Juli mit der Spaltung des Vereins Unabhängiger Sozialisten. Da Wilhelm Werner, der Verleger des *Sozialist*, die Wendung zum Anarchismus mitvollzog, gab es für die Gegner des Landauerschen Kurses nicht einmal mehr eine gemeinsame Diskussionsmöglichkeit, die den Auflösungsprozeß ihrer Richtung hätte aufhalten können. Ihr Verein Unabhängiger Sozialisten wurde im April 1894 offiziell aufgelöst.[148] Die Verbindung der Anarchisten mit der durch Landauer und Werner vertretenen Tendenz der Unabhängigen Sozialisten wurde forciert durch die Krise der Londoner *Autonomie*-Gruppe, die ihr Blatt ab April 1893 nicht weiter erscheinen lassen konnte, und durch den Beschluß des Zürcher Internationalen Sozialisten-Kongresses im August desselben Jahres, alle antiparlamentarischen Kräfte auszuschließen. Der ab Juli 1893 mit dem Untertitel »Organ aller Revolutionäre« erscheinende *Sozialist* war für mehrere Jahre unter Landauers Redaktion das einzige Presseorgan der Anarchisten in Deutschland. Landauer setzte in ihm die Kritik an der SPD im Sinne der Unabhängigen fort, z. B.: »Ich, als deutscher Revolutionär und Anarchist, halte es [...] für meine Pflicht [...] zu erklären, daß der Glanz der Arbeiterbewegung in Deutschland nur äußerlich und scheinbar ist, daß aber in Wahrheit die Schar derer, die aus ganzer Kraft und mit klar bewußtem Verständnis für eine gänzliche Erneuerung der menschlichen Gesellschaft, für die Erkämpfung einer freien sozialistischen Gesellschaft eintreten, unendlich viel kleiner ist als die Zahl der sozialdemokratischen Wähler.«[149] Die interne anarchistische Debatte wurde im *Sozialist* mit zunehmend kritischer Wendung gegen den Aktions-Anarchismus der »Propaganda durch die Tat« und zwischen den Anhängern des kommunistischen Anarchismus Kropotkins und dem individualistischen Anarchismus in der Nachfolge Max Stirners geführt. Neben derlei ideologischen Differenzen waren es vor allem Ressentiments gegen den bestimmenden Einfluß Intellektueller von der Art Landauers, die 1897 die Aufspaltung der anarchistischen Bewegung in Deutschland herbeiführten.[150] Die nun einsetzende, kräftig expandierende weitere Entwicklung der anarchistischen Bewegung drängte Landauer bis zum Ersten Weltkrieg vom Zentrum an die Peripherie des organisierten deutschen Anarchismus.[151]

Subkulturelle Tendenzen

In der Folge der Desintegration der Opposition der »Jungen« bzw. der Unabhängigen Sozialisten kehrte ein Teil der Anhänger der Bewegung in die SPD zurück; Paul Kampffmeyer und Max Schippel, beide später führende Revisionisten in der SPD, sind prominente Beispiele dafür. Ein anderer Teil vollzog mit Landauer und Werner die Wendung zum Anarchismus. Ein dritter Teil schließlich, für den Willes künftige Entwicklung paradigmatisch ist, beschritt den Weg einer tendenziellen Entpolitisierung. Diese Konsequenz aus dem organisatorischen Scheitern der Oppositionsbewegung bedarf einer eingehenderen Betrachtung, da von ihr am ehesten Aufschlüsse über die spezifische Wirksamkeit einer linken radikalen Protestbewegung ableitbar sind. Die revoltierenden jungen Intellektuellen, denen die Umorientierung der Sozialdemokratischen Partei nicht im ersten Anlauf gelungen war, neigten dazu, die schlechte soziale Wirklichkeit, die, wie es schien, mit dem Vehikel der radikalisierten Organisation nicht zu verändern war, wenigstens im Bereich ihrer privaten Umgebung aufzuheben. Angelegt war diese Konsequenz im Voluntarismus und in der allgemeinen Institutionenkritik der »Jungen« und der Unabhängigen Sozialisten.[152] Realisierbar schien der Ansatz einer besseren sozialen Ordnung in der überschaubaren Gemeinschaft Gleichgesinnter, in der Form der subkulturellen Absicherung gegen die Zwänge und Konventionen der Gesellschaft. Der Kern einer solchen Gemeinschaft, auf den sich Wille und andere nach dem Scheitern der innerparteilichen Revolte zurückzogen, war die seit Ende der achtziger Jahre existierende Boheme-Kolonie in Friedrichshagen, im Osten von Berlin. Wille beschreibt die konstituierenden Momente dieses Kreises, in dem dauerhaft oder zeitweilig um Wille und den Naturphilosophen Wilhelm Bölsche herum die Brüder Paul und Bernhard Kampffmeyer, Julius und Heinrich Hart, Gustav Landauer, Max Nettlau, Richard Dehmel, Max Halbe, Gustav Strindberg u. a. zusammenkamen. »Eigentümlich war dem Friedrichshagener Kreis die Verbindung folgender Motive: Natureinsamkeit bei brausender Weltstadt, literarisches Zigeunertum und sozialistische wie anarchistische Ideen, keckes Streben nach vorurteilsloser eigenfreier Lebensweise, Kameradschaft zwischen Kopfarbeitern und begabten Handarbeitern, aber auch geistvollen Vertretern des Reichtums; schöpferische Liebe zur Kunst verband sich mit Soziologie, Naturwissenschaft, Philosophie und Religion.«[153] Dieser von zeitgenössischen lebens- und bodenreformerischen Ideen[154] inspirierte Zusammenschluß fand seine folgerichtige Fortsetzung in dem Kommuneexperiment der Brüder Hart, die um die Jahrhundertwende am Schlachtensee bei Berlin im Rahmen ihrer »Neuen Gemeinschaft« mit der Gründung neuer »Lebensgemeinschaften« begannen.

Erklärtes Ziel der »Neuen Gemeinschaft« war es, »Lebensgemeinschaften zu bilden, deren Ansiedlungen alle Bedingungen erfüllen, unter denen Leib und Seele am leichtesten und
sichersten gedeihen, Lebensgemeinschaften, die eine allbe-
glückende Kultur in sozialer, ethischer und ästhetischer
Beziehung ermöglichen«.[155] Landauer, der sich zu dieser Zeit
vom anarchistischen Organisationsleben allmählich abkehrte,
brachte das Programm auf die Formel »Durch Absonderung
zur Gemeinschaft!«[156] Die revoltierenden kleinbürgerlichen
Intellektuellen, für die die Berührung mit der organisierten
Arbeiterbewegung ephemer geblieben war[157], entfalteten von
der Basis der Boheme-Kolonien aus eine spezifisch unpolitische soziale Aktivität mit dem Ziel der Transformation der
Gesellschaft durch Veränderung der Bewußtseinsinhalte und
Lebensformen vieler Einzelner. Die soziale Aktivität über den
Zirkel dieser Kolonie hinaus erfolgte, abgesehen von der literarischen und künstlerischen Kommunikation[158], über freiden-
kerische und freireligiöse Bünde und Vereinigungen; im Falle
des Friedrichshagener Kreises ist auf seine maßgebliche Arbeit
an der »Freien Volksbühne« in Berlin hinzuweisen, die er und
die späteren Mitglieder der »Neuen Gemeinschaft« nach der
Spaltung der Volksbühnen-Bewegung in der Folge des Erfurter Parteitages ab 1892 erfolgreich in Willes »Neuer Freien
Volksbühne« fortsetzten.

Die rätekommunistische Bewegung
während der Weimarer Republik

Die rätekommunistische Bewegung in Deutschland zwischen 1919 und 1933 entstand ohne direkten Zusammenhang mit den radikalen »Jungen«, wies jedoch, bei spezifischen Bedingungen, weitgehend vergleichbare Erscheinungsformen und damit die charakteristische Merkmalskombination des linken Radikalismus auf. Sie war aufgrund des eigentümlichen Bedingungsrahmens ihrer Entwicklung im Hinblick auf ihre organisatorische Entfaltung und ihre theoretisch-kritische Leistung quantitativ sowie qualitativ bedeutsamer als die Bewegung der »Jungen«; sie kann als linksradikale Bewegung par excellence gelten.

Die von der Kriegswirtschaft hervorgerufenen sozio-ökonomischen Trends wie die tendenzielle Senkung der Reallöhne, die Verknappung der Lebensmittel und die Mobilisierung großer Mengen von ungelernten und angelernten Arbeitskräften artikulierten sich seit 1917 in Massenbewegungen bislang ungekannten Ausmaßes[1], durch die die ansatzweise bereits vorhandenen linksradikale Zielvorstellungen Stützung erhielten. Die nach dem Novemberumsturz von 1918 latent, seit 1921 deutlich erkennbar inflationistisch-krisenhafte Entwicklung der Nachkriegswirtschaft war eine der allgemeinen Voraussetzungen für die Formierung des Linksradikalismus zuerst innerhalb, seit Anfang 1920 außerhalb der jungen Kommunistischen Partei Deutschlands. Nach dem Ende der großen politischen und sozialen Massenbewegungen bot in der zweiten Hälfte der zwanziger Jahre die zunächst besonders durch wirtschaftliche Rationalisierungsmaßnahmen, sodann durch die Weltwirtschaftskrise bedingte Arbeitslosigkeit den nunmehr residualen linksradikalen Gruppen in kräftemäßig ungleicher Konkurrenz mit der KPD am ehesten die Möglichkeit der Mitgliederrekrutierung.

Unter dem Eindruck der russischen Oktoberrevolution 1917 entstand in der verfassungspolitisch ziemlich offenen Situation in den Monaten nach dem Novemberumsturz in Deutschland auf dem linken Flügel der Arbeiterbewegung [KPD(S) und

Teilen der USPD] die Erwartung, die politisch-soziale Umgestaltung Deutschlands werde nicht bei den Errungenschaften der bürgerlichen Revolution stehenbleiben, sondern lasse sich auf der Basis der Arbeiter- und Soldatenräte zur Diktatur des Proletariats weiterentwickeln. Als das Verfassungswerk der Nationalversammlung von der überwältigenden Mehrheit der Bevölkerung angenommen worden und auf dieser Grundlage ein sozialstaatlich modifiziertes liberal-parlamentarisches System instituiert worden war, hielten die Rätekommunisten zunächst gleichwohl fest an der Parole »Von der bürgerlichen zur proletarischen Revolution!« und verweigerten (im Gegensatz zur KPD ab 1920) die Mitarbeit in sämtlichen Institutionen dieses Systems – vom Parlament bis hin zu den gesetzlichen Betriebsräten.

Nach der Entscheidung der SPD-Führung und der Freien Gewerkschaften vom August 1914 für den »Burgfrieden« mit den bürgerlichen Parteien und Interessenverbänden im Rahmen der Kriegspolitik des Reiches[2] bildeten die in der Vorkriegs-Sozialdemokratie bereits vorhandenen Gruppierungen den Ausgangspunkt der Fraktionskämpfe in der Partei während der Kriegsjahre; die unterschiedliche Zielrichtung der Kritik an der »Burgfrieden«-Politik trug schließlich bei zur Abspaltung der Unabhängigen Sozialdemokratischen Partei Deutschlands (USPD) im Jahre 1917 und zur Gründung der Kommunistischen Partei Deutschlands (Spartakusbund) [KPD(S)] am Jahreswechsel 1918/1919.[3] Aus Furcht vor dem Übergreifen der bolschewistischen Revolution auf Deutschland[4] glaubte die Führung der Mehrheits-Sozialdemokratie, die ihr im November 1918 zugefallene Staatsgewalt nur im Bündnis mit und nicht gegen die aus der Monarchie überkommenen Fachleute in Wirtschaft, Armee und Ministerialbürokratie ausüben zu können; der Spielraum ihrer Taktik war durch diese grundsätzliche Entscheidung sowie die teilweise daraus resultierende verfassungspolitische Festlegung auf ein parlamentarisches politisches System abgesteckt.[5] Diese Festlegung wurde von den beiden systemoppositionellen Parteien als endgültiger Bruch mit der Geschichte sozialdemokratischer Taktik angesehen. Prinzipiell von der Aktualität der Revolution überzeugt, traten die USPD und die KPD(S) in eine konfliktreiche Diskussion revolutionärer Strategie und Taktik ein[6], die erst Ende 1920 mit der Vereinigung der großen Mehrheit beider Parteien zu einem gewissen Abschluß kam. Die durch unmittelbare Revolutionserwartung charakterisierten Gruppen in der KPD, die am Rätesystem als starrer Alternative zur sich etablierenden parlamentarischen Demokratie festhielten und jede Annäherung an die USPD ablehnten, wurden seit dem 2. Parteitag der Kommunistischen Partei (Oktober 1919) aus ihrer anfänglichen Mehrheits- in eine Minderheits-Position gedrängt; sie begannen, sich seit Februar 1920 in der radikalen Wirtschafts-Kampforganisation der »Allgemeinen Arbeiter-Union Deutschlands« (AAUD) und seit April 1920 in der »Kommunistischen Arbeiterpartei Deutschlands« (KAPD) auf Reichsebene im Widerspruch zur Entwicklung der KPD zu sammeln, und leiteten damit die rätekommunistische Bewegung ein.

Die linksradikalen Tendenzen vor dem und im Ersten Weltkrieg

Die Gruppierungen und Tendenzen, aus denen sich nach 1918 die rätekommunistische Bewegung herleitete, nahmen ihren Ausgang von der Massenstreik-Debatte in der SPD der Vorkriegszeit. Die besonders unter dem Eindruck der Russischen Revolution von 1905 in der Sozialdemokratie geführte Diskussion über die strategische und taktische Bedeutung spontaner Massenaktionen für die Praxis der Partei hatte unter dem Einfluß der Generalkommission der Freien Gewerkschaften und von Teilen des Funktionärsapparates der Partei im Jahre 1906 zu einer Zurücknahme der im Vorjahr vom Jenaer Parteitag beschlossenen Anerkennung des Massenstreiks als einer Defensivwaffe geführt.[1] Eine Minderheit in der Partei erblickte im Massenstreik nicht eine bloße Defensivmaßnahme, sondern die Möglichkeit einer revolutionären Regeneration der Sozialdemokratie und – wie es Rosa Luxemburg in ihrer grundlegenden Massenstreik-Schrift des Jahres 1906 ausdrückte – »die Bewegungsweise der proletarischen Masse, die Erscheinungsform des proletarischen Kampfes in der Revolution«.[2] Besonders nachhaltige Wirkung hatte diese Massenstreik-Konzeption der Radikalen in der Bremer Parteiorganisation. Dort war in Verbindung mit der militanten Lehrerbewegung ab 1905 eine radikale Mehrheit in der Partei zustande gekommen, die das lokale SPD-Organ *Bremer Bürgerzeitung* bestimmte.[3] Diese Mehrheit verneinte »die reformistische Praxis der Arbeiterbewegung in der Hansestadt und bot als Alternative den bedingungslosen Kampf gegen die Bourgeoisie«.[4] Zur Klärung der Form dieses bedingungslosen Kampfes gelangte sie im Verlauf der Massenstreik-Debatte. Die Bremer Sozialdemokraten vertraten die in Rosa Luxemburgs Massenstreik-Schrift fundierte Auffassung des revolutionären Klassenkampfes und zogen aus den Debatten der Jahre 1905/1906 den praktischen Schluß, daß neben Parlamentsarbeit außerparlamentarische Aktionen gleichermaßen notwendig seien. In den folgenden Jahren forderten sie aus jeweils akuten tagespolitischen Anlässen (1908 Budgetfrage, 1909 Frage der Finanzreform im Reich[5]) die Proklamierung und Einleitung solcher Aktionen durch den Berliner Parteivorstand der SPD. Als dieser angesichts der Protestaktionen gegen das preußische Dreiklassen-Wahlrecht am Anfang des Jahres 1910 die Durchführung und Förderung des Massenstreiks ablehnte, geriet die Bremer Organisation in offenen Konflikt mit der Parteiführung; die Bremer Partei löste sich in taktischer Hinsicht von dem Parteizentrum ab.[6]

Gerade in der Ablösungsphase der Bremer SPD, bei der taktischen Orientierung und theoretischen Formulierung ihres spezifischen Radikalismus (der keineswegs in allen Punkten identisch war mit Rosa Luxemburgs Position), spielte der niederländische Sozialdemokrat Dr. Anton Pannekoek (1873-1960) die entscheidende Rolle.[7] Bereits seit 1905 in der Bildungsarbeit der deutschen Sozialdemokratie tätig, nahm er 1909 die Einladung der Bremer SPD an, in der Hansestadt eine wissenschaftliche Lehrtätigkeit in der Partei zu übernehmen.[8] Nach kurzer Zeit war Pannekoek tief in die inneren Konflikte der Bremer Organisation verwickelt, und seine theoretische Arbeit verband sich mit dem Bremer Radikalismus bis zur Verschmelzung. Unterstützt wurde er von Johann Knief (1880-1919), einem jungen Lehrer, der 1911 seinen Beruf zugunsten einer hauptamtlichen Redakteurtätigkeit an der *Bremer Bürgerzeitung* aufgab. Knief, der nach seiner Selbstcharakterisierung eher Interesse am Verändern als am Erklären hatte[9], stand, vor allem in den Vorkriegsjahren, in theoretisch-taktischen Fragen in einem ausgesprochenen Schüler-Verhältnis zu Pannekoek.[10] Unter Assistenz Karl Radeks ab 1912 und Paul Frölichs ab 1913 ging aus dieser Konstellation in der Bremer SPD die organisatorisch vergleichsweise am besten verankerte Gruppierung am äußersten linken Flügel der Sozialdemokratischen Partei hervor, die auf den Parteitagen sich allerdings kaum innerhalb des von Rosa Luxemburg und Karl Liebknecht angeführten Lagers der Radikalen abhob. Doch entfaltete sie eine spezifische theoretisch-taktische Argumentation, die besonders in der Diskussion über den Massenstreik zwischen Pannekoek und Kautsky in den Jahrgängen 1911-1913 der *Neuen Zeit* erkennbar ist und von der die Kriegsjahre hindurch eine direkte Linie zur rätekommunistischen Bewegung nach 1918 führt.

Mit großer Schärfe wurde von den Bremer Linken die interne Aufspaltung der SPD in drei Richtungen seit der Auseinandersetzung um die preußische Wahlrechtsbewegung des Jahres 1910 erkannt; Pannekoek konstatierte 1912 die Existenz von »drei Richtungen, die sich jetzt in der Partei einander gegenüberstehen – zwei radikale und eine revisionistische«.[11] Die Kritik konzentrierte sich auf die durch Kautskys Position repräsentierte (von Pannekoek hier noch als radikal bezeichnete) Richtung des marxistischen Zentriums, das seine Abneigung gegen eine Steigerung spontaner Massenaktionen u. a. mit der von Kautsky ausgeführten These rechtfertigte, die erprobte Taktik der SPD sei abgeleitet von einer »Ermattungs-Strategie« gegenüber der bürgerlich-feudalen Staatsgewalt, nicht von einer »Niederwerfungs-Strategie«, wie sie die Linksradikalen der Partei aufdrängen wollten.[12] Pannekoek bemerkte z. B. im Hinblick auf den Chemnitzer Parteitag (1912), Kautsky und der Parteivorstand gingen »immer mehr in allen praktisch-politischen Fragen mit dem Revisionismus zusammen«.[13] Im gleichen Sinne argwöhnte Rosa Luxemburg bereits seit 1910 in ihrer Debatte mit Kautsky: »Der wirkliche Effekt des Auftretens des Genossen Kautsky ist also nur der, daß er eine theoretische Schirmwand für die Elemente in der Partei und in den Gewerkschaften geliefert hat, die sich bei der weiteren rücksichtslosen Entfaltung der Massenbewegung unbehaglich fühlen, sie im Zaume halten und sich am liebsten so schnell wie möglich auf die alten bequemen Bahnen des parlamentarischen und gewerkschaftlichen Alltags zurückziehen möchten.«[14] Ein solcher Rückzug war nach der gemeinsamen Überzeugung der Linken nicht mehr möglich; die Forcierung der Massenaktionen erschien unerläßlich aufgrund der aktuellen imperialistischen Entwicklung des Kapitalismus (über deren theoretische Klärung erhebliche Differenzen zwischen Rosa Luxemburg und Pannekoek bestanden[15]). Die aus der Imperialismus-Analyse abgeleitete Notwendigkeit offensiver Taktik durch revolutionäre Massenaktionen bewog die Bremer zur Kritik an der Gewerkschafts- und Parteibürokratie, die dem Massenaktions-Postulat am meisten Widerstand entgegensetzten, und zur kritischen Relativierung der Parlamentsarbeit und der gewerkschaftlichen Tätigkeit.

Die von Pannekoek bereits früher gegebene Analyse des Bürokratiephänomens in den Arbeiterorganisationen[16] wurde in der Praxis bekräftigt durch das Verhalten der Bremer Gewerkschaftsführung in zwei großen Werftarbeiter-Streiks in den Jahren 1910 und 1913.[17] Die gewerkschaftlichen Vermittlungsversuche wurden von den Bremer Radikalen abgelehnt, da sie von der Richtigkeit des spontanen Massenhandelns überzeugt waren und forderten, daß die Führung der Arbeiterorganisationen sich wesentlich leiten lassen müsse vom »revolutionären Instinkt« der Massen. Pannekoek, der wie Knief aktiv zusammen mit den Streikenden gestritten hatte, kam zu dem Schluß: »Wenn die Arbeiter sehen würden, daß die Gewerkschafts-Beamten eines Geistes mit ihnen wären, [...] so würden sie viel mehr unbesehen und vertrauensvoll ihrer Führung folgen. Statt dessen sehen die Arbeiter, wie die Mehrheit dieser Beamten sich in den Grundanschauungen von ihnen entfernt; wie sie sich an die Politiker anlehnen, die auf ein Entgegenkommen an die bürgerliche Welt hinarbeiten. [...] Die Masse der im Kampf stehenden Arbeiter ist revolutionär, will möglichst scharf den Kampf gegen die bürgerliche Gesellschaft führen; die Mehrzahl der Gewerkschaftsbeamten ist revisionistisch gesinnt.«[18] Diese Bevorzugung der »klaren Einsicht und der Selbständigkeit der Massen« vor der »Weisheit der Führer« (Pannekoek) wurde zum »Kennzeichen der Organisationspolitik der Bremer Linksradikalen«.[19] – Von diesen Prämissen her formulierten die Bremer Linken ihre Kritik an der Überbewertung der formalen Organisation in der Sozialdemokratie, an ihrem »Organisationsfetischismus«. In seiner Kontroverse mit Kautsky warf Pannekoek diesem eine mechanistische Organisationsauffassung vor, da für ihn die Erhaltung des konkreten Organisationsapparates der oberste Gesichtspunkt sei: »Das Wesentliche der Organisation ist nicht diese äußere Form, sondern der Organisationsgeist, der Geist der Zusammengehörigkeit, wodurch die Arbeiter überall zusammen als geeinte Masse auftreten, wodurch das organisierte Handeln ihnen zur zweiten oder richtiger zur ersten Natur geworden ist.«[20] Im Rahmen dieser Bürokratie- und Organisationskritik war es die Hauptsorge der Bremer Linken in der Frage der Reorganisation des Parteivorstandes in den Jahren 1911/12, Sicherungen einzubauen, die gewährleisten sollten, die Führung »näher mit der Masse der Mitglieder zu verbinden«.[21] Im gleichen Zusammenhang forderte man die Einschränkung der Repräsentanz der sozialdemokratischen Reichstagsfraktion auf den Parteitagen mit dem Argument, eine allzu große Teilnahme von Reichstagsabgeordneten führe »zur Überschätzung des Parlamentarismus wie der sogenannten positiven Arbeit und zur Unterschätzung der agitatorischen Momente der Selbständigkeit der Massen und ihrer Aktionen«.[22] In der Tat galt es für die Bremer als ausgemacht, daß das Proletariat auf parlamentarischem Wege die Macht im Staate nicht erlangen könne. Ihre Kritik galt dem »Nurparlamentarismus« der SPD, nicht aber der parlamentarischen Arbeit der Sozialdemokraten schlechthin. Sie postulierten eine Wechselwirkung von parlamentarischer und außerparlamentarischer Aktion, wobei allerdings naturgemäß im Verlauf der direkten Aktion der Massen die Parlamentstribüne in ihrer Bedeutung zurücktrat.[23] – Im Rahmen der Bremer Organisation der SPD führte Pannekoek schließlich auch 1910/1911 seine Polemik mit den lokalen Gewerkschaftsvorständen, in die sich gelegentlich auch die Generalkommission einschaltete.[24] Von der Prämisse der notwendigen revolutionären Massenaktion kam er zu einer neuen Funktionsbestimmung der Gewerkschaften. Für ihn und die bremischen Linksradikalen war es selbstverständlich, daß den Gewerkschaften unter den Bedingungen des Imperialismus »eine revolutionäre Bedeutung zukommt und daß sie sich nicht mit der Rolle zu bescheiden haben, unter dem Kapitalismus die Lebenslage der Arbeiter möglichst zu heben«. Ihre Rolle sollte es sein, den Arbeitern »praktischen Elementarunterricht im Klassenkampf«[25] zu geben. Gemeinsam mit der Partei hatten sie die Taktik der revolutionären Massenaktionen einzuüben. Da diese revolutionäre Funktionsbestimmung der Gewerkschaften in Verbindung mit der Parteinahme für die Mitgliedschaft und gegen die Führung auf heftigen Widerspruch der Freien Gewerkschaften, aber auch des revisionistischen und zentristischen Flügels der SPD stieß, blieben die Bremer mit dieser Argumentation isoliert. Für ihre lokale Praxis resultierte aus der Polemik eine intransigente Gegnerschaft zu den Gewerkschaftsvorständen.[26]

Die radikale linke Opposition in der SPD fand z. B. auf dem Jenaer Parteitag (1913) eine nicht unerhebliche Zahl von Befürwortern ihrer Massenstreik-Resolution, blieb jedoch außerhalb Bremens auf der lokalen Parteiebene in der Minderheit. Ihre Protagonisten, Rosa Luxemburg und Anton Pannekoek, zerstritten sich in den letzten Vorkriegsjahren über Einzelfragen der Imperialismus-Theorie und über das Ausschlußverfahren gegen Karl Radek.[27] Gezielte Kontaktaufnahmen zwischen den linken Radikalen an den verschiedenen Orten des Reiches sind nicht nachweisbar. Erst unter den Bedingungen des Weltkrieges und der Burgfrieden-Politik der SPD-Mehrheit erfolgte eine Konsolidierung und Annäherung der bislang diffusen linksradikalen Gruppierungen. Das Scheitern der Zweiten Internationale durch die Zustimmung der Sozialdemokratischen Parteien in den kriegführenden Nationen zur Kriegspolitik ihrer Regierungen rückte für die radikalen Kritiker in der SPD der Vorkriegszeit bei der Suche nach den Ursachen die mögliche Erneuerung der Internationale und die Organisationsproblematik in den Mittelpunkt der internen Diskussion. Bis Ende 1915 fand sich auf parlamentarischer Ebene allmählich eine größere Zahl von Reichstagsabgeordneten, die dem Beispiel der öffentlichen Kriegskredit-Verweigerung durch Karl Liebknecht (Dezember 1914) folgten. Die innerparteiliche Debatte um die Erneuerung der Internationale und die organisatorischen Konsequenzen aus dem »Verrat der Arbeiterführer« vom August 1914 wurde in dieser

Periode in dem von Julian Borchardt (1868-1932) herausgegebenen Blatt *Lichtstrahlen* und in der Spartakus-Gruppe um
Rosa Luxemburg und Karl Liebknecht geführt.

  Bis zum Ende des Krieges entstanden im linksradikalen Lager
zwei Tendenzen. Die eine wurde vom Spartakus-Bund reprä-
sentiert und entwickelte ihre Vorstellungen unter dem Einfluß
Rosa Luxemburgs, Karl Liebknechts, Franz Mehrings u. a. in
den *Spartakus-Briefen*[28], die andere von August 1914 bis
April 1916 in den *Lichtstrahlen* und ab Juni 1916 in der von
Knief redigierten Bremer *Arbeiterpolitik;* diese firmierte seit
Ende 1915 unter dem Etikett »Internationale Sozialisten
Deutschlands« (ISD), stand unter dem maßgeblichen Einfluß
Pannekoeks, Kniefs, Frölichs und Radeks und war also zum Teil
eine Weiterentwicklung des Bremer Radikalismus der Vorkriegszeit. Der wichtigste Punkt, in dem die beiden Tendenzen sich unterschieden, war die Einstellung zu derjenigen
Opposition in der SPD, die – sehr heterogene, vor allem auch
zentristische Elemente enthaltend – sich schließlich im April
1917 als Unabhängige Sozialdemokratische Partei Deutschlands (USPD) konstituierte.[29] Die ISD drängten auf die Trennung der Linksradikalen von dieser gemischten oppositionellen Sammlung.[30] Sie widersetzten sich unter Berufung auf die
Rolle gerade der zentristischen Kräfte um Kautsky in der
Entwicklung der Partei zum »Verrat« vom 4. August 1914
und auf deren Halbherzigkeit in der Kritik an diesem Sündenfall der Partei dem Anschluß an die USPD, wie ihn die Spartakus-Gruppe aus Furcht vor der Isolierung von den Massen[31]
vollzog, und beriefen Ende August 1917 eine Konferenz zur
Gründung einer selbständigen linksradikalen Partei nach Berlin ein.[32] Die Gründung dieser eigenen linksradikalen Partei
mit dem Namen »Internationale Sozialistische Partei
Deutschlands« (ISPD), an der der Spartakus-Bund nicht
beteiligt war, wurde dadurch verhindert, daß die illegale Konferenz von der Polizei gesprengt wurde. Da die Forderung der
ISD nach der Gründung einer linksradikalen Partei unter
Ausschluß aller anderen Gruppen in der Sozialdemokratie
mit einer der zentralen Forderungen des von Lenin auf der
Zimmerwalder Konferenz der Zweiten Internationale vorgelegten Manifestes koinzidierte, schlossen sich – wiederum im
Gegensatz zur Spartakus-Gruppe – die ISD der Zimmerwal-

der Linken um Lenin an[33]; im September 1915 solidarisierte sich Borchardt auf der ersten Zimmerwalder Konferenz mit den Thesen der Bolschewiki, auf der zweiten Zimmerwalder Konferenz (April 1916) hatten die Bremer Linken ihren Delegierten, Paul Frölich, angewiesen, in allen Punkten für die revolutionäre Konzeption der Linken zu stimmen.[34] Diese durch die ISD locker zusammengefaßte Tendenz, die erst nach Beginn des Novemberumsturzes einen Ausgleich mit dem Spartakus-Bund fand und mit diesem am Jahreswechsel 1918/19 sich zur KPD zusammenfand, brachte den größten Teil der auf dem Gründungskongreß der KPD vorherrschenden organisatorischen und taktischen Parolen und Konzeptionen bereits während der Kriegsjahre hervor. Die spätere rätekommunistische Bewegung sah sich in einer geschichtlichen Kontinuität mit dieser Tendenz der Kriegsjahre.[35]

Die organisatorischen und taktischen Grundfragen, die in den Periodika der ISD erörtert wurden, waren größtenteils bereits vor 1914 von den Bremer Linken und den ihnen nahestehenden Gruppen aufgegriffen worden. Es ging dabei im wesentlichen um die Abgrenzung von den – nach Meinung der ISD – scheinradikalen Zentristen um Kautsky ebenso wie von den Revisionisten in der Partei, um die organisatorischen Konsequenzen aus dem »Verrat der Arbeiterführer« vom 4. August 1914, um die revolutionäre Aktivierbarkeit der Massen sowie die Rolle des Parlaments und der Gewerkschaften im antiimperialistischen Kampf. – Da bei Kriegsbeginn dem Bremer Radikalismus die Basis entzogen wurde durch die Übergabe der Redaktion der *Bremer Bürgerzeitung* an Gemäßigte[36], durch die Einberufung Kniefs und die Ausweisung Pannekoeks, zerbrach die Plattform, die für die Kritik an der »Burgfrieden«-Politik der SPD prädestiniert gewesen wäre. An ihre Stelle trat die Berliner Gruppe um Julian Borchardt, die seit Ende 1913 die *Lichtstrahlen* zum Zwecke der Arbeiterbildung herausgab, nachdem Borchardt, ehemals Abgeordneter der SPD im preußischen Landtag und einer der bedeutenderen ökonomischen Lehrer in der Partei, aus nicht näher bekannten Gründen mit der Parteiführung in Konflikt geraten war.[37] Nicht zuletzt wegen dieses Konfliktverhältnisses legte Borchardt unmittelbar nach der Kriegskredit-Bewilligung durch die sozialdemokratische Reichstagsfraktion dem nicht genauer definierten linken Flügel der SPD nahe, sich von der alten Partei abzulösen: »Schon seit Jahren hat [...] die ›Linke‹ innerhalb der Partei unbewußt als Feigenblatt für deren Sünden gedient. Will sie nach wie vor sich begnügen, auf Resolutionen des nächsten Parteitages zu hoffen und inzwischen einträchtig mitarbeiten?«[38] Im Laufe des Jahres 1915 intensivierten die *Lichtstrahlen* die Werbung für eine Trennung von der unglaubwürdig gewordenen SPD.[39] Auch in der Bremer Linken, von deren Vorkriegs-Sprechern besonders Pannekoek, Knief (Pseudonym Alfred Nußbaum) und Radek regelmäßig in den *Lichtstrahlen* schrieben, wurde der Partei die Vertrauenswürdigkeit abgesprochen; auch hier hatte sich die Vorstellung vom unvermeidlichen Bruch zwischen der Linken und der Parteimehrheit durchgesetzt. Knief befand im Dezember 1915: »Die Partei ist längst aus allen Fugen. Sie wird nur noch durch das Bruchband der Bürokratie gehalten.«[40] Bemerkenswert ist für die ISD-Tendenz, daß hier sehr früh die Abspaltung als unvermeidlich angesehen wurde; Knief machte im April 1916 geltend, im Vergleich zu dieser Tendenz habe der Spartakus-Bund sich erst spät und nur allmählich von der zentristischen Opposition gelöst.[41] Schlechthin dominant wurde in der ISD der Kriegsjahre die Bürokratie- und Organisations-Kritik der Vorkriegszeit. Die eigenmächtigen Entscheidungen der Fraktion für die Kriegskredit-Bewilligung im August 1914 und die Praxis des »Burgfriedens« der Parteiführung mit den Regierungsvertretern während der Kriegsjahre standen im Mittelpunkt der Kritik. Die »*Lichtstrahlen*-Gruppe«, die, wie die Bremer Linken, verhindern wollte, daß »blinder Autoritätsglauben« in der Partei Platz greife und daß »die Masse den Führern ohne eigenes sachgemäßes Urteil folgt«[42], deutete den 4. August und die »Burgfrieden«-Praxis als eine Konsequenz der »Instanzenpolitik«, einer Politik bürokratischer Selbstherrlichkeit in der Partei. Das analytische Interesse der Borchardt-Gruppe konzentrierte sich nahezu völlig auf die Bürokratieproblematik und zog nach dem Anschluß der Spartakus-Gruppe an die USPD die weitestgehende und abstrakte Folgerung: »Worauf es uns ankommt, ist die Beseitigung jeglichen Führertums in der Arbeiterbewegung. Was wir brauchen, um zum Sozialismus zu gelangen, ist reine Demokratie unter den Genossen, d. h. *Gleichberechtigung, Selbständigkeit, Wille und Kraft zur eigenen Tat* bei jedem Einzelnen. Nicht Führer dürfen wir haben, sondern nur ausführende Organe, die, anstatt ihren Willen den Genossen aufzuzwingen, umgekehrt nur als deren Beauftragte handeln.«[43] Da diese Forderung Borchardts zusammentraf mit seiner Feststellung weitgehender Handlungs- und Initiativunfähigkeit der Massen[44], schlug sein Radikalismus um in Resignation; er verlor 1917 den Kontakt mit der ISD-Tendenz, die er selbst mitbegründet hatte. Seine organisationspolitischen Vorstellungen schienen den Bremer Linken um die *Arbeiterpolitik* auf eine Preisgabe parteiförmiger Organisation hinauszulaufen. Diese Schlußfolgerung lehnten sie ab[45], obwohl sie die ihr zugrunde liegende Analyse und Intention selbst vertraten. Unter dem Eindruck des »Verrates der Arbeiterführer« vom August des Vorjahres schrieb Knief im März 1915: »Daß der Staat reaktionär ist, wissen allmählich alle Arbeiter. [...] Aber daß die Parteibürokratie eine viel gefährlichere reaktionäre Macht darstellt, das wissen einstweilen nicht sehr viele. Solange die Arbeiter um jeden Preis an ihren heutigen Organisationen mit ihrem ganzen bürokratischen Apparat festhalten, werden sie immer mehr ins Lager des Bürgertums getrieben werden. [...] Erst wenn die Arbeiter diese Formen der Organisationen sprengen werden, [...] erst dann werden sie den Weg zu ihrer Befreiung finden. Die heutigen Organisationen führen zur neuen Knechtung; nein, sie haben für die Arbeiter bereits das Joch der Staatsgewalt verdoppeln helfen.«[46] Trotz der Vehemenz dieser Organisationskritik gingen die organisationspolitischen Vorstellungen der Bremer nicht in die Richtung einer Verneinung der Partei, sondern sie zielten auf Möglichkeiten der institutionellen Sicherung gegen bürokratische Erstarrungserscheinungen; sie suchten eine Lösung des Problems vor allem in der Form föderalistischen Aufbaus, der Ehrenamtlichkeit von Funktionsträgern und ähnlichen Palliativen.[47] Sie konzentrierten ihre Agitationsarbeit auf Ziele, wie sie in der Ankündigung ihrer Wochenschrift *Arbeiterpolitik* genannt wurden: »Aufklärung über den Verrat der Parteiinstanzen an den Grundsätzen des Sozialismus, Entlarvung der arbeiterfeindlichen Politik der opportunistischen Organisationsbürokratie.«[48] Obwohl die antibürokratische Organisationskritik im linksradikalen Lager keineswegs auf die ISD-Tendenz eingeschränkt war, sondern auch in den Reihen des Spartakus-Bundes geübt wurde, spielte sie bei den Wortführern der ISD eine ungleich wichtigere Rolle als beispielsweise bei Rosa Luxemburg.[49] – Nach anfänglicher Bestürzung der Bremer Linken darüber, daß die proletarischen Massen nicht durch ihr direktes Handeln den Krieg zu verhindern suchten, und nach resignativen Anwandlungen während der ersten Kriegsjahre wurden die ISD vor allem mit dem Beginn größerer Massenbewegungen im Jahre 1916 zuversichtlicher. Knief versuchte 1915/16 in Bremen, die oppositionellen Sozialdemokraten davon zu überzeugen, man dürfe nicht mehr auf eine besondere Krisensituation warten, in der die Masse von selbst zur Tat gedrängt würde; Ansatzpunkte für die Einleitung massenhafter Aktionen seien »die Unzufriedenheit, die Erbitterung über die lange Arbeitszeit, die Sonntagsarbeit, die Polizeischikanen, die Untätigkeit der Gewerkschaften«.[50] Zu diesem Zwecke müsse man mit dem »Legalitätsfetischismus« der Partei ebenso brechen wie mit deren »parlamentarischem Kretinismus«. In der *Arbeiterpolitik* setzte man die Kritik des »Nurparlamentarismus« der Vorkriegszeit fort und ließ durchaus auch nach der russischen Oktoberrevolution noch die Parlamentstribüne als sinnvolles Agitationsforum gelten. Erst die Entstehung der Arbeiter- und Soldatenräte im Verlaufe der Novemberrevolution schuf die Grundlage für die spätere Ablehnung jeglicher Parlamentsarbeit durch die linkskommunistische Opposition in der frühen KPD und der Bewegung der Rätekommunisten. – Unterschieden sich die ISD während der Kriegsjahre in dieser Frage kaum von der Einstellung des Spartakus-Bundes zur parlamentarischen Arbeit, so entwickelten sie in Bremen eigene Vorstellungen von Gewerkschaftspolitik. Anhand der Vorkriegserfahrungen mit den lokalen Gewerkschaftsvorständen und angesichts von deren konsequenter »Burgfrieden«-Politik kamen sie zu der Überzeugung, man müsse neue Formen gewerkschaftlicher Organisation finden. Im März 1917 begann in der *Arbeiterpolitik* die Diskussion über eine Organisationsform, die den zu erwartenden spontanen Massenaktionen – in denen »schwerorganisierbare Elemente den Ausschlag geben: ungelernte, weibliche und jugendliche

Arbeiter«[51] – angemessener sei als die bestehenden büro-kratischen Zentralverbände der Freien Gewerkschaften; diese Organisationen müßten »beweglicher und anpassungsfähi-ger«[52] gestaltet sein. In ihnen müßten die bisher in Partei und Gewerkschaft getrennt wahrgenommenen Funktionen zusam-menfallen. Die Propagierung der »Einheitsorganisation« ver-band sich in der *Arbeiterpolitik* bis zum November 1918 zunehmend mit der Parole, aus den Gewerkschaften auszutre-ten.[53]

Neben der ISD-Tendenz der Kriegsjahre sind für die gleiche Periode einige weitere radikale Gruppierungen nachweisbar, deren theoretische Positionen und organisatorische sowie tak-tische Konzeptionen teilweise bereits auf dem Gründungs-Parteitag der KPD, generell aber im Ablösungsprozeß des rätekommunistischen Flügels von der KPD 1919/20 wirksam wurden. – Der Kontakt zwischen Anton Pannekoek und sei-nen Bremer Freunden war nach der Rückkehr Pannekoeks in die Niederlande bei Kriegsbeginn nicht abgebrochen; Knief war nachweislich unterrichtet über die theoretische und prak-tische Arbeit der »Sociaal Democratische Partij« (SDP)[54], in deren Rahmen Pannekoek seine politische Tätigkeit fortsetz-te. Diese Partei, 1909 aus der Abspaltung der radikalen Opposition einer Intellektuellengruppe gegen den reformisti-schen Kurs der Sozialdemokratischen Partei der Niederlande entstanden[55], orientierte sich seit 1912 deutlich an der von Pannekoek in der Auseinandersetzung mit Kautsky formu-lierten linksradikalen Konzeption und wies viele Gemeinsam-keiten mit der ISD-Tendenz in Deutschland auf.[56] Auch sie schlossen sich der Zimmerwalder Linken an[57], formulierten (wie die ISD im Gegensatz zu Lenin) einen abstrakten Inter-nationalismus, das revolutionäre Massenaktions-Postulat und eine radikale Organisationskritik. In ihren Reihen stritt der holländische Dichter Herman Gorter (1864-1927), in dessen Weltkriegs-Broschüren neben den genannten theoretischen und taktischen Elementen sich eine immanente Kritik der Oktoberrevolution ankündigte, die in der rätekommunisti-schen Bewegung in Deutschland dann zum Zuge kam. – Eben-falls in Verbindung mit den Bremer Linken standen in den Kriegsjahren die radikalen Sozialdemokraten im benachbar-ten Hamburg um Heinrich Laufenberg (1872-1932). Wie die

Bremer Genossen waren sie bald nach Beginn des Krieges durch ihre Kritik an der »Burgfrieden«-Politik der »Instanzen« mit der lokalen Partei- und Gewerkschaftsführung in offenen Streit geraten.[58] Laufenberg, seit 1907 als Redakteur und Schulungsleiter in der Hamburger Arbeiterbewegung tätig, war (ähnlich wie Borchardt) 1912 vom lokalen Parteivorstand aller Ämter enthoben worden und analysierte nicht zuletzt unter dieser Voraussetzung die Kriegspolitik der SPD vorwiegend aus der Perspektive der Masse-Führer-Problematik und der Organisationspolitik. Nach Meinung der Hamburger war die vordringliche Aufgabe der Opposition, »zeitgemäße Änderungen in der Organisationsform des deutschen Proletariats hervorzubringen«.[59] Es war insbesondere die unter dem Einfluß eines ehemaligen IWW-Redakteurs[60] (Fritz Wolffheim) verbreitete Idee einer wirtschaftlichen Kampforganisation, deren Aktion im Verlaufe großer Massenbewegungen in politische Qualität umschlage, die die Hamburger Radikalen als zeitgemäße Änderung der Organisationsform anboten und in der ʼBremer *Arbeiterpolitik* propagierten. Die Sonderstellung der Hamburger Gruppe im Lager der Linksradikalen war bedingt durch ihre Anerkennung der Verteidigung der nationalen Selbständigkeit, die dem Internationalismus der ISD genau entgegengesetzt war. – Schließlich gehört zu den die rätekommunistische Bewegung vorbereitenden Tendenzen auch die Gruppe um Franz Pfemferts expressionistische Zeitschrift *Die Aktion*. Diese Zeitschrift, seit 1911 als Organ für »freiheitliche Politik und Literatur« erscheinend, ging ursprünglich zurück auf linksliberale verlegerische Initiative.[61] Unter der Redaktion Pfemferts, der selbst seine frühesten literarischen Versuche in einem anarchistischen Kulturmagazin publiziert hatte, wurde die Zeitschrift geprägt von der Mitarbeit antibürgerlich-kulturradikaler Autoren und Künstler aus dem Boheme-Milieu. Zwar sind Kontakte Pfemferts zu Rosa Luxemburg in der Vorkriegszeit nachweisbar[62], doch die *Aktion* stand vor und nach 1914 außerhalb des Bereichs der organisierten Arbeiterbewegung: »ʼDie Aktionʼ tritt, ohne sich auf den Boden einer bestimmten Partei zu stellen, für die Idee der Großen Deutschen Linken ein. [...] ʼDie Aktionʼ hat den Ehrgeiz, ein Organ des ehrlichen Radikalismus zu sein.«[63] Von dieser Position her kam in der *Aktion* eine antiautoritäre Institutionen- und Bürokratie-Kritik zum Ausdruck[64]; namentlich Pfemfert kritisierte die SPD aus der Sicht der linken Radikalen in der Sozialdemokratischen Partei.[65] »In Pfemferts politischen Ansichten [kristallisierte sich] eine linksradikale Position heraus, deren wichtigster aktueller Bezugspunkt die durch Bürokratisierung, Revisionismus und nationalen Opportunismus [...] bedrohte deutsche Sozialdemokratie darstellte.«[66] Während die *Aktion* in den Kriegsjahren nur unter der Bedingung weitererscheinen konnte, daß sie keine unmittelbar politischen Beiträge veröffentlichte, suchte Pfemfert ab 1915, aus dem *Aktions*-Kreis die Mitglieder einer »Antinationalen Sozialistischen Partei« (ASP) zu rekrutieren.[67] Diese kleine Intellektuellengruppe, die ihre Aktivität auf die Verbreitung illegalen antimilitaristischen und internationalistischen Propagandamaterials konzentrierte, unterhielt keine direkte Beziehung mit den linksradikalen Gruppierungen; sie verstand sich als eine aus dem bürgerlichen Lager kommende Hilfstruppe des Spartakus-Bundes und brachte in die KPD einige intellektuelle Kräfte ein, die in der Formierung der linkskommunistischen Opposition eine wichtige Rolle spielten.

Die Formierung der linkskommunistischen Opposition

Nach dem Zusammenbruch des Verfassungssystems und dem Wegfall der erschwerenden Arbeitsbedingungen der Kriegsdiktatur erhielten die beiden linksradikalen Tendenzen des Spartakus-Bundes und der ISD im Verlauf der Massenbewegungen der Monate November/Dezember 1918 neue Impulse. Die im August 1917 vereitelte Organisationsgründung der ISD machte nun erhebliche Fortschritte. Die Bremer Linksradikalen, mit ihrer *Arbeiterpolitik* seit 1916 Kristallisationskern der ISD, festigten ihre Rolle als Protagonisten u. a. durch die Einführung des Parteinamens »Internationale Kommunisten Deutschlands« (IKD) und die Herausgabe einer Tageszeitung *(Der Kommunist)* als Organ der IKD in den letzten Novemberwochen 1918. Stärkere Gruppierungen der Linksradikalen in Hamburg, Hannover, Cuxhaven, Göppingen und anderen Orten übernahmen in den folgenden Wochen den Namen und bezogen das Organ der IKD.[68] Sie hielten gemeinsam vom 15.-17.12.1918 ihre erste, vom 24.-31.12.1918 ihre zweite Reichskonferenz ab; auf der zweiten Reichskonferenz stand die Fusion mit dem Spartakus-Bund im Mittelpunkt, nachdem es über der Frage der Einberufung eines Kongresses über Wahlen zur Nationalversammlung zum Bruch zwischen der USPD und dem Spartakus-Bund gekommen war. Trotz der Solidarisierung der IKD mit den Absichtserklärungen und Aktionen des Spartakus-Bundes blieben die Differenzen der Kriegsjahre auch jetzt bestehen, und führende Sprecher beider Tendenzen, z. B. Knief von der IKD und Jogiches vom Spartakus-Bund, wandten sich am Jahresende 1918 gegen eine Fusion. Nachdem unter dem Eindruck der notwendigen Sammlung aller linksradikalen revolutionären Kräfte die fusionswilligen Teile in beiden Richtungen sich durchgesetzt hatten und am 31.12.1918 den Anschluß der IKD an die tags zuvor offiziell gegründete KPD verkündet worden war, kamen die Gegensätze zwischen den ehemaligen Internationalen Kommunisten Deutschlands und dem Spartakus-Bund in der Diskussion des Gründungs-Parteitages der KPD zur vollen Entfaltung. In den zentralen Fragen des Gründungs-Parteitages, der Organisationsfrage, der Frage des Verhältnisses der neuen Partei zur Nationalversammlung speziell und zum Parlamentarismus allgemein, und schließlich in der Frage der Gewerkschaftspolitik der KPD, fanden sich jeweils Mehrheiten für die von den IKD favorisierten Optionen für eine dezentralisierte Organisation, gegen die Beteiligung an den Wahlen zur Nationalversammlung und für den Austritt aus den Gewerkschaften. Der Führungsgruppe des Spartakus-Bundes (Rosa Luxemburg, Karl Liebknecht, Paul Levi u. a.) widersetzten sich in diesen Punkten die (an sich im Vergleich zum Spartakus-Bund schwächer vertretenen) Delegierten der IKD und ein großer Teil der anonymen Spartakus-Vertreter[69]; eine Abstimmungsniederlage wie in der Frage der Teilnahme an den Wahlen zur Nationalversammlung, als 62 dagegen und nur 23 dafür votierten[70], wurde in der Organisations- und Gewerkschaftsproblematik umgangen mit deren Überweisung an entsprechende Kommissionen.[71] Die sich hier abzeichnenden organisationspolitischen und taktischen Diffe-

renzen in der Partei wurden im ersten Halbjahr 1919 zurück-
gedrängt durch die allenthalben im Reich entbrennenden
insurrektionellen Massenbewegungen mit den Höhepunkten
des Januar-Aufstandes in Berlin, der Bayerischen und der Bremer Räterepublik und der Streikbewegungen der Ruhr-Bergarbeiterschaft. Die nach der Ermordung Rosa Luxemburgs
und Karl Liebknechts im Berliner Januar-Aufstand an Paul
Levi (1883-1930) übergegangene Leitung der Parteizentrale
bestand auf einer Klärung dieser Differenzen, indem sie sie
seit der ersten Reichskonferenz der KPD (Juni 1919 in Berlin)
willentlich zuspitzte. Als Wortführer der durch antiautoritär-
föderalistische Organisationsvorstellungen, durch Antiparlamentarismus und antigewerkschaftliche Haltung allgemein
gekennzeichneten linken Kommunisten griff die Levi-Zentrale besonders die nordwestdeutschen Genossen in Hamburg
und Bremen an. Auf der Frankfurter Reichskonferenz im
August 1919 sprach sich Levi für die Arbeit in den Parlamenten und gegen die Einheitsorganisation aus und trat für
eine Zentralisierung der in der ersten Jahreshälfte stark dezimierten Partei ein.[72] Die Hamburger linken Kommunisten
beurteilten diese Taktik im Namen der nach wie vor mehrheitlichen, aber in sich durch vielfältige Nuancierungen
getrennten Oppositionen so: »Die Führer – frühere Mitglieder
des Spartakus-Bundes und solche, die jetzt ›spartakistischer‹
geworden sind wie die Spartakisten – erachten es für ihre
Aufgabe, die Führerdiktatur in der KPD zu errichten.«[73] Auf
dem zweiten, dem sogenannten Heidelberger Parteitag der
KPD im Oktober 1919 erreichten die Konflikte ihren Höhepunkt in der Diskussion der von Levi vorgelegten und im
Sinne seiner Frankfurter Ausführungen verfaßten *Leitsätze
über kommunistische Grundsätze und Taktik*[74], die schließlich mit den Stimmen der »spartakistisch« besetzten Zentrale
von 31 Delegierten angenommen wurden. Die 18 oppositionellen Delegierten, die überwiegend die mitgliederstärksten
Bezirke der Partei repräsentierten und unter denen sich fast
alle Parteitagsdelegierte aus der ISD/IKD-Tradition befan-
den, galten durch die Annahme der *Leitsätze* Levis als ausgeschlossen. Im Bewußtsein ihrer Mehrheitsposition in der Partei akzeptierten die meisten der 18 Oppositionellen den Ausschluß nicht; nur Laufenberg, Wolffheim und zwei weitere

Delegierte erklärten ihrerseits die Spaltung für unumgäng-
lich.[75] Bis zum Jahresende 1919 meldeten die Hamburger
Linkskommunisten einerseits und die Bremer Oppositionellen
andererseits einen Führungsanspruch in der Bewegung der
Opponenten gegen die Heidelberger *Leitsätze* an. Als sich die
Hamburger aufgrund ihrer Spaltungsmanöver und ihrer
nationalbolschewistischen Sonderthesen bald für diese Funktion disqualifizierten, ging die Vertretung der Opposition
Ende November 1919 über an eine in Bremen errichtete
»Informationsstelle« der Opposition, die u. a. den Kontakt
der Linkskommunisten im Reiche zu gewährleisten hatte. Ihr
Kurs war geprägt von der Sorge um die Vermeidung der
Parteispaltung und durch Kompromißversuche in den wichtigen Streitpunkten der Organisationspolitik, des Parlamentarismus und der Gewerkschaftsarbeit.[76] Sie scheiterte an der
unbeugsamen Haltung der KPD-Zentrale, die bereits vor dem
3. Parteitag im Februar 1920 begann, in den mehrheitlich
oppositionellen Parteibezirken neue Organisationen aufzubauen. Von der Teilnahme an diesem Parteitag waren ausgeschlossen die Bezirke mit oppositioneller Majorität Nord
(Vorort Hamburg), Nordwest (Vorort Bremen), Niedersachsen (Hannover), Berlin und Ostsachsen (Dresden). Von diesen
durch die interne Diskussion in wachsendem Maße auseinan-
derstrebenden Zentren der Opposition kehrte die Bremer
Organisation nach dem 3. Parteitage in die Partei zurück und
löste Ende März ihre »Informationsstelle« auf. Die Initiative
zur Zusammenfassung der verbleibenden Opposition lag nun
bei den Hamburgern um Laufenberg und Wolffheim, bei der
Dresdner Richtung um Otto Rühle (1874-1943), vor allem
aber bei der Berliner Opposition, die im Gegensatz zu den
beiden anderen Richtungen nicht an ISD/IKD-Traditionen
anknüpfte, jedoch seit dem Jahreswechsel 1919/1920 einen
Radikalisierungsprozeß durchlaufen hatte.[77] Die Initiative
der Berliner führte unter dem Eindruck der eher unentschlos-
senen Haltung der KPD-Zentrale im Kapp-Putsch (1920) zur
Gründung einer selbständigen linkskommunistischen bzw.
rätekommunistischen Partei, der Kommunistischen Arbeiter-
Partei Deutschlands (KAPD). Ihrem Gründungskongreß am
4. und 5. April 1920 in Berlin präsidierten Vertreter der drei
Richtungen, die in der neuen Partei zusammengeschlossen

waren, nämlich der Berliner, der Hamburger und der Dresdner Gruppen.[78]

Soziale Rekrutierung

Stellt man die Frage nach dem sozialistischen Profil an dieser Stelle der organisationsgeschichtlichen Skizze der rätekommunistischen Bewegung, so stößt man auf die gleichen Schwierigkeiten wie bei den anderen linksradikalen Bewegungen: Der z. T. durch fehlende organisatorische Kohärenz bedingte Mangel an statistischem Material läßt einzig eine indirekt-erschließende Beschreibung der sozialen Komponenten der jeweiligen linksradikalen Bewegung zu. Der prägende Einfluß intellektueller und jugendlicher Kräfte auf die rätekommunistische Bewegung läßt sich vielfach belegen, aber nicht hinreichend exakt quantifizieren. Das in der folgenden Skizze enthaltene soziologische Porträt der linken Mehrheit des Gründungsparteitages der KPD hat in den Grundzügen auch Gültigkeit für die späteren rätekommunistischen Organisationen und Gruppen: »Neben dem alten Stamm der revolutionären Parteiarbeiter, die schon vor dem Kriege zur linksradikalen Opposition um Rosa Luxemburg gehört hatten, saßen jetzt junge Arbeiter, die im Kriege Träger der revolutionären Propaganda und Agitation gewesen waren, aber noch wenig politische Erfahrung hatten. Soldaten, angefüllt mit der Erbitterung über alle Leiden und Entbehrungen des Krieges, Pazifisten, die wacker gegen den Krieg gekämpft hatten und durch die Verfolgungen nach links getrieben worden waren, Syndikalisten, die in der radikalen Arbeiterbewegung ein fruchtbares Feld für ihre Ideen sahen, Künstler und andere Intellektuelle, die vom Strom der Revolution hochgeschleudert worden waren, kurz, Elemente, wie sie in jeder Revolution plötzlich in Bewegung gerissen werden und die ihren politischen Wert erst erweisen mußten.«[79] Die theoretisch-agitatorisch arbeitenden Intellektuellen überwogen in der Führung der linksradikal-rätekommunistischen Bewegung vor den primär auf Organisationsarbeit ausgerichteten Funktionären. Bereits in der Vorgeschichte der rätekommunistischen Organisationen wurde die Bedeutung der Gruppenbildung um jeweils lokale Intellektuellen-Kerne (Knief, Borchardt, Laufenberg, Pfemfert u. a.) erkennbar. Für diese späteren Protagonisten des Rätekommunismus ist es weitgehend typisch, daß sie bereits vor dem Kriege in der Ausübung ihrer innerparteilichen Journalisten- oder Lehrtätigkeit als radikale Marxisten in gravierende Konflikte mit der Parteiführung der SPD geraten waren und teilweise ihre Parteiämter verloren hatten. Aus der kritischen Perspektive des unfreiwilligen Außenseiters entwickelten sie die wichtigsten Gegenkonzeptionen zur Mehrheits-Sozialdemokratie der Kriegsjahre, die in der linkskommunistischen Opposition aufgegriffen wurden. Obwohl gerade sie in der Desintegrationsphase des Rätekommunismus aus der Bewegung wieder herausgedrängt wurden, war ihr theoretisch fundiertes Engagement das dauerhafteste, und die theoretische Wirkung beispielsweise Pannekoeks und Rühles reichte über die organisatorische Existenz des Rätekommunismus hinaus.

Außer von diesen intellektuellen Kräften der älteren politischen Generation waren die linkskommunistische Opposition und die rätekommunistische Bewegung geprägt durch den Zulauf jüngerer, im Krieg radikalisierter bürgerlicher Intellektueller. In der Regel kamen sie aus der Boheme (Franz Jung, Oskar Kanehl u. a.) oder aus akademischem Milieu (Dr. Karl Schröder, Dr. Alexander Schwab, Bernhard Reichenbach u. a.) über die Stationen der antibürgerlichen Revolte des Expressionismus oder der Jugendbewegung zur linken Opposition in der frühen KPD.[80] Ihr Engagement war vergleichsweise labiler; es war vor allem bei der künstlerischen Intelliganz gegründet auf revolutionären Enthusiasmus, wurde geleitet von der Absicht, einerseits die besonderen künstlerischen Kommunikationstechniken in den Dienst der vermeintlich im Gange befindlichen Revolution zu stellen, und andererseits von der Hoffnung, durch die Verbindung mit den proletarischen Massen über die revolutionären Inhalte zu neuen künstlerischen Formen zu gelangen.[81] Bei prominenten linkskommunistisch engagierten Künstlern wie Franz Jung (1888-1963)[82], Heinrich Vogeler (1872-1942)[83] und Oskar Kanehl (1888-1929)[84] wurde im Rahmen der Orientierung an der sowjetrussischen Proletkult-Bewegung[85] das »Eintauchen« des Künstlers bzw. Intellektuellen bürgerlicher Herkunft in die proletarischen Massen zur Maxime ihrer künstlerischen Tätigkeit. Dem Intellektuellen riet Jung: »Der Hammer der sozialen Revolution trifft auch ihn und wird nicht viel von ihm übrig lassen. Es bleibt jedoch ein Weg, noch bevor er an der Wand steht. Laß alles stehn und liegen und geh auf die Wanderschaft, tauche unter. Es drängt zu gehen nach Spitzbergen in die Kohlengruben. [...] Oder geh in die Städte Sibiriens. Ein neuer Schlag von Tramps ist dort im Entstehen.«[86] Vogeler forderte vom Künstler, »mit den Arbeiterkolonnen hinan zu wandern aufs Land, mit ihnen das Arbeitsleben zu teilen; und nun wird eine neue Kunst erwachsen aus den primitiven Bedürfnissen. Der Künstler wird nun ganz der Gestalter der Lebensbedürfnisse des Proletariats«.[87] Kanehl beschrieb die neue Qualität der proletarischen Künstler: »Alle ihre Werke wachsen aus dem Solidaritätsgefühl mit dem klassenbewußten Proletariat. Dem proletarischen Dichter werden der Gemeinschaftswille zum Streik, der Gemeinschaftsrhythmus einer Demonstration, der Gemeinschaftshaß gegen den weißen Schrecken, die Gemeinschaftsklage über ermordete Klassenbrüder zu Gedichten.«[88] Diese kulturradikalen Künstler, die mit ihrer rätekommunistischen Agitations- und Organisationsarbeit, aber auch durch jahrelange Aufbauarbeit in der UdSSR (Jung, Vogeler) zu Beginn der zwanziger Jahre ihren programmatischen Anspruch einzulösen suchten, fielen nach dem Ende der latent revolutionären Periode der Weimarer Republik von der rätekommunistischen Bewegung ab, oder sie wurden – wie viele der rätekommunistischen Intellektuellen – Opfer der von ihnen miterzeugten antiintellektuellen Tendenzen in der Bewegung.[89]

Erst in der Desintegrationsphase der Bewegung nach 1921 erfolgte dann tendenziell die Aufkündigung des temporären Bündnisses zwischen den in der Führung dominanten Intellektuellen und den mit der KPD unzufriedenen radikalen Arbeitern. Die spezifische Disposition der rätekommunistisch organisierten Arbeiter ist am besten aufweisbar an der politischen Biographie, die ein anonymer Rätekommunist veröffentlichte.[90] In den »allerärmsten Verhältnissen aufgewachsen«, trat er als Sechzehnjähriger 1891 den Freien Gewerkschaften, 1897 der SPD bei und entwickelte sich zum militanten und loyalen Parteiarbeiter. »Keine rote Woche, keine Flugblattverteilung, keine Demonstration, keine Maifeier usw., kurzum ich war immer dabei.« Angesichts der sich verdichtenden Kriegsdrohung vor 1914 heißt es: »Diesmal werden die Schäfchen nicht wie 1870 mit Hurra zur Schlachtbank eilen. Diesmal werden die SPD und die Gewerkschaften ein Wörtchen mitzureden haben, diesmal wird ein Generalstreik im internationalen Ausmaße die Antwort sein.« Die »Burgfriedens«-Politik der Arbeiterorganisationen erschütterte sein politisches Weltbild; seine Empörung richtete sich gegen die »Herren Führer« in der SPD und in den Gewerkschaften, deren Politik er vorwarf: »Zunächst nahm man den Arbeitern das Streikrecht, machte sie völlig wehrlos gegenüber der Ausplünderung durch die Kriegshyänen. Dann die Durchhalte- und Annexionsreden, [...] das Hilfsdienstgesetz, das Denunzieren der wenigen aufrecht gebliebenen Genossen.« Durch ein »Schriftchen von Julian Borchard [t]« kam er zu der Einsicht, »daß die Sorge um die Parteipresse, um das Heer von Angestellten, um das Partei- und Gewerkschaftsvermögen usw. ihr Verhalten am 4. August 1914 bestimmt haben.« Als Soldat noch immer formal Mitglied der SPD, um bei Kriegsende »mit diesen Burschen« (den Arbeiterführern) abzurechnen, erhielt er gelegentlich die Bremer *Arbeiterpolitik* und betont, »gerade aus dieser Schrift manche wertvolle Anregung« erhalten zu haben. Ende 1917 Mitglied der USPD, brach er faktisch mit dieser Partei, als er in den Monaten nach dem November-Umsturz bemerkte, »daß die USP mit diesen Burschen [den SPD-Führern] gemeinsame Sache machte und diese in den Augen der Massen nicht nur nicht stäupte, sondern neu rehabilitierte«. »Als Revolutionär« wirkte er im Ruhrgebiet und »unterhielt Fühlung mit der ›Aktion‹, mit der ›Roten Fahne‹ und mit dem in Bremen um diese Zeit erscheinenden ›Kommunist‹, den wir in jenen Tagen zu Tausenden unter die Masse warfen.« Auf dem Berliner Parteitag der USPD im März 1919 bemerkte er als Delegierter, daß er »mit einer Partei, die das Rätesystem in der Verfassung verankern wollte [...] und mit allen Mitteln, auch mit dem Parlament, die soziale Revolution erkämpfen wollte«, nichts mehr gemein hatte; er und seine Freunde traten »geschlossen als Ortsgruppe aus der USP aus und zur KPD über«. In den Kämpfen der Ruhr-Bergarbeiterschaft wurde er im April 1919 zum Invaliden und zu 10 Monaten Gefängnis wegen schweren Landfriedensbruchs verurteilt. Die Vorgänge auf dem Heidelberger Parteitag der KPD beurteilte er folgendermaßen: »Einfach, die Parteischäfchen, welche die Parole der Zentrale schluckten, waren KPD-Genossen. Die anderen, welche die Zentrale für das Durcheinander verantwortlich machen wollten und sich der Parole nicht fügten, wurden von jetzt ab als Wirrköpfe, als Syndikalisten und Anarchisten ›denunziert‹ und als sich die revolutionären Genossen auch durch diese ›furchtbare‹ Bezeichnung nicht kirre machen lassen, mußten sie ausgeschlossen werden. Zu diesem Zweck wurden dann auch bald die berüchtigten ›Heidelberger‹ Punkte fabriziert und schließlich mit Hilfe der flüchtigen, finanziell von der Zentrale der KPD abhängigen Genossen durchgedrückt.« An den Kämpfen der »Roten Armee« im Ruhrgebiet im März/April 1920 war der anonyme rätekommunistische Aktivist ebenfalls beteiligt. Versuche, ihn für die KAPD zu gewinnen, scheiterten, weil er – wie er es formulierte – »nunmehr durch die Parteien endgültig durch« war. Er schloß sich der Richtung in der rätekommunistischen Bewegung an, die die Einheitsorganisation anstrebte und sich 1921 als »Allgemeine Arbeiter-Union Einheitsorganisation« (AAUE) konstituierte. Sein Fazit war: »Also fort mit dem Berufsführertum, mit allen Organisationen, die nur mit Führer[n] am Steuer wirksam sein können. Fort mit dem Organisationsprinzip der herrschenden Klasse, dem Zentralismus. Fort mit allen zentralen Körperschaften, auch wenn sie nur Direktiven erteilen wollen, denn reichen wir dem Teufel Zentralismus auch nur einen Finger, dann wird er uns bald ganz in der Gewalt haben.« – Die in dieser politischen Biographie zum Ausdruck kommende aktivistische Disposition ist in Entstehung und Inhalt weitgehend typisch für die militanten Arbeiter, die sich der rätekommunistischen Bewegung anschlossen. Sie läßt sich nachweisen für Max Hölz[91], Karl Plättner[92] und andere rätekommunistische Militante[93], bedarf aber des ergänzenden Hinweises, daß besonders jugendliche und vor dem Weltkrieg noch nicht organisierte Arbeiter zu dieser politischen Disposition neigten und daß gerade für weniger exponierte Arbeiter das radikale Engagement episodenhaft blieb und ständig in politische Resignation umzuschlagen drohte.[94]

Der Gründungs-Parteitag der KAPD führte die Linkskommunisten zusammen in dem Versuch, der Reichszentrale der KPD »politische Korruption« nachzuweisen, und in der geschlossenen Verurteilung der abwartenden Haltung der KPD zur Gründung der Dritten Internationale und zu den März-Kämpfen im Ruhrgebiet. Er konnte darauf verweisen, mit dieser Kritik mehr als die Hälfte der zu dieser Zeit rund 107 000 Mitglieder zählenden Partei hinter sich zu wissen.[95] Er brachte das gemeinsame Bekenntnis zu einem »maximalistischen« Revolutionsprogramm, das, von einer Kommission ausgearbeitet, dann im Mai 1920 vorgelegt wurde.[96] Die wichtigsten Tagesordnungs-Punkte waren »Organisationsfragen«, »Parlamentarismus und Betriebsrätegesetz« und »Stellungnahme zu den Gewerkschaften und zur Allgemeinen Arbeiter-Union«. Man erzielte Einigung darüber, daß die Parteiorganisation »im Gedanken des Rätesystems durchgearbeitet« sein müsse.[97] Die Frage laute nicht »Parlamentarismus oder Antiparlamentarismus«, sondern »Sozialreform oder Revolution«; »Parlamentarismus ist gleichbedeutend mit Konterrevolution, Antiparlamentarismus ist Revolution selbst.« Die Gewerkschaften seien nicht von innen her zu revolutionieren; an ihre Stelle müßten die aus der linkskommunistischen Austrittsbewegung hervorgegangenen Wirtschafts-Kampforganisationen der »Allgemeinen Arbeiter-Union« (AAU) treten. In der Entwicklung der KAPD bis zum nächsten Parteitag im August 1920 stellte sich heraus, daß der im April erzielte Minimalkonsens nicht ausreichte, um die neue Partei innerlich zu festigen.[98]

Der Parteitag der KAPD im August (1920) stand ganz im Zeichen der Auseinandersetzung der Mehrheit mit den nationalbolschewistischen Thesen der Hamburger um Laufenberg und Wolffheim und endete mit deren Ausschluß aus der Partei.[99] Neben dem Führungsanspruch der nationalbolschewistischen Minorität in der KAPD meldete sich auf dem gleichen Parteitag bereits ein zweiter mit der Berliner Konzeption rivalisierender Entwicklungstrend in der Organisation an mit dem Statuten-Entwurf des Bezirks Ostsachsen. Dieser unterschied sich vor allem durch die Ablehnung parteiförmiger Organisation und die Forderung nach der Einheitsorganisation sowie durch sein Bekenntnis zum Föderalismus von den Berliner Vorstellungen. Unter der Führung Otto Rühles in Dresden und Franz Pfemferts, der seine *Aktion* in den Dienst der Einheitsorganisation stellte, lösten sich seit Anfang 1921 größere Teile der aus der linkskommunistischen Gewerkschafts-Austrittsbewegung hervorgegangenen AAU und stellten nach ihrer Konstituierung als »Allgemeine Arbeiter-Union Einheitsorganisation« (AAUE) im Oktober 1921 die Existenz der Partei in doppeltem Sinne in Frage. Im Falle der Hamburger und der Dresdner Opposition hatte die Berliner Gründungsgruppe der KAPD zwar ihr Programm vom Mai 1920 im wesentlichen behaupten können, die Integration der verschiedenen rätekommunistischen Tendenzen konnte sie jedoch nicht zustandebringen.

Theoretische Positionen

Diese wesentliche Integrationsaufgabe wurde u. a. deshalb nicht von den Berlinern gelöst, weil sie kaum weniger stark fixiert waren auf organisationspolitische und taktische Axiome als die anderen rivalisierenden Richtungen; eine kohärente theoretische Begründung dieser Axiome, die integrierende Wirkung hätte haben können, vermochten auch sie nicht zu liefern. Die Fragestellung einer revolutionären Theorie konzentrierte sich für die Linkskommunisten bzw. Rätekommunisten auf drei wesentliche Probleme: Auf die historisch-soziologische Beschaffenheit der Vorgänge, in die man seit dem Novemberumsturz involviert war, auf die Bedingungen der proletarischen Revolution in Westeuropa und auf die Aktualität der Revolution nach dem Ausgang der Inflationsphase der Weimarer Republik Ende 1923. – Im Hinblick auf die revolutionären Ereignisse in Deutschland kamen die Sprecher der linkskommunistischen Opposition in der frühen KPD sehr bald zu dem Schluß, daß der Novemberumsturz die bürgerliche Revolution in Deutschland nachgeholt habe. Pannekoek, dessen Denken besonders wichtig für die theoretischen Selbstverständigungsversuche der Rätekommunisten werden sollte[100], befand Ende November 1918, die im Gange befindliche Revolution erkämpfe die bürgerliche Demokratie durch die Massenkraft des Proletariats und sei insofern mit der Russischen Revolution von 1905 vergleichbar.[101] Die linkskommunistische Einschätzung der Entwicklungsmöglichkeiten der Revolution ging von der Voraussetzung aus, daß dieselbe Massenkraft des Proletariats imstande sei, über diesen ersten Schritt hinaus den entscheidenden zweiten Schritt von der bürgerlichen zur proletarischen Revolution zu tun. Deshalb äußerte sich z. B. Knief sehr kritisch über die im Spartakus-Programm enthaltenen demokratischen Losungen; er erachtete die im November errungenen Ergebnisse, wie die Beseitigung der Monarchie, für gering.[102] Unter dem Eindruck der – gemäß ihren lange gehegten Erwartungen – nun endlich in Bewegung geratenen Massen neigten Knief und andere Linkskommunisten zu einer stark vereinfachten Situationsanalyse, indem sie die Macht der gegenrevolutionären Kräfte nicht in Rechnung stellten und den Einfluß der nichtrevolutionären Arbeiterorganisationen auf die große Masse des Proletariats klar unterschätzten.[103] Eine die objektiven Bedingungen des Schritts von der sozialen Republik zur sozialen Revolution eskamotierende Auffassung der revolutionären Ereignisse ist erkennbar u. a. in Laufenbergs Polemik gegen die Levi-Zentrale der KPD: Er hielt ihr vor, ihre Taktik sei nur dann begründet, wenn man glaube, »die revolutionäre Kraft der Masse sei erlahmt und mit dem Aufstand der Masse sei vor der Hand nicht mehr zu rechnen«[104]; das deutsche Proletariat habe aber nicht die Zeit, noch ein halbes Dutzend Jahre mit der Eroberung der Macht zu warten; der kommende Winter bringe wahrscheinlich die Entscheidung.

Neben diesem von revolutionärer Ungeduld geprägten Aspekt der theoretischen Position der Rätekommunisten wurde von ihnen eine weitere Argumentationskette unter dem Einfluß Pannekoeks und Gorters in der Auseinandersetzung mit der Komintern entfaltet, die durch den Nachweis der besonderen Bedingungen der proletarischen Revolution in Deutschland (und Westeuropa) die rätekommunistischen organisationspolitischen und taktischen Postulate rechtfertigen sollte. Diese Argumentation wurde in der KAPD besonders seit dem 2. Komintern-Kongreß (Juli/August 1920) rezipiert, auf dem durch die Vorlage der 21 Aufnahmebedingungen in die Komintern unmißverständlich zum Ausdruck gebracht wurde, daß die Bolschewiki in allen organisatorischen und taktischen Fragen die Politik der KPD-Zentrale für richtig, die der Rätekommunisten für falsch hielten. Neben der enthusiastischen Zustimmung zum »maximalistischen« Revolutionsprogramm der Bolschewiki und zur Räteidee hatte namentlich Gorter bereits während der Kriegsjahre außer der Parole vom Selbstbestimmungsrecht der Völker besonders die Landverteilung an die Kleinbauern in der Oktoberrevolution verurteilt.[105] Im Verlauf der Nachkriegsjahre kamen er und Pannekoek in der Analyse der russischen Entwicklung und des Ganges der Revolution in Westeuropa immer mehr zu dem Schluß, beiden lägen erheblich voneinander verschiedene Bedingungen zugrunde.[106] Zuerst und vor allem hatte in Rußland die Revolution durch die Hilfe der großen Masse der armen Bauern gesiegt; in Deutschland und Westeuropa konnte man weder die Bauern noch größere Teile des Mittelstandes zu den revolutionären Kräften zählen. Außerdem hatte sich in Rußland dem Ansturm der Revolution ein schwach organisierter Kapitalismus entgegengestellt, der ältere agrarisch-feudale Strukturen lediglich überlagerte; in Deutschland und Westeuropa dagegen mußte die Revolution die geballte Macht des Industrie-, Handels- und Finanzkapitals einer hochentwickelten Industrienation besiegen. Gorter resümierte die spezifischen Bedingungen und Schwierigkeiten der Revolution in Westeuropa so: »Das Proletariat, fast unbewaffnet, allein, ohne Hilfe einem so einheitlichen Kapitalismus gegenüber, das bedeutet in Deutschland: jeder Proletarier, die große Mehrheit, ein bewußter Kämpfer, jeder Proletarier ein Held. Und so ist es in ganz Westeuropa. – Die Mehrheit des Proletariats, die zu bewußten, fest entschlossenen Kämpfern wird, zu wirklichen Kommunisten, muß hier, absolut und relativ, größer, viel größer werden als in Rußland.«[107] Daß dieser absolute und schroffe Klassengegensatz in Deutschland und Westeuropa nicht zum Austrag kam, lag nach Meinung der Holländer nicht am Fehlen der objektiven Voraussetzungen für die proletarische Revolution, sondern an der subjektiven Unzulänglichkeit des Proletariats in diesen Ländern, an seiner ideologischen Verstrickung in die Werte und Vorstellungen der Bourgeoisie: »Der Weltkrieg und der rasche wirtschaftliche Zusammenbruch bringt nun die objektive Notwendigkeit der Revolution, bevor noch die Massen geistig den Kommunismus erfaßt haben.«[108] Für die niederländischen Rätekommunisten, für die bereits in der Vorkriegszeit die Maxime galt: »Du sollst immer so handeln und reden, daß das Klassenbewußtsein der Arbeiter dadurch geweckt und gestärkt wird!«, wurde die Herausbildung des Klassenbewußtseins des Proletariats zum entscheidenden Kriterium aller organisatorischen und taktischen Überlegungen. Aus der von ihnen diagnostizierten Bündnislosigkeit des revolutionären Proletariats und aus der Notwendigkeit einer beschleunigten Entwicklung des proletarischen Klassenbewußtseins resultierte für die Holländer und ihre deutschen Anhänger in der KAPD eine Taktik, die in absoluter Opposition zu allen nicht revolutionären Kräften und durch größtmögliche Reinheit der revolutionären Prinzipien in der Agitation und in der Aktion die Arbeiterklasse zur Errichtung der Diktatur des Proletariats befähigen sollte. Pannekoek unterschied zwei taktische Konzeptionen in der frühen Dritten Internationale: »Die eine Richtung will durch Wort und Tat die Köpfe revolutionieren, aufklären und sucht dazu die neuen Prinzipien möglichst scharf den alten überlieferten Anschauungen gegenüberzustellen. Die andere Richtung versucht, die Massen, die noch abseits stehen, für praktische Tätigkeit zu gewinnen, will dazu möglichst vermeiden, was sie abstoßen könnte, und hebt statt des Gegensatzes vor allem das Verbindende hervor.«[109] Diese starke Akzentuierung des subjektiven Faktors in der Revolution, die bei den Holländern Formen eines kulturrevolutionären Programms annahm, fand im Voluntarismus der linkskommunistischen Opposition bzw. der rätekommunistischen Bewegung erhebliche Resonanz. Im Programm der KAPD von 1920 hieß es lapidar: »Die subjektiven Momente spielen in der deutschen Revolution eine entscheidende Rolle. Das Problem der deutschen Revolution ist das Problem der Selbstbewußtseinsentwicklung des deutschen Proletariats.«[110] Gingen von dieser linkskommunistischen Revolutionstheorie einerseits Querverbindungen zur westeuropäischen philosophischen Opposition in der frühen Komintern (Georg Lukács, Karl Korsch)[111], so führte sie im Rahmen der späteren rätekommunistischen Bewegung bei Otto Rühle, dem neben Pannekoek wichtigsten Theoretiker der Rätekommunisten, zu einer umstrittenen, obschon durchaus naheliegenden Synthese des Marxismus mit Kategorien der Individualpsychologie Alfred Adlers.[112]

Nachdem die Revolutionserwartung seit Ende 1923 nicht mehr durch den Hinweis auf die inflationäre Entwicklung legitimierbar war, verstärkte sich in der Diskussion der Rätekommunisten das Bemühen, mit politisch-ökonomischen Argumenten den theoretischen Beweis für die nach wie vor aktuelle »Todeskrise des Kapitalismus« anzutreten. Da die »Todeskrisen«-These, die seit 1924 die Kongresse der KAP und der AAU beider Richtungen beschäftigte, schon in die Desintegrationsphase der rätekommunistischen Bewegung fiel, wurde sie höchst kontrovers erörtert. Die Konstruktion der »Todeskrisen«-These setzte an bei der Akkumulations-Theorie Rosa Luxemburgs; die Grundeinsicht in ihrer Imperialismus-Theorie, daß im kapitalistischen Produktionsprozeß Angebot und Nachfrage sich nicht decken können und infolge der Kapitalakkumulation stets ein Überschuß an Produkten vorhanden sei, der zur Eroberung neuer Absatzgebiete dränge, wurde in spekulativer Weise erweitert: die Absatzkrise, so wurde argumentiert, werde nach der Aufteilung des Weltmarktes ein solches Ausmaß annehmen, daß die Krise nicht mehr zu beheben sei.[113] Der Kapitalismus trete dann in die Endphase seiner Entwicklung ein. Man bemühte sich, mit wirtschaftsstatistischen und konjunkturpolitischen Daten nachzuweisen, daß dieses Stadium jetzt angebrochen sei und daß darum die Taktik der Rätekommunisten im Vergleich zur Inflationsperiode nichts von ihrer Berechtigung eingebüßt habe. Im Vergleich mit den eher mißlungenen Versuchen einer politisch-ökonomischen Begründung der Taktik der KAPD in den späten zwanziger Jahren wurde die Debatte auf einer höheren Ebene theoretischer Artikulation in den dreißiger Jahren in der rätekommunistischen Bewegung fortgesetzt mit Bezug auf das 1929 erschienene Werk Henryk Grossmanns über das Marxsche Akkumulations- und Zusammenbruchsgesetz.[114]

Ohne die Vielfalt der theoretischen Anstrengungen in der rätekommunistischen Bewegung der Weimarer Jahre auf eine Formel bringen zu wollen, kann man teilweise in den Konzeptionen der Theoretiker selbst (Pannekoek, Gorter, Rühle, Schröder u. a.), verstärkt aber in der Aufnahme dieser Konzeptionen bei den Militanten in der rätekommunistischen Agitation durchgängig einen Zug kurzfristiger Revolutionserwartung, einen tendenziellen Voluntarismus im Prozeß der revolutionären Transformation und eine eher affektiv als theoretisch vermittelte Überzeugung von der Unfähigkeit des kapitalistischen Systems zur erneuten Regeneration beobachten. Gerade in der Diskussion über die »Todeskrise des Kapitalismus« sah sich z. B. Pannekoek zur Distanzierung von bramarbasierenden Erklärungen aus den Reihen der KAPD veranlaßt, für die folgende Sätze typisch sind: »Die Erkenntnis von der Todeskrise des Kapitals und der aus ihr resultierenden Unvermeidlichkeit der Revolution, weiter die Erkenntnis, daß für das Proletariat jedes weitere Zögern verderbenbringend sein muß, schaffen für eine revolutionäre Partei den unerbittlichen Zwang, praktisch Hand an zu legen, ungeachtet der noch vorhandenen Einstellung des Proletariats.«[115] Pannekoek warnte: »Wer seine Taktik baut auf dem Glauben, der Kapitalismus sei in eine bleibende Krise eingetreten, aus der er sich unmöglich wieder erheben kann, gibt sich einer gefährlichen Illusion hin. Eine solche Illusion führt dazu, seine Taktik auf kurzen Termin einzustellen, statt auf eine weitere Zukunft, und die Enttäuschung führt dann nur zu leicht zur Entmutigung. Deshalb muß betont werden, daß wir keinen einzigen wesentlichen Grund zu einem solchen Glauben haben, als höchstens unseren Wunsch und die Erfahrung, daß bis jetzt der Kapitalismus die Nachkriegskrise nicht zu überwinden fähig war.«[116] Er hielt einen Konjunkturaufschwung für durchaus möglich. Neben den undialektischen Pointierungen in den Konzeptionen der rätekommunistischen Theoretiker selbst, z. B. in der These der niederländischen Linkskommunisten vom absoluten Klassengegensatz, waren in der Tat die hier von Pannekoek als »gefährliche Illusionen« charakterisierten voluntaristischen Verzerrungen in der Klassenanalyse der KAPD wesentliche Merkmale der theoretischen Position der Rätekommunisten.

Die Entwicklung der rätekommunistischen Organisationsbe-mühungen vom 2. Parteitag der KAPD (1920) bis zum Ende der Inflationsperiode (1923) ist die Geschichte eines mißlun-genen organisatorischen Integrationsversuchs der linkskom-munistischen Opposition. Wesentliche externe Faktoren die-ser Entwicklung waren zum einen die politischen Folgeer-scheinungen der März-Aktion der KPD von 1921, zum ande-ren die implizite Verurteilung der KAPD durch die 21 Thesen des 2. Komintern-Kongresses. – Nachdem es u. a. aufgrund der Verschmelzung der linken USPD mit der KPD (Dezember 1920) und nach dem Ausscheiden Paul Levis aus der Zentrale der Partei zu einer offensiven Orientierung der Vereinigten Kommunistischen Partei Deutschlands (VKPD) gekommen war, waren die Voraussetzungen dafür geschaffen, daß die Führungen beider kommunistischen Parteien (VKPD und KAPD) gemeinsam die Generalstreik-Parole am 21. März 1921 aus Anlaß der bewaffneten Konfrontation von Truppen der Sicherheitspolizei mit rebellierenden Arbeitern im mittel-deutschen Industriegebiet ausgeben konnten.[117] Da indes weder die KAPD noch die ungleich mächtigere VKPD imstande war, auf die weitgehend spontan entbrennenden Kämpfe planenden und koordinierenden Einfluß zu nehmen und da die Generalstreik-Parole im Reich nur sporadisch befolgt wurde, endete die Aktion bereits am 31. März mit einer folgenschweren Niederlage. Die KAPD-Führung in Ber-lin, die im Verhalten der VKPD-Zentrale zu Beginn der März-Kämpfe ein Einschwenken der verfeindeten Schwester-partei auf ihre eigene »Linie einer *aktiv-revolutionären* Poli-tik«[118] gesehen hatte, blieb auch nach der Niederlage noch von der Richtigkeit ihrer Taktik überzeugt; sie versuchte nachzuweisen, daß die Ursache für das Desaster wesentlich im abrupten Übergang und der entsprechend mangelhaften Umstellung der VKPD von einer seit Levi eingehaltenen »parlamentarisch-gewerkschaftlich-legalen Politik« zur »pro-letarisch-revolutionären Klassenkampfpolitik«[119] zu finden sei. Trotz dieser demonstrativen Eigenbestätigung der KAPD resultierte aus der Niederschlagung der März-Aktion, der organisatorischen Auflösung des Rätekommunismus in Mitteldeutschland und einer deutlichen Ernüchterung im Hinblick auf die Möglichkeiten des bewaffneten Kampfes gegen die Staatsgewalt ein Bruch in der organisatorischen Entwicklung der KAPD, von dem sich viele der späteren Konflikte und Spaltungen der Partei herleiteten.

Neben diesen, der organisatorischen Festigung des Rätekommunismus abträglichen Einwirkungen wurde das Verhältnis der KAPD zur Komintern zur Belastungsprobe für ihren organisatorischen Zusammenhalt. Unmittelbar nach der Gründung der KAPD im April 1920 war von der Partei das Aufnahmegesuch in die Dritte Internationale gestellt worden; zwei Delegationen sollten in Moskau auf dem 2. Komintern-Kongreß im Juli 1920 die Sache der KAPD vertreten.[120] Beide Delegationen waren im Gespräch mit Lenin, Trotzki, Sinowjew und anderen Führern der Komintern auf eine geschlossene Ablehnung des Programms der KAPD gestoßen. In einem Offenen Brief des Exekutiv-Komitees der Komintern an die KAPD vom 2. 6. 1920 war den deutschen Rätekommunisten mitgeteilt worden, daß »in allen jenen wichtigsten prinzipiell-taktischen Problemen, die jetzt in Deutschland und auch in der gesamten Internationale zu brennenden Tagesfragen geworden sind, *nicht* die KAPD, sondern die KPD (Spartakusbund) im Recht ist«.[121] Nach Kenntnisnahme von dem Entwurf der 21 Aufnahmebedingungen in die Komintern hatte es die zweite Delegation (Otto Rühle, August Merges) für richtig gehalten, noch vor Beginn des Kongresses protestierend abzureisen; ihrem Eindruck zufolge waren die Bedingungen weitgehend identisch mit den Heidelberger *Leitsätzen* der Levi-Zentrale, mittels deren die Linkskommunisten aus der Partei gedrängt worden waren.[122] Obwohl dieser Eindruck der Delegation Rühle/Merges keineswegs unzutreffend war[123], stieß ihr Verhalten auf heftige Kritik bei der Berliner KAP-Führung. In der Hoffnung, die Komintern-Leitung doch noch von der KAP-Taktik zu überzeugen oder zumindest eine Opposition innerhalb der Dritten Internationale aufbauen zu können, reisten u. a. Gorter und Schröder von der Berliner KAP im November 1920 nach Moskau und erreichten, daß die KAPD Anfang Dezember als »sympathisierende Partei mit beratender Stimme provisorisch«[124] zugelassen wurde. Das Vorhaben, den Thesen und

Postulaten der KAPD Gehör zu verschaffen und eine Opposition in der Komintern zum Zweck der Revision der 21 Leitsätze zustande zu bringen, erwies sich auf dem 3. Kongreß der Komintern im Juni/Juli 1921 trotz erheblicher Anstrengungen der 4 KAPD-Delegierten[125] als unrealisierbar. Die KAPD wurde erneut vor die Alternative der Eingliederung in die KPD oder des Ausschlusses aus der Dritten Internationale gestellt und geriet in der Folgezeit mit ihrer Entscheidung, den »Opportunismus« der Komintern von außen zu bekämpfen, in eine nahezu vollständige Isolierung. In dieser Isolierung wurde die in der rätekommunistischen Bewegung virulente Neigung, interne Differenzen zur äußersten Konsequenz, der organisatorischen Spaltung, zuzuspitzen, abermals verschärft.

Die Reihe der Abspaltungen, die unter dem Einfluß der beiden skizzierten wichtigsten äußeren Entwicklungsbedingungen und aufgrund der Heterogenität der bei der KAPD-Gründung zusammengekommenen linkskommunistischen Tendenzen erfolgten, setzte spätestens mit der Verurteilung des Nationalbolschewismus der Hamburger Rätekommunisten um Heinrich Laufenberg und Fritz Wolffheim auf dem 2. Parteitag der KAPD im August 1920 ein. Die beiden Hamburger hatten 1919 in der Entstehungsphase der linkskommunistischen Opposition gegen die Levi-Zentrale der KPD eine führende Rolle gespielt; nach dem Heidelberger Parteitag der KPD(S) versuchten sie, durch nachdrückliche Bejahung der Spaltung der Partei und mit einem nationalpolitischen Sonderprogramm sich als Wortführer der ausgeschlossenen linken Opponenten zu profilieren. Der Kern ihres Programms war die These von der vitalen Bedeutung der Integrität des hochentwickelten Wirtschaftsgebiets und der nationalen Selbständigkeit Deutschlands für das deutsche Proletariat; von diesem Postulat leiteten sie die Vorstellung ab, nach kurzfristiger Errichtung der Diktatur der proletarischen Klasse müsse sich das deutsche Proletariat, unter Umständen gestützt durch einen »revolutionären Burgfrieden mit der Bourgeoisie« und durch ein Bündnis mit der Sowjetunion, gegen das »anglo-amerikanische Finanzkapital« und gegen den »französischen Militarismus«[126] wenden.[127] Schon bis zum Jahresende 1919 war dieses Programm auf Widerspruch in den Reihen der Hamburger Oppositionellen gestoßen; Laufenbergs und Wolffheims Führungsanspruch wurde in der linkskommunistischen Bewegung nicht anerkannt. Aus ihrer Isolierung in der Bewegung erklärt sich wohl z. T. die heftige Polemik in ihrer Mai-Adresse von 1920[128]; dort wurde u. a. versucht, Paul Levi als Agenten des internationalen jüdischen Finanzkapitals zu entlarven, der durch Desertionsaufrufe im Oktober 1918 zur »Erdolchung der Front« beigetragen und damit die revolutionäre Kriegführung gegen die Entente-Mächte vereitelt habe. Da in der Polemik der KPD(S) gegen die KAPD und besonders in den Gesprächen mit der Komintern-Spitze die Hamburger Vorstellungen (nach Lenin »himmelschreiende Absurditäten«) – in nicht zutreffender Weise – als typisch für die ganze KAP dargestellt wurden, stand der 2. Parteitag der KAP im Zeichen der kritischen Auseinandersetzung mit dem Nationalbolschewismus. Das Berliner KAPD-Gründungsmitglied Arthur Goldstein versuchte, eine marxistische Analyse des Verhältnisses der Arbeiterklasse zur Nation zu geben und auf dieser Grundlage die Thesen der Hamburger zu widerlegen.[129] Laufenberg als Koreferent verlas und erläuterte ein ganzes Alternativprogramm zu dem Entwurf der Berliner Linkskommunisten, das neben den nationalbolschewistischen Thesen u. a. eine klare Absage an die Organisationsform der Partei enthielt. Diese von ihm vertretenen Hamburger Richtlinien wurden schließlich mit 31 gegen 4 Stimmen abgelehnt[130]; Wolffheim und Laufenberg wurde es untersagt, die nationalbolschewistischen Thesen im Namen der KAPD weiterhin zu propagieren.

Während die nationalbolschewistische Strömung in der KAPD mit dem Ausschluß Laufenbergs und Wolffheims Ende 1920 aus der rätekommunistischen Bewegung definitiv ausschied, erwies sich die andere, bereits vor der Gründung der Partei stark ausgeprägte Richtung, die Einheitsorganisations-Tendenz, als erheblich vitaler und entwicklungsfähiger. Sie gründete ihren Führungsanspruch auf ein organisationspolitisches Sonderprogramm, das mit seinen antibürokratischen und antizentralistischen Inhalten viel stärker in der Entstehungsgeschichte der linkskommunistischen Bewegung verankert war als die vergleichsweise esoterische nationalbolschewistische Programmatik. Die bereits in der ISD/IKD-Tradition nachweisbare Vorstellung, die herkömmliche Zweiteilung der Arbeiterbewegung in Partei- und Gewerkschaftsorganisation sei nicht länger sinnvoll und müsse durch eine einzige revolutionäre Klassenkampforganisation ersetzt werden, wurde nach dem Heidelberger Parteitag der KPD(S) insbesondere von Otto Rühle im Parteibezirk Ostsachsen verfochten. Träger dieses Programms wurde der Teil der linkskommunistischen Bewegung, der am frühesten organisierte Formen angenommen hatte: die Unionen. Hervorgegangen aus wilden Streiks und ein Resultat der linkskommunistischen Parolen zum Austritt aus den alten Gewerkschaftsverbänden, hatten sich auf der Ebene der Betriebe »Revolutionäre Betriebsorganisationen« gebildet, die sich im Februar 1920 auf Reichsebene als »Allgemeine Arbeiter-Union Deutschlands« (AAUD) zu konstituieren suchten. Im tumultuarischen Entstehungsprozeß der Unionen hatten syndikalistische Kräfte aus der Tradition der »Freien Vereinigung deutscher Gewerkschaften« der Vorkriegszeit, gewerkschaftlich radikale Kräfte aus der nordamerikanischen Bewegung der »Industrial Workers of the World« (IWW) und parteikommunistische Kräfte der KPD(S) miteinander um Einfluß gerungen[131], bevor die Berliner Gründergruppe der KAPD die Unionen als der Partei zugeordnete Wirtschafts-Kampforganisation in Anspruch nahm. Während diese Konzeption der Berliner sich auf der 3. Reichskonferenz der AAUD im Dezember 1920 durchgesetzt hatte, formierte sich in den Bezirken Nordwest (Hamburg) und Ostsachsen (Dresden) eine starke Opposition mit Anhängern in anderen Teilen des Reiches, die sich vorab gegen die parteiförmige Organisation im allgemeinen und die Unterordnung der Union unter die KAPD wandte sowie, im Gegensatz zu den Berlinern, für eine stark föderalistische Verbandsstruktur und größtmögliche Autonomie der einzelnen Wirtschaftsbezirke plädierte. Der AAU-Bezirk Ostsachsen hatte sich im April 1920 nur unter Vorbehalten der KAPD angeschlossen und trat im Dezember (1920) nach Rühles Parteiausschluß aus; ihm folgte die Hamburger AAU im Juni 1921. Rühle, der wegen seiner den Berlinern zu diesem Zeitpunkt ungelegenen Bolschewismus-Kritik im Oktober aus der KAPD ausgeschlossen worden war, wurde im Rahmen des Bezirks Ostsachsen, unterstützt von

Franz Pfemfert, der seine *Aktion* ganz in den Dienst der Sache stellte, zum theoretischen Schrittmacher der Opposition in der rätekommunistischen Unions-Bewegung, die schließlich zur Gründung der »Allgemeinen Arbeiter-Union Einheitsorganisation« (AAUE) im Oktober 1921 führte.[132]

Mit dieser organisatorischen Verselbständigung der Einheitsorganisations-Tendenz war nicht nur der Führungsanspruch der KAPD massiv in Frage gestellt, sondern auch der quantitativ bedeutendste Organisationsstrang in der rätekommunistischen Bewegung, die Unionen, über dem Problem der Parteianerkennung und des Föderalismus zerrissen. – Die spezifischen Ideen der Einheitsorganisations-Bewegung, die Rühle zum Zweck der Abgrenzung von den KAP-hörigen Teilen der Unions-Bewegung in diesen Jahren systematisierte[133], lassen sich in folgender Weise skizzieren: Die Organisationsform der politischen Partei sei historisch und soziologisch untrennbar mit der bürgerlichen Institution des Parlaments verknüpft; eine Partei müsse zwangsläufig »positive Mitarbeit« im Parlament leisten, wie das Beispiel der Vorkriegs-Sozialdemokratie zeige und wie die KPD aufs neue im Begriffe sei zu demonstrieren. Der Rätekommunismus dürfe sich um keinen Preis parteiförmig organisieren. Die Partei verkörpere wie andere bürgerliche Institutionen (Bürokratie, Gerichtsbarkeit, Schulbetrieb, Militär usw.) das Organisationsprinzip des Zentralismus: »Alle Initiative, alle Dispositionen, aller Einfluß, alle Verfügungsgewalt ist bei den Führern; sie haben den Verwaltungsapparat, die Rednerliste, die Mandate, die Presse, die Kasse in ihren Händen. Die Masse wird gegängelt, geleithammelt, durch militärische Brutalisierung oder listige Umschmeichelung in Abhängigkeit und Unterjochung gehalten; sie bildet das Stimmvieh bei Wahlen; ihre höchste Tugend ist der Kadavergehorsam – die Parteidisziplin.«[134] Ohne die Vorteile dieses Organisationsprinzips, z. B. die Zusammenfassung der Kräfte, zu verkennen, hielt Rühle es in der Revolution für ebenso obsolet wie die Organisationsform der Partei, da beide für die Entfaltung des Selbstbewußtseins und der Initiativkraft des Proletariats, die Hauptaufgaben der proletarischen Revolution, untauglich seien. Neben diesen Spezifika waren die Analyse des Staates, des Parlamentarismus und der Gewerkschaften sowie die auf den Betriebsorganisationen basierende Räte-Konzeption Rühles und der AAUE in den meisten Punkten identisch mit Analyse und Programm der von der Berliner KAPD beeinflußten AAUD.

Stand wegen der Auswirkungen der März-Aktion und des Bruchs mit der Komintern die erste Reichskonferenz der AAUE im Oktober 1921 bereits im Zeichen der beginnenden Desintegration der rätekommunistischen Organisationen, so setzte sich innerhalb der AAUE bis Ende 1923 noch einmal der Prozeß der Auseinanderentwicklung einzelner Gruppen und Tendenzen fort. In der Regel erfolgte die Abspaltung dieser Gruppen und Richtung aus dem Zusammenhang einer innerorganisatorischen Diskussion, die in abnehmendem Maße auf aktuelle politisch-soziale Probleme bezogen war und die zunehmend die eigenen Organisationsprinzipien repetierte und variierte. Die zweite Reichskonferenz der AAUE im September 1922 in Weimar ließ die zentrifugalen Kräfte in der Organisation in solcher Deutlichkeit[135] hervortreten, daß sich die Mehrheit der AAUE-Anhänger, besonders die Ortsgruppen Dresden, Berlin und Frankfurt/Main, veranlaßt sahen, sich 1923 zum Zweck des Zusammenhalts der AAUE zu einer Fraktion der »Rätekommunisten« zusammenzuschließen.[136]

An die Stelle eines gemeinsam akzeptierten Organisationsrahmens traten in der AAUE mehr und mehr Tendenzen und Gruppen, die sich durch die gemeinsame Herausgabe und Redaktion von AAUE-Periodika konstituiert hatten. Die Mehrheits-Fraktion der »Rätekommunisten« verfügte über die in Berlin erscheinende *Einheitsfront* und über die vom literarisch-intellektuellen Pfemfert-Kreis herausgegebene *Aktion*. Ihr innerorganisatorischer Abwehrkampf galt vor allem der Vulgarisierung einheitsorganisations-spezifischer Prinzipien. Besonders die Dresdner AAUE wandte sich seit 1922 gegen eine »Überspannung der Begriffe«[137] in der Frage der Koordinierung der AAUE-Aktivität auf Reichsebene, in der Frage der Mitarbeit Intellektueller und der Beteiligung an Lohnstreiks. Im ostsächsischen Kernbezirk der AAUE hatte sich in Heidenau um das Blatt *Revolution* eine Gruppe mit überregionaler Anhängerschaft gebildet, die in diesen drei Punkten eine strikt ablehnende Haltung einnahm. Die Heidenauer Tendenz, die im Mittelpunkt der konfliktreichen Weimarer Konferenz stand, bestimmte noch eine ganze Weile die internen Debatten, bevor sie im August 1923 in extremer Konsequenz der in der AAUE problematisierten Organisationsfrage ihre programmatische Selbstauflösung beschloß mit der Begründung, daß »alle Organisationen sich überlebt haben, daß die Einheitsfront aller Schaffenden nur in den Betrieben und auf dem Lande zustandekommen kann, ja muß, wenn die Organisationen aller Schattierungen sich auflösen, weil sie den Spaltungsbazillus, somit die Uneinigkeit, durch Programme, Führer und Firmenschild, in der Arbeiterbewegung bilden...«[138] Sie setzte ihre Arbeit fort im Rahmen eines »Kulturbundes der Selbstbewußten«.

Parallel zu dieser Abspaltung verlief, wenn auch mit weniger Resonanz in der gesamten AAUE, die organisatorische Ablösung einer Gruppe um das Zwickauer Blatt *Der Weltkampf*, die für eine flexible Taktik der AAUE plädierte und u. a. die Teilnahme an den Wahlen zu den gesetzlichen Betriebsräten befürwortete. Da diese Empfehlung auch der Fraktion der Rätekommunisten als Rechtsabweichung erschien, wurde die Zwickauer Richtung mit ihren einigen hundert Anhängern im Reich auf der Weimarer Konferenz ausgeschlossen. Sie trat nach Fühlungnahme mit mehreren klassenkämpferischen Gewerkschaftsorganisationen im August 1923 geschlossen zur anarcho-syndikalistischen »Freien Arbeiter-Union Deutschlands« (FAUD) über. Der AAUE-Majorität gelang es angesichts der auch nach den Abspaltungen noch umstrittenen Notwendigkeit von Konferenzen und Organen auf Reichsebene erst Mitte 1924 wieder, eine Reichskonferenz einzuberufen.

Entzog die Konstituierung der AAUE der KAPD einen Teil ihrer Unions-Basis, so geriet die Partei selbst ein halbes Jahr später in eine Krise, die in der Spaltung des rätekommunistischen Zweiges endete, der am ehesten um eine organisatorisch gestraffte Integration bemüht war. Der engere Kreis der Berliner KAPD-Gründer um Karl Schröder war durch die Abspaltung der Nationalbolschewisten und der AAUE nicht wesentlich in seinem Zusammenhalt betroffen worden; dennoch enthielten seine spezifischen Vorstellungen vom Gewicht der Partei und von der Organisationsstruktur eines »proletarischen Zentralismus« eine Reihe von Widersprüchen, deren sprengende Wirkung erst offenbar wurde, als dieser Kern der Partei aufgrund äußerer Entwicklungsanstöße (Folgen der März-Aktion und Bruch mit der Komintern) gespalten worden war. Im März 1922 wurde der Berliner Kreis um Karl Schröder, im ersten Jahr der KAPD-Entwicklung das theoretisch und auch organisatorisch maßgebliche Zentrum der Partei, aus der Partei ausgeschlossen.[139] Die mit vielfältigen persönlichen Ressentiments durchsetzten Kontroversen, die zum Ausschluß führten, hatten einerseits die Beteiligung der AAU an Lohnstreiks, andererseits den Zeitpunkt der Gründung einer rätekommunistischen Internationale zum Gegenstand. – Im Gefolge der organisatorischen Erschütterung der KAPD nach der März-Aktion wurde auf dem 4. Parteitag im September 1921 allgemein Klage geführt über die Schwierigkeit der Realisierung der rätekommunistischen Offensivtaktik.[140] Da in der Tat größere insurrektionelle Massenbewegungen seit März 1921 ausblieben und in der beschleunigten inflationären Entwicklung lokale und regionale Streikbewegungen zunehmend den Arbeitskampf bestimmten, setzte sich auch in der Unions-Bewegung – in der AAU wie in der AAUE – die Meinung durch, man könne bei diesen Lohnkämpfen nicht tatenlos abseitsstehen, sondern müsse nach Kräften versuchen, sie zu revolutionärer Qualität zu steigern. Der Kreis um Schröder hielt eine solche Taktik für ein »Abgleiten« der AAU in den »Reformismus«[141]; man dürfe die AAU nicht durch Teilnahme an Lohnstreiks ihrer revolutionären Zweckbestimmung entfremden, solle aber im übrigen als Rätekommunist individuell für die Verbesserung des Lohnes und der Arbeitsbedingungen wirken. Diese Empfehlung erschien der Mehrheit der Unionisten als praxisferne Projektion, ebenso wie das Insistieren des Schröder-Kreises auf der sofortigen Konstituierung einer linkskommunistischen Internationale. Zwar hatte man auf einer Zentralausschuß-Sitzung der KAPD Ende Juli 1921 gleichzeitig mit dem Austritt aus der Komintern Richtlinien zur Gründung einer »Kommunistischen Arbeiter-Internationale« beschlossen[142]; doch regten sich gegenüber dem vom 4. Parteitag im September 1921 eingesetzten »Internationalen Informations- und Organisationsbüros« immer mehr persönliche und sachliche Einwände. Zum einen hatte der dieses Büro beherrschende

Schröder-Kreis seine Initiative zur sofortigen Gründung der KAI in wachsender Unabhängigkeit von der Berliner Organisation und der Gesamtpartei entfaltet; zum anderen setzte sich gerade in der Berliner KAP die Einsicht durch, die organisatorische Zerrüttung der rätekommunistischen Bewegung und die Schwäche der linkskommunistischen Kräfte auf internationaler Ebene verböten zum gegebenen Zeitpunkt ein solch aufwendiges Unterfangen.[143] Eine Zentralausschuß-Sitzung der KAP Anfang März 1922 erbrachte aufgrund von Verfahrensmanipulationen eine Mehrheit für die Thesen des Schröder-Kreises, gleichzeitig aber den Anlaß zum Ausschluß dieses Kreises aus der Berliner KAP-Organisation.[144] Obwohl die Abstimmungsergebnisse des Ausschlußverfahrens (in Berlin etwa 1600 für den Ausschluß und 100 dagegen) die Isolierung des Schröder-Kreises drastisch belegten, versuchte Schröder, die geringe Zahl seiner Anhänger im Reich durch die parallele Herausgabe gleichnamiger Publikationsorgane für KAP und AAU (*Kommunistische Arbeiter-Zeitung* und *Kampfruf*) von Essen aus zusammenzuhalten. Es befehdeten einander vom März 1922 an eine majoritäre KAP/AAU Berliner Richtung und eine minoritäre KAP/AAU Essener Richtung in der rätekommunistischen Bewegung.

Neben dieser, das Abgleiten der KAP/AAU in den Status einer politischen Sekte besiegelnden Spaltung setzte sich der Prozeß der organisatorischen Zellteilung bis zum Ende der Inflationsperiode fort. Die nicht ihrer politischen Bedeutung wegen, sondern als Symptom für den immanenten Trend linksradikaler Organisierungsversuche interessanten weiteren Abspaltungen beruhten auf ähnlichen soziologischen Voraussetzungen (z. B. Intellektuellen-Feindschaft) und theoretischen Querelen, wie sie auch in der Entwicklung der extrem desintegrativen Tendenzen der AAUE bemerkbar waren. – Von der KAP/AAu hatte sich bereits unmittelbar nach der März-Aktion von 1921 der wichtigste Teil der noch verbleibenden aktivistischen Gruppen abgelöst, die bislang in der »Kampforganisation« der KAPD gemäß der Überzeugung gearbeitet hatte, »daß nur der bewaffnete Aufstand das Proletariat aus der Knechtschaft befreien kann«.[145] Der wohl wichtigste Exponent dieser paramilitärischen Organisation, die in lockerer Anbindung an die Partei sich entwickeln sollte, aber aufgrund mangelnder Ausstattung niemals zur Entfaltung kam, war Karl Plättner (1893-1933). Er hatte an den meisten Insurrektionen vor der Gründung der KAPD aktiv teilgenommen; ab April 1920 formulierte er im Rahmen der »Kampforganisation« der KAP sein Programm der »individuellen Expropriation der Expropriateure«, in dessen Ausführung er in Mitteldeutschland, Thüringen, Sachsen und Brandenburg Überfälle auf Banken, Postkassen und Zechen organisierte; die erbeuteten Mittel stellte er der KAP/AAU für Agitationszwecke zur Verfügung.[146] In den mitteldeutschen Kämpfen im März 1921 war er neben Max Hölz[147] – und zeitweilig unter dessen Namen agierend – der einflußreichste Kampfgruppenleiter. Von der Konzeptionslosigkeit und Koordinationsunfähigkeit beider kommunistischer Parteien in der März-Aktion enttäuscht, schlug er vor, die KAP/AAU organisatorisch auf den »organisierten Bandenkampf«, taktisch auf die »Propaganda der Tat« umzustellen.[148] Doch in der entmutigenden Situation der administrativen Verfolgung nach der März-Aktion konnte von der Berliner KAP/AAU-Führung dieser Versuch einer freiwilligen Festlegung der gesamten Organisation auf Konspiration und Illegalität unschwer abgewehrt werden, allerdings um den Preis der Abstoßung der aktivistischen Kräfte. Gegen Mitte 1921 wurde das Netz von »Kampftruppen«, in dem Plättner den größten Teil dieser Kräfte zu organisieren suchte, durch Verhaftung zerschlagen.[149]

In der Essener Richtung der KAP/AAU entstand schließlich noch einmal im Laufe des Jahres 1923 eine als »Kommunistischer Rätebund« firmierende Gruppe mit selbständigen Publikationsorganen in Leipzig. Sie konzentrierte ihre Kritik an den rätekommunistischen Organisationen auf die »politische Vormundschaftsstellung« der KAP zur AAU und auf die Mitarbeit »betriebs- und klassenfremder Elemente«, insbesondere bürgerlicher Intellektueller in der Bewegung.[150] Beide Zielpunkte der Kritik wiesen auf zentrale ungeklärte Fragen der rätekommunistischen Bewegung, das Verhältnis zwischen Partei und Union sowie die Rolle der für die Artikulation des Selbstverständnisses und der Zielvorstellungen des Rätekommunismus ebenso maßgeblichen wie angesichts des Postulats proletarischer Reinheit unerwünschten Intellektuel-

len. Die Forderung des kommunistischen Rätebundes, die
»KAP zu liquidieren« und ihn selbst als »politisch formierten
Willen« der AAU zu akzeptieren, sowie die Forderung, die
»selbständigen Lebensäußerungen des proletarischen Intel-
lekts« zu fördern, blieben abstrakt und in der Essener Richtung der KAP/AAU offenbar ohne Resonanz. Obwohl die
AAUE wegen ihrer anarchoiden Tendenzen ursprünglich
vom Rätebund abgelehnt wurde, gingen seine Anhänger nach
der Auflösung dieser Organisation gegen Ende 1924 zum
größten Teil zur Einheitsorganisation über.[151]
  Der in diesem organisationsgeschichtlichen Abriß des Rätekommunismus vom August 1920 bis Ende 1923 beschriebene
Prozeß der Fraktionierung und organisatorischen Spaltung
hatte zur Folge, daß die rund ein halbes Dutzend rätekommunistischer Organisationen bzw. organisatorisch verselbstän-
digter Gruppen auf die durch die Zuspitzung der inflationären Entwicklung gesteigerten sozialen Unruhen des Jahres
1923 keinen nennenswerten Einfluß mehr zu nehmen vermochten.

Räte – »Organe der Selbstaktion« der Massen

Bevor die weiteren linksradikalen Merkmale der rätekommunistischen Bewegung erörtert werden können, bedarf die
Räte-Konzeption dieser Bewegung einer besonderen Betrachtung, da durch sie die wesentlichen organisatorischen und taktischen Optionen des Linksradikalismus in der Weimarer
Republik inhaltlich geprägt wurden. Allgemein ist zu sagen,
daß keine politische Tendenz und Gruppe aus der Vorkriegs-
und Kriegs-Sozialdemokratie in solchem Maße für den Rätegedanken disponiert war wie die linksradikale Tradition.[152]
Die bereits in der Bremer SPD unter Einfluß Pannekoeks vor
1914 vertretene Auffassung, die revolutionäre Masse werde
die ihr angemessene Organisationsform in der Aktion von
selbst finden, und die Forderung nach eigenverantwortlichem,
unmittelbarem Handeln der Proletarier wurden gleichsam
substantialisiert in den Arbeiter- und Soldatenräten der Russischen Revolution und des Novemberumsturzes in Deutschland. Sie galten den Linksradikalen – wie Pannekoek später
formulierte – als die »Organe der Selbstaktion« der proletari-

schen Massen. Gorter und Pannekoek begrüßten 1917/18 enthusiastisch das Rätesystem und die Diktatur des Proletariats als die richtungweisenden Lehren der Russischen Revolution.[153] In den aus den Novemberereignissen 1918 in Deutschland hervorgegangenen Arbeiter- und Soldatenräten hatten die späteren links- bzw. rätekommunistischen Kräfte versucht, gegen den übermächtigen Einfluß der Sozialdemokratie revolutionäre Perspektiven durchzusetzen[154]; nach der auf dem Reichskongreß im Dezember 1918 getroffenen Entscheidung der Arbeiter- und Soldatenräte für die Einberufung einer Nationalversammlung galten sie den Linkskommunisten endgültig für diskreditiert. In ihrer Enttäuschung über die Selbstaufgabe der Arbeiter- und Soldatenräte zugunsten einer parlamentarischen Institution wandten sich die Linkskommunisten im Laufe des Jahres 1919 der aufgrund der allgemeinen wirtschafts- und sozialpolitischen Radikalisierung der Arbeiterschaft aktualisierten Betriebsräte-Bewegung[155] zu und entwickelten in diesem Zusammenhang die ersten Ansätze ihrer spezifischen Konzeption.

Im Mittelpunkt der Überlegungen standen die seit den wilden Streiks ab 1917 von den Gewerkschaften sich ablösenden radikalen Gruppen auf lokaler Ebene, die sich in der Regel zu revolutionären Aktionsausschüssen oder Betriebsräten zusammengeschlossen hatten und im Gegensatz zu den Arbeiter- und Soldatenräten seit Anfang 1919 eher an Bedeutung gewannen. In höherem Maße als in den Arbeiterräten und anders als in den Soldatenräten artikulierten sich nach Meinung der Links- bzw. Rätekommunisten in diesen revolutionären Betriebsorganisationen in authentischer und direkter Weise die revolutionären Kräfte des Proletariats an der Basis des kapitalistischen Wirtschaftssystems: »Hier steht einer neben dem anderen als Klassengenosse, hier muß jeder stehen als Gleichberechtigter. Hier steht die Masse im Triebwerk der Produktion, drängt ununterbrochen, es zu durchschauen und selbst zu leiten. Hier geht der geistige Kampf, die Revolutionierung des Bewußtseins, in unerschöpflichem Strom von Mann zu Mann, von Masse zu Masse. [...] Die Betriebsorganisation wird in immer höherem Grade zu einem unendlich beweglichen Instrument des Klassenkampfes, zu einem durch ständig mögliche Neuwahlen, Abberufungen usw. immer von

frischem Blut sprudelnden Organismus.«[156] Oder: »Im ›eigenen Hause‹ der ›Herren‹ pflanzen die Lohnsklaven ihren proletarischen Kampfespfahl auf, der in das kapitalistische Leben
tiefer und tiefer dringt und es schließlich tötet. Auf dem
›eigenen Hause‹ kräht der rote Revolutionshahn: die Betriebsorganisation.«[157] Gingen die Vorstellungen der Links- bzw.
Rätekommunisten über die Modalitäten der Zusammenfassung der Betriebsorganisationen im Detail auseinander, so
war man sich doch im Prinzip über die Notwendigkeit einer
Integration in einer Allgemeinen Arbeiter-Union einig. Die in
der AAU zusammengefaßten revolutionären Betriebsorganisationen sollten einerseits neuartige, weder partei- noch ver-
bandsförmige Kampfinstrumente für die proletarische Revolution sein, andererseits sollten sie die Grundlage der politischen, wirtschaftlichen und sozialen Neuordnung nach der
erfolgreichen proletarischen Revolution bilden. In Rühlescher
Formulierung hieß das: »Räte können nur vorbereitet werden
von Organisationen, die in den Betrieben wurzeln, den Par-
teicharakter restlos überwunden [...] haben und in ihrem
Aufbau das Rätesystem (nach Möglichkeit) verkörpern.«[158]
Trotz recht unterschiedlicher Definitionen des Proletariats
herrschte in der links- bzw. rätekommunistischen Bewegung
Konsens darüber, daß die Übernahme der Macht durch das
Proletariat in der Form der Diktatur dieser Klasse erfolgen
müsse. Durch das auf vorhandenen Unionsgrundlagen auf-
zubauende Rätesystem sollte die ständige, aktive und
bewußte Teilnahme sämtlicher Klassenangehöriger an der
Weiterentwicklung der Diktatur des Proletariats in Richtung
auf eine herrschaftsfreie Gesellschaft gewährleistet werden:
»Das Endziel der AAU ist die herrschaftslose Gesellschaft, der
Weg zu diesem Ziel ist die Diktatur des Proletariats als Klasse.
Die Diktatur des Proletariats ist die ausschließliche Willensbestimmung der Arbeiter über die politische und wirtschaftliche Einrichtung der kommunistischen Gesellschaft vermöge
der Räteorganisation.«[159] Mit der Synthese aus der auf Uni-
onsgrundlage aufbauenden Räteorganisation und der Diktatur des Proletariats wurde in dieser Konzeption – wie apodik-
tisch und skizzenhaft auch immer – ein Revolutionsmodell
direkter proletarischer Demokratie umrissen, das die ökonomische Gleichheit (Überführung der Produktionsmittel in

Gemeineigentum) und die politische Freiheit (direkte Rätedemokratie) als untrennbare Einheit für das Proletariat postu-
lierte mit dem Legitimationshinweis, daß eben dies Proletariat die große Mehrheit der Bevölkerung umfasse.

Diese Konzeption, in die mutmaßlich Anregungen des frühen sowjetrussischen Systems der Arbeiterkontrolle[160], des
Syndikalismus und der Industrial Workers of the World[161]
eingeschmolzen wurden, unterschied sich von den zeitgenössischen Räte-Vorstellungen der USPD und der KPD in wesentlichen Punkten. Starke Affinitäten zu dem vom linken Flügel
der USPD im Jahre 1919 vertretenen »reinen Rätesystem«[162]
sind unverkennbar[163], wenngleich weder Einflüsse noch
dauerhafte Kontakte zwischen den Unabhängigen und den
Linkskommunisten nachweisbar oder wahrscheinlich sind. Im
Gegensatz zum Rätesystem der USPD ließ der allgemeine
Bürokratieverdacht der Links- bzw. Rätekommunisten aber
eine »zusammenfassende Zentralorganisation«[164] nicht zu.
Trotz der Infragestellung des Parlaments, der Parteien und
der Gewerkschaften durch die linken Unabhängigen[165] wurde
von ihnen die Ablehnung dieser Institutionen weniger prinzipiell vertreten als von den Linkskommunisten; Kombinationen
des Rätesystems mit diesen Institutionen blieben in den Kreisen der linken USPD in der Diskussion. – Von der Politik der
Levi-Zentrale der KPD unterschied sich die linkskommunistische Räte-Konzeption sowohl durch ihren prinzipiellen Anti-
zentralismus als auch durch die strikte Abweisung einer
Instrumentalisierung der Räteorganisation durch die Partei.
Die KPD-Zentrale hatte schon im Juni 1919 gefordert: »Das
Proletariat muß sich in einer politischen Partei organisieren.
Die Organisation dieser politischen Partei muß in diesem Stadium des revolutionären Kampfes eine straff zentralisierte
sein.«[166] In den auf dem Oktober-Parteitag (1919) von Levi
vorgelegten *Leitsätzen über kommunistische Grundsätze und
Taktik* wurde zwar der Ausbau bestehender und die Schaffung neuer Räteorganisationen für wichtig erklärt, gleichzeitig jedoch darauf hingewiesen, daß man »Räte und Räteorganisationen nicht durch Statuten, Wahlreglements usw.« herstellen könne; die Zentrale plädierte für die Fraktionsbildung
der Kommunisten in den bestehenden Arbeiter-Räten. Im
Gegensatz zu den Linkskommunisten, die in den durch Gesetz

vom Februar 1920 sanktionierten Betriebsräten eine schlechterdings unzulässige Domestizierung der revolutionären Rätebewegung erblickten, empfahl die KPD-Zentrale die gleiche Taktik der Fraktionsbildung in diesen Betriebsräten. – Da die linken USPD-Vertreter im Laufe des Jahres 1920 auf die taktische Linie der KP einschwenkten[167], blieben die Linkskommunisten die einzigen, ebenso ausdauernden wie hartnäckigen Propagandisten eines kompromißlosen und nicht instrumentalisierten, eines »reinen« Rätesystems.

Organisationskritik

Die in den Betriebsorganisationen und in der AAU angelegte Räte-Idee bildete die Basis der Institutionenkritik, die hier in systematisierender Absicht resümiert werden soll. War die Organisationstheorie und -kritik Pannekoeks in der Vorkriegs-Sozialdemokratie eher eine Randerscheinung, so wurde die antibürokratische Organisationskritik zu einem der wesentlichen Antriebe der Opposition gegen die »Burgfrieden«-Politik der Partei- und Gewerkschaftsführung während des Weltkrieges. Die Entscheidung für die »Burgfrieden«-Politik wurde von den Anhängern der ISD bis in die Reihen der USPD als »Verrat der Führer« interpretiert[168], und mit der Ablehnung der »Instanzen-Politik«, »Bürokratisierung«, »Apparatisierung« und des »Bonzentums« in den Arbeiterorganisationen verband sich die Auseinandersetzung über die Möglichkeit, diese Phänomene in den aus der Opposition hervorgegangenen neuen Organisationen zu verhindern. Die entsprechenden Vorschläge bewegten sich schon in der Kriegszeit zwischen Borchardts extremer Forderung nach Beseitigung jeglichen Führertums und der Vorstellung, die Auswechslung des kompromittierten Führungspersonals durch integre neue Repräsentanten sei hinreichend, um eine demokratische Willensbildung in den Arbeiterorganisationen zu gewährleisten. Die meisten Vorschläge trafen sich im Verlangen nach einer größeren Aktionsfreiheit und Selbständigkeit der unteren und mittleren Ebenen der Partei- und Gewerkschaftsorganisation.[169]

Der Ruf nach prinzipiell föderalistischen Organisationsstrukturen dominierte schließlich in der Organisationsdebatte des Gründungs-Parteitages der KPD. Obwohl in der Organisationsfrage die Gegensätze zwischen den IKD und dem Spartakus-Bund[170] am stärksten ausgeprägt waren, enthielten die Anmerkungen des Spartakus-Referenten[171] zur Organisationspolitik der neuen Partei Anregungen, die auch für die ehemaligen IKD-Anhänger akzeptabel sein mußten: Nach der Verurteilung der durch »Bürokratismus«[172] für die Mitglieder partizipationshemmenden »alten Organisationen« wurden als neue Prinzipien erwogen: ein räteförmiger Aufbau der Partei auf Betriebsgrundlage sowie die »weitmöglichste Freiheit«[173] der Orts- und Bezirksformationen der Partei, um zu verhindern, »daß von oben herunter schematisch verordnet wird«.[174] Der vermutlich konsequenteste Versuch einer räteförmigen Organisation der KP wurde nach dem Parteitag in der ersten Jahreshälfte 1919 von den Bremer Kommunisten unternommen.[175] Angesichts der wegen der vorausgegangenen bewaffneten Kämpfe desolaten Situation der Parteiorganisation betrieb die Levi-Zentrale seit Mitte Juni eine organisatorische Straffung und Zentralisierung der Partei. Diese Maßnahmen und die bis zum 2. Parteitag der KPD getroffenen Vorkehrungen zur Eliminierung der linken Opposition steigerten freilich die schon auf dem Gründungskongreß artikulierten Vorbehalte gegen den »zentralen Charakter der ehemaligen Spartakusgruppe«[176] zum lautstarken Protest gegen die »Diktatur der Führung«[177]. Der in der linkskommunistischen Opposition ungebrochene dezentralistische Impuls erlaubte es, daß sich in der Unionsbewegung nach der 1. Reichskonferenz der AAU (Februar 1920) extrem föderalistische Organisations-Richtlinien durchsetzten[178] und daß auf dem Gründungskongreß der KAPD (April 1920) die bekannte antiautoritäre Formel: »Befreiung von jeglichem Führertum«[179] als ein wesentliches organisationspolitisches Ziel der neuen Partei verkündet wurde.

Die Auseinandersetzung mit der Levi-Zentrale gab der linkskommunistischen Opposition Anlaß, die theoretischen Grundlagen ihrer organisationspolitischen Vorstellungen zu präzisieren. Pannekoek antwortete auf die Syndikalismus-Invektive Levis mit der Gegeninvektive des »Blanquismus«, der die organisationspolitische Haltung der Zentrale kennzeichne.[180] Radeks und Levis »Blanquismus« gehe davon

aus, daß angesichts der Apathie des Proletariats die Eroberung der politischen Gewalt »durch eine entschlossene Minorität geschehen« müsse, »die durch ihre Einsicht und Aktivität
die Masse mitreißen und durch strenge Zentralisation die
Macht in den Händen behalten könne«.[181] Diese Vorstellung
führe in der Zeit vor der erfolgreichen Revolution zur
Diktatur der Zentrale der KP, in der Zeit nach der siegreichen
Revolution zur »Diktatur der Partei« und nicht zur »Diktatur
der Klasse« als ganzer. Der emanzipative Lernprozeß des
Proletariats im Kampf um die Diktatur und seine Befähigung
zu eigenverantwortlichem Handeln während der Diktatur
würden damit zerstört oder unterbunden. Der in der Überzeugung von den konstruktiven Fähigkeiten der proletarischen Massen wurzelnde generelle organisationspolitische
Konsensus der Linkskommunisten wurde in einem Hamburger Aufruf zur Sammlung der Opposition vom Ende des
Jahres 1919 resümiert. Es wurden die Genossen angesprochen,
»die auf dem Standpunkt stehen, daß die proletarische Diktatur die Diktatur der Klasse sein muß und nicht die Diktatur
der Führerschaft einer Partei, die weiterhin der Auffassung
sind, daß revolutionäre Massenaktionen nicht von einem
geheimen Führerbund von oben her befohlen, sondern aus
dem Willen der Massen selbst emporschlagen müssen und vorbereitet werden durch die organisatorische Zusammenfassung
der revolutionären Proletarier in revolutionären Massenorganisationen auf breitester demokratischer Grundlage«.[182] Die
hier umrissenen Ansätze einer Kritik der Organisationspolitik
der KPD wurden nach der Übernahme des bolschewistischen
Prinzips des »demokratischen Zentralismus« durch die Partei
von den Rätekommunisten breit entfaltet.[183]
Die in der rätekommunistischen Bewegung niemals abgeschlossene Diskussion über die praktische Realisierung der
organisationspolitischen Desiderate bezog sich im wesentlichen auf die Frage der Organisationsform und die des Organisationsprinzips. Die innerorganisatorische Entwicklung der
KPD bestärkte die Rätekommunisten in ihrer prinzipiellen
Ablehnung der Organisationsform der Partei. Prinzipiell war
man davon überzeugt, daß an die Stelle der Organisationsform der Partei die Räteorganisation zu treten habe. Die
theoretischen Wortführer der beiden wichtigsten Filiationen

der Bewegung, Schröder von der KAP/AAU und Rühle von der AAUE, sahen übereinstimmend in der Partei eine obsolete Organisationsform, da sie in Entstehung und Funktion eng an die bürgerliche Herrschaftsinstitution des Parlaments gebunden sei: »Entfaltet sich die Herrschaft der Bourgeoisie im Parlamentarismus, [...] so entfalten sich mit dem Parlamentarismus die Parteien.«[184] »Eine Partei braucht das Parlament und den Parlamentarismus, wie das Parlament die Parteien braucht. Eins bedingt das andere, stützt und hält sich gegenseitig.«[185] Neben diesem auf der spezifisch linkskommunistischen Revolutionserwartung basierenden historischen Argument wurde von Schröder wie von Rühle ein gleichsam strukturelles Argument vorgebracht und später in zahlreichen Variationen wiederholt: die Bürokratieanfälligkeit der Parteien: »Jede bürgerliche Organisation ist im Grunde eine Verwaltungsorganisation, die, um zu funktionieren, einer Bürokratie bedarf. Auch die Partei. Sie ist auf die Verwaltungsmaschine, bedient durch ein *besoldetes Berufsführertum,* angewiesen. Die Führer sind Verwaltungsbeamte und als solche Angehörige einer bürgerlichen Kategorie. Führer, das heißt Beamte, sind Kleinbürger, keine Proletarier.«[186] Im Gegensatz zu Rühle[187] und der späteren AAUE waren die Wortführer der KAP von der Notwendigkeit einer politischen Parallelorganisation zu den Unionen überzeugt, die zum Zweck der Gesellschaftsanalyse, der Schulung und der Propaganda die fortgeschrittenen Kräfte des Rätekommunismus zusammenfassen sollte[188] und die sich nach Maßgabe der Festigung der Räteorganisation von selbst erübrigen werde. Nicht nur die AAUE leugnete diese Notwendigkeit, sondern auch in der KAP/AAU beider Richtungen blieb sie Gegenstand von Kontroversen. Selbst nach der praktischen Lösung des Problems durch die (im folgenden noch darzustellende) Vereinigung der Reste der AAU und der AAUE Ende 1931 und nach der endgültigen Unterdrückung der deutschen Bewegung im Jahre 1933 wurde die Legitimation parteiförmiger Organisation besonders unter den niederländischen Rätekommunisten weiter erörtert.[189] Pannekoek, der im Gegensatz zu Gorter[190] lange Zeit nicht dezidiert Stellung genommen hatte, hielt 1936 den Parteigedanken für endgültig diskreditiert: »Die heutigen Arbeiterparteien [...] wollen die Herrschaft für sich erobern. Sie wollen nicht Hilfsmittel der Arbeiterklasse sein, sich zu befreien, sie wollen selbst herrschen und sagen, daß das die Befreiung des Proletariats sein wird.«[191]

Auf der Suche nach dem angemessenen Organisationsprinzip für die den Rätegedanken implizierende KAP/AAU bzw. AAUE wurden von den Protagonisten der frühen rätekommunistischen Bewegung die Thesen und Kontroversen hervorgebracht, die die Konflikte im deutschen Rätekommunismus bis 1933 prägten. Der in der Entstehungsgeschichte als konstitutives Moment festgestellte Antiautoritarismus und Antibürokratismus war die von allen Richtungen der rätekommunistischen Bewegung geteilte Grundauffassung. Beredt gaben z. B. die Exponenten der Bewegung in den frühen zwanziger Jahren diesen Ressentiments Ausdruck: »Und nichts kennzeichnet die alte Organisation deutlicher, an nichts wird sie allüberall schneller in ihrem Typus erkannt als am Führertum. Das ist geradezu das Charakteristikum der alten Organisation: Kult der Persönlichkeit, Kult des Herrentums, des Milliardärs wie des Spezialisten. Die Welt eine Gruppe Regierender und eine Armee Regierter, einige Schlaue und Millionen Esel. Die Masse das Objekt: Brettsteine, die man schiebt, je nach Bedarf und Kenntnis des Spiels.«[192] Im Hinblick auf die konkrete Aufgabe der Ausarbeitung von Organisationsstatuten für die neue, die Räteorganisation, wogen die Wortführer der Bewegung ab zwischen den Prinzipien des Zentralismus und des Föderalismus. Schröder und die Berliner KAP-Gründer etwa lehnten den Zentralismus ab, der »die Massen um weniger willen gängelt und knechtet«[193], sahen aber im Föderalismus auch keine akzeptable Alternative: »Die Sympathie für den Föderalismus beruht einfach darauf, daß man in ihm die Verneinung des Zentralismus sieht, und dann annimmt, er brächte Freiheit und Paradies.«[194] Ihr »proletarischer Zentralismus« war bemüht, die zwangsläufig desintegrativen Auswirkungen des föderalistischen Prinzips zu vermeiden.[195] Rühles Überlegungen zum praktischen Modus der neuen Organisation verliefen ähnlich, wenngleich sie nicht wie bei Schröder einem gleichsam moralisch geläuterten Zentralismus das Wort redeten: »Der Zentralismus hat den Vorteil, daß er die vorhandenen Kräfte konzentriert, zur Einheit zusammenfaßt, zum Ganzen verbindet und dadurch zu größerer Leistung nach einheitlichem Gesichtspunkte befähigt; aber auch den Nachteil, daß er die Einzelinitiative ertötet, den Willen der Mitglieder lähmt, die individuelle Kraftentfaltung unterbindet und damit das Individuum in seiner Entwicklung zu selbständiger Persönlichkeit, zu Selbstbewußtsein und Selbständigkeit verhindert. Er ist ein Organisationssystem für Herren über Knechte.«[196] Trotz dieser weitgehend identischen Sicht der Dinge geriet der Berliner Kreis um Schröder bei den Befürwortern der Einheitsorganisation bald in den Verdacht, die Entwicklung der KAP wieder in wenig nuancierte zentralistische Bahnen lenken zu wollen.

Beide Theoretiker, Rühle und Schröder, hatten sich schon früh auseinanderzusetzen mit den Kräften in der rätekommunistischen Bewegung, die aus dem antiautoritären und antibürokratischen Konsens exorbitante Schlüsse zogen. Im Programm der AAU hieß es 1921 dazu: »Die Allgemeine Arbeiter-Union lehnt also in ihrem Kampf nicht ›Führer‹ überhaupt ab. Das hieße, jede Klugheit, jede Fähigkeit, jeden starken Willen ablehnen.«[197] Rühle meinte 1923 aufgrund entsprechender Erfahrungen zu diesem Thema: »Wer in seiner Ablehnung des bezahlten Berufsführertums, das seine Kompetenzen aus dem Organisationsapparat schöpft, so weit geht, daß er *all und jedes Führertum verwirft*, ohne zu bedenken, daß die Überlegenheit des Geistes und Charakters nicht eine verwerfliche, sondern eine begrüßenswerte Eigenschaft ist, schießt weit über das Ziel hinaus und wird zum Demagogen. Das trifft auch für solche zu, die *gegen die Intellektuellen in der Bewegung* oder – was vorgekommen ist – sogar *gegen die Wissenschaft* eifern und wüten.«[198] Solch blindwütiger Antiautoritarismus, der in der Form von Intellektuellenfeindschaft und Organisationsverneinung in der Heidenauer Richtung der AAUE, der Richtung des Leipziger Rätebundes der KAP/AAU und später, nach 1923, besonders in der AAUE-Richtung um das Blatt *Proletarischer Zeitgeist* zum Ausdruck kam, latent aber viel weiter verbreitet war, trug wesentlich dazu bei, daß Schröder, Rühle und andere Intellektuelle aus der Bewegung des Rätekommunismus ausgestoßen wurden. In einem Dokument dieser starken Unterströmung in der Hamburger AAUE hieß es 1924 lapidar: »Was im deutschen Proletariat nicht organisationsscheu ist, das ist nicht revolutionär.«[199] Die Parolen der Heidenauer AAUE lauteten: »Reißt von den Organisationen los, was ihr losreißen könnt. Zerstört das Mauerwerk, indem Ihr eigenbewußte Lebenszellen werdet!«; gefordert wurde »Verselbständigung der einzelnen Menschen (d. h. die Individualisierung der Massen)«.[200]

Prinzipielle Gewerkschaftskritik

War die Organisations-Thematik Anlaß zu Fraktionierungen in der rätekommunistischen Bewegung, so war die rätekommunistische Kritik an den Gewerkschaften und am Parlamentarismus nahezu einhellig und verursachte wenig interne Kontroversen. Die seit den letzten Kriegsjahren besonders von den ISD betriebene Propaganda zum Austritt aus den durch ihre »Burgfrieden«- Politik in radikalen Kreisen diskreditierten Gewerkschaftsverbänden[201] wurde von der Mehrheit des Gründungs-Parteitages der KPD allen Anzeichen nach befürwortet[202]; eine Beschlußfassung des Parteitages wurde von Rosa Luxemburg durch Überweisung der Gewerkschaftsfrage an die Programm-Kommission vermieden. Da im Verlauf der großen Bergarbeiter-Streiks im Ruhrgebiet im März/April 1919 die Austrittsbewegung aus den alten Zentralverbänden erhebliche Ausmaße[203] anzunehmen begann, blieb selbst die Levi-Zentrale noch bis kurz vor dem Oktober-Parteitag (1919) unentschlossen vor der Alternative, die Parole »Heraus aus den Gewerkschaften!« aufzugreifen oder die kommunistische Fraktionsbildung in den alten Verbänden zu empfehlen.[204] Nach der Entscheidung der Zentrale für die Arbeit in den Verbänden des ADGB setzte sich in der linkskommunistischen Opposition und der von ihr geförderten Unions-Bewegung die fundamentale Kritik an den Gewerkschaften aus der Kriegszeit fort. Über die (auch von der KPD geübte) Kritik an der gewerkschaftlichen Politik des Hilfsdienstgesetzes und der Arbeitsgemeinschaft[205] hinaus versuchten die Rätekommunisten, den unzeitgemäßen Charakter der Gewerkschaften als Organe des in der Revolution stehenden Proletariats nachzuweisen.

In dieser Absicht griff man, wie in der Frage der Organisationsform der Partei, zu der These der historischen Überständigkeit und zu dem Bürokratisierungs-Argument. Pannekoek sah die historische Mission der Gewerkschaften für erfüllt an: »Kämpfend gegen das Kapital, gegen die verelendenden absolutistischen Tendenzen des Kapitals, sie beschränkend und dadurch der Arbeiterklasse die Existenz ermöglichend, erfüllte die Gewerkschaftsbewegung ihre Rolle im Kapitalismus und war dadurch selbst ein Glied der kapitalistischen Gesellschaft. Aber erst mit dem Eintritt der Revolution, als das Proletariat aus einem Glied der kapitalistischen Gesellschaft zum Vernichter dieser Gesellschaft wird, tritt die Gewerkschaft in Gegensatz zum Proletariat. Sie wird legal, offen staatserhaltend und staatlich anerkannt.«[206] Rühle schloß sich, wie sämtliche übrigen rätekommunistischen Protagonisten, dieser historischen Einschätzung an: Niemand könne und dürfe die außerordentlichen Verdienste der Gewerkschaften bei der Vertretung der Arbeiterinteressen in der Vergangenheit bestreiten. »Aber all dies sind heute leider Zeugnisse und Ruhmestitel, die der Vergangenheit angehören.«[207]

In besonders drastischer Weise hatte sich der Prozeß der Bürokratisierung der alten Arbeiterorganisationen nach dem Urteil der Rätekommunisten in der jüngsten Entwicklung der Gewerkschaften vollzogen. »Im entwickelten Kapitalismus und noch mehr in dem imperialistischen Zeitalter sind diese Gewerkschaften stets mehr zu riesigen Verbänden geworden, die die gleiche Tendenz der Entwicklung zeigen wie in älterer Zeit die bürgerlichen Staatskörper selbst. In ihnen ist eine Klasse von Beamten, eine Bürokratie entstanden, die über alle Machtmittel der Organisation verfügt: die Geldmittel, die Presse, die Ernennung der Unterbeamten; oft hat sie noch weitergehende Machtbefugnisse, so daß sie aus Dienern der Gesamtheit zu ihren Herren geworden ist und sich selbst mit der Organisation identifiziert.«[208] Es sei in der Regel für die Mitglieder nicht möglich, ihren Willen gegen diesen Apparat durchzusetzen, zumal dieser sich im Fall von Konflikten mit der staatlichen Bürokratie gegen oppositionelle Regungen verbünde.

Diesen in der Agitation der Rätekommunisten vorherrschenden Argumenten gegen die Gewerkschaften gesellte sich eine

Kritik an zwei weiteren konstitutiven Merkmalen der Gewerkschaftspolitik: der Tarifpolitik und den Unterstützungseinrichtungen. Rühle zufolge hatte die Tarifpolitik zu immer größerer »Entfremdung der Organisation von ihrem ursprünglichen Kampfcharakter« beigetragen, indem sie eine »für den Klassenkampf verderbliche Atmosphäre der ›Harmonie zwischen Kapital und Arbeit‹ und ›Gemeinsamkeit der Interessen von Arbeitgeber und Arbeitnehmer‹«[209] erzeugt habe. Im übrigen wirke sich das gewerkschaftliche System von Kranken-, Sterbe-, Arbeitslosen-, Umzugs- und Reiseunterstützungskassen lediglich systemintegrierend aus: Der Arbeiter »wird in seiner kleinbürgerlichen Denkweise bestärkt und erhalten [...] anstatt den Blick auf das große, freigewollte und selbstlos verfochtene Ziel der Befreiung seiner Klasse gerichtet zu halten«.[210] Das Fazit dieser Gewerkschaftskritik der Rätekommunisten lautete: »Schleunigste und rücksichtsloseste Zertrümmerung der Gewerkschaften!«[211]

Antiparlamentarismus

Die Vorkriegs-Kritik der Linksradikalen am »parlamentarischen Kretinismus« der SPD und die komplementäre Forderung nach Verstärkung außerparlamentarischer Aktivität neben der Parlamentsarbeit schlugen erst in dem Augenblick in erklärten Antiparlamentarismus um, als in den Novemberereignissen von 1918 Arbeiter- und Soldatenräte entstanden. In ihnen erblicken die linken Radikalen die revolutionäre Alternative zum parlamentarischen System. Im Kreise der Bremer IKD wurde diese Alternative erst gegen Ende November deutlich formuliert.[212] In der in Aussicht gestellten Einberufung einer Nationalversammlung sahen die Bremer IKD »die Abtretung des proletarischen Mandats an das Bürgertum«.[213] Auf dem Gründungs-Parteitag der KPD war Otto Rühle von den Dresdner IKD einer der entschiedensten Kritiker einer Beteiligung der neuen Partei an den Wahlen zur Nationalversammlung. Die Teilnahme wurde dagegen vom Referenten zur Frage der Nationalversammlung, Paul Levi, und von Rosa Luxemburg aus taktischen Gründen befürwortet – mit dem Hinweis auf die erkennbare »Unreife der Massen« für den Kampf um die Räteherrschaft und auf die

Agitationsmöglichkeiten in der Nationalversammlung sowie in den Wahlversammlungen.[214] Für Rühle markierte diese Haltung den Neubeginn einer »opportunistischen Kompromißpolitik«, und er war überzeugt, »daß mit dem Zustandekommen der Nationalversammlung die große Abwürgung der Arbeiter- und Soldatenräte vorgenommen wird«.[215] Die von annähernd drei Vierteln der Gründungs-Delegierten getroffene Entscheidung gegen die Beteiligung der KPD an den Wahlen wurde in der Folgezeit unter dem Gesichtspunkt diskutiert, ob sie als situationär-taktisch bedingter Beschluß oder als prinzipiell antiparlamentarische Festlegung der KPD zu verstehen sei. In der linken Opposition der KPD galt sie als prinzipiell antiparlamentarisches Votum. In den Leitsätzen zum Parlamentarismus, die im September 1919 von den Bezirken Nord, Nordwest und Hannover vorgelegt wurden, hieß es u. a.: »Für die Kommunistische Partei eines Landes, in dem die proletarische Revolution, das heißt der Endkampf um die Macht zwischen Bourgeoisie und Proletariat bereits begonnen hat, ist [...] die Teilnahme an irgendwelchen parlamentarischen Aktionen undiskutierbar.«[216] Nachdem die Levi-Zentrale auf dem Oktober-Parteitag desselben Jahres gegen die Opposition die Auffassung durchgesetzt hatte, die KPD könne auf kein politisches Mittel verzichten und müsse also auch prinzipiell bereit sein, sich an Wahlen für Parlamente, Gemeindevertretungen und Betriebsräte zu beteiligen, wurde mit Hilfe der niederländischen Linkskommunisten um Pannekoek und Gorter der grundsätzliche Antiparlamentarismus der rätekommunistischen Bewegung auch theoretisch erhärtet.

In Übereinstimmung mit der radikalen Parlamentarismus-Analyse der Vorkriegszeit definierte man das Parlament als Herrschaftsorgan des Bürgertums. Für die »vorrevolutionäre Zeit« der Zweiten Internationale goutierte man die Teilnahme der Arbeiterpartei an der parlamentarischen Arbeit zur Erringung von politischen und wirtschaftlichen Vorteilen für die Arbeiterklasse; anders in dem nach Meinung der Rätekommunisten angebrochenen revolutionären Zeitalter: In der Analyse der gegenwärtigen Funktion des Parlamentarismus kam z. B. Rühle zu folgenden Thesen, die einerseits eine Ablehnung des parlamentarischen Betriebes signalisierten, andererseits eine Strukturbeschreibung des modernen Parlamentarismus enthielten: »Die Vertreter jeder Partei suchen im Parlament möglichst viel aus der Gesetzgebung für ihre Auftraggeber, ihre Interessentengruppen, ihre ›Firma‹ herauszuschlagen. Sie stehen auch in ständiger Fühlung mit ihren Industriellenverbänden, Unternehmervereinigungen, Kartellen, Standesorganisationen oder Gewerkschaften, um von ihnen Weisungen, Informationen, Verhaltensmaßregeln oder Aufträge zu empfangen. Sie sind die Unterhändler, die Delegierten, und das Geschäft wird gemacht durch Reden, Feilschen, Schachern, Verhandeln, Überlisten, Abstimmungsmanöver, Kompromisse. Die parlamentarische Hauptarbeit wird denn auch nicht in den großen Parlamentsverhandlungen, die nur eine Art Schaustellung sind, sondern in den Kommissionen geleistet, die unter Ausschluß der Öffentlichkeit und ohne die Maske der konventionellen Lüge tagen.«[217]

Die beiden Standardargumente gegen die Beteiligung am parlamentarischen Betrieb formulierte Pannekoek, für den nun (im Gegensatz zur Vorkriegszeit) die Parlamentsarbeit sich aufgrund des Revolutionsbeginns verbot. Seine Kritik galt einerseits dem Substitutionscharakter proletarischer Parlamentsarbeit, andererseits ihrer korrumpierenden Wirkung. Für ihn war »der Parlamentarismus die typische Form des Kampfes mittels Führer, wobei die Massen selbst eine untergeordnete Rolle spielen. Seine Praxis besteht darin, daß Abgeordnete, einzelne Personen, den wesentlichen Kampf für sie führen können. Früher war es der Glauben, die Führer könnten für die Arbeiter wichtige Reformen im Parlament erzielen, oder gar trat die Illusion auf, die Parlamentarier könnten durch Gesetzbeschlüsse die Umwälzung zum Sozialismus durchführen. Heute, da der Parlamentarismus bescheidener auftritt, hört man das Argument, im Parlament könnten die Abgeordneten Großes für die Propaganda des Kommunismus leisten. Immer fällt dabei das Hauptgewicht auf die Führer.«[218] Diese Art von Substituierung der eigenverantwortlichen Aktivität eines jeden Proletariers durch das Handeln von professionellem Führungspersonal verhindere den für das Gelingen der Revolution unverzichtbaren emanzipativen Lernprozeß des Proletariats: »Der Parlamentarismus hat die unvermeidliche Tendenz, die eigene, zur Revolution notwendige Aktivität der Massen zu hemmen.«[219] – Das Korruptionsargument faßte Pannekoek so: »Während die Bedeutung des Parlamentarismus einerseits das Übergewicht der Führer über die Massen stärkt, also konterrevolutionär wirkt, hat sie andererseits die Tendenz, diese Führer selbst zu verderben. Wenn persönliche Geschicklichkeit ersetzen muß, was aktiver Massenkraft fehlt, tritt eine kleinliche Diplomatie auf; die Partei, mag sie mit anderen Absichten hineingegangen sein, muß sich einen legalen Boden, eine parlamentarische Machtstellung zu erwerben suchen; so wird schließlich das Verhältnis zwischen Zweck und Mittel umgekehrt, und es dient nicht das Parlament als Mittel zum Kommunismus, sondern der Kommunismus als werbende Losung steht im Dienste der parlamentarischen Politik.«[220]

Wie die Ablehnung der Gewerkschaften, so blieb auch der so begründete Antiparlamentarismus ein niemals in Frage gestelltes Element des Selbstverständnisses der Rätekommunisten in der Weimarer Republik. Bis zu welchem Grade diese Prinzipien sich verfestigten, zeigt der Streit, der in einem späteren Stadium der organisationsgeschichtlichen Entwicklung in der Berliner Richtung der KAP/AAU darüber entstehen konnte, ob man einen abtrünnigen kommunistischen Reichstags-Abgeordneten in den eigenen Reihen dulden könne; eine starke Minderheit hielt eine solche Duldung für »antiparlamentarischen Opportunismus« und führte über dieser Frage eine vorübergehende Spaltung der Berliner KAP/AAU herbei.[221]

Praktisch umsetzbar war der prinzipielle Antiparlamentarismus der KAP/AAU einzig als Aufruf zum Wahlboykott, dem sie in der Regel in Reichstags-Wahlkämpfen Gehör zu schaffen versuchte. Das im folgenden zitierte Flugblatt der Essener KAP/AAU aus einem der Reichstags-Wahlkämpfe von 1924 illustriert diese Agitation und resümiert wesentliche Argumente des rätekommunistischen Antiparlamentarismus: »Wir wählen nicht, denn die politische Arbeitsgemeinschaft mit dem Kapitalismus bedeutet Stützung des Kapitals! [...] Wir wählen nicht, weil in einer Phase steigender Wirtschaftskrise, in einem Augenblick, in dem die Klassengegensätze so vollkommen zum Ausdruck gekommen sind, daß das Parlament nur noch ein Büro der Kapitalisten, die Regierung ein Ausschuß dieses Büros ist, Ausbeuter und Ausgebeutete sich in zwei völlig getrennten Lagern gegenüberstehen und der Endkampf beginnen muß! – Wir wählen nicht, denn wir dürfen nicht die Illusion erwecken, als könne man durch Wahlen und parlamentarische Betätigung zum Sozialismus kommen! – Wir wählen nicht, denn die Arbeit im Parlament zwingt zu Kompromißlerei, und das bedeutet im weiteren Verlauf Aufgeben revolutionärer Ziele und Hinwenden zum Reformismus! [...] Wir wählen nicht, denn parlamentarische Betätigung bedeutet Übertragung der politischen Betätigung an Einzelpersonen, an sogenannte Autoritäten, bedeutet Absterben selbständiger Aktionen und Hinstarren auf die Rede-›Aktionen‹ im Parlament!«[222]

Die Reintegrationsversuche der rätekommunistischen Splittergruppen

Die durch die Inflationswirren des Jahres 1923 hervorgerufenen administrativen Repressionsmaßnahmen gegen die kommunistischen Organisationen trafen auch die verschiedenen rätekommunistischen Gruppierungen: vorübergehende Illegalisierung ihrer Arbeit, Verbot ihrer Periodika und Konfiszierung ihres Agitationsmaterials. Diese erst gegen Mitte 1924 auslaufende Periode bedeutete eine Zerreißprobe für die in ihrem inneren Gefüge ohnehin prekären rätekommunistischen Organisationen und reduzierte ihren Mitgliederbestand. Nicht zuletzt die organisatorische Schrumpfung erzeugte im deutschen Rätekommunismus ab 1924 eine gewisse Bereitschaft zur Vereinigung einzelner Splittergruppen, während andererseits weiterhin Fraktionsbildungen und Abspaltungen selbst diese Splittergruppen noch einmal auseinanderrissen. Generell kann als kennzeichnend für diese Splittergruppen gelten, daß ihre Entwicklung weniger vom politisch-sozialen Gesamtsystem (von dem und in dem sie weitgehend isoliert waren) bedingt war als vielmehr durch ihre interne Dynamik, die in persönlich und theoretisch motivierten Richtungskämpfen zum Ausdruck gelangte.

In der AAUE, in der zeitgenössische Beobachter 1922 eine entwicklungsfähige Filiation der rätekommunistischen Bewegung sahen[223] und von der Pfemfert Ende 1922 behauptete, sie zähle 60 000 Mitglieder[224], stand auch nach der Abspaltung der organisationsverneinenden Heidenauer Richtung die praktische Organisationsfrage im Mittelpunkt der Aufmerksamkeit. Nur gegen den Widerstand der Reichsinformationsstelle der AAUE in Zwickau konnten die Bezirke Frankfurt/Main und Wasserkante durchsetzen, daß im Juni 1924 die 3. Reichskonferenz der Einheitsorganisation nach Dresden einberufen wurde. Die Konferenz brachte die von der »Rätekommunisten«-Fraktion beabsichtigte Klärung über die organisatorische Straffung und über eine theoretische Vereinheitlichung der AAUE.[225] Die Abgrenzung von den eingestandenerweise immer noch starken desintegrativen Tendenzen (Organisationsverneinung und »Intellektuellenriecherei«) erfolgte durch den Ausschluß des westsächsischen Wirtschaftsbezirkes mit dem Vorort Zwickau und mit dem seit November 1922 erscheinenden Presseorgan *Proletarischer Zeitgeist*. Aus dieser Abspaltung entstand die sogenannte Zwickauer Richtung in der Einheitsorganisations-Bewegung, die bis 1933 ein Gravitationszentrum der durch Organisationsverneinung und Intellektuellenfeindschaft bestimmten antiautoritären Gruppen mit starker Affinität zum Anarchismus bildete. Die ausgeschlossenen Gruppen sahen sich als Opfer eines Komplotts der nach »Heidelberger Manier« verfahrenden »Rätekommunisten«-Fraktion in der AAUE.[226] Sie lehnten in der Folgezeit den »Individualismus« der früheren Heidenauer Richtung ab und definierten sich als »Ideengemeinschaft«[227] und »Anarcho-Kommunisten, kompromißlose, staats- und herrschaftsverneinende, immer mißtrauisch-wachsame Klassenkämpfer«.[228] Die Autoren des *Proletarischen Zeitgeistes* feierten Aktionsanarchisten wie August Reinsdorf und Johann Most[229], lagen aber sowohl mit der anarchosyndikalistischen »Freien Arbeiter-Union Deutschlands (Anarcho-Syndikalisten)«[230] wie mit der bedeutendsten Organisation des Anarchismus in der Weimarer Zeit, der »Föderation Kommunistischer Anarchisten Deutschlands«,[231] in permanenter Fehde. Durch den Ausschluß des AAUE-Wirtschaftsbezirks Wasserkante auf der 4. Reichskonferenz der AAUE im November 1925 wurde die Zwickauer Richtung verstärkt.[232] Somit als Sammelpunkt versprengter anarchoider Rätekommunisten bestätigt, war diese Richtung der AAUE in den folgenden Jahren mit dem *Proletarischen*

Zeitgeist ein Rahmen für die Erörterung der Möglichkeit einer
»antiautoritären Organisation«[233] und eines »antiautoritären
Marxismus«.[234] Unbezweifelte Grundlage blieb die Idee der revolutionären Betriebsorganisation; die Räte-Idee und der Begriff
der Diktatur des Proletariats hingegen wurden in wachsendem
Maße problematisiert.[235] Die Bewegung blieb, gestützt auf eine
geographisch breite Basis[236], als Zentrum teilweise tumultuarischen Widerspruchs indirekt mit der Entwicklung der AAUE
verbunden und behielt auch deren Etikett bei. Der nationalsozialistischen Unterdrückung ausgesetzt, erörterte man noch
im Juli 1933 in der Illegalität die »Notwendigkeit des Anarchismus in der gegenwärtigen Situation«.[237]

Die AAUE-Mehrheit, die auf der Dresdner Reichskonferenz
Mitte 1924 durchgesetzt hatte, daß künftige Reichskonferenzen Beschlußkompetenz haben sollten, daß der Reichsinformationsstelle eine gewisse Weisungsbefugnis eingeräumt werden und daß sie von einem Reichswirtschaftsrat kontrolliert
werden sollte, wurde dann im Laufe des Jahres 1925 durch
zwei weitere interne Vorgänge in ihrem Bemühen um eine
organisatorische Festigung der AAUE behindert. Rekrutierte
sich diese Mehrheit zur Zeit der 3. Reichskonferenz vor allem
aus starken Gruppen in Ostsachsen (Dresden), Berlin, Wasserkante (Hamburg) und Frankfurt/Main, so hatten sich bis
zur 4. Reichskonferenz (November 1925) auch im Bezirk
Wasserkante extrem föderalistische Tendenzen stabilisiert.
Vermutlich unter dem Einfluß der »Los-von-Moskau«-Kampagne der KPD-Renegatin Ketty Guttmann am Jahresende
1924, in der sich vehemente Komintern-Kritik mit Organisationsverneinung[238] mengte, verstanden sich die Hamburger Vertreter als Sprecher des Teils »des Proletariats,
welcher mehr oder minder aus eigener Anschauung anfängt,
jegliche Organisierung von Arbeitern abzulehnen«.[239] Die
Hamburger AAUE, die inzwischen eine Kartellbildung mit
den lokalen Anarchisten und Syndikalisten versucht hatte,
fügte sich in den Ausschluß durch die Berlin-Dresdner Richtung und stärkte künftig die Reihen der anarchoiden Kräfte
um den *Proletarischen Zeitgeist.*[240]

Die auf der 4. Reichskonferenz in Leipzig beschlossene
Erweiterung der AAUE-Richtlinien um den Zusatz, die
AAUE stehe »auf dem Boden des revolutionären Marxis-

mus«[241], war offenbar nicht nur als Abgrenzung gegen die anarchoiden Tendenzen gemeint, sondern gleichzeitig gegen eine neue theoretische Entwicklung Otto Rühles gewendet. Rühle, der langjährige Promotor der Einheitsorganisations-Bewegung, hatte Anfang Oktober 1925 im Rahmen eines seiner zahlreichen Arbeiterbildungs-Kurse in Berlin zum ersten Mal das Bedürfnis nach einer theoretischen Selbstüberprüfung und Neuorientierung der AAUE artikuliert.[242] Diese Forderung gründete sich auf die in der Phase der relativen ökonomischen Stabilisierung verbreitete Resignation unter den, ihrem Selbstverständnis gemäß, revolutionären Kräften. Nach Rühle war die Situation (auch in der AAUE) gekennzeichnet durch »Enttäuschung, Entmutigung, Indifferentismus und Resignation. [...] Noch nie war die Depression und Kampfunlust im Proletariat so groß wie heute.«[243] Um in dieser Situation dem obersten rätekommunistischen Postulat der »Selbstbewußtseinsentwicklung des Proletariats« gerecht zu werden, durfte sich die AAUE nach Rühles Überzeugung den »grundstürzenden Resultaten der modernen Psychologie«[244] nicht verschließen: »Ja, Marxismus in Verbindung mit moderner Psychologie gibt uns erst den Hebel in die Hand, mit dessen Hilfe wir den inneren und äußeren Menschen umschalten und umstellen können.«[245] Für die AAUE galt es – Rühle zufolge –, mit Hilfe dieser »Hebel« in geduldiger Erziehungsarbeit das »autoritäre Prinzip« im Proletarier abzutragen und ihn auf diese Weise überhaupt erst für das Rätesystem zu befähigen.[246] Diese Thesen riefen die bisher engsten Kombattanten Rühles aus dem *Aktions*-Kreis, Franz Pfemfert, Oskar Kanehl und James Broh[247], gegen ihn auf den Plan; ihre sachlichen Einwände bezogen sich vor allem auf die von Rühle behauptete Ergänzungsbedürftigkeit bzw. Ergänzungsfähigkeit des Marxismus durch die Individualpsychologie und auf die Verengung des Klassenkampfes auf individualpsychologisch angeleitete Erziehungstätigkeit.[248] Durch die Heftigkeit dieser Angriffe in seiner resignativen Einschätzung der Möglichkeit der AAUE bestärkt, schied Rühle noch im Laufe des Jahres 1925 aus der Organisationsarbeit aus. Er blieb in lockerem Kontakt mit der AAUE[249], konzentrierte aber künftig seine Energien auf die Herausbildung einer libertär-sozialistischen Pädagogik[250], auf organisatorisch unabhängige zeit-

kritische Analysen und historische Themen.[251] Er ging den
Weg zur Existenz eines parteilosen Sozialisten, der in vielen
Punkten an Julian Borchardts Entwicklung erinnert.

In der so abermals quantitativ und qualitativ dezimierten
AAUE verstärkte sich das Bemühen, eine Einigung der rätekommunistischen Gruppen zustande zu bringen. Anfang 1926
führten im Wirtschaftsbezirk Groß-Berlin Unterredungen mit
der KAP/AAU der Berliner und der Essener Richtung mit
dem Zweck der Bildung einer »Arbeits- und Kampfgemeinschaft als Vorstufe einer späteren organisatorischen Verschmelzung«[252] zu keinem Erfolg. Nicht zuletzt wegen der
Bereitschaft zur linksradikalen Sammlung, die besonders die
Berliner AAUE-Führung erkennen ließ, kam es durch die Vermittlung Pfemferts, noch immer einer Schlüsselfigur in der
AAUE, zur Kontaktaufnahme mit der sogenannten »ultralinken« Opposition in der KPD.[253] Diese Opposition war in der
KPD entstanden, nachdem durch einen am 1. September 1925
veröffentlichten Brief des Exekutiv-Komitees der Kommunistischen Internationale (EKKI) an die deutsche KP scharfe
Kritik an der »linken« Fischer-Maslow-Zentrale geübt worden war und die Absetzung dieser Zentrale und ihrer wichtigsten Stützen begonnen hatte.[254] Im Rahmen ihrer fortlaufen-
den KPD-Kritik hatte die AAUE auch diese Vorgänge mit
Interesse verfolgt.[255] Aus den seit Januar 1926 bestehenden
Kontakten folgte Mitte März (1926) auf Initiative der Einheitsorganisation eine geheime Zusammenkunft von Vertretern der AAUE, der KAP/AAU, der KPD-Linke-Opposition,
der USPD und einiger selbständiger kommunistischer Industrieverbände, um die Möglichkeiten einer Kartellbildung zu
prüfen.[256] Die AAUE hatte auf einer Reichskonferenz zu
Pfingsten 1926 solche Kartellverhandlungen gebilligt, an
deren Gelingen besonders der Gruppe um Franz Pfemfert
gelegen war. Die KAP/AAU-Vertreter erwiesen sich als
grundsätzliche Gegner einer Kartellbildung, schieden bald aus
den Verhandlungen aus und polemisierten gegen den »Brand-
lerkurs der AAUE«.[257] Ebenso ergebnislos verliefen die
Gespräche mit der Rest-USPD. Eine Gesprächsbasis mit der
KPD-Linke-Opposition war für die AAUE gegeben durch die
gemeinsame Kritik an der als »konterrevolutionär« bezeichneten Komintern und russischen Staatspolitik.[258] Im Laufe

der Verhandlungen zeigte sich allerdings, daß nur ein Teil der »ultralinken« Opposition[259], derjenige um Iwan Katz (1889 bis 1956)[260], bereit war, auch das antiautoritäre, antigewerkschaftliche und antiparlamentarische Credo zu leisten, das von der AAUE gefordert wurde; die »ultralinke« Gruppe um Karl Korsch und Ernst Schwarz schied früh aus den Unterhandlungen aus. An dem am 28. Juni 1926 vereinbarten Kartell der Linkskommunisten waren schließlich neben der AAUE-Mehrheit die Katz-Gruppe mit starker Anhängerschaft in Hannover und Bielefeld[261] und einer der selbständigen Industrieverbände (Industrieverband für das Verkehrsgewerbe) beteiligt. Das Kartell, das sich »Spartakusbund linkskommunistischer Organisationen« (gelegentlich auch »Spartakusbund 2«) nannte, vollzog auf einer Konferenz in Göttingen (19.-21. November 1926) die organisatorische Verschmelzung der AAUE mit der Katz-Gruppe, nachdem inzwischen der Industrieverband über der von ihm bejahten Beteiligung an Betriebsratswahlen ausgeschieden war.

Das Ergebnis dieses Integrationsversuchs der linkskommunistischen Kräfte war nicht eine organisatorische Stärkung, sondern eine zusätzliche Spaltung im Lager der Rätekommunisten. Nach reger Agitationstätigkeit von Pfemfert und Katz in der zweiten Jahreshälfte 1926 und nach einigen Rekrutierungserfolgen wurde von dem aus der Fusionskonferenz vom November hervorgegangenen »Spartakusbund/Politisch-wirtschaftliche Einheitsorganisation« ein Programm angenommen, das in taktischer Hinsicht unverkennbar von der AAUE diktiert war: Neben dem Bekenntnis zum revolutionären Marxismus und zu den revolutionären Betriebsorganisationen standen in den Richtlinien des Spartakusbundes die Ablehnung der politischen Parteien und der gewerkschaftlichen Organisation »als Bollwerke der Konterrevolution« und die Verweigerung »jeder aktiven sowie passiven Teilnahme an Wahlen zu Parlamenten (Reich-, Staats-, Gemeindevertretungen usw.), an Volksentscheiden und dergleichen, sowie jeder Beteiligung an bürgerlichen Herrschaftsinstrumenten (Religionsgemeinschaften, gesetzliche Betriebsräte und gesetzliche Erwerbslosenausschüsse, Krankenkassenvertretungen usw.)« an zentraler Stelle.[262] Vermutlich durch die Kritik Katz' an der von der Komintern vertretenen These einer

»relativen Stabilisierung« des Kapitalismus angeregt, trat die »Todeskrisen«-These nun stärker in den Vordergrund, als es bislang in der AAUE üblich war.[263] Die programmatische Grundlage des »Spartakusbundes 2« war so sehr von AAUE-spezifischen Vorstellungen geprägt, daß Konflikte mit den ehemaligen »Ultralinken« der KPD nicht ausbleiben konnten; bereits im März 1927 fiel das Bündnis auseinander, unter anderem wohl deswegen, weil Katz nicht bereit war, aus dem antiparlamentarischen Credo des »Spartakusbundes 2« die Konsequenz der Niederlegung seines Reichstagmandates zu ziehen.[264] Im übrigen stellte sich Anfang 1927 heraus, daß nicht unerhebliche Teile der AAUE die organisatorische Vereinigung mit den ehemaligen »Ultralinken« nicht gebilligt hatten; sie setzten die AAUE-Tradition fort und hatten ihre Hochburgen in Frankfurt/Main und in Breslau. Damit war die Initiativ-gruppe zur Bildung des »Spartakusbundes«, die in dem stark reduzierten Intellektuellen-Kreis um Pfemferts *Aktion*[265] ver-ankert war, einerseits alleiniger Träger der neuen rätekommu-nistischen Organisation, andererseits innerhalb der Einheits-organisations-Bewegung mit einer zusätzlichen Spaltung kon-frontiert. Der »Spartakusbund 2« verfügte als Agitationsmit-tel in den folgenden Jahren neben seinem Organ *Spartakus* weiterhin über Pfemferts *Aktion* und wurde wesentlich von der Persönlichkeit Pfemferts und (bis zu dessen Selbstmord im Jahre 1929) seinem treuesten *Aktions*-Mitarbeiter Oskar Kanehl[266] bestimmt. Beide Blätter zeigten ab 1930 ein gewisses Interesse am Schicksal des verfolgten Revolutionärs Trotzki[267], ließen jedoch keinerlei programmatische Annäherung des Rätekom-munismus an den organisierten Trotzkismus zu.[268] Der »Spar-takusbund 2« vollzog die Wiedervereinigung der AAU und der AAUE, die im Dezember 1931 zustande kam, nicht mit und erhielt sogar noch einmal Unterstützung von den Oppo-nenten dieser Vereinigung, die sich ihm anschlossen.[269] Nach fünfmonatigem Verbot des *Spartakus* entzog die im Jahre 1932 kulminierende Arbeitslosigkeit den beiden Agitations-Blättern dieses AAUE-Splitters die materielle Existenzgrund-lage.[270]

Seit Anfang 1927 existierten drei untereinander polemisie-rende selbständige organisatorische Filiationen im antiautori-tären Lager der AAUE, die allesamt in den letzten Jahren der

Weimarer Republik nicht mehr als einige Hundert Anhänger aufzuweisen hatten: die P.-Z.-Bewegung *(Proletarischer Zeitgeist)*, der »Spartakusbund 2« und die AAUE Frankfurt-Breslauer Richtung. Diese das AAUE-Etikett beibehaltende Gruppierung, die in Frankfurt/Main seit Ende 1926 ein eigenes Blatt [271] herausgab, entstand nicht nur im Widerspruch zu der von der Pfemfert-Gruppe eingeleiteten Kartellbildung; an theoretisch-taktischen Gegensätzen zum »Spartakusbund« lagen vor: die Aufnahme des Rühleschen Versuchs einer Synthese von Marxismus und Individualpsychologie[272], die kritische Überprüfung des rätekommunistischen Axioms einer kurzfristig möglichen revolutionären Zuspitzung der politisch-ökonomischen Verhältnisse[273] und die Befürwortung der Kampagne für den Volksentscheid über die Fürstenenteignung.[274] Die beiden ersten Punkte des Katalogs blieben konstituierende Merkmale der Frankfurt-Breslauer AAUE in den folgenden Jahren. Die Loyalität gegenüber Rühle dokumentierte sich im Abdruck älterer Rühle-Artikel[275] und in der — eher epigonal anmutenden — Diskussion über eine marxistische Individualpsychologie[276] als Mittel zur Emanzipierung des gegenwärtig »noch absolut bürgerlich eingestellten Proletariats«.[277] Von diesen Voraussetzungen her akzeptierte diese Gruppe der AAUE die kulturradikalen Bestrebungen der besonders in Hessen aktiven »Gemeinschaft proletarischer Freidenker«. Von der neuen politisch-ökonomischen Einschätzung des einstweiligen Stillstandes der Revolution leitete man auf der Reichskonferenz des Jahres 1929 die Notwendigkeit einer neuen »beweglicheren Taktik« ab. Da auch in der AAU beider Richtungen gegen Ende der zwanziger Jahre die Parole der »beweglicheren Taktik« sich durchsetzte und die Nützlichkeit der KAP zunehmend in Frage gestellt wurde, kam es zu Wiedervereinigungs-Verhandlungen, die im Mai 1931 zu einer gemeinsamen Plattform und im Dezember 1931 zum Zusammenschluß der AAU mit der AAUE (Frankfurt-Breslauer Richtung) in einer »Kommunistischen Arbeiter-Union« (KAU) führten.

Die Entwicklung der KAP/AAU blieb nach 1923 geprägt von der Spaltung in die mehrheitliche Berliner Richtung und die Essener Minderheits-Richtung. Die Integrationskraft der Essener Richtung wurde nicht unerheblich beeinträchtigt durch den resignativen Rückzug der meisten der Intellektuellen des Schröder-Kreises von allen rätekommunistischen Organisationen. Wie am Beispiel Schröders, Goldsteins, Reichenbachs und Schwabs[278] zu erkennen ist, fanden viele von ihnen in den folgenden Jahren, einige noch vor dem Ende der Inflationsperiode, über die sozialdemokratische Bildungsarbeit und über die Vermittlung von linkssozialistischen Gruppen den Weg zur SPD. Diese eher überraschende Entwicklung, die allenfalls potentiell in der Befürwortung von Partei und Zentralisation im Schröder-Kreis angelegt war, bedeutete allerdings keine Preisgabe der wesentlichen rätekommunistischen Prinzipien. Ab 1923 im Rahmen einer »Sozialwissenschaftlichen Vereinigung« in Berlin[279], seit 1930 in Verbindung mit sozialdemokratischen und sozialistischen Jugendorganisationen im Ruhrgebiet und Studentengruppen in Köln, bildete der Kreis um Karl Schröder innerhalb der SPD eine Auffangstelle für eine erhebliche Zahl von Rätekommunisten der ersten Stunde, die von der zunehmend sektiererischen Ausrichtung der rätekommunistischen Organisationen abgestoßen waren. Sie stellten einen weitgehend konspirativ arbeitenden Oppositionskern in der SPD dar, der sich der auf dem Leipziger SPD-Parteitag (1931) erhobenen Ausschlußdrohung knapp entzog. Die Grundlage der SPD-, besonders aber der KPD-Kritik dieser ab 1932 als »Rote Kämpfer«[280] in Berlin, im Ruhrgebiet und im sächsischen Industriegebiet in kleinen lokalen Gruppen zusammengeschlossenen Oppositionellen waren in kritisch geläuterter Form die alten rätekommunistischen Axiome (»Todeskrisen«-These) und Postulate (Rätesystem und Antiparlamentarismus).[281] Die »Roten Kämpfer« verfolgten angelegentlich die Entwicklung der rätekommunistischen Splittergruppen und bekundeten vorübergehend Sympathien für die Ende 1931 gegründete »Kommunistische Arbeiter-Union«. Ihre retrospektive Kritik an den rätekommunistischen Organisationen nach 1923 galt der Beobachtung, daß diese die geschichtliche Liquidierung der Revolution noch nicht als Tatsache anzuerkennen fähig gewesen seien.[282] Da es nach 1923 keine revolutionäre Massenbewegung mehr gegeben habe, sei die Zweiteilung in Betriebsorganisationen und Partei (AAU und KAP) sinnlos geworden; statt sich an diese Relikte aus der revolutionären

Periode zu klammern, sei es angesichts der temporären Stabilisierung des Kapitalismus vernünftig gewesen, die rätekommunistischen Ziele künftig »im Rahmen der von der fortgeschrittenen kapitalistischen Entwicklung wie von dem Fortgang der alten reformistischen und bolschewistischen Arbeiterbewegung gestellten Bedingungen«[283] zu verfolgen.

Im Mittelpunkt der Diskussion und Agitation der (nach dem Ausscheiden des Leipziger Rätebundes und des Schröder-Kreises stark dezimierten) Essener Richtung der KAP/AAU standen die Errichtung der »Kommunistischen Arbeiter-Internationale« (KAI) und die Polemik gegen den »Reformismus« der Berliner Richtung der KAP/AAU. Die Bemühungen um den Aufbau einer rätekommunistischen Internationale wurden seit 1922 allein von der Essener Fraktion getragen, nachdem die Berliner Gruppe im Mai 1922 definitiv befunden hatte, daß zwar das »opportunistische« Versagen der Komintern eine solche Gründung erforderlich mache, diese jedoch angesichts der schwachen Ansätze links- bzw. rätekommunistischer Organisationsbildung außerhalb Deutschlands illusorisch sei.[284] Nach der konstituierenden Konferenz der KAI im April 1922 wurden auf dem bereits zum Oktober 1922 einberufenen 2. Kongreß die maßgeblich von Gorter formulierten Leitsätze der KAI[285] allein von einem Teil der niederländischen KAP und von einer von zwei konkurrierenden Richtungen einer KAP in Bulgarien angenommen.[286] Organisationsansätze von Linkskommunisten in England, Rußland, Jugoslawien und Österreich erbrachten in den folgenden Jahren nicht den von den deutschen Initiatoren erhofften Beitrag zur Festigung der KAI. Als dann auch die niederländische KAP in ihrer Mehrheit sich der Berliner Richtung zugewandt hatte, berichtete der einzige Repräsentant einer ausländischen linkskommunistischen Organisation, ein Bulgare, Mitte 1926 nach einer als 5. Kongreß der KAI in Berlin-Spandau deklarierten Zusammenkunft: »Nach diesem lächerlichen ›internationalen‹ Kongreß‹ muß man feststellen, daß eine KAI nicht existiert, und daß die Essener Richtung vollständig zerfallen ist.«[287] Den »Reformismus« der Berliner Richtung, deren relative zahlenmäßige Stärke eingestandenerweise deprimierend wirkte, deuteten die Sprecher der Essener KAP/AAU als unzulässige Anpassung an die revolutionäre Abschwungphase: »Der Kontrast zwischen unseren Zielen und unserer Taktik einerseits und der ganz und gar reformistischen Wirklichkeit andererseits ist zu stark, als daß er ohne Folgen bleiben könnte bei jenen, die eben die alten sozialdemokratisch-opportunistischen Eierschalen noch nicht ganz abgestreift haben.«[288] Namentlich Gorter setzte sich für die »Reinheit« der revolutionären Prinzipien in der Praxis der KAP/AAU ein und schloß jede Beteiligung der AAU an Lohnforderungen oder Unterstützungseinrichtungen aus.[289] Dieser Purismus der Essener KAP/AAU verfestigte sich im dauernden Appell an die Arbeiter, unter Aufgabe ihrer vitalen Tagesinteressen die AAU als Hort revolutionärer Moral zu konservieren. Vermutlich wegen dieser kaum einlösbaren Ansprüche und aufgrund zunehmender innerer Zerklüftung zerfiel die Essener Richtung seit 1926[290]; Restspuren ihrer Agitationstätigkeit sind noch 1929 nachweisbar.[291]

Die quantitativ bedeutendere Berliner Richtung der KAP/AAU[292] zeigte seit 1924 eine zwar ebenfalls nachlassende, aber doch lebendigere Entwicklung. Drei wesentliche Aspekte charakterisierten diese Entwicklung: Erstens bekundete sich hier (wie in der AAUE) die Neigung, die eigenen Reihen durch die 1926 aus der KPD ausgeschlossenen »ultralinken« Kräfte aufzufüllen; zweitens erfolgte verstärkt seit 1929 die Loslösung der AAU von der KAP; und schließlich ergab sich gerade in der Berliner Richtung in den letzten Jahren vor der nationalsozialistischen »Machtergreifung« eine enge Verbindung mit rätekommunistischen Gruppen im Ausland. – Die KAP/AAU Berliner Richtung hatte die von der Pfemfert-Gruppe der AAUE im März 1926 arrangierten Gespräche zwischen rätekommunistischen Organisationen, revolutionären Gewerkschaftsverbänden und der »ultralinken« Opposition der KPD ursprünglich eher zu blockieren versucht, indem sie, entgegen der Absprache auf der vertraulichen Konferenz, in ihren Organen darüber berichtete.[293] Sie verfolgte jedoch mit Interesse die Entwicklung der Anfang Mai 1926 aus der KPD ausgeschlossenen »ultralinken« Gruppe um die kommunistischen Reichstagsabgeordneten Karl Korsch (1886-1961), Ernst Schwarz (1886-1958) und Heinrich Schlagewerth (1890-1951)[294], die seit März 1926 die Zeitschrift *Kommunistische Politik* herausgab und nach ihrem Parteiausschluß als

»Entschiedene Linke« firmierte.[295] Die Verständigungsbasis war hier (wie bei den vorausgegangenen Gesprächen der Pfemfert-Gruppe in der AAUE mit den »Ultralinken« um Iwan Katz) die Kritik an der Politik der Komintern. Nachdem die »Entschiedene Linke« vor allem über der kontroversen Einschätzung der Gewerkschaftsfrage im September 1926 in einen Flügel um Korsch und Schlagewerth und einen anderen um Schwarz auseinandergebrochen war, setzte eine Intensivierung der Kontakte zwischen der KAP/AAU Berliner Richtung und der Gruppe um Schwarz ein, während in ihrer Presse Korsch zum bevorzugten Gegenstand der Polemik wurde.[296] Die »Entschiedene Linke« um Schwarz näherte sich nach der Spaltung vom September 1926 rapide den taktischen und organisationspolitischen Forderungen der KAP/AAU an. Beifällig notierten die Rätekommunisten der Berliner Richtung die Entschließung einer Zentralausschußsitzung dieser Gruppe, in der es u. a. hieß: »Die Zentralausschußsitzung erklärt, daß eine Eroberung und Revolutionierung der Gewerkschaften unmöglich ist, daß ferner der Parlamentarismus [...], dessen spezifisches Gewicht im System des Kapitalismus immer geringer wird, nur dazu dient, die Führer zu korrumpieren und in den Massen reformistische Illusionen zu wecken.«[297] Nachdem Schwarz im Reichstag die Anfang 1927 von der KAP betriebene Enthüllungskampagne über die Existenz deutscher Waffenfabriken in der UdSSR[298] unterstützt hatte, indem er die »Sowjetgranaten«-Affäre in deren Sinne als Beleg für die »konterrevolutionäre« Politik des Sowjetstaates darstellte, gediehen die Kontakte zwischen der KAP/AAU Berliner Richtung und der »Entschiedenen Linken« um Schwarz bis Mitte Juni 1927 zu dem Entschluß, beide Organisationen zu fusionieren. Dieser Schritt verursachte die zeitweilige Ablösung einer Opposition von der KAP und der AAU der Berliner Richtung, die in einem jeweils eigenen Periodikum[299] den »antiparlamentarischen Opportunismus« der Mehrheit[300] anprangerte; den opportunistischen Bruch mit rätekommunistischen Prinzipien erblickten sie darin, daß die Führung der KAP/AAU Schwarz' Verbleiben im Reichstag tolerierte, um mit dessen Diäten das regelmäßige Erscheinen der KAP- und AAU-Presse zu garantieren. Die organisatorische Vereinigung mit der Schwarz-Gruppe erwies sich als ebensowenig haltbar wie die Angliederung der Katz-Gruppe an den »Spartakusbund 2« in der AAUE; auf dem Parteitag der KAP Ostern 1928 wurde die Opposition in die KAP bzw. AAU der Berliner Richtung reintegriert, nachdem Schwarz sich von der KAP zurückgezogen hatte. Für Schwarz und für Katz bedeutete die zeitweilige Zusammenarbeit mit den rätekommunistischen Organisationen eine Zwischenstation auf dem Wege von der KPD in die politische Resignation.[301]

Nicht zuletzt die Kontroversen um den »Fall Schwarz« hatten dazu beigetragen, daß in der Berliner Richtung Spannungen zwischen der Union und der Partei entstanden und damit eine der zentralen ungelösten Fragen der rätekommunistischen Bewegung aufs neue aktualisiert wurde. Im Hinblick auf die 9. Reichskonferenz der AAU (Ostern 1929) bemerkte die AAU, die Unionsbewegung hätte Schaden genommen, als die anläßlich der Integration der »Entschiedenen Linken« entstandene Spaltung automatisch auf die Union übertragen worden sei.[302] Von der Seite der KAP wurde mit Bezug auf die 9. Reichskonferenz der AAU behauptet, die Union sei gegenwärtig nahe daran, »an die Stelle von Prinzipien ›Taktik‹ zu setzen«[303], in ihrer seit der letzten Reichskonferenz (1927) vereinbarten »beweglichen Taktik« zu weit zu gehen. Die vor der Konferenz erkennbaren sachlichen und persönlichen Differenzen führten zum Ausschluß des Redakteurs der *Kommunistischen Arbeiter-Zeitung* und führenden KAP-Sprechers, des Arbeiter-Dichters Adam Scharrer (1889-1948)[304], aus der AAU; darüber hinaus beschloß die AAU-Konferenz die »formelle Aufhebung« der »innerlich zerfallenen Kampfgemeinschaft«[305] mit der KAPD. Nach der mißlungenen Stabilisierung der Partei durch die Vereinigung mit der »Entschiedenen Linken« war in der Tat die Initiative in der Berliner Richtung auf die Union übergegangen. Auf der 8. Reichskonferenz (1927) hatte man bereits die apodiktische »Todeskrisen«-These erheblich in Zweifel gezogen und die aus ihr abgeleitete abstrakte Folgerung der Nichtbeteiligung an Lohnkämpfen erneut abgelehnt.[306] In den folgenden Jahren bemühte sich die AAU nach Kräften, in Streikbewegungen der mitteldeutschen Metallindustrie, der Ruhrbergarbeiter und der Hochseefischer im Sinne der revolutionären Zuspitzung dieser Wirtschaftskämpfe Einfluß zu nehmen. Im Rahmen dieser »beweglichen Taktik« versuchte sie dann seit der Ablösung von der KAP im Jahre 1929, ihre Einflußmöglichkeit zu erweitern durch die Verständigung mit der AAUE (Frankfurt-Breslauer Richtung). Die Verhandlungen wurden ermöglicht durch die praktische Ablösung von der KAP, gleichzeitig aber erschwert durch die nach wie vor von der AAU anerkannte Notwendigkeit der politischen Organisierung des revolutionären Proletariats. Um dieses Thema drehten sich die Gespräche zwischen den beiden residualen Filiationen aus der AAU und der AAUE-Tradition[307] bis zur Vereinigungskonferenz am Jahresende 1931. Die »Kommunistische Arbeiter-Union« (KAU), zu der sich beide zusammenschlossen[308], kam auf der Grundlage einer Plattform zustande, die beide Organisationen bereits im Mai 1931 erarbeitet hatten und folgenden Minimalkonsens enthielt: »Einigkeit besteht [...] über die Taktik. Nach der Märzaktion bildete sich in beiden Organisationen eine idealistische und undialektische Endkampftheorie, die darin ihren Ausdruck fand, daß die Union dem konkreten Klassenkampf auswich. Diese sogenannte Starrheit gilt als liquidiert. Statt dessen stehen beide Unionen auf dem Standpunkt der Beweglichkeit. Diese bedeutet, unter Zerstörung jeglicher Illusion in den täglichen Klassenkampf einzugreifen.«[309] Einig war man sich außerdem über den Organisationsaufbau nach dem Räteprinzip, den zugleich wirtschaftlich und politisch zu führenden Kampf sowie in der Ablehnung aller existierenden Parteien, einschließlich der Reste der KAPD. Die hier gemeinte KAP führte bis 1933 eine heftige Polemik gegen die KAU, die »Roten Kämpfer«, den »Spartakusbund« und die übrigen rätekommunistischen Splittergruppen[310], obwohl sie gleich diesen seit Ende 1931 durch verschärfte Repressionsmaßnahmen in ihrer Agitationstätigkeit zusätzlich eingeschränkt wurde.

In der KAP setzte sich zuletzt die Auffassung durch, daß man sehr wohl an einer parteiähnlichen Organisation der rätekommunistischen Avantgarde festhalten müsse[311], daß man aber andererseits im präfaschistischen Deutschland die Agitation nicht mehr überwiegend auf die Bekämpfung von Parlament und Gewerkschaften zu richten habe, die von der Bourgeoisie gegenwärtig (1932/33) ohnehin als Herrschaftsinstrumente aufgegeben würden zugunsten eines unverhüllten Terrors. Man müsse in dieser Situation die »Militarisierung« des revolutionären Proletariats betreiben und die Idee der revolutionären Betriebsorganisation verabschieden: »Es war ein Irrtum, die Betriebe für die Kräftezentralen der Revolution zu halten; unser Programm lautet lange nicht mehr ›Bildet Betriebsorganisationen‹, nicht die Betriebe sind die Zentralpunkte des Klassenkampfes, sondern die Stempelstellen, die Fürsorgeämter, die Obdachlosenasyle.«[312]

Zwar setzte in Verbindung mit den Sammlungsanstrengungen der rätekommunistischen Splittergruppen in der zweiten Hälfte der zwanziger Jahre eine verstärkte Selbstkritik ein[313], welche die Modifikation einiger taktischer Grundsätze nach sich zog; wesentlich neue theoretische Impulse brachte die rätekommunistische Bewegung in Deutschland aber nicht mehr hervor. Besonders in der Berliner Richtung der KAP / AAU und in der KAU erlangten in den letzten Jahren der Weimarer Republik die Kontakte mit den niederländischen Rätekommunisten und den »International Workers of the World« (IWW) eine wachsende Bedeutung für ihre theoretische Entwicklung. Aus den Resten der Berliner Richtung in der niederländischen KAP[314] hatte sich um 1926 eine informelle Vereinigung unter dem Namen »Groep van Internationale Communisten« (GIC) rekrutiert. Diese GIC verdichteten sich unter der Leitung des holländischen Lehrers Henk Canne-Meijer (1890-1962)[315], des nach Holland emigrierten deutschen KAP-Gründungsmitgliedes und Komintern-Emissärs der KAPD Jan Appel (geb. 1890) und mit Hilfe Anton Pannekoeks zu einem neuen theoretischen Zentrum rätekommunistischer Diskussion. Canne-Meijer hatte sich erstmals 1927 anläßlich des Streits um die KAP-Angliederung der Schwarz-Gruppe öffentlich in die Debatte der KAP/AAU Berliner Richtung eingeschaltet.[316] Die GIC waren auf der Reichskonferenz der AAU von 1929 und auf der Gründungskonferenz der KAU 1931 vertreten, belieferten die Presse der AAU (Berliner Richtung) mit ihrem Pressedienst und galten schließlich als intellektuelle Mentoren der KAU.[317] Für ihren politisch-ökonomischen Versuch einer theoretischen Neufundierung des Rätekommunismus[318] gab die AAU sowohl publizistische wie materielle Hilfe. Eine weniger ausgeprägte

Kooperation, aber immerhin ein verstärkter Kontakt ergab sich auch zwischen der AAU bzw. der KAU und den IWW. Seit 1928 wurde eine kritisch-solidarische Diskussion zwischen beiden Organisationen geführt, die mit großer Wahrscheinlichkeit von emigrierten deutschen Rätekommunisten angeregt war, die in der großen sozialrevolutionären Organisation in den USA, einem Sammelbecken unterprivilegierter sozialer Gruppen, schnell eine neue politische Heimat fanden.[319] Von der IWW wurde dabei vor allem die Notwendigkeit einer einzigen straff zentralisierten Kampforganisation (»One Big Union«) geltend gemacht[320] und damit der Weg der AAU zur Anerkennung der Einheitsorganisation erleichtert.

Nach der gewaltsamen Unterdrückung aller rätekommunistischen Gruppen in Deutschland nach Hitlers Machtübernahme wurde die rätekommunistische Diskussion in den ausländischen Organisationen fortgeführt. Besonders die Kontakte mit den niederländischen Rätekommunisten blieben sehr eng: Für die im Februar 1933 angelaufene Neuherausgabe des theoretischen Organs der deutschen Rätekommunisten, des *Proletarier,* zeichnete die »Gruppe Internationaler Kommunisten Hollands« als Initiator[321], tatsächlich aber wurde das dann nur vorübergehend erscheinende Blatt von der KAU in Berlin herausgegeben. Das wichtigste deutschsprachige Periodikum für die rätekommunistische Diskussion in den folgenden Jahren wurde die seit Juni 1933 in den Niederlanden erscheinende *Rätekorrespondenz*[322], in der bis 1937 insbesondere die rätekommunistische Krisen-Theorie auf der Grundlage der von den GIC verfaßten *Grundprinzipien kommunistischer Produktion und Verteilung* und der Thesen von Henryk Grossmann[323] fortgesetzt wurde. Die GIC gaben in den dreißiger Jahren als eigenes Organ *Persmateriaal van de Internationale Communisten* heraus, das 1938 in *Raden-Communisme* umbenannt wurde. Neben den GIC, der bedeutendsten rätekommunistischen Gruppe in den Niederlanden, zu der auch der Reichstagsbrand-Attentäter van der Lubbe[324] gehörte, gab es weitere, durch häufige Spaltungen dezimierte, rätekommunistische Gruppen.[325] Ein Diskussionszusammenhang bestand zwischen den niederländischen Rätekommunisten und entsprechenden Gruppen in den

USA und in Frankreich. In den USA gab Paul Mattick nacheinander die rätekommunistischen Zeitschriften *Council Correspondence, Living Marxism* und *New Essays* heraus. Die 1934 unter Matticks maßgeblicher Mitarbeit besonders von Chicago aus wirkende »United Workers Party of America«, eine Propagandaorganisation für die Räte-Idee und die Grundlegung einer neuen Arbeiterbewegung[326], war nach Meinung der GIC zu unkritisch auf die Grossmannsche Krisen-Theorie[327] festgelegt, stand jedoch — nicht zuletzt über die Vermittlung der aus Deutschland emigrierten Rätekommunisten — in einem dauerhaften Solidaritätsverhältnis zu den niederländischen Gruppen. Ähnliche Verbindungen gab es zwischen den niederländischen Rätekommunisten und einer linksradikalen Gruppe in Frankreich, die seit 1931 die Zeitschrift *La révolution prolétarienne* veröffentlichte.[328] Sie kam durch ihre Bolschewismus-Kritik und mit ihrem Versuch einer Synthese zwischen Marxismus und Anarcho-Syndikalismus der Position der deutsch-niederländischen Rätekommunisten in vielen Punkten sehr nahe. In wechselreichen Gruppenkonstellationen bildete sich schließlich im und besonders nach dem Zweiten Weltkrieg vor allem in den Niederlanden und in Frankreich eine zwar esoterische, aber kontinuierliche Tradition rätekommunistischer Reflexion. In Frankreich und in der Bundesrepublik Deutschland wurde diese weitgehend versunkene Tradition erst in der linksradikalen Studentenbewegung der späten sechziger Jahre wieder ans Licht der Öffentlichkeit gehoben.

Rätekommunismus, Syndikalismus und Anarchismus

An der Organisationsgeschichte des Linksradikalismus in der Weimarer Republik läßt sich das Verhältnis des linken Radikalismus zum Anarchismus und Anarcho-Syndikalismus überprüfen und präzisieren. Die deutschen Rätekommunisten bemühten sich seit der »Syndikalismus«-Invektive Paul Levis um die Klärung ihrer Beziehung zum Syndikalismus. Während die aus den Streikbewegungen der Monate März/April 1919 hervorgegangenen frühesten Unionen sich im Ruhrgebiet im September 1919 mit den Syndikalisten der »Freien Vereinigung deutscher Gewerkschaften« zu einer »Freien

Arbeiter-Union (Syndikalisten)« zusammengeschlossen hatten, votierten gleichzeitig die von Levi als »Syndikalisten« apostrophierten Hamburger Linkskommunisten für eine klare Trennung zwischen der Unions-Bewegung und der Bewegung der Syndikalisten. Sie sahen am Jahreswechsel 1919/1920 in der Ablehnung des Marxismus, der politischen Parteiarbeit und der Diktatur des Proletariats sowie in den Gewaltlosigkeits-Parolen der Syndikalisten wesentliche Differenzpunkte, die ein Zusammengehen der Unionisten und der Syndikalisten unmöglich machten[329]: »Wenngleich verschiedene Tendenzen wie Beseitigung des kapitalistischen Staates usw. mit den unsrigen übereinstimmen, so gilt es doch von vornherein, klar den Trennungsstrich zu zeichnen.«[330] Diese Haltung gegenüber der am Jahresende 1919 konstituierten »Freien Arbeiter-Union Deutschlands (Syndikalisten)« [FAUD(S)][331] wurde auf dem Gründungskongreß der KAPD präzisiert: Man könne sich nach der Übernahme von Kampfmethoden der Syndikalisten nicht prinzipiell ablehnend gegenüber einer Kampfgemeinschaft mit diesen verhalten. »Ebenso selbstverständlich aber ziehen wir eine klare Trennungslinie gegenüber der Ideologie des Syndikalismus, die auf einem vormarxistischen Standpunkt stehengeblieben ist.«[332] Man konzentrierte sich in der Folgezeit, besonders nach der vehementen Kritik der FAUD(S) an der März-Aktion von 1921[333], auf die Denunzierung der Gewaltlosigkeitspropaganda in der Organisation der Syndikalisten und attestierte ihnen eine »nahe Geistesverwandtschaft mit jenem bürgerlichen Pazifismus, dessen Haß gegen die proletarische Revolution sich in den bekannten inhaltslosen Redensarten von Menschlichkeit, Zivilisation, Demokratie usw. auszutoben beliebt«.[334] Seit der März-Aktion von 1921 war somit neben der theoretischen auch die Voraussetzung für eine praktische Kampfgemeinschaft erloschen. Nachdem anfangs die FAUD(S) ihrerseits mit Kritik gegen die KAP beider Richtungen nicht gespart hatte, waren die Beziehungen zwischen beiden Organisationen nach 1923 in solchem Maße gelockert, daß ihr Verhältnis zueinander kaum mehr Anlaß zur Polemik gab.

In der Unions-Bewegung wirkten die zunächst engen, wenn auch nicht unproblematischen Kontakte mit den Syndikalisten in der rheinland-westfälischen FAU noch auf dem Gründungskongreß der AAU im Februar 1920 nach.[335] Dort konnte ein von den Syndikalisten übergewechselter Sprecher der Hamburger AAU für eine an der Einheitsorganisation orientierte und stark föderalistische Plattform die Mehrheit gewinnen gegen einen Bremer Vorschlag, der die Union als revolutionär-gewerkschaftliche Parallelorganisation der KPD reklamierte. Der Teil der AAU, der die Avantgarderolle der KAP anerkannte, folgte fast wörtlich der Syndikalismus-Kritik der KAP[336], grenzte sich indes zusätzlich in drei Punkten von der FAUD(S) ab: Sie habe den Rätegedanken nicht wirklich erfaßt, sie sei wesentlich unpolitisch und lehne daher die Diktatur des Proletariats als Übergangsform in die kommunistische Gesellschaft ab, und schließlich halte sie an der Berufsorganisation, einer anachronistischen Organisationsgrundlage, fest.[337] Hatte man in der AAU 1921 noch auf eine »Entwicklung der Syndikalisten zu den Prinzipien der AAU«[338] gehofft, und kamen auf lokaler Ebene zu dieser Zeit vorübergehend noch Kartelle zwischen beiden zustande[339], so divergierten ihre Entwicklungen in der nachinflationären Phase der Weimarer Republik in der Weise, daß man auf beiden Seiten nur noch dann gelegentlich voneinander Kenntnis nahm, wenn ein kompromittierend erscheinender Schritt von der anderen Organisation zu vermelden war.[340]

Eine breitere Verständigungsbasis mit den Syndikalisten hatte die Einheitsorganisations-Tendenz, die in der AAUE organisatorische Gestalt annahm. Franz Pfemfert hob als Gast auf dem Gründungskongreß der Syndikalistischen Internationale im Dezember 1922 hervor, die AAUE teile mit dem Syndikalismus die Prinzipien der direkten Aktion, des Föderalismus, des Generalstreiks und der Betriebe als Kern der gesellschaftlichen Neuorganisation; beide seien antiautoritär, staatsfeindlich und gegen die Parteidiktatur; ein wichtiges trennendes Moment erblickte auch er im Gewaltlosigkeits-Postulat der FAUD(S).[341] Gerade Pfemfert hatte seit der Vorkriegszeit enge Kontakte zur literarisch-anarchoiden Boheme gepflegt und veröffentlichte Texte der anarchistischen Klassiker.[342] Die AAUE setzte zunächst diese Praxis fort und schloß sich der Abgrenzung der AAU gegenüber dem Syndikalismus an, legte aber mehr Nachdruck auf die positive Würdigung der historischen Rolle des Syndikalismus in Deutschland.[343]

Das Verhältnis der AAUE-Mehrheit zur FAUD(S) entwickelte sich in den Jahren nach 1923 so, daß auf lokaler Ebene Kartelle und Aktionsgemeinschaften mit der FAUD(S) und anarchistischen Organisationen und Gruppen gebildet wurden, während die jeweiligen Organisationsspitzen in wachsendem Maße über die Wahrung der Differencia specifica ihrer Vereinigung wachten. Obwohl man eine starke Mitgliederfluktuation gerade zwischen der AAUE und der FAUD(S) vermuten kann, blieb der Übertritt einer ganzen oppositionellen Gruppe von der AAUE zur FAUD(S), wie er im Falle der Kräfte um den Zwickauer *Weltkampf* im Sommer 1923 nachweisbar ist, eine Ausnahme. Seit 1924 versuchte man besonders in Hamburg und Frankfurt/Main, »antiautoritäre Blocks« zwischen der lokalen AAUE, FAUD(S), der »Syndikalistisch-anarchistischen Jugend Deutschlands« (SAJD)[344] und der Föderation kommunistischer Anarchisten Deutschlands« (FKAD)[345] zu vereinbaren. Im Februar 1925 verbanden sich in Frankfurt/Main die FAUD, die AAUE und die SAJD unter Anerkennung der »taktischen und prinzipiellen Gegensätze« zu einem »Block antiautoritärer Revolutionäre«; als Grundlage ihres Zusammenschlusses nannten sie die »Erkenntnis, die Zusammenfassung aller antiautoritären Kräfte« sei das Gebot der Stunde; man wußte sich einig im »gemeinsamen Kampf gegen die bestehende kapitalistische Privatwirtschaft, deren wirtschaftliche und politische Organisationen wie Trusts, Konzerne, Staat, Polizei, Justiz, Schule usw. Machtapparate zur Unterdrückung und Ausbeutung der proletarischen Klasse darstellen«.[346] Gegenüber diesen Bestrebungen entwickelten die Reichsleitungen beider Organisationen eine Art Verbandsegoismus und Orthodoxie, die eine Fortführung der lokalen Experimente verhinderten.[347] Der 15. Kongreß der FAUD befand im April 1925 unter dem Einfluß der Geschäftskommission, »die Erfahrungen über frühere Blockbildungen, die von Ortsvereinen oder Bezirken eingegangen wurden, führten nur zur Schädigung der syndikalistischen Bewegung«.[348] Die auf demselben Kongreß beschlossene Toleranz der FAUD gegenüber der teilweise bereits praktizierten Mitarbeit ihrer Mitglieder in den gesetzlichen Betriebsräten wurde dann von der AAUE-Führung zum Anlaß genommen, die Syndikalisten unter Reformismusverdacht zu stellen.[349] Dieser Verdacht wurde wiederholt anläßlich der Beteiligung der FAUD an der Kampagne für den Volksentscheid über die Fürstenenteignung Anfang 1926 und steigerte sich zu heftigster Polemik.[350] Zu den bald darauf begonnenen Verhandlungen über ein linkskommunistisches Kartell wurden die Syndikalisten als eingeschworene Antimarxisten nicht gebeten; die internen Vorgänge in der FAUD verschwanden fast völlig aus dem Blickfeld des Interesses sowohl des »Spartakusbundes 2« als auch der AAUE Frankfurt-Breslauer Richtung.

Die Haltung der von Pfemfert, Rühle, Kanehl u. a. repräsentierten AAUE zum Syndikalismus und Anarchismus läßt sich als ein durch marxistisches Selbstverständnis gezügeltes Interesse und als Bereitschaft beschreiben, sich Momente beider Traditionen im Rahmen dieses Selbstverständnisses zu assimilieren. In dem Teil der AAUE, der sich zehn Jahre lang im *Proletarischen Zeitgeist* darstellte, war die Affinität zum Anarchismus am stärksten, ohne daß er sich in den Dienst einer der anarchistischen Organisationen oder Gruppen gestellt hätte und ohne daß im *Proletarischen Zeitgeist* eine der anarchistischen Doktrinen ohne Vorbehalt propagiert worden wäre. So wie die P.Z.-Bewegung in der Konsequenz ihres antiautoritären Rigorismus organisatorisch amorph blieb, so blieb auch aufgrund der Ablehnung eines festen Programmes[351] ihr Publikationsorgan ein Tummelplatz vielfältiger und widersprüchlicher politisch-theoretischer Definitionsversuche. Wollte man sich einmal als »antiautoritäre Marxisten«[352] verstanden wissen, so hieß es ein anderes Mal: »Der Marxismus ist in seiner äußersten Konsequenz eben Reformismus, übelster Sozialdemokratismus, während die anarchistischen Anschauungen allein die ideologischen Vorbereitungen schaffen zur sozialen Revolution.«[353] Bis zuletzt allerdings wurde im *Proletarischen Zeitgeist* heftige Kritik geübt sowohl an der FAUD(S)[354] als auch an der FKAD[355] und deren Opposition[356]; die »antiautoritäre Organisation« mit der Zielsetzung des »herrschaftslosen Sozialismus« galt der P.Z.-Bewegung als ein durch keine der existierenden linksradikalen Organisationen realisiertes Desiderat.

Fast alle Grundannahmen und Postulate wurden in der rätekommunistischen Bewegung nach 1921 irgendwann einmal
von irgendeiner der zahlreichen Gruppen und Fraktionen in
Frage gestellt; nur die kritische politische Abgrenzung gegenüber denselben politischen und sozialen Kräften war den verschiedenen rätekommunistischen Gruppen schließlich noch
gemeinsam. Ihre radikale Kritik richtete sich gegen die bürgerliche Gesellschaft und alle ihre Institutionen und Verbün-
deten; sie erstreckte sich darüber hinaus seit 1921 auf die
Politik des von den Bolschewiki regierten Sowjetstaates in
Rußland. Dem Ausmaß vorbehaltloser Zustimmung zur
Oktoberrevolution in den ersten Nachkriegsjahren korre-
spondierte in den Presseorganen der rätekommunistischen
Bewegung spätestens nach dem 3. Komintern-Kongreß
(Juni/Juli 1921) die Vehemenz der Kritik an der Entwicklung
der Russischen Revolution. Nachdem die klare Mißbilligung
der organisationspolitischen und taktischen Postulate der
Rätekommunisten durch die Komintern[357] und durch
Lenin[358] die wesentlichen Differenzen verdeutlicht hatte
und nachdem z. B. Rühle aufgrund der Eindrücke seiner Reise
zum 2. Komintern-Kongreß seit August 1920 zum Kampf
gegen die »Parteidiktatur« in Rußland und gegen die Mos-
kauer »Führer-Internationale« in der Einheitsorganisations-
Bewegung aufzurufen begonnen hatte, brachte der 3. Weltkongreß der Komintern schließlich das Scheitern des Versuchs, eine rätekommunistische Opposition in der Dritten
Internationale aufzubauen, und den definitiven Bruch der
provisorisch mit beratender Stimme in die Komintern aufge-
nommenen KAPD mit der Kommunistischen Internationale.[359]
  Ab Mitte 1921 waren also die letzten, insbesondere von dem
Berliner Zentrum der KAPD um Karl Schröder, aber auch von
Herman Gorter gehegten Hoffnungen, die Gemeinsamkeiten
zwischen dem »maximalistischen« Revolutionsprogramm der
Rätekommunisten und demjenigen der Bolschewiki seien größer als die aufgetauchten taktischen Differenzen, erloschen.
Es begann nun in der ganzen rätekommunistischen Agitation
– bisweilen unter Berufung auf Rosa Luxemburgs Kritik –

eine umfassende Bolschewismus-Kritik, die sich nicht mit dem sozialdemokratischen oder dem bürgerlichen Antibolschewismus verwechselt sehen wollte[360], sondern sich selbst als revolutionärer Zielsetzung verpflichtete, linke Kritik verstand. – Diese Kritik ermöglichte die Solidarisierung der Rätekommunisten mit den in insurrektioneller Form in der Kronstadt-Rebellion (März 1921) und in fraktioneller Form in der »Arbeiteropposition« (aber Ende 1920) in Rußland selbst einsetzenden Gegenzügen zum Bolschewismus. Die Kronstadt-Rebellion wurde anfangs ambivalent gedeutet – einmal als an sich berechtigte Auflehnung gegen die bolschewistische Parteidiktatur, zum anderen als im wesentlichen bäuerliche Erhebung, der Lenin auf Kosten des Proletariats in seiner Neuen Ökonomischen Politik habe Rechnung tragen müssen.[361] In den Bolschewismus-Thesen der Rätekommunisten hieß es noch 1934: »Die bäuerlich-kapitalistischen Forderungen dieses Aufstandes wurden durch die NEP-Politik erfüllt, seine proletarisch-demokratischen aber in Strömen von Arbeiterblut erstickt.«[362] Im Verlauf der rätekommunistischen Diskussion kam es dann auf breiterer Informationsbasis zu einer tendenziell positiveren Bewertung des Kronstädter Aufstandes.[363] Stärker und eindeutiger war die Solidarisierung der Rätekommunisten mit der russischen »Arbeiteropposition«. In dem Versuch dieses vor allem aus Gewerkschaftlern rekrutierten Widerstands, gegen die Bürokratisierungstendenzen in der Parteiführung und die Umwandlung der Gewerkschaften zu bloßen Staatsorganen zu kämpfen, erkannten sie verwandte Bestrebungen; insbesondere die Forderung der »Arbeiteropposition«, die Gewerkschaften zu basisdemokratischen Leitungsorganen der gesamten Volkswirtschaft zu machen, fügte sich in die eigene Räte-Konzeption. Auf dem Dritten Weltkongreß der Komintern unterstützte eine der wichtigsten Sprecherinnen der »Arbeiteropposition«, Alexandra Kollontai, die Argumentation der vier KAPD-Delegierten[364], und 1921 brachte die KAPD Alexandra Kollontais Programmschrift für die russische Opposition, mit kritischen Anmerkungen versehen, in deutscher Sprache heraus.[365] Da es der »Arbeiteropposition« außer in Kontakten mit der KAP auf dem 3. Weltkongreß nicht gelang, mit ihrem Programm bei den übrigen Komintern-Delegierten Resonanz zu finden, konnte der von Lenin

auf dem 10. Parteitag der russischen KP (März 1921) einge-
brachte Antrag auf Auflösung ihres Organisationsrahmens
mühelos verwirklicht werden. In Lenins Begründung des
Antrages wurde deutlich, daß er durch die Thesen der »Arbeiteropposition« den Primat der Partei gefährdet sah; er warf
ihr »Liebäugeln mit den parteilosen Massen« vor und eine
»syndikalistische und anarchistische Abweichung«.[366] Aus der
Konkursmasse der »Arbeiteropposition« bildete sich auf
Initiative anonymer Militanter der Bewegung[367] der Ansatz
einer vermutlich nur in der Emigration existenten russischen
KAP.[368] Die Bolschewismus-Thesen der Rätekommunisten
aus dem Jahre 1934 enthielten folgende zusammenfassende
Würdigung der »Arbeiteropposition«: »Die Arbeiteropposition vertrat den Gedanken der Durchführung der Rätedemokratie der Arbeiterklasse. Sie wurde, so wie später eine jede
ernstliche Opposition dieser Richtung, mit Zuchthaus, Verbannung und Erschießung ausgerottet. Ihre Plattform aber
bleibt der historische Ausgangspunkt einer selbständigen
proletarisch-kommunistischen Bewegung gegen das bolschewistische Regime.«[369]
Versucht man nun die wesentlichen Punkte des »proletarischen Antibolschewismus«[370] der rätekommunistischen Bewegung zusammenzufassen, so kann man drei zentrale Themen
in ihrer kritischen Bolschewismus-Analyse unterscheiden.
Zuerst ist das Bemühen feststellbar, mit Hilfe marxistischer
Kategorien die spezifischen Voraussetzungen der Russischen
Revolution und die besondere Klassenkonstellation im bol-
schewistisch regierten Rußland auf den Nenner zu bringen.
Die politische Implikation dieser Anstrengungen der Räte-
kommunisten war, die Nichtübertragbarkeit des russischen
Revolutionsmodells herauszustellen und die Notwendigkeit
des besonderen organisationspolitischen und taktischen
Weges der proletarischen Revolution – wie es zu Beginn der
zwanziger Jahre hieß – bzw. die Notwendigkeit einer »neuen
Arbeiterbewegung« – wie es Anfang der dreißiger Jahre hieß
– für die kapitalistischen Industriestaaten zu begründen. –
Man neigte in der Bewegung der Rätekommunisten in den
Jahren unmittelbar nach der Oktoberrevolution zunächst
dazu, deren Schrittmacher-Funktion für die Weltrevolution
und deren richtungweisende Elemente (z. B. das Rätesystem)

hervorzuheben; das Problem, daß nach der Marxschen Theorie die Voraussetzungen für die soziale Revolution in Rußland kaum gegeben waren[371], wurde so gut wie nicht wahrgenommen. Erst nach 1921 entzündete sich der Streit darüber, daß gemäß »dem phaseologischen Schema der Entwicklung, wie es Marx formuliert und vertreten hat«[372], in Rußland der Übergang von der »mit kapitalistischen Elementen durchsetzten Feudalwirtschaft«[373] zur Entfaltung der kapitalistischen Produktionsweise und der entsprechenden politischen Herrschaft der Bourgeoisie zu vollziehen gewesen sei. Rühle schrieb dazu 1924: »Die russische Revolution konnte – ihren historischen Bedingungen. nach – von Anfang an nur eine bürgerliche Revolution sein. Sie hatte den Zarismus fortzuräumen, dem Kapitalismus den Weg zu ebnen und der Bourgeoisie politisch in den Sattel zu helfen. Durch eine ungewöhnliche Verkettung von Umständen sah sich die Bourgeoisie außer Stand gesetzt, ihre historische Rolle zu spielen.«[374] Prägnanter resümieren die Bolschewismus-Thesen der Rätekommunisten von 1934 diese Deutung der historischen und sozialen Bedingungen der Russischen Revolution: »Wirtschaftlich war der russischen Revolution die Aufgabe gestellt, erstens den versteckten Agrarfeudalismus und die fortbestehende leibeigenschaftliche Bauernausbeutung zu beseitigen, die Landwirtschaft zu industrialisieren und unter die Bedingungen moderner Warenproduktion zu stellen, zweitens die unbegrenzte Schaffung einer Klasse tatsächlich ›freier Arbeiter‹ zu ermöglichen und die industrielle Entwicklung von allen feudalen Fesseln zu befreien. Die wirtschaftlichen Aufgaben der russischen Revolution waren somit in ihren Grundzügen die Aufgaben der bürgerlichen Revolution. – Politisch war der russischen Revolution die Aufgabe gestellt, den absoluten Staat zu zertrümmern, die Bevorrechtung des Feudaladels als des ersten Standes zu beseitigen, eine politische Verfassung und einen staatlichen Verwaltungsapparat zu schaffen, die die Lösung der wirtschaftlichen Aufgaben der Revolution politisch sicherten. Die politischen Aufgaben der russischen Revolution waren also durchaus entsprechend ihren wirtschaftlichen Voraussetzungen die Aufgaben der bürgerlichen Revolution.«[375] Auch die Thesen konstatierten, daß das Programm der bürgerlichen Revolution in Rußland

»nicht nur ohne, sondern sogar gegen die Bourgeoisie durchgeführt werden« mußte.[376] Die rätekommunistische Analyse der Klassenkräfte, die die Revolution schließlich durchgesetzt hatten und die die Entwicklung des bolschewistischen Rußland bestimmten, kam zu dem Schluß, daß von ihnen keine Weiterentfaltung der Revolution im proletarischen Sinne zu erwarten sei. Auch in dieser Frage der Klassenkonstellation kann man deutlich eine zunehmend intransigente Beurteilung des Bolschewismus belegen. Pannekoek sprach im Jahre 1920 von einer konvergierenden Entwicklung in Sowjetrußland und in Westeuropa, die die gleiche politisch-wirtschaftliche Struktur hervorbringe: »Eine kommunistisch geregelte Industrie, in der Arbeiterräte das Element der Selbstverwaltung bilden, unter technischer Leitung und politischer Herrschaft einer Arbeiterbürokratie, während daneben die Landwirtschaft in dem vorherrschenden Klein- und Mittelbetrieb einen individualistisch-kleinbürgerlichen Charakter behält.«[377] Während jedoch in Westeuropa die Bourgeoisie sich an den Status quo klammere, um ihren völligen Untergang aufzuhalten, werde in Rußland versucht, »die Entwicklung bewußt in die Richtung des Kommunismus weiterzusteuern«.[378] Diese optimistische Deutung der bolschewistischen Entwicklung tauchte in der späteren Bolschewismus-Analyse der Rätekommunisten nicht mehr auf. Man interpretierte die russische Entwicklung seit der 1921 von Lenin eingeleiteten Neuen Ökonomischen Politik nun unter dem Aspekt immer weitergehender Konzessionen an die tief bürgerlichen Privateigentums-Interessen der vielen Klein- und Mittelbauern, die bereits mit der Verteilung des Großgrundbesitzes an die armen Bauern eingesetzt hätten. Rühle skizzierte diese These von der Präponderanz der Bauerninteressen in Sowjetrußland: »Die Maßnahme [der Landaufteilung] war also ein Schlag ins Gesicht der sozialistischen Idee. So selbstverständlich sie als Regierungsakt einer bürgerlichen Staatsgewalt gewesen wäre (etwa wie zur Zeit der Französischen Revolution), so indiskutabel, ja grotesk ist sie als Ausdruck proletarischer Politik. Denn die zum Privatbesitz gelangte Bauernschaft, etwa 85 Prozent der Bevölkerung Rußlands, wurde dadurch direkt zur Feindschaft gegen den Sozialismus aufgerufen. Die Konsequenz dieser Politik wirkt sich in dem unüberbrückbaren

Gegensatz zwischen Land und Stadt, Bauernschaft und Industrieproletariat aus. Sie führte zum Boykott der Städte, zur Verweigerung von Lebensmitteln, zur Sabotage der staatlichen Versorgungsorganisationen: Sie zwingt zu einer *Taktik der Konzessionen an die kapitalistisch eingestellte Bauernschaft,* zu einer Politik in der Richtung der Bauerninteressen, zu einer Kapitulation vor dem Profit.«[379] In den dreißiger Jahren wurde diese These dann — vermutlich unter dem Eindruck der Stalinschen Zwangsmaßnahmen bei der Kollektivierung der Landwirtschaft — tendenziell abgelöst bzw. modifiziert durch die These vom sogenannten »Klassendreieck«, mit der die Klassenkonstellation im bolschewistischen Rußland zu charakterisieren sei. Der besondere Akzent lag bei dieser Deutung der Machtverhältnisse in Rußland auf der Existenz einer verselbständigten »Klasse« aus der kleinbürgerlichen Intelligenz rekrutierter Bürokraten, die über das Proletariat und die Bauern ihre Herrschaft errichtet habe. Eine den Interessen der Arbeiterklasse »nicht organisch verbundene Intellektuellenschicht« habe sich über die Doppelstruktur »der um Privateigentum kämpfenden Bauernmassen und der um Kommunismus kämpfenden Arbeiter«[380] erhoben. Die Bolschewiki, »die Partei der revolutionären jakobinischen Intelligenz«, hätten im Zuge der bäuerlichen und proletarischen Massenerhebung die Macht ergriffen und an die »Stelle des aufgelösten Herrschaftsdreiecks Zarismus-Feudaladel-Bourgeoisie das neue Herrschaftsdreieck Bolschewismus-Bauerntum-Arbeiterklasse« gesetzt. »Wie der Staatsapparat des Zarismus über den beiden besitzenden Klassen verselbständigt herrschte, so begann der neue Staatsapparat des Bolschewismus sich über seiner Doppelklassenbasis zu verselbständigen.«[381]

Der zweite wesentliche Ansatzpunkt der rätekommunistischen Kritik am Bolschewismus war dessen Konzeption von der Rolle der Partei. Die Rätekommunisten, für deren Entstehungs- und Entwicklungsgeschichte der Kampf gegen die bürokratische Zentralisation der Arbeiterorganisationen ein gewichtiges auslösendes Moment gewesen war, sahen sich schlechterdings nicht imstande, die in den besonderen Bedingungen der russischen Vorkriegs-Sozialdemokratie wurzelnde Leninsche Konzeption einer straff zentralisierten Partei von

Berufsrevolutionären zu akzeptieren. Die der Kritik an dieser Konzeption zugrunde liegende politische Zielsetzung war die Herstellung der Voraussetzungen für das eigenverantwortliche revolutionäre Handeln der proletarischen Massen durch einen aktiven Lernprozeß, der von der großen Mehrheit der Arbeiterklasse selbst durchlaufen werden mußte. Da dieser Lernprozeß spontan und selbsttätig sein sollte, war er nicht arrangierbar durch eine Partei, die zudem durch ihren hohen Grad an Zentralisation der Gefahr der Bürokratisierung ausgesetzt war. – Die wichtigsten Argumente zum Problem der Rolle der Partei in der Revolution waren bereits in den Auseinandersetzungen mit der Levi-Zentrale innerhalb der KPD(S) in den Jahren 1919/1920 formuliert worden. Pannekoek hatte im Zusammenhang dieser Kontroverse vor einer »neublanquistischen Tendenz« in der Argumentation der Levi-Zentrale und Karl Radeks gewarnt, die glaube, die Eroberung der Macht könne bei noch überwiegender Indifferenz der Arbeiterklasse erfolgen durch »eine entschlossene Minorität«, die durch ihre Einsicht und Aktivität die Masse mitreißen und durch strenge Zentralisation die Macht in den Händen behalten könnte.[382] Rühle hatte nach der Rückkehr von seiner Rußlandreise 1920 den Eindruck formuliert, daß eben diese Vorstellung von der Rolle der revolutionären Partei dort, in Rußland, von den Bolschewiki bereits verwirklicht sei; die Folge sei: »Revolution ist Parteisache. Staat ist Parteisache. Diktatur ist Parteisache. Sozialismus ist Parteisache. [...] Partei ist Disziplin. Partei ist eiserne Disziplin. Partei ist Führerherrschaft. Partei ist straffste Zentralisation. [...] Ins Konkrete übertragen heißt dies Schema: Oben die Führer, unten die Massen. Oben: Autorität, Bürokratismus, Personenkult, Führerdiktatur, Kommandogewalt. Unten: Kadavergehorsam, Subordination, Strammstehen.«[383] Das hier plakativ benannte Leitmotiv der rätekommunistischen Bolschewismus-Kritik wurde in den späteren Jahren besonders unter zwei Gesichtspunkten entfaltet: in der Erörterung des sowjetrussischen Verständnisses der Diktatur des Proletariats und der in Rußland verwirklichten Variante des Rätesystems. – In den Programmschriften der Rätekommunisten wurde die Diktatur des Proletariats als notwendiger Schritt der siegreichen proletarischen Revolution zur Niederhaltung der konterrevolutio-

nären Kräfte nachdrücklich bejaht. Sie definierten jedoch die
Diktatur des Proletariats als die »ausschließliche Willensbe-
stimmung des Proletariats als Klasse (d. i. der übergroßen
Majorität) über alle Einrichtungen und Äußerungen der
Gesellschaft«[383a] im Gegensatz zur Diktatur der Proletariats
als der Diktatur einer Partei oder Gruppe. Die in dieser
Vorstellung enthaltene Forderung, in der siegreichen Arbeiterklasse dürften um keinen Preis wieder Subordinations- und
Herrschaftsverhältnisse geschaffen werden, sahen sie in
Sowjetrußland nicht erfüllt. Anstelle der Diktatur des Proletariats als Klasse sei dort eine Diktatur über die Arbeiterklasse
errichtet worden. Auf diese Weise sei ein »Staatskommunismus« entstanden, der weit entfernt sei von dem von Marx am
Beispiel der Pariser Kommune beschriebenen Modell der Diktatur des Proletariats[384]; unter der bolschewistischen Diktatur
des Proletariats sei die politische Repression der Arbeiter teilweise stärker als unter dem Kapitalismus, und die Ausbeutung
sei keineswegs beseitigt.[385] Im Argumentationszusammen-
hang der Bolschewismus-Thesen von 1934 wird das bolschewistische Verständnis der Diktatur des Proletariats der folgenden Kritik unterzogen: »Seinen höchsten Ausdruck findet
der bolschewistische Anspruch, auf dem Rücken zweier Klassen die gesellschaftliche Macht an sich zu reißen, in der
bolschewistischen Auffassung der ›Diktatur des Proletariats‹.
In Verbindung mit der Auffassung der bolschewistischen Partei als der absoluten Führerorganisation der Klasse, bedeutet
die Formel der proletarischen Diktatur von vornherein die
Formel der Herrschaft der jakobinisch-bolschewistischen
Organisation. [...] Der Marx'sche Grundsatz der Diktatur
der Arbeiterklasse wird vom Bolschewismus zum Grundsatz
der Beherrschung zweier, in ihrem Interesse entgegengesetz-
ter Klassen durch die jakobinische Partei umgedreht.«[386] —
Den Räten, Kampforganen der proletarischen Revolution und
Grundlage für die gesellschaftliche Reorganisation nach der
siegreichen Revolution, kam nach der rätekommunistischen
Überzeugung eine schlechthin übergeordnete Bedeutung zu.
Den Bolschewiki warfen sie vor, den Primat der Räte durch
den Primat der Partei ersetzt zu haben. Rühle schrieb 1922:
»Rußland hat die Bürokratie der Kommissariate. Sie regiert.
Es hat kein Rätesystem. Die in öffentlichen Wahlen, nach

Parteilisten und unter unerhörtem Regierungsterror zustande
kommenden Sowjets sind keine Räte im revolutionären Sinne.
Sie sind Rätekulissen. Sind eine politische Täuschung. Ein
Weltbetrug. Alle Herrschaft in Rußland liegt bei der Bürokratie – der Todfeindin des Rätesystems.«[387] Gemäß einer rätekommunistischen Schrift aus dem Jahre 1931 war diese Dege-
neration der anfänglich beispielgebenden russischen Räte
zurückzuführen auf das Versagen der in dieser Bewegung ausschlaggebenden Bauernmassen, die noch nicht reif gewesen
seien für die praktische Einführung des Rätesystems: »All
diese Umstände ermöglichten, daß die Partei der Bolschewiki
die Staatsmacht mehr und mehr monopolisieren konnte. Mit
dem wachsenden organisatorischen Einfluß der Bolschewiki
mußten die Räte nun weiter entarten. Von arbeitenden Körperschaften sanken die Räte herab zu einer bloßen Staffage
der bolschewistischen Diktatur.«[388] In den Bolschewismus-
Thesen des Jahres 1934 wurde Lenin und den Bolschewiki
unterstellt, sie hätten bereits in der Revolution ein rein instru-
mentales Verständnis der Räte gehabt; sie hätten sich ihrer als
»Aufstandsorgane« bedient, um an die Macht zu gelangen, hätten sie jedoch niemals als »Organe der Selbstverwaltung der
proletarischen Klasse« angesehen.[389]
    Das dritte dominante Thema der rätekommunistischen Bol-
schewismus-Kritik war die internationale Politik Sowjetrußlands. Hier gab es schon in den Kriegsjahren Gegensätze
zwischen dem konsequenten Internationalismus der deutschen und niederländischen Linksradikalen und der insbesondere von Lenin verfochtenen Parole vom »nationalen Selbstbestimmungsrecht der Völker«. In den zwanziger Jahren entfaltete sich die Kritik an der Außenpolitik Sowjetrußlands vor
allem aus der Überzeugung von der Notwendigkeit und Möglichkeit der Weltrevolution, an der man – gestützt auf die
Hypothese der »Todeskrise des Kapitalismus« – bis in die
dreißiger Jahre prinzipiell festhielt. In der Deutung der Rätekommunisten war die Sowjetunion nicht nur aufgrund inner-
politischer Bedingungen, vor allem ökonomischer Schwierigkeiten und der besonderen sozialen Kräfteverhältnisse, zu
einem »modus vivendi« mit den kapitalistischen Staaten des
Westens gekommen; sie hatte darüber hinaus mit ihrer
Komintern-Politik den Fortgang der proletarischen Revolu-

tion im Westen schuldhaft verhindert. – Pannekoek schrieb unter dem unmittelbaren Eindruck der beginnenden Neuen Ökonomischen Politik und des 3. Komintern-Kongresses im Jahre 1921: »Für den wirtschaftlichen Aufbau braucht Rußland dringend Maschinen, Lokomotiven, Werkzeuge, die nur die intakt gebliebene Industrie der kapitalistischen Länder liefern kann. Daher braucht es den friedlichen Handelsverkehr mit der übrigen Welt, namentlich den Ententeländern, die umgekehrt zur Verhinderung des kapitalistischen Zusammenbruchs auf die Rohstoffe und Lebensmittel Rußlands angewiesen sind. Die russische Sowjetrepublik muß also – durch die Langsamkeit der revolutionären Entwicklung in Westeuropa gezwungen – einen modus vivendi mit der kapitalistischen Welt suchen, einen Teil ihrer Naturschätze als Kaufpreis hergeben und auf die direkte Förderung der Revolution in anderen Ländern verzichten.«[390] Und: »Wenn die in Rußland herrschende Schicht mit der westeuropäischen Arbeiterbürokratie – die durch ihre Stellung, ihren Gegensatz zu den Massen, ihre Anpassung an die bürgerliche Welt korrumpiert ist – fraternisiert und sich deren Geist aneignet, so kann die Kraft, die Rußland auf dem Weg zum Kommunismus weiterführen muß, verloren gehen; stützt sie sich gegen die Arbeiter auf das landbesitzende Bauerntum, so wäre eine Ablenkung der Entwicklung zu bürgerlich-agrarischen Formen und damit eine Stagnation der Weltrevolution nicht unmöglich.«[391] Nach dem Urteil der Autoren der rätekommunistischen Bolschewismus-Thesen der dreißiger Jahre war genau diese Entwicklung eingetreten: Der immer noch propagandistisch benutzte Begriff der Weltrevolution habe »nichts mehr mit dem Gedanken der internationalen proletarischen Revolution gemein«; praktisch werde er »opportunistisch dem nackten Handelsvertrag untergeordnet«, theoretisch habe der Rückzug vom Prinzip der Weltrevolution seinen Ausdruck gefunden in der Stalinschen Formel vom »Sozialismus in einem Lande«; – einer Formel, die »dem Begriff ›Sozialismus‹ seine internationale Bindung nahm, nachdem die russische Wirtschaftspraxis ihn bereits vorher seines proletarisch-klassenmäßigen Inhalts beraubt«[392] habe. – Waren die rätekommunistischen Beobachter anscheinend bereit, eine gewisse Zwangsläufigkeit dieser Entwicklung der russischen

Außenpolitik anzuerkennen, so mißbilligten sie aufs schärfste die Unterordnung des spezifischen Instruments der Weltrevolution, der Kommunistischen Internationale, unter die Zwecke der russischen nationalpolitischen Konsolidierung. In seinem Kommentar zu den Entscheidungen des 3. Weltkongresses der Komintern skizzierte Pannekoek diese Kritik in aller Klarheit: »Die Dritte Internationale, als Bund der kommunistischen Parteien, die in allen Ländern die proletarische Revolution vorbereitet, steht formell außerhalb der Regierungspolitik der russischen Republik und sollte völlig unabhängig davon ihre eigenen Aufgaben erfüllen. Aber in Wirklichkeit ist diese Trennung nicht vorhanden; so wie die KP das Rückgrat der Sowjetrepublik ist, ist durch die Personen ihrer Mitglieder das Exekutivkomitee mit dem Vorstand der Sowjetrepublik aufs engste verknüpft und bildet so ein Instrument, mittels dessen dieser Vorstand in die westeuropäische Politik eingreift.«[393] Dieser Eingriff in die westeuropäische Politik erfolgte nach Pannekoek mit dem Ziel, die Regierung der kapitalistischen Staaten jeweils durch eine starke Kommunistische Partei unter Druck zu setzen – zum Vorteil der sowjetrussischen Interessen. Was die Regierung der Sowjetrepublik dazu brauche, sei »nicht eine radikale kommunistische Partei, die eine gründliche Revolution für die Zukunft vorbereitet, sondern eine große organisierte proletarische Macht, die für Rußland eintritt und der die eigene Regierung Rechnung tragen muß«.[394] Die Komintern wurde, gemäß der rätekommunistischen Kritik, so vom Instrument der Weltrevolution zu einem Instrument der Disziplinierung der außerrussischen kommunistischen Parteien im Sinne der bolschewistischen Politik: »Unter Ausnutzung der Autorität der bolschewistischen Revolution wurde ihr das Organisationsprinzip und die Taktik des Bolschewismus mit der brutalsten Rücksichtslosigkeit und unter sofortiger Spaltung aufgezwungen. Die EKKI-Zentrale ihrerseits, ein Werkzeug der Führung der staatlichen Bürokratie Rußlands, wurde zum unbeschränkten Kommandeur sämtlicher kommunistischer Parteien und deren Politik völlig von den tatsächlichen revolutionären Interessen der internationalen Arbeiterklasse abgetrennt.«[395] Die Stalinsche These von der imperialistischen Einkreisung der Sowjetunion erschien den Rätekommunisten als vordergründig ideologische

Rechtfertigung der faktischen Unterwerfung der Komintern unter die am internationalen Status quo interessierte Außenpolitik der russischen Staatspartei.[396]

Die in diesem Systematisierungsversuch dargestellte Entwicklung der rätekommunistischen Kritik am Bolschewismus läßt eine deutliche Akzentverschiebung erkennen. Zur Zeit der Komintern-Debatte der Jahre 1920/1921 ließ man die Vorbildlichkeit vieler Momente der russischen Oktoberrevolution durchaus noch gelten und erwehrte sich nur der mechanischen Übertragung bolschewistischer Grundsätze von Organisation und Taktik auf die revolutionäre Arbeiterbewegung in Westeuropa. In der Diskussion über die Neubegründung einer revolutionären Arbeiterbewegung nach der nationalsozialistischen Machtübernahme in Deutschland hielten die Rätekommunisten eine Orientierung am Bolschewismus nicht nur für nicht mehr möglich, sondern für ausgesprochen gefährlich: »Der Kampf gegen die bolschewistischen Praktiken und demnach gegen alle politischen Gruppen, die ihn erneut im Proletariat verankern wollen, ist eine der ersten Aufgaben im Kampfe um die revolutionäre Neuorientierung der Arbeiterklasse.«[397] Aufgrund dieses kombattiven Antibolschewismus führte auch in der Entwicklung der rätekommunistischen Rest-Traditionen nach dem Zweiten Weltkrieg kein Weg zurück zur Kommunistischen Partei; vielmehr lag der Anschluß an die sich anscheinend erneuernde Sozialdemokratie der ersten Nachkriegsjahre nahe.

Subkulturelle Tendenzen

Die Disposition der für die Formierung der rätekommunistischen Bewegung maßgeblichen und fast ausnahmslos von dieser Bewegung dann wieder ausgestoßenen kulturradikalen Intellektuellen-Zirkel, die Überwindung bürgerlicher Bewußtseinsinhalte und Lebensformen nicht erst von der siegreichen proletarischen Revolution zu erwarten, sondern bereits unter den gegebenen Umständen in der eigenen Lebenswirklichkeit zu praktizieren, läßt sich am besten am Beispiel der Kommune Barkenhoff belegen. Heinrich Vogeler (1872 bis 1942)[398], der Initiator dieses sozialistischen Gemeinschafts-Experiments der Jahre 1919 bis 1923, verkörperte geradezu den Typus des durch den Weltkrieg schockartig politisierten

Künstlers und Intellektuellen bürgerlicher Herkunft, der sich auf der Seite des Proletariats nach dem Novemberumsturz von 1918 in den Dienst des revolutionären Klassenkampfes zu stellen versuchte. Er vollzog in der latent revolutionären Periode der Weimarer Republik alle Entwicklungsphasen des Linksradikalismus mit: von der linkskommunistischen Opposition in der KPD(S)[399] über die Gründung der AAU[400] bis hin zur Desintegration der rätekommunistischen Bewegung, die ihn zum Übertritt in die KPD veranlaßte.[401] Im Mittelpunkt seiner politischen Tätigkeit der Jahre 1919 bis 1923 stand das Kommune-Experiment Barkenhoff in Worpswede, das zum Vorbild mehrerer, kurzlebigerer Unternehmungen gleicher Art wurde.[402] Der in der Vorkriegszeit überaus erfolgreiche Jugendstil-Maler, Graphiker, Designer und Architekt hatte nach seinem öffentlichen Protest gegen die Fortführung des Krieges[403] und seiner daraufhin erfolgten Einweisung in eine Nervenheilanstalt seinen Gutshof in der Künstlerkolonie Worpswede seit Mitte 1918 zum Treffpunkt der revolutionären Kräfte im benachbarten Bremen gemacht. Nach den Novemberereignissen 1918 und nach der Niederwerfung der Bremer Räterepublik 1919 blieb Barkenhoff eine Zufluchtsstätte verfolgter und notleidender Revolutionäre.

In Zusammenarbeit mit diesen kurz- oder längerfristigen Barkenhoff-Bewohnern und mit Unterstützung einer Reihe von Intellektuellen, unter ihnen der *Aktion*-Autor und Anführer der Bremer Räterepublik Ludwig Bäumer (1888 bis 1928)[404], begann Vogeler im Laufe des Jahres 1919 seinen Besitz zu einer Agrar-Kommune umzugestalten. Die politischen Implikationen dieses Gemeinschaftsexperiments beschrieb er in einer Programmschrift desselben Jahres: »Eine kommunistische Insel im kapitalistischen Staat ist als Kampfmittel zu betrachten. Sie wird durch die Tat mit dem bürgerlichen Märchen aufzuräumen haben, daß das Proletariat nicht gestalten kann. Auf dem Boden der kommunistischen Insel werden sich alle die Kämpfe vollziehen, die im großen Leben der Revolution ihre Parallelen finden. Der Bestand einer derartigen Kolonie wird immer wieder in Frage gestellt sein, solange die kapitalistische Wirtschaftsform existiert. Aber die Logik der Ereignisse wird ihr entgegenwachsen, da sie selber nur ein Produkt des gesetzmäßigen Werdens der Revolution

ist; nur Mitglieder der Kommune, die die innere Gesetzmäßigkeit des Werdens nicht fühlen, deren Seelen vom sozialistischen Geist nicht völlig durchdrungen sind, werden durch
äußere politische und wirtschaftliche Ereignisse immer wieder
zu kapitalistischen Hoffnungen verführt werden.«[405]

Als Organisationsgrundlage diente der Kommune Barkenhoff das Räte-Modell, so wie Vogeler es verstand: »Die
gewählten Räte sind jederzeit abrufbar und von der arbeitenden Masse auf das Schärfste zu kontrollieren und zu überwa-
chen. Dadurch wird die Selbstbestimmung und die Selbstver-
antwortung in die Masse der Arbeitenden zurückgelegt: das
ist der Sinn des Rätesystems.«[406] Der Barkenhoffsche Arbeiterrat umfaßte je eine Abteilung für Finanzen, für Produktion
und für Konsum. Innerhalb der Kommune sollte der Geldver-
kehr aufgehoben sein, und es oblag allein dem Arbeiterrat, die
finanziellen Geschäfte mit der Umwelt abzuwickeln. Die
Arbeitskommune sollte unter Nutzung der modernsten technischen Mittel der Agrikultur in absehbarer Zeit fähig werden, sich von äußerer ökonomischer Hilfe unabhängig zu
machen. Von den Mitgliedern der Kommune sollten bei
gleichartiger Verteilung der Arbeitslast je nach individueller
Neigung die Fähigkeiten zum Pflanzenbau und zur Viehzucht
ebenso wie die handwerklichen Fertigkeiten, die für die land-
wirtschaftliche Produktion erforderlich sind, entwickelt werden. Die künstlerische und wissenschaftliche Bildung der
Kommune-Mitglieder sollte sich in engem Zusammenhang
mit diesen praktischen Aufgaben vervollkommnen. Durch
Gymnastik und Freikörperkultur sollten physische und psychische Verkrampfungen gemeinschaftlich gelöst werden. Als
sich der Einlösung dieser Forderungen nach Aufhebung der
Arbeitsteilung, der Trennung von körperlicher und geistiger
Arbeit und der Zivilisationsschäden moderner Lebensweise
wachsende Schwierigkeiten entgegenstellten, übertrug Vogeler diese Grundvorstellungen, die in der Gemeinschaft der
Erwachsenen kaum mehr erfüllbar erschienen, auf einen Entwurf antiautoritärer Kindererziehung.[407] Das 1921 begonnene Projekt, der Arbeitskommune eine staatlich anerkannte
Schule zur Verwirklichung dieses Entwurfes anzugliedern,
scheiterte an der Verweigerung einer staatlichen Konzes-
sion.[408] Einer der vielen Intellektuellen, die vorübergehend

versuchten, sich in die Kommune Barkenhoff einzugliedern, der Schriftsteller und Arzt Friedrich Wolf, beschrieb Mitte 1921 deren Verfassung: »Die Erwachsenen, welche die Siedlung tragen, sind die Kristallisation vieler Menschen und Nöte, die in den letzten beiden Jahren über den Barkenhoff hinweggegangen. Wieviel begeisterte Jugend ist immer wieder zur Mitarbeit angetreten. Freideutsche, Akademiker, proletarische Jugend. Sie fielen nach kurzer Zeit von selbst heraus. Sie sahen nur die Gemeinschaftsfreude, nicht die harte Gemeinschaftsnot; sie sahen das Beglückende: Hinein in die Erde; sie brachten Feuer, Schwung und besten Willen mit; aber es gehört eine besondere Zähigkeit und Gesundheit dazu, die Entbehrungen, Arbeiten, Schicksale und die Unsicherheit einer Aufbausiedlung, wie es der Barkenhoff ist, zu bestehen. So verblieben denn als Stamm außer Heinrich Vogeler 1 Tischler und Zimmermann, 1 Schlosser und Schmied, 2 Landwirte und Gärtner, 1 Gärtnerschüler, 1 Lehrerin, 4 Frauen für Küche und Haushalt und die 10 Kinder, die zum Teil Waisen und Halbwaisen sind. Von den erwachsenen Männern sind 3 allein durch Verwundung Kriegsbeschädigte und 4 solche, die als Arbeitslose zu Heinrich Vogeler kamen; sie haben bereits 2 Jahre die ›produktive Erwerbslosenfürsorge‹ und Siedlungsfrage auf ihre Weise zu lösen versucht. Sie haben sich bis heute weder durch das Mißtrauen der bürgerlichen Umwelt, noch durch Spott und Verdächtigungen aus dem proletarischen Lager an ihrem Werk irre machen lassen.«[409]

Wolf schlug dem Volkswirtschaftlichen Ausschuß des Reichstages das Beispiel Barkenhoff als Modell für die Beseitigung der Arbeitslosigkeit durch Siedlung vor. Es ist aufschlußreich, daß die Kommune Barkenhoff immer häufiger von sozialpolitischen, lebens- und bodenreformerischen Bewegungen[410] reklamiert wurde als Beweis für die Realisierbarkeit ihrer partikularen und teilweise skurrilen sozialen Reform-Projekte. Vogeler, dessen theoretisches Selbstverständnis – ein Amalgam aus frühsozialistischen Utopien und kosmosophischen Spekulationen[411] – viele Anknüpfungspunkte für diese Bewegungen bot, verteidigte seine Konzeption der Arbeitskommune als Aufbauzelle der klassenlosen Gesellschaft vor allem nach zwei Seiten innerhalb der Arbeiterbewegung.

Gegen die KP gewandt, polemisierte er noch 1921: »Dann kommen die Parteidogmatiker mit dem unerschütterlichen Glauben an die Autorität, bürgerlich verseucht durch die alte Erziehung: Ethik und Bildung und Sozialismus dürfen sie den Genossen erst ›geben‹ nach der Eroberung der politischen Macht! ... Ihre Gefolgschaft würde uns dahin führen, daß wir alle noch einmal das ganze Elend, das bitterste Joch einer Parteidiktatur durchzumachen haben.«[412] Andererseits hielt er die in der Regel intellektuellen »individuellen Anarchisten« für hochgradig destruktiv innerhalb des Gemeinschaftsexperiments; diesen Typus beschrieb er folgendermaßen: »Ein Diskussionsredner von Dauer, der von den anderen stets verlangt, was er zu gestalten nicht fähig ist, schwätzt er und schwätzt, während die Gemeinschaft werktätig gestaltet. Er trieft von Phrasen. Er redet gegen die Maschine und – fährt mit der Eisenbahn; er predigt gegen die Industrie und trägt Kleider, die diese schafft. Das ganze Gebäude seiner Ideologie beruht auf Selbstbetrug. Ist er aber einmal in einer Gemeinschaft aufgenommen, so wird er sehr bald auf Kosten der Gemeinschaft sein kleinbürgerliches Lebensideal rücksichtslos aufrichten wollen.«[413] Die aus diesen Polemiken erschließbaren ideologischen Spannungen[414] gingen einher mit wachsenden ökonomischen Schwierigkeiten. Da der wirtschaftliche Ertrag der Arbeitskommune sich nicht im erhofften Umfang entwickelte, war sie auf Spenden und besonders auf den Erlös aus dem Verkauf von Vogelers Bildern angewiesen, die ein reicher Hamburger Mäzen und politischer Gegner Vogelers erwarb. Der Zerfallsprozeß wurde zusätzlich beschleunigt durch die in der Lebensgemeinschaft der Barkenhoff-Kommune auftretenden erotischen Konflikte, denen sie nicht gewachsen war.[415] Vogeler löste ab Mitte 1923 die Kommune auf und begann, u. a. vermittelt durch seine Verbindung mit der Tochter des polnischen Kommunisten und sowjetrussischen Diplomaten Julian Marchlewski, des Mitbegründers der Internationalen Roten Hilfe, Barkenhoff dieser Hilfsorganisation der Kommunistischen Partei als Kinder-Erholungsheim zu übereignen. Er trat – anders als die meisten anderen linkskommunistischen Künstler und Intellektuellen – der KPD bei. Sein parteipolitisches Engagement war allerdings nicht von Dauer; 1929 wurde er wegen seiner Kontakte zu

Brandler und Thalheimer, den Mitbegründern der »Kommunistischen Partei Deutschlands – Opposition« (KPO), ausgeschlossen.[416] Seine Bemühung um den Aufbau einer neuen, kommunistischen Gesellschaftsordnung, die auf dem Weg der Errichtung »kommunistischer Inseln im kapitalistischen Staat« in Deutschland mißlungen war, setzte er bis zu seinem Lebensende (1942) in der UdSSR fort.

Die antiautoritäre Studentenbewegung
in der Bundesrepublik Deutschland

Wie die älteren Manifestationen des linken Radikalismus in Deutschland, so ist auch die antiautoritäre Studentenbewegung der sechziger Jahre in der Bundesrepublik als Reaktion auf bestimmte sozioökonomische und verfassungspolitische Konstellationen sowie auf besondere organisationsgeschichtliche Entwicklungen der Arbeiterbewegung interpretierbar. – Die im Rahmen der Westintegration verlaufende sozioökonomische Entwicklung der Bundesrepublik war gekennzeichnet durch eine von Anfang der fünfziger Jahre bis Mitte der sechziger Jahre nahezu kontinuierliche Hochkonjunktur bei gleichzeitiger weitgehender privatkapitalistischer Restauration der früheren Macht- und Eigentumsverhältnisse. Die fortschreitende sozialpsychologische Integration der Arbeiterklasse in die kapitalistische Wirtschafts- und Gesellschaftsordnung und die sukzessive Anpassung der traditionellen großen Arbeiterorganisationen an diesen Integrationsprozeß führten zu einer in der neueren deutschen Sozialgeschichte beispiellosen Isolierung der sozialistischen Kräfte, die – vor allem zum Zwecke der Verhinderung einer erneuten faschistischen Herrschaft in Deutschland – eine sozialistische Neuordnung für unerläßlich hielten. Als die erste größere ökonomische Rezession in der Bundesrepublik seit Mitte der sechziger Jahre ein Klima sozialer Unsicherheit schuf und der neofaschistischen Nationaldemokratischen Partei zu spektakulären Landtagswahlerfolgen verhalf, fand die bis dahin an den Rand der politischen Szene gedrängte marxistische Analyse und sozialistische Kritik breitere Resonanz in jenem Bereich der Gesellschaft, der seit Anfang der sechziger Jahre aufgrund bildungspolitischer und bildungsökonomischer Versäumnisse sich manifest krisenhaft entwickelte[1]: dem Ausbildungsbereich und innerhalb desselben insbesondere an den Hochschulen.

Die verfassungspolitische Entwicklung war in den fünfziger Jahren vor allem bestimmt durch die wiederum im Zusammenhang mit der Westintegration von den CDU/CSU-Regierungen getroffene Entscheidung für die »Erhaltung und Wiederherstellung der übernommenen Vermögenssubstanzen und Besitzverhältnisse als Grundlage des wirtschaftlichen Wiederaufbaus in möglichst großer Autonomie von staatlicher Lenkung«[1a] und gegen die – gleichermaßen im Grundgesetz angelegte und ursprünglich von den Arbeiterorganisationen vertretene – Möglichkeit einer Veränderung der Eigentumsverhältnisse mit dem Ziel der Transformation der Gesellschaft im Sinne eines demokratischen Sozialismus. Parallel zu dieser restaurativen Grundentscheidung ging eine autoritäre verfassungspolitische Tendenz in Adenauers »Kanzlerdemokratie«, die in besonderer Weise in den Plänen einer »formierten Gesellschaft« unter der Kanzlerschaft Ludwig Erhards fortgeführt wurde. Vor dem Hintergrund dieser Verfassungsentwicklung erschien die von der Bundesregierung seit Herbst 1962 eingeleitete verfassungsändernde Notstands-Gesetzgebung der parlamentarischen und gewerkschaftlichen Opposition, aber in wachsendem Maße auch der kritischen Intelligenz als ein zusätzlicher Schritt zur autoritären Umgestaltung der Verfassungswirklichkeit.[1b] Nach der Bildung der Großen Koalition zwischen CDU/CSU und SPD im Dezember 1966 war diese Opposition auf Teile der Gewerkschaften und auf die kritisch motivierte sozialistische und liberale Intelligenz reduziert und in den außerparlamentarischen Raum verwiesen. Der Umstand, daß seit Bildung der Großen Koalition prinzipielle, aber grundgesetzkonforme Kritik an der sozioökonomischen und verfassungspolitischen Entwicklung im Bundestag keine Möglichkeit der Artikulation mehr fand, führte zur Ausbreitung des Zweifels an der Funktionsfähigkeit parlamentarischer Repräsentation in der kritischen Intelligenz und veranlaßte unmittelbar deren Mobilisierung in der Außerparlamentarischen Opposition (APO).

Die großen Arbeiterorganisationen sahen bereits früh in der Entwicklung des nachfaschistischen Deutschland ihren Führungsanspruch und ihre Neuordnungspläne vereitelt.[1c] Die KPD verlor unter den Bedingungen des Kalten Krieges und ihrer engen Anlehnung an den Stalinismus schon vor der Gründung der Bundesrepublik weitgehend ihre politische Überzeugungskraft. Für den DGB bedeutete die Verabschiedung des Betriebsverfassungs-Gesetzes 1952 eine schwere

Niederlage seiner ökonomischen und gesellschaftlichen Neuordnungsbestrebungen. Die SPD konnte ihren politischen Führungsanspruch auch in der zweiten Bundestagswahl 1953 nicht verwirklichen. Während die KPD 1956 im Zustand politischer Bedeutungslosigkeit als verfassungswidrige Partei verboten und in die Illegalität gedrängt wurde, setzte in den beiden anderen Arbeiterorganisationen in der zweiten Hälfte der fünfziger Jahre ein tiefgreifender Prozeß praktischer und programmatischer Revision ein, in dem die teilweise traditionsreichen radikaleren wirtschafts- und verfassungspolitischen Alternativen weitgehend ausgelöscht wurden. Der Widerstand gegen diesen Revisionsprozeß bekundete sich vor allem im Zusammenhang mit der Wehrpolitik und mit der Vorbereitung neuer Grundsatzprogramme in der SPD und im DGB; er wurde getragen von Teilen der unteren und mittleren Funktionärsschichten, vor allem aber von Intellektuellen und den Jugendorganisationen. Aufgrund dieses Widerstandes erfolgte der Ausschluß der sozialdemokratischen Hochschulorganisation, des »Sozialistischen Deutschen Studentenbundes« (SDS), und ihrer intellektuellen Förderer aus der SPD. Die nach der Verabschiedung des *Godesberger Programms* (1959) in den frühen sechziger Jahren im Kontext einer sogenannten »Umarmungstaktik« verstärkte tagespolitische Annäherung der SPD an die Positionen der CDU/CSU ermöglichte einerseits die Bildung einer Großen Koalition Ende 1966 und machte andererseits den SDS, einen akademischen Jugendverband, zum wichtigsten Sammelpunkt sozialistischer Politik und Theorie. In Reaktion auf die Folgen der Wirtschaftsrezession und der Bildung der Großen Koalition konnte sich in diesem sozialistischen Studentenverband ab etwa 1966 eine antiautoritäre Mehrheit durchsetzen, für deren Konstituierung die älteren Traditionen des Linksradikalismus eine gewisse Rolle spielten und die ihrerseits in ihrer Entwicklung bis 1969 typische Merkmale des linken Radikalismus im Rahmen ihrer spezifischen Entstehungsbedingungen aufwies.

Rätekommunistische Reorganisationsansätze und Nachfolgediskussionen nach Kriegsende

Die Protagonisten der rätekommunistischen Splittergruppen hatten im NS-System das Schicksal aller übrigen Arbeiterführer geteilt: Sie waren emigriert oder aufgrund mehr oder minder intensiver Widerstandtätigkeit in Zuchthäuser und Konzentrationslager geworfen worden.[1d] In der Widerstandtätigkeit gegen den Nationalsozialismus hatte sich vor allem der Kreis um Karl Schröder und Alexander Schwab hervorgetan, der sich bereits seit 1932 auf die Illegalität eingestellt und von 1933 bis zu seiner Verhaftung Ende 1936 eine aktive Rolle im Kampf gegen das faschistische Regime gespielt hatte.[2] In der Nachkriegszeit versuchten die Überlebenden der rätekommunistischen Splittergruppen, sich in dem durch die Besatzungsmächte abgesteckten Rahmen am politischen Wiederaufbau in Deutschland zu beteiligen.

In der Sowjetischen Besatzungszone führten diese Bemühungen zu einem ephemeren Reorganisationsansatz, der vor allem von den Veteranen der Einheitsorganisations-Tendenz der Weimarer Zeit getragen wurde. Hier schlossen sich die Militanten der anarchoiden P.-Z.-Bewegung, der informellen Gruppierung um die Zeitschrift *Proletarischer Zeitgeist*, im ehemaligen Vorort dieser Bewegung, in Zwickau, zu einer Agitationsgemeinschaft zusammen; sie bildeten eine neue Informationsstelle, an deren Arbeit sich bald auch die verbliebenen Anarcho-Syndikalisten der sowjetisch besetzten Zone beteiligten, und pflegten Kontakte zu den Zentren anarchistischer und anarcho-syndikalistischer Reorganisation in den westlichen Besatzungszonen (Hamburg, Mülheim/Ruhr).[3] Neben dieser Zwickauer Initiative, in deren Mittelpunkt der frühere P.-Z.-Militante Willi Jelinek stand, wurde besonders in Hamburg von einem Kreis um den P.-Z.-Veteranen Otto Reimers die Arbeit des alten AAUE-Splitters in enger Verbindung mit Anarcho-Syndikalisten fortgesetzt. Die Hamburger Gruppe legte sich bald ganz auf die programmatische Linie der theoretisch vor allem Rudolf Rocker verpflichteten Nachfolgeorganisation der anarcho-syndikalistischen FAUD, der 1947 gegründeten »Föderation Freiheitlicher Sozialisten« (FFS)[4], fest und wurde Bestandteil der anarchistischen und

anarcho-syndikalistischen Bewegung in der späteren Bundesrepublik Deutschland; sie verlor in den fünfziger Jahren
zusammen mit dieser Bewegung mangels politischer Anziehungskraft auf die jüngere Generation ihre ohnehin minimale
Bedeutung. Die Zwickauer Informationsstelle hatte vorübergehend die Funktion einer Sammelstelle für die anarchoiden
Kräfte aus der rätekommunistischen Bewegung und für die
Anarchisten in der sowjetisch besetzten Zone, konnte jedoch
ebenfalls in der jüngeren Generation kaum Anhänger für sich
gewinnen. Da sie ihre Kritik an der Sozialdemokratie und am
Parteikommunismus sowie die Thesen der rätekommunistischen Bolschewismus-Kritik unbeirrt weiter vertrat[5], wurden
ihre aktivsten Anhänger ab November 1948 in der sowjetischen Besatzungszone verhaftet; der wichtigste Organisator
der Zwickauer Informationsstelle, Willi Jelinek, starb 1952 in
der Strafanstalt Bautzen.[6] Mit dieser, sich bis ins Frühjahr
1949 erstreckenden, Verhaftungswelle waren in der sowjetischen Besatzungszone und in der späteren Deutschen Demokratischen Republik die Reorganisationsversuche der Rätekommunisten und Anarchisten gescheitert und ihre Traditionen auf Dauer abgebrochen.

In den westlichen Besatzungszonen standen die Sammlungsbemühungen der rätekommunistischen Kräfte stärker unter
dem Einfluß der KAP/AAU-Tradition und im Zeichen der
Verständigung mit Vertretern der linkssozialistischen Splittergruppen der Weimarer Republik. Die frühesten Zirkularbriefe dieser Initiativgruppen[7] waren geprägt von der Theorie
Anton Pannekoeks und der in den Niederlanden auch während der dreißiger Jahre lebendigen rätekommunistischen Diskussion.[8] Zur integrierenden Persönlichkeit dieser Initiativen wurde das vor 1933 in führenden Funktionen tätige KAP-
und spätere KAU-Mitglied Alfred Weiland[9]; gestützt wurden
die Sammlungsversuche von den Überlebenden des »Rote-
Kämpfer«-Kreises[10], aber auch durch eine Reihe ehemaliger
Mitglieder der Gruppe »Neues Beginnen«[11] und der »Sozialistischen Arbeiterpartei Deutschlands« (SAPD).[12] Viele Anhänger dieser Gruppen hatten den Anschluß an die SPD unmittelbar nach Kriegsende gesucht; einige von ihnen waren dann
aber bald vom geringen Innovationsspielraum der im wesentlichen an ihre Vorkriegstradition anknüpfenden Sozialdemo-

kratischen Partei[13] enttäuscht worden und bemühten sich – teilweise als SPD-Mitglieder – um die Schaffung einer kritischen publizistischen Plattform. Aus dem Zusammenwirken dieser Tendenzen entstand in West-Berlin die als Manuskript vervielfältigte Zeitschrift *Neues Beginnen. Blätter internationaler Sozialisten,* deren erste Nummer Anfang Mai 1947 erschien und die bald mit einer mutmaßlichen Auflage von 2000 Exemplaren in den westlichen Besatzungszonen Verbreitung fand.[14] Adressaten der Zeitschrift waren »die kritischen Kräfte, die ein ›Neues Beginnen‹ suchen, um einen wirklichen Ausweg aus dem immer unerträglicher werdenden kapitalistischen Dilemma zu schaffen«. Man ging davon aus, daß »die Massen mit der enttäuschenden Praxis der Arbeiterorganisationen unzufrieden« seien.[15] Diese eine breite Sammlungsbewegung ermöglichende Formel wurde im September 1948 noch einmal präzisiert: »In Deutschland sammeln sich die kritischen Kräfte, die auf eine Neuorientierung der sozialistischen Bewegung hinstreben. Besonders in den großen Massenorganisationen, der SPD, SED, KPD und den Gewerkschaften wächst die Unzufriedenheit der Mitgliedermassen mit dem Kurs der Bürokratien und allerorts tauchen Oppositionsströmungen auf.«[16] Trotz des Anspruchs, Organ einer dogmatisch nicht festgelegten Sammlungsbewegung der »heimatlosen Linken« zu sein, dominierten in *Neues Beginnen* von Anfang an die rätekommunistisch inspirierten Beiträge. In enger Anlehnung an die Diskussionsergebnisse der niederländischen »Gruppe Internationaler Kommunisten«[17] ergab sich in *Neues Beginnen* ein weitgehender Konsens auf der Grundlage der rätekommunistischen Axiome der Überlebtheit der herkömmlichen Organisationsformen der Arbeiterbewegung (Partei und Gewerkschaften) und der Notwendigkeit, aus dem spontanen Handeln der Massen heraus zu neuen räteförmigen Organisationsansätzen zu kommen: »Die kommende sozialistische Bewegung kann die bisherigen Organisationsformen in Partei und Gewerkschaft nicht mehr verwenden. Soweit Organisationen überhaupt entstehen und sich als notwendig erweisen, werden sie aus den jeweiligen Aktionen der Massen erwachsen und Ausdruck des Selbsthandelns durch ihre eigenen Organe sein. Immer mehr wird sich alle Bewegung auf die Selbstaktivität der Massen zuspitzen.«[18]

Die Kritik am »gewerkschaftlichen Managertum«[19], am »Korruptionssumpf des Parlamentarismus«[20], am »bolschewistischen Terror«[21] und der Entwicklung in der Sowjetischen Besatzungszone bzw. seit 1949 in der DDR beruhte im wesentlichen auf diesem Selbstverständnis. Obwohl ein Teil der Internationalen Sozialisten in die SPD eingetreten war, wurden die kritischen Stimmen zur Entwicklung dieser Partei seit 1948 immer lauter, und die Hoffnung, in ihr und durch sie Ansätze einer neuen revolutionären Arbeiterbewegung schaffen zu können, schwand: »Die deutsche Sozialdemokratie ist und bleibt ein hoffnungsloser Fall: Ihr verdientes Ende im kleinbürgerlich-nationalistischen Sumpf steht am Anfang der von den Massen neu zu schaffenden sozialistischen Bewegung.«[22] Die Zeitschrift *Neues Beginnen* war bis zum einstweiligen Ende ihres Erscheinens im Mai 1950 das linksradikale Organ, das in der ganzen Nachkriegsentwicklung in der konsequentesten Weise rätekommunistische Grundsätze zu aktualisieren versuchte. Es fand in diesem Bemühen Pannekoeks Anerkennung: »Was nun die in N [eues] B [eginnen] dargelegten Anschauungen betrifft, diese finde ich im Allgemeinen richtig, und wenn auch über einiges zu diskutieren wäre, doch von einer richtigen Grundanschauung getragen.«[23]

Über dieser deutlichen rätekommunistischen Fixierung ging der Anspruch der Internationalen Sozialisten, die Sammlung der »heimatlosen Linken« zu fördern, nicht verloren. Nachdem gegen Ende 1949 Verhandlungen über einen möglichen Zusammenschluß mit den Trotzkisten, die als »Internationale Kommunisten Deutschlands« firmierten[24], erfolglos verlaufen waren, kam Anfang 1950 ein lebhaftes Gespräch mit dem »Thomas-Münzer-Kreis« in Stuttgart in Gang.[25] Dieser Kreis setzte sich zusammen aus Sozialisten, die bei ihrer Rückkehr aus der Emigration in den Jahren 1948/49 eine Sozialdemokratie vorgefunden hatten, von der sie im Gegensatz zur stalinistischen KPD eine Erneuerung der deutschen Arbeiterbewegung erhofften, die aber in prinzipiellen Fragen der Organisation und Taktik und auch in tagespolitischen Entscheidungen ihre Kritik hervorrief. In seinem internen Zirkular, den seit Mitte 1949 erscheinenden *Thomas-Münzer-Briefen,* versuchte dieser anfangs kleine Kreis, der sich um den früheren

SAP-Militanten und Kuba-Remigranten Fritz Lamm in Stuttgart scharte, die Ziele und die Wirkungsweise seiner Kritik
abzustecken und mit gleichgesinnten Gruppen in der entstehenden Bundesrepublik Kontakte aufzunehmen. Nach Fritz
Lamm war es das Ziel des Thomas-Münzer-Kreises, »die ›heimatlosen Linken‹ und ehrlichen Neuland-Suchenden und die
gefühlsmäßig fernere Jugend anzusprechen«.[26] Diese Kräfte
sollten einbezogen werden in eine Diskussion, die auf marxistischer Basis, aber ohne Festlegung auf eine der Nachfolge-
positionen leninistischer, stalinistischer, trotzkistischer, tito-
istischer oder anderer Observanz, die wesentlichen gesellschaftlichen Zeitphänomene aufnehmen sollte mit dem Ziel
der Grundlegung einer zeitgemäßen sozialistischen Politik.
Diese Diskussion konnte nach Meinung des »Thomas-Münzer-
Kreises« nur unabhängig von den existierenden Organisationen und Gruppen in der Arbeiterbewegung zustande kommen. Der Kreis wollte weder eine zusätzliche Gruppe konstituieren, noch eine dieser Organisationen und Gruppen
erobern.[27] Der Rühle-Schüler und frühe Mitarbeiter des
»Thomas-Münzer-Kreises« Henry Jacoby schlug unter seinem
Pseudonym Sebastian Franck neben der politisch-ökonomischen Analyse der Gegenwart die Deutung der gegenwärtigen
politischen Systeme vor, die sich »angesichts der wachsenden
Bürokratisierung der Welt« sehr ernst mit Max Weber auseinanderzusetzen habe; ebenso müsse man sich mit den psychologischen Korrelaten der Bürokratisierung beschäftigen, mit
dem großen »Verlust an Spontaneität«, mit der »Ausbreitung
politischer Apathie«; schließlich müsse man das »Problem
Rußland« einer marxistischen Analyse unterziehen.[28] Jaco-
by/Franck war der Ansicht, daß sich diese Diskussion und die
aus ihr zu begründende Entfaltung eines neuen sozialistischen
Bewußtseins »wohl nur im Verlaufe des Widerstandes gegen
die Reglementierung durch die modernen Herrschaftsapparate«[29] würden vollziehen können. Das in den Zirkularen des
»Thomas-Münzer-Kreises« zum Ausdruck gebrachte Selbstverständnis der Stuttgarter bot so eine breite Basis der
Verständigung mit dem Berliner Kreis um *Neues Beginnen*.[30]
Die seit Anfang 1950 geführten Gespräche ergaben die
gemeinsame Gründung einer Monatsschrift mit dem Kopftitel
Funken. Aussprachehefte für internationale sozialistische

Politik,[31] deren erstes Heft im Juni 1950 erschien.

Obwohl sich die bis März 1951 praktizierte alternierende Herausgabe des *Funken* durch die Berliner und durch die Stuttgarter Mitarbeiter nicht bewährte und seit Frühjahr 1951 die Redaktion der Monatsschrift ganz in den Händen des ehemaligen »Thomas-Münzer-Kreises« blieb, wurde der *Funke* während seiner ersten Jahrgänge zur wichtigsten Plattform rätekommunistischer Nachfolge-Diskussion. Neben dem *Funken* wurde diese Diskussion, obschon mit erheblich geringerer Resonanz, in der am Jahresende 1949 in Berlin gegründeten Zeitschrift *pro und contra* und in dem seit November 1951 neu herausgegebenen ehemaligen Organ der »Internationalen Sozialisten« *Neues Beginnen* betrieben. Die Zeitschrift *pro und contra*[32] verstand sich als Organ des revolutionären Sozialismus und pflegte das Andenken an die Vorkämpfer der rätekommunistischen Bewegung[33]; in ihr steigerte sich in der besonderen Atmosphäre Berlins – mehr noch als in *Neues Beginnen* – der rätekommunistische prinzipielle Antibolschewismus zu vehementen antisowjetischen Appellen. Daß sich die westlichen Alliierten in Berlin während und nach der Berliner Blockade dieser Zeitschriften als antisowjetischer Propagandainstrumente bedienten, ist im Falle von *pro und contra* wahrscheinlicher als für *Neues Beginnen*.[34] Redigiert wurde *pro und contra* anfangs von dem Dozenten Willy Huhn (1909-1970), der vom rätesozialistischen Flügel der SAPD kam. Mitte 1951 schied er aus dieser Funktion aus, weil er den Eindruck hatte, der Herausgeber versuche, »hinter dem Rücken der Redaktion die Zeitschrift in ein Organ der Pariser IV. Internationale (›Trotzkisten‹) umzuwandeln«.[35] Huhn wurde dann mit seinen zahlreichen Aufsätzen im *Funken* und in *Neues Beginnen* zum produktivsten rätesozialistischen Autor der frühen fünfziger Jahre in der Bundesrepublik, während *pro und contra* bis zum Ende ihres Erscheinens[36], u. a. durch die Beiträge von W. Boepple/Mannheim, in der Tat eine trotzkistische Tendenz aufwies. – Für das neu erscheinende *Neues Beginnen* zeichnete ein Jan Groen in Amsterdam verantwortlich, ausgeliefert wurde die Zeitschrift in Berlin-Schöneberg. Tatsächlich wurde in dem nach wie vor hektographiert publizierten Periodikum die bereits 1947 bis 1950 geübte enge Zusammenarbeit zwischen den niederländischen Rätekommunisten und ihren Berliner Freunden fortgesetzt. Pannekoek hatte schon im Juni 1950 an Weiland geschrieben, er habe den Eindruck, daß die Internationalen Sozialisten im Begriffe seien, sich mit einer Gruppe zu assoziieren, die »weit mehr ›rechts‹«[37] stehe. Nach der gescheiterten gemeinschaftlichen Redaktion des *Funken* geriet *Neues Beginnen* unter den dominierenden Einfluß der niederländischen rätekommunistischen Diskussionsgruppen, die seit 1945 unter Beteiligung Pannekoeks die Monatsschrift *De Vlam* herausgaben. Die Artikel (von denen die meisten von den Niederländern Jan Wohlrab, Georg Weinberg und Frits Kief sowie von den deutschen Autoren Willy Huhn und Hermann Gall stammten) grenzten die rätekommunistische Position gegen den Trotzkismus[38] und gegen den Titoismus[39] ab und wiesen ebenfalls starke antisowjetische Tendenzen auf. In West-Berlin bildete in den frühen fünfziger Jahren eine »Sozialwissenschaftliche Vereinigung« ein Diskussionsforum für den Rätesozialismus, auf dem die Mitarbeiter und Leser von *Neues Beginnen* und von *pro und contra* einander begegneten. Die lebendigere Debatte über die aktuellen Möglichkeiten einer rätesozialistischen Politik fand in diesen Jahren jedoch im *Funken* statt.

Daß diese Monatsschrift bis zum September 1959 mit einer etwa konstanten Auflage von 1500 Exemplaren regelmäßig und in vergleichsweise sorgfältiger Aufmachung erscheinen konnte, war vor allem das Werk der den »Thomas-Münzer-Kreis« integrierenden Persönlichkeit Fritz Lamms (geb. 1911), der neben seiner hauptberuflichen Tätigkeit als Redakteur einer größeren Tageszeitung seine Arbeitskraft in den Dienst dieser Zeitschrift stellte. Die Ablehnung allzu doktrinärer Ausbreitung des Berliner rätekommunistischen Denkens brachte die gemeinsame Herausgabe des *Funken* zum Scheitern. Andererseits waren von den vier produktivsten Mitarbeitern des *Funken* zwei, Henry Jacoby (Sebastian Franck) und Willy Huhn[40], der rätekommunistischen Tradition verpflichtet, und durch sie fanden rätesozialistische Argumente Eingang in die Zeitschrift. Nach den Umgruppierungen im Herausgeber- und Mitarbeiterstab des Blattes aufgrund des Bruches mit den Internationalen Sozialisten fand der *Funke* bald zu seiner spezifischen redaktionspolitischen Linie, die marxistische Beiträge unterschiedlicher Provenienz zuließ, aber jede doktrinäre Pointierung ausschloß. Die Inhaltsanalyse der für die rätesozialistische Nachfolge-Diskussion vor allem interessanten ersten Jahrgänge zeigt, in welcher Weise die von der linksradikalen Tradition aufgeworfenen Probleme hier weiter erörtert wurden.

Die Marxismus-Debatte war gekennzeichnet einerseits durch das Bemühen, die Unzulänglichkeit der Argumente nachzuweisen, die von namhaften SPD-Mitgliedern schon in den frühen fünfziger Jahren gegen den Marxismus als theoretische Grundlage sozialdemokratischer Politik vorgebracht wurden.[41] Andererseits gab es, besonders unter dem Einfluß von Jacoby/Franck und unter ausdrücklichem Rekurs auf Otto Rühle[42], eine deutliche Tendenz, die marxistische Analyse um eine psychologische Dimension zu erweitern. In einer von Erich Fromm ausgelösten Kontroverse über »historischen Materialismus und Psychologie«[43] konvergierten alle Beiträge in der Feststellung: »Die Aufgabe der Marxisten [...] ist es, die Aufschlüsse, welche die Psychologie über das Seelenleben bietet, für den Historischen Materialismus wissenschaftlich exakt zu bearbeiten, zu formulieren und nutzbar zu machen und diese wissenschaftlichen Ergebnisse ins Bewußtsein zu rücken. Dabei ist es nicht zu übersehen, daß ökonomische Bedingtheit nur das in letzter Linie Bestimmende ist. Mit längst überholter pseudomarxistischer direkter Ableitung Unterbau-Überbau ist nichts gewonnen.«[44] Jacoby/Franck machte in diesem Zusammenhang auf die zentrale Bedeutung aufmerksam, die diese Fragestellung bei Otto Rühle und Alice Gerstel-Rühle besaß[45], sowie auf die Notwendigkeit, die Ergebnisse der älteren Diskussion wieder zugänglich zu machen.

Ein weiteres Motiv der linksradikalen Tradition war die antiautoritäre Sensibilität, die durchgängig die Beiträge im *Funken* prägte und die besonders in der Aktualisierung der Masse-Führer-Problematik und in der Bürokratiekritik zum Ausdruck kam. Man ging davon aus, daß »die alte sozialistisch-kommunistische Bewegung gescheitert ist, weil an die Stelle der Selbstbefreiung die Bevormundung durch Apparate und Führer trat, die auch mit den besten persönlichen Intentionen die geschichtliche Aufgabe nicht lösen konnten, weil der Ansatz falsch war«.[46] Die fehlende demokratische Kontrolle durch die Massen war ein immer wiederkehrendes Thema in der Analyse des Organisationslebens der SPD und des DGB; besonders Lamm/Müntzer ging regelmäßig anläßlich der SPD-Parteitage und der DGB-Kongresse auf das für ihn als aktives SPD-Mitglied und Gewerkschaftler irritierende Problem ein: »Die Gewerkschaft, die Partei, der Konsumverein, einst Mittel zum Zweck der Befreiung der Arbeiterklasse, sind in der Wirklichkeit und in die Wirklichkeit gewachsen. Ihr Selbsterhaltungstrieb verflicht sie immer mehr mit dem gegenwärtigen Zustand; anstatt noch Mittel für die Massen zu sein, werden die Massen Mittel für den Bestand der Organisationen. Wer in ihnen opponiert, bedroht sie – den konservativ gewordenen Inhalt der Institution. [...] Auch in diesen Institutionen des modernen kapitalistischen Systems besteht keine Initialzündung zwischen Führung und Masse. Die Isolierschicht der Sekretäre, der durch die Organisation in Amt und Würde gebrachten Verwaltungsmänner und der unbezahlten freiwilligen Kassierer und Zeitungsträger ist so dick, daß das Mitglied auf die Willensgestaltung der Partei oder Gewerkschaft keinen Einfluß mehr hat.«[47] Die von ihm beschriebene und unermüdlich angeprangerte Wechselwirkung zwischen der bürokratischen Verharschung der Funktionseliten in den Arbeiterorganisationen und der Apathie der Mitgliedermassen war nach Lamm nur durch schonungslose Kritik an den Fehlern der Führer und durch intensive Bildungsarbeit zu beheben.

Im Zusammenhang mit der Forderung nach der Selbsttätigkeit der arbeitenden Massen, die der Bürokratiekritik zugrunde lag, wurde auch die Räte-Idee diskutiert. Jacoby/Franck verwies als Beispiel für »Organe der Eigenherrschaft des Volkes« in revolutionären Situationen auf die Soldatenräte der englischen Revolution, auf die Pariser Kommune und die Arbeiter- und Soldatenräte der russischen und der deutschen Revolution und meinte: »Daß neue spontane Volksbewegungen wieder solche Organe der Massen – dieselben oder gänzlich neue – schaffen werden, ist anzunehmen.«[48] In einem anderen Beitrag wurde emphatisch der »kleinbürgerlich-ideologische und bürgerlich-organisatorische Typus« der nach 1945 in Deutschland wiedererstandenen Gewerkschaften und Arbeiterparteien verurteilt und behauptet, die

Partei »als bürgerlich-autoritär-zentralistische Organisationsform« müsse zwangsläufig versagen; es werde »die neue Organisationsform der Zukunft für die revolutionäre sozialistische Arbeiterbewegung die Räteorganisation sein«.[49] Es folgte dann eine komplette Skizze des rätekommunistischen Betriebsorganisations-Modells, das der Autor durchaus für realisierbar hielt. In der Debatte, die sich an diesen Artikel anschloß, meldete sich auch Pannekoek zu Wort. Er stimmte der Charakterisierung der Funktion der Gewerkschaften und der Parteien im wesentlichen zu[50], hielt aber nicht viel von solchen Organisationsentwürfen: »›Arbeiterräte‹ bedeutet nicht eine bestimmte sorgsam ausgeklügelte Organisationsform, die nur noch weiter im Detail auszuarbeiten wäre; es bedeutet ein *Prinzip*, das Prinzip der Verfügungsgewalt der Arbeiter selbst über Betrieb und Produktion.«[51] Lamm/Müntzer teilte offenbar diese Auffassung nicht; er hielt angesichts der Apathie der Massen die Spekulation über Organisationsformen, die die einmal in Bewegung geratene Masse annehmen werde, für müßig; er sah, im Gegensatz zu den rätekommunistisch orientierten Mitarbeitern des *Funken*, in Partei und Gewerkschaft in Ermangelung anderer und besserer Formationen durchaus Einrichtungen, in denen man als Sozialist arbeiten könnte und sollte.[52]

Neben der Marxismus-Debatte, der Bürokratiekritik und der Erörterung der Räte-Idee zeigte auch die Bolschewismus- bzw. Stalinismuskritik im *Funken* unverkennbare Bezüge zu rätekommunistischen Gedanken der zwanziger und dreißiger Jahre. Es war der »proletarische Antibolschewismus« der Rätekommunisten, der im Januar 1951 so formuliert wurde: »Die politische Position, die heute jeder freiheitliche Sozialist beziehen muß, kann nur antibolschewistisch sein, gewiß nicht im Sinne kapitalistischer Interessen, aber dennoch eindeutig antibolschewistisch um des Sozialismus willen.«[53] Angesichts des Koreakrieges wandte man sich gegen die von der bürgerlichen Presse geschürte Furcht vor der Wiederholung der koreanischen Vorfälle in Deutschland, ließ aber an der eigenen Abwehrbereitschaft gegen die Ausdehnung des russischen Herrschaftsbereichs keinen Zweifel. In einem noch vom Berliner Herausgeberkreis redigierten Heft des ersten Jahrgangs hieß es: »Die friedensstörende Aggressivität des Bolschewismus macht es doppelt notwendig, eine aus tausend Tatsachen gewonnene Grunderkenntnis offen auszusprechen, so bitter das auch für manchen Zeitgenossen ist. Sie lautet: Das staatskapitalistische Robotersystem der Sowjetunion mit seinen parteiabsolutistischen Dressuranstalten mag den in feudaler Rückständigkeit lebenden und nun in den Strudel der Weltgeschichte getriebenen Völkern Asiens noch als ›neues Ufer‹ erscheinen, – für die bereits auf einer höheren Entwicklungsstufe stehenden Länder jedoch bedeutet der Bolschewismus nur die Umwandlung der alten Lohnknechtschaft in Staatssklaverei! Wehe dem Volk, das bei seinem Kampf um soziale Befreiung unter die Knute des sowjetischen Imperialismus gerät„«[54] Auch aus dem »Thomas-Münzer-Kreis« kamen ähnliche Warnungen: »Wir wenden uns gegen die bolschewistische ›Befreiung‹, weil sie den ›Befreiten‹ erfahrungsgemäß noch viel schwerere Fesseln auferlegt, als sie zuvor getragen haben.«[55] Die Erörterung der »russischen Frage«, die einen sehr breiten Raum in der Zeitschrift einnahm, drehte sich im wesentlichen erstens um die Frage, ob die stalinistische Bürokratie eine eigene Klasse darstelle, zweitens darum, ob die bolschewistische Adaptation des Marxismus eine authentische und legitime Weiterentwicklung der politischen Theorie von Marx und Engels sei. Um die folgende These über die Eigenart und die Funktion der unter Stalin in Sowjet-Rußland allmächtig gewordenen Partei-, Wirtschafts- und Staats-Bürokratie ging im Grunde die Diskussion des ersten Aspekts: »Die Bürokratie ist zur neuen sozialen Klasse geworden. Ihre sozialökonomischen Funktionen hinsichtlich der Produktionsmittel und des Produktionsprozesses sind heute ganz klar: sie verfügt ohne Kontrolle über alle Produktionsmittel, d. h. sie hat sie über den Staat in indirekten Besitz genommen, sie führt und kontrolliert alle Produktionsprozesse und verteilt die Produkte der Arbeit der Gesellschaft. Die Bürokratie ist eine Ausbeuterklasse, da sie sich den größeren Teil des Mehrwerts aus der Arbeit der Gesellschaft aneignet. Nur ein kleines Beispiel dafür sind die Gehälter der Bürokraten: sie sind um 15 bis 50mal größer als die Gehälter der einfachen Arbeiter.«[56] Besonders Jacoby/Franck und Fritz Kief neigten dazu, sich dieser bereits in der rätekommunistischen Bolschewismus-Kritik der dreißger Jahre entwickelten Deutung anzuschließen[57], während Jenssen/Jacobsen und Dieter Cycon[58] die Existenz einer neuen Klasse bestritten[59] und in ihrer Gesamtbewertung des Stalinismus den gelungenen Industrialisierungsprozeß Rußlands hervorkehrten.[60] – Des anderen Aspektes der Stalinismus- und Bolschewismus-Kritik, der theoretischen Kritik des Bolschewismus im weitesten Sinne (Lenins, Stalins, aber auch Trotzkis) nahm sich in besonderem Maße Willy Huhn an. In einer Reihe von Aufsätzen versuchte er den Funktionswandel nachzuweisen, »dem die Marxsche Betrachtungsweise in Rußland, und zwar nicht erst nach (Lenins, Stalins, aber auch Trotzkis), nahm sich in besonderem Lenin selbst unterworfen wurde«.[61] In Anknüpfung an die rätekommunistische Bolschewismus-Kritik[62] und an die von der russischen Arbeiteropposition geübte Kritik am bolschewistischen Herrschaftssystem[63] bemühte er sich, bei Lenin[64] und Trotzki[65] in vielen Einzelfragen eine Pervertierung der Marxschen Theorie zu belegen. Er kam angesichts der russischen Entwicklung unter Stalin zu dem Schluß, daß »1. die UdSSR konstitutionell eine parlamentarische Demokratie und faktisch seit langem kein Sowjetsystem mehr ist; 2. in der UdSSR seit langem der Marxismus wie der Bolschewismus bis zur völligen Verkehrung ›revidiert‹ worden ist; 3. man infolgedessen das System Rußlands nicht als sozialistisch, sondern als etatistisch mit faschistischen Zügen, ähnlich denen Italiens bis 1945, bezeichnen muß; 4. infolgedessen die ökonomische Struktur des heutigen Rußlands nichts, aber auch gar nichts mit Kommunismus zu tun hat, und von diesem so weit entfernt ist bzw. sich diesem so weit genähert hat, wie die Staaten des ›freien Westens‹ auch«.[66] Die in der rätekommunistischen Bolschewismus-Kritik der zwanziger und dreißiger Jahre bereits angelegte Hypothese von der Konvergenz der Systeme kam bei Huhn und anderen Autoren des *Funken* im Rahmen ihres sozialistischen Antibolschewismus voll zur Entfaltung.

Obwohl die Aktualisierung rätekommunistischer Anschauungen im *Funken* niemals ähnlich dogmatische Züge annahm wie in *Neues Beginnen,* sondern sich im Rahmen der Suche nach einer unabhängigen sozialistischen Position hielt, traten ab etwa 1954 die linksradikalen Themen auch in dieser Zeitschrift in den Hintergrund. Gleichzeitig, in der zweiten Jahreshälfte 1954, stellten *Neues Beginnen* und *pro und contra* endgültig ihr Erscheinen ein.[67] Die Kräfte, die in der Bundesrepublik und in West-Berlin die rätekommunistischen Reorganisationsversuche und die Tradition linksradikaler Analyse getragen hatten, waren zu dieser Zeit in Bedrängnis geraten. So wurde Alfred Weiland schon im November 1950 unter ungewöhnlichen Umständen und aus letztlich nicht aufgeklärten Motiven aus West-Berlin entführt und von einem DDR-Gericht zu fünfzehn Jahren Gefängnis verurteilt, von denen er acht Jahre verbüßen mußte.[68] Andererseits lief gegen Willy Huhn seit 1951 ein Ausschlußverfahren vor dem Landesverband Berlin der SPD, das nach längerer Dauer vom Parteivorstand in Bonn im Juli 1954 mit dem Parteiausschluß Huhns beendet wurde.[69] Anlaß für seinen Ausschluß war seine vorübergehende Tätigkeit als Redakteur bei *pro und contra* und sein Eintreten für die Räte-Idee.[70] Wie im Falle Huhns exemplarisch deutlich wird, waren der rätesozialistischen Diskussion in der Bundesrepublik gegen Mitte der fünfziger Jahre im Zeichen des verschärften Antikommunismus, der beginnenden hochkonjunkturellen Entwicklung und der sich andeutenden Abkehr der SPD von ihrem radikaldemokratischen Selbstverständnis der Nachkriegsjahre seit der Wahlniederlage von 1953 alle Erfolgsaussichten genommen. Die rätesozialistische Debatte unter Berufung auf die Tradition des Rätekommunismus verstummte in den folgenden zehn Jahren völlig und wurde erst wiederaufgenommen in den zunächst kleinen Zirkeln des »Sozialistischen Deutschen Studentenbundes« gegen Mitte der sechziger Jahre. Die punktuelle Einwirkung von Wortführern der Diskussion der unmittelbaren Nachkriegsjahre auf die antiautoritäre Studentenbewegung der späten sechziger Jahre ist am Beispiel Willy Huhns belegbar, der in den Kreisen der Außerparlamentarischen Opposition West-Berlins als Vorbild gewürdigt wurde.[71]

Die linkssozialistischen Tendenzen in der SPD und der Sozialistische Deutsche Studentenbund (SDS)

Die linkssozialistischen Tendenzen in der Bundesrepublik, in denen nunmehr die rätekommunistisch orientierten Kräfte keine Rolle mehr spielten, wurden seit Mitte der fünfziger Jahre verstärkt und auch qualitativ verändert durch den Zustrom linker Sozialdemokraten, die sich der seit der Bundestagswahl-Niederlage von 1953 erkennbaren Neigung der Partei zur Aufgabe traditioneller Positionen und zur Anpassung an die nicht von ihr gewollte Entwicklung der Bundesrepublik widersetzten.[72] Diese Tendenzen konstituierten sich im Widerstand gegen die antimarxistischen Reformvorhaben in der SPD, besonders aber im Widerspruch zur wehrpolitischen Haltung der Parteiführung. Bereits in den Auseinandersetzungen um die »Europäische Verteidigungsgemeinschaft« während der Jahre 1951 bis 1954 hatte sich gezeigt, daß die Errichtung einer bundesrepublikanischen Armee in einem westlichen Bündnissystem von großen Teilen der sozialdemokratischen und gewerkschaftlichen Mitgliedschaft und in ihren unteren Funktionärsschichten entschieden abgelehnt wurde, während die Einstellung prominenter Parteiführer dazu ambivalent blieb[73], die der Gewerkschaftsführer sogar überwiegend zustimmend war.[74] Als nach dem Scheitern des EVG-Projekts die den bundesrepublikanischen Wehrbeitrag besiegelnden Pariser Verträge beraten wurden, leitete die Partei- und Gewerkschaftsführung selbst Ende Januar 1955 mit der »Paulskirchen-Bewegung«[75] eine außerparlamentarische Protestbewegung ein, in der sie die Opposition zugleich kanalisierte. Als die SPD-Führung nach der Ratifizierung der Pariser Verträge von dieser außerparlamentarischen Aktion sich zurückzog und sich der positiven Mitarbeit an der Wehrgesetzgebung zuwandte, waren die vormals mobilisierten oppositionellen Kräfte sich selbst überlassen und bildeten neue Zentren linkssozialistischer Diskussion. Neben dem *Funken,* dem ältesten dieser Zentren, der auch in der zweiten Hälfte der fünfziger Jahre seine undogmatische redaktionspolitische Linie beibehielt, entstand unter maßgeblichem Einfluß trotzkistischer Initiatoren eine linkssozialistische Plattform innerhalb der Partei, eine andere außerhalb der Sozialdemokratie, die sich keiner der marxistischen Filiationen eindeutig zuordnete: Ab November 1954 erschien die *Sozialistische Politik* als Monatsschrift, ab Mai 1955 *Die Andere Zeitung* als Wochenschrift. Trotz vielfältiger politisch-theoretischer Unterschiede und Gegensätze zwischen den Mitarbeiterkreisen dieser Zeitschriften[76], auf die in diesem Zusammenhang nicht eingegangen werden soll[77], wurde der Zusammenhalt der linkssozialistischen Gruppen doch deutlich in den Beiträgen bedeutender Autoren zu mehr als einem dieser Periodika (Abendroth, Agartz, Hiller, Kief, Kofler, Lamm u. a.) und vor allem in dem gemeinsamen Kampf gegen die Entwicklung der SPD zu einer »sozialreformerischen Volkspartei der ›kleinen Leute‹«[78]. Fritz Lamm, der Ende 1957 die Initiative zu einem engeren Zusammenschluß der Linkssozialisten in der˙SPD ergriff, formulierte diese gemeinsame Zielrichtung der Kritik an der Entwicklung der Partei: »Die Verbürgerlichung und Verflachung der Sozialdemokratie, die manchem ihrer prominenten Genossen noch nicht weit genug geht, bedroht schon jetzt den Ausgang der Wahlen 1961. Tür-Öffnung nach rechts, weitere Verwischung des Gegensatzes zur kapitalistischen Wirtschaftsform und zur Regierung, einseitiges Spezialistentum, das an Symptomen herumdoktert, Ablehnung jeder gründlichen Analyse zum Zwecke der Erarbeitung einer einheitlichen Gesellschaftskonzeption, Verharren in den Grundlagen des formalen Parlamentarismus, snobistische Verachtung jeder eigenen Aktivität der Massen, Umgestaltung der SPD in einen Wahlverein führen vom Sozialismus fort und hin zum Verfall der Partei.«[79] Die auf dieses Einladungsschreiben hin am 9. 2. 1958 in Frankfurt/Main zusammengekommene »Leserversammlung« des Funken, der einzige größere Sammlungsversuch der Linken in der SPD, fand lebhaften Zuspruch[80], erhöhte jedoch kaum die gemeinsame Handlungsfähigkeit. In der wenige Wochen nach dieser Zusammenkunft von der SPD- und Gewerkschaftsführung eingeleiteten Kampagne »Kampf dem Atom-Tod«, einer außerparlamentarischen Protestaktion gegen die von der CDU/CSU-Regierung erhobene Forderung nach der Ausrüstung der Bundeswehr mit atomaren Waffen[81], dominierten die linkssozialistischen Kräfte zusammen mit den sozialdemokratischen und gewerkschaftlichen Jugendorganisationen gemäß ihrer Forderung nach Ergänzung der parlamentarischen Praxis der Arbeiterorganisationen durch die Eigenaktivität der arbeitenden Massen. Das soziologische und ideologische Merkmal dieser bis Mitte 1958 anhaltenden größten außerparlamentarischen politischen Protestbewe-

gung der Ära Adenauer war jedoch weniger das eigenverantwortliche Handeln werktätiger Massen aus sozialistischer
Überzeugung als das überwiegend moralische, antimilitaristi-
sche und pazifistische Engagement breiter Schichten der wissenschaftlichen, literarischen und kirchlichen Intelligenz. Zur
Stärkung und Koordinierung der linkssozialistischen Tendenzen trug unter diesen Umständen die Anti-Atomtod-Bewe-
gung nicht wesentlich bei[82]. Als im November 1959 das von
diesen Gruppen vehement kritisierte neue Grundsatzpro-
gramm der SPD zur Beschlußfassung gelangte, zeigte sich an
den Abstimmungsergebnissen, daß die linkssozialistische
Minorität den innerparteilichen Willensbildungsprozeß kaum
hatte beeinflussen können.[83] Weder der von Wolfgang
Abendroth verfaßte marxistische Alternativvorschlag[84] noch
der von Peter von Oertzen formulierte Vermittlungsvorschlag
zum Grundsatzprogramm-Entwurf[85] vermochte die Partei-
tags-Debatte in linkssozialistischem Sinne zu orientieren; der
Entwurf des Parteivorstandes wurde mit nur 16 Gegenstim-
men angenommen.

Mit der Annahme des *Godesberger Programms* der SPD war
der Transformationsprozeß der Partei, in dessen Verlauf sich
die linkssozialistischen Tendenzen konstituiert hatten, zu
einem ersten Abschluß gekommen. Im linkssozialistischen
Lager wurden nach der Godesberger Wende im wesentlichen
zwei verschiedene Konsequenzen gezogen, die bereits in der
unterschiedlichen Orientierung der Konstituierungsphase erkennbar geworden waren. Zum einen entstand im Hinblick
auf die Bundestagswahl von 1961 aus dem oppositionellen
Impetus der Anti-Atomtod-Kampagne eine Partei, die »Deutsche Friedens-Union« (DFU). In ihr sammelten sich vor allem
die »durch Pazifismus und einen gefühlsmäßig akzentuierten
Antifaschismus bestimmten«[86] Intellektuellen, die von ehemaligen oder durch das Verbot der KPD seit 1956 in die Illegalität getriebenen Kommunisten unterstützt wurden. Als
Parallelorganisation wurde im November 1960 die »Vereinigung Unabhängiger Sozialisten« (VUS) gegründet, die – vor
allem aus ausgeschlossenen oder freiwillig aus der SPD ausge-
tretenen ehemaligen Sozialdemokraten zusammengesetzt –
sich die Aufgabe stellte, »die Arbeiter [...] über die wahre
Rolle der SPD« aufzuklären.[87] Der VUS schlossen sich die

Kreise um *Die Andere Zeitung* und ihren Gründer und Herausgeber, Gerhard Gleissberg, sowie anfangs auch Victor Agartz an, die während der fünfziger Jahre den Verdacht, ihre Publikationsorgane würden finanziell von der DDR unterstützt, nicht hatten widerlegen können oder wollen. Der Teil des linkssozialistischen Lagers der fünfziger Jahre, der über diesen Verdacht erhaben war und ein entsprechend breiteres Spektrum marxistischer Positionen aufwies, die Kreise um den *Funken* und die *Sozialistische Politik,* verblieb nach dem Godesberger Parteitag in der SPD und hielt es, wie Peter von Oertzen es ausdrückte, für falsch, »nun etwa sofort eine hemmungslose Kampagne zur Kritik und Revision des eben beschlossenen Grundsatzprogramms«[88] zu entfesseln. Fritz Lamm, der im September 1959 die Herausgabe des *Funken* wegen mangelnder Subsidien hatte einstellen müssen und den Lesern und Freunden der Zeitschrift empfahl, sich um die *Sozialistische Politik* zu scharen[89], sprach sich wie von Oertzen für die Notwendigkeit des Verbleibens der Linkssozialisten in der SPD und in den Gewerkschaften aus, sah aber voraus, daß die Sozialisten »unter Berufung auf die innerparteiliche Demokratie um das Asylrecht in der SPD«[90] würden kämpfen müssen. Diesem Teil des linkssozialistischen Lagers fiel Anfang der sechziger Jahre die politisch-theoretische Mentorenrolle für den aus der SPD ausgeschlossenen sozialdemokratischen Hochschulverband, den »Sozialistischen Deutschen Studentenbund«, zu.

Der »Sozialistische Deutsche Studentenbund« (SDS) war seit der Nachkriegszeit ein überwiegend parteiloyaler Hochschulverband der SPD und ein wichtiges Rekrutierungsfeld für den sozialdemokratischen Führungsnachwuchs gewesen.[91] Durch die Anti-Atomtod-Kampagne und die Auseinandersetzungen um das neue Parteiprogramm in Bewegung geraten, zeigte der SDS ab 1958 die Tendenz, über den engeren hochschulpolitischen Rahmen hinaus in einer Reihe brisanter politischer Fragen selbständige Aktivität und Kritik zu entfalten, die dem wahlstrategisch an einem Vertrauensgewinn bei den Mittelschichten interessierten Parteivorstand ungelegen kamen. In dem Versuch, sich von dem durch die bürgerliche Öffentlichkeit geschaffenen Odium der Unzuverlässigkeit im Kampf gegen den Kommunismus zu befreien und für die Mittelschichten wählbar zu werden, sah sich der Parteivorstand in den Jahren 1958 bis 1960 durch einige studentische Aktionen gestört, die allesamt verdächtigt wurden, von der DDR gesteuert oder beeinflußt zu sein. Das Parteivorstands-Mitglied Herbert Wehner nannte Mitte 1960 als dem SDS anzulastende Aktionen: eigenmächtige Ost-Kontakte, die Anti-Atomtod-Kongresse des Jahres 1959 und die 1959 angelaufene Aktion »Ungesühnte Nazi-Justiz«.[92] Verlauf und politische Inspiration dieser von der bürgerlichen Öffentlichkeit und zunehmend auch von der SPD-Führung als kommunistische Wühlarbeit inkriminierten Aktionen werden erst deutlich vor dem Hintergrund der internen Entwicklung des SDS dieser Jahre.

Im Oktober 1958 war, gestützt durch die studentischen Anti-Atomtod-Ausschüsse, ein Vertreter des moralisch-aktivistischen Kreises um die Hamburger Zeitschrift *Konkret,* der verbreitetsten Plattform der studentischen Ausschüsse gegen die Atom-Bewaffnung, zum Bundesvorsitzenden des SDS gewählt worden. Diese Wahl war vorbereitet worden von Gruppen die – wie man erst seit kurzem mit Sicherheit weiß[93] – entweder Mitglieder oder Sympathisanten der illegalisierten KPD waren. Kennzeichnend war, daß die jugendlich-intellektuellen Mitglieder des Herausgeberkreises von *Konkret,* besonders Klaus Rainer Röhl und Ulrike Meinhof, ohne jede marxistische Grundlage [94] aus politischem Unbehagen am CDU-Staat und moralischer Entrüstung über die Atombewaffnungs-Pläne den Weg zur KPD fanden. Es war eben dieser Kreis, der auf dem Berliner Kongreß der studentischen Atom-Ausschüsse Anfang Januar 1959 eine deutschlandpolitische Resolution erfolgreich lancierte, in der direkte Verhandlungen zwischen beiden Teilen Deutschlands gefordert wurden mit dem Ziel der Prüfung möglicher Formen einer »interimistischen Konföderation«. Diese Resolution überschritt eine politische Tabugrenze jener Zeit; sie veranlaßte Helmut Schmidt als Vertreter des Parteivorstandes, den Kongreß unter Protest zu verlassen, und entfesselte in der antikommunistisch emotionalisierten Öffentlichkeit erhebliche Entrüstung.[95] Auf dem Kongreß »Für Demokratie – gegen Restauration und Militarismus«, der Ende Mai 1959 in Frankfurt/Main von den Arbeiterjugend-Verbänden abgehalten wurde, kamen wiederum einige deutschland- und innenpolitische Resolutionen zur Abstimmung, die den Verdacht der SED-Hörigkeit des SDS verstärkten. Allerdings ging zu dieser Zeit der Einfluß der *Konkret*-Gruppe im SDS aufgrund der Erklärung des Bundesvorstandes, daß »der SDS mit der Zeitung ›Konkret‹ nichts zu tun« habe und daß *Konkret* keine sozialistische Zeitung sei[96], bereits zurück. Anfang 1959 setzte der Bundesvorstand des SDS den Exponenten der *Konkret*-Gruppe (Oswald Hüller[97]) als Bundesvorsitzenden ab und erklärte die Mitarbeit an *Konkret* für unvereinbar mit der Mitgliedschaft im SDS. Auf der Delegiertenkonferenz im Juli 1959 unterlag die Hüller-Fraktion der vom Bundesvorstand (u. a. Günter Kallauch, Monika Mitscherlich, Jürgen Seifert) vertretenen Richtung im SDS. Die meisten Mitglieder der *Konkret*-Gruppe wandten sich in den folgenden Jahren der DFU und der VUS zu und setzten dort ihre Zusammenarbeit mit der illegalen KPD fort.

Durch den Sieg über diese Fraktion im SDS war ein organisatorisches Auseinanderbrechen des sozialdemokratischen Hochschulverbandes in letzter Minute verhindert worden. Allerdings hatten die Agitation der *Konkret*-Gruppe und deren Resonanz in der Öffentlichkeit dazu geführt, daß z. B. der sozialdemokratische Bundestagsabgeordnete Mommer im Mai 1959 vorschlug, die sozialdemokratischen Studenten, die sich nicht »als trojanische Esel für Pankow einspannen lassen« wollten, sollten sich vom SDS trennen.[98] Dieser Aufforderung kam am 9. Mai 1960 ein besonders vorstandsloyaler Teil des SDS nach, indem er mit dem Hinweis auf die »kommunistische Unterwanderung« des Verbandes und mit Unterstützung etwa eines Zehntels seiner zwischen 1000 und 1500 Anhängern zählenden Mitgliedschaft einen neuen sozialdemokratischen Hochschulverband, den »Sozialdemokratischen Hochschulbund« (SHB), gründete. Der Parteivorstand begrüßte in einer Verlautbarung vom 23. Mai 1960 »die eindeutige Haltung des SHB zum Godesberger Programm sowie die scharfe Abgrenzung zum Totalitarismus und seiner gegenwärtig gefährlichsten Form, dem Kommunismus«[99], und äußerte den Wunsch, daß die SPD-Mitglieder an den Hochschulen dem SHB beitreten sollten. Die mit dieser Verlautbarung eingeleitete Distanzierung erreichte eine neue Stufe mit dem offiziellen Abbruch aller Beziehungen zwischen der SPD und dem SDS im Juli 1960 und wurde abgeschlossen mit der Erklärung der Unvereinbarkeit der Mitgliedschaft im SDS und in der SPD vom November 1961.[100]

Der Bundesvorstand des SDS, der auf der Göttinger Delegiertenkonferenz im Juli 1959 sich gegen die linke und die rechte Fraktion innerhalb des Verbandes hatte durchsetzen können und dessen Politik die Unterstützung der Mehrheit des SDS genoß, bemühte sich in den nächsten Jahren, einerseits seine prinzipielle Loyalität zur SPD unter Beweis zu stellen, andererseits seine Unabhängigkeit gegenüber der Parteiführung zu wahren. So mißbilligte die Göttinger Delegiertenkonferenz »den Verlauf des Frankfurter Kongresses [vom Mai 1959; H. M. B.] und die dort gefaßten Beschlüsse, soweit sie dem Deutschlandplan der SPD widersprechen.«[101] Zugleich sprach sich die Konferenz für die »Aktion Ungesühnte Nazi-Justiz« aus, eine Wanderausstellung, die anhand überwiegend aus DDR-Archiven bezogener Dokumente die nationalsozialistische Vergangenheit in der BRD amtierender Richter und Staatsanwälte anprangerte. Man grenzte sich gegen den Kommunismus theoretisch und praktisch ab[102], bekämpfte aber den ressentimenthaften Antikommunismus und forderte die sachliche Auseinandersetzung mit den Kommunisten auf der Grundlage direkter Gespräche. Diese »Vorstandspolitik der Mitte«[103] führte von Mitte 1959 bis Mitte 1960 zu einem prekären Ausgleich des SDS mit der sozialdemokratischen Parteiführung. Sie wurde unterstützt von den linkssozialistischen Kräften um die *Sozialistische Politik* (von Oertzen, Abendroth).[104] Deren Verhaltensdirektive, im Rahmen innerparteilicher Demokratie den Widerspruch gegen die vorherrschenden Anpassungstendenzen in der SPD lebendig zu halten, machte sich z. B. das Bundesvorstandsmitglied Monika Seifert-Mitscherlich im August 1960 zu eigen: »Ich bin in die SPD vor Geltung des Godesberger Programms eingetreten und halte Teile des Programms für falsch. Trotz dieser kritischen Haltung, zu der ich mich als Studentin der Soziologie verpflichtet glaube, ist es für mich als Mitglied der SPD selbstverständlich, daß ich in der Öffentlichkeit für dieses Programm eintrete, und daß ich für seine Verwirklichung arbeite. Ich nehme jedoch das Recht in Anspruch, innerhalb der Demokratie auf demokratischem Wege eine Veränderung des Grundsatzprogramms zu erreichen.«[105] Die weitgehende Übereinstimmung des SDS-Bundesvorstandes mit den unabhängigen Linkssozialisten innerhalb der SPD führte zur Gründung einer »Sozialistischen Förderergemeinschaft der Freunde, Förderer und ehemaligen Mitglieder des Sozialistischen Deutschen Studentenbundes«[106], die sich vor allem auf Initiative der Wortführer der unabhängigen Linkssozialisten konstituierte (Abendroth, von Oertzen, Lamm u. a.) und die sich zur Aufgabe machte, die materiellen Existenzbedingungen des SDS zu sichern. Mit dem Unvereinbarkeitsbeschluß des Parteivorstandes vom November 1961 wurden dann die Mitglieder des SDS und seiner Förderergemeinschaft gleichermaßen aus der Sozialdemokratischen Partei ausgeschlossen, und nur wenige der Förderer – wie Peter von Oertzen – entschieden sich für das Verbleiben in der Partei. Es ist wahrscheinlich, daß die Entscheidung für den Ausschluß der noch in der Partei verbliebenen Linkssozialisten und des ihnen nahestehenden SDS bereits im Verlaufe einer weiteren »Öffnung nach rechts«[107] seit der zweiten Jahreshälfte 1960 von der Parteiführung getroffen worden war, aber erst nach den Bundestagswahlen von 1961 in die Tat umgesetzt wurde. Der Wille zum Wohlverhalten, den der Bundesvorstand des SDS seit Mitte 1959 durchaus gezeigt hatte, wurde nicht honoriert, und die Diskussion mit den Förderern und den Wortführern des SDS wurde unmittelbar nach den Bundestagswahlen in ungewöhnlich schroffer Form abgebrochen.[108] Die Dokumentation, mit der der SPD-Parteivorstand im Januar 1962 den Unvereinbarkeitsbeschluß zu rechtfertigen suchte[109], setzte sich mit den von SDS und Förderergemeinschaft erhobenen Vorwürfen auseinander, der Beschluß sei das »Werk einer kleinen, autoritär eingestellten Gruppe der Parteibürokratie«, er richte sich gegen die Freiheit der Professoren und Studenten an den Hochschulen, und er beseitige die innerparteiliche Demokratie in der SPD; sie enthielt aber ebenso wie der Wortlaut des Unvereinbarkeitsbeschlusses selbst nur wenige Anhaltspunkte dafür, was konkret der Politik des SDS seit Mitte 1959 vorzuwerfen sei.[110] Diese teilweise verbitternden Erfahrungen mit der Parteiführung, die u. a. zum Austritt einer Reihe von bekannten Hochschullehrern (u. a.

Ossip K. Flechtheim) aus der SPD führten[111], verschärften die im SDS geübte Kritik an Organisation und Taktik der Sozialdemokratie und lenkten das sozialistische Selbstverständnis des Verbandes in neue Bahnen.

Der Sozialistische Deutsche Studentenbund und die Neue Linke

In den Jahren von 1962 bis 1966, in denen – nach einem Wort von Wolfgang Abendroth – der SDS zur »einzigen funktionierenden sozialistischen Organisation« in der Bundesrepublik wurde, übte der Verband als hochschulpolitischer Akteur[112] und als gesellschaftskritische Instanz eine gewisse Anziehungskraft auf Teile der Studentenschaft in der Bundesrepublik aus. Trotz seiner seit dem Unvereinbarkeitsbeschluß der SPD eher wachsenden Publizität zählte er aber in diesen Jahren kaum mehr als 500 bis 700 aktive Mitglieder.[113] Die Möglichkeiten zentraler Verbandsaktivität waren stark eingeschränkt, nachdem ab 1960 nicht nur die finanzielle Unterstützung durch die SPD, sondern auch die Mittel aus dem Bundesjugendplan[114] weggefallen waren. Die Selbständigkeit der einzelnen SDS-Hochschulgruppen, die traditionsgemäß groß war, wurde unter diesen Umständen noch gesteigert. Der aus der Diskussion dieser Gruppen resultierende gemeinsame innerverbandliche Willensbildungsprozeß bezeugte sich auf den jährlichen Delegiertenkonferenzen. Der innerverbandlichen Meinungsbildung diente das seit Mitte 1960 in Frankfurt/Main erscheinende Organ des SDS, die *Neue Kritik;* die Zeitschrift wurde vom Bundesvorstand herausgegeben und erschien mit 7 Heften im Jahr; sie verstand sich als »Diskussionsforum, in dem divergierende sozialistische Meinungen«[115] zu Worte kommen sollten. Vor allem in der *Neuen Kritik*[116] wurde in der ersten Hälfte der sechziger Jahre die Debatte über das neue Selbstverständnis des SDS und über die Möglichkeiten sozialistischer Politik in der Bundesrepublik geführt.

Zum Kristallisationskern eines neuen Selbstverständnisses des Verbandes wurde nach seiner Ablösung von der SPD das Konzept der »Neuen Linken«. In seinem Rechenschaftsbericht vor der Frankfurter Delegiertenkonferenz (Oktober 1961) beantwortete der SDS-Bundesvorsitzende die Frage, woher der Verband die Kraft zur selbständigen Weiterarbeit nehme, mit dem Hinweis, daß man sich als einen Teil der internationalen Arbeiterbewegung verstehe, der an der Verwirklichung sozialistischer Forderungen mitarbeiten wolle. »Das heißt für uns, daß wir an der ›konkreten Utopie‹ festhalten, wie Ernst Bloch sie geprägt hat; an dem Ziel einer geeinten demokratischen Gesellschaft, in der die Menschen von privatwirtschaftlicher und bürokratischer Verfügung und Verplanung befreit sind. [...] In diesem Sinne fühlen wir uns der Bewegung zugehörig, die in England unter dem Namen ›New Left‹ in Frankreich als ›nouvelle gauche‹ entstanden ist. Diese ›Neue Linke‹, die sich heute in den westeuropäischen Ländern herausbildet, ist als selbständige Organisation nicht zu bestimmen. Sie ist in den Organisationen der Arbeiterbewegung, unter Akademikern und Studenten zu finden. Es ist deshalb gerechtfertigt, wenn wir sagen, daß auch der SDS zu dieser ›Neuen Linken‹ gehört.«[117] Die gemeinsamen Merkmale der Neuen Linken wurden in weiteren Beiträgen besonders in den ersten Jahrgängen der *Neuen Kritik* präzisiert. Den soziologischen Rekrutierungsbereich der Neuen Linken definierte man so: »Innerhalb und außerhalb der klassischen Arbeiterorganisationen begannen sich, meist in den fünfziger Jahren, Gruppen zu strukturieren, in denen theoretische Diskussionen um den Sozialismus sich mit sehr konkreten sozialistischen Forderungen und Aktionen verbanden. Diese Gruppen bildeten sich vor allem aus Studenten, Intellektuellen, Jugendfunktionären der Gewerkschaften und Parteien.«[118] Den Unterschied dieser Neuen Linken zu den tradierten Arbeiterorganisationen sozialdemokratischer und kommunistischer Prägung brachte der SDS-Bundesvorsitzende der Jahre 1961/62 auf die Formel: »Gemeinsam grenzen sie [die Anhänger der Neuen Linken in den westeuropäischen Ländern; H. M. B.] sich klar und unmißverständlich gegen den ›Sozialismus‹ volksdemokratischer Prägung ab, führen jedoch die Auseinandersetzung mit Argumenten, die nicht dem Arsenal der üblichen Antikommunismus-Hysterie entlehnt sind. – Andererseits bekämpft die ›Neue Linke‹ Tendenzen, die in allen sozialdemokratischen Parteien Westeuropas an Gewicht gewinnen, wie die Bürokratisierung und die fortschreitende Identifizierung mit den herrschenden politischen und gesellschaftlichen Verhältnissen.«[119] Inhaltlich war dieses Selbstverständnis des SDS und seiner Förderergemeinschaft anfangs nicht neu; es entsprach der Positionsbestimmung der linkssozialistischen Tendenzen in der SPD der fünfziger Jahre. Neu war vielmehr der verstärkte Kontakt und Austausch mit gleichgerichteten Bewegungen in anderen westeuropäischen Ländern, der während der ganzen sechziger Jahre dann erhalten blieb in der Studentenbewegung. Es wurden vom SDS Gespräche gesucht mit den »New-Left-Clubs« in England[120], mit der 1960 gegründeten linken Abspaltung von der französischen Sozialdemokratie, dem »Parti Socialiste Unifié« (PSU)[121], mit der Ende der fünfziger Jahre unter Führung Lelio Bassos gegründeten kleineren linkssozialistischen Partei in Italien (PSIUP)[122] und der »Sozialistischen Volkspartei« in Dänemark.[122a] Die Zurechnung des SDS und seiner Förderer zur westeuropäischen Neuen Linken ermöglichte zwar eine Kompensation der politischen Isolierung des Verbandes in der Bundesrepublik nach dem endgültigen Bruch mit der SPD, lieferte jedoch keine Handlungsanleitung für die Lösung der praktischen Probleme linkssozialistischer Politik. Am Jahresende 1965 faßte der SDS-Bundesvorsitzende Schauer das Ergebnis der Diskussion um die Neue Linke während der vorausgegangenen vier Jahre zusammen: »So blieb der Begriff ›Neue Linke‹ mehr ein Hinweis auf Tendenzen in anderen Ländern. Einerseits entfaltete man zunächst ausführlich die Kritik an der alten Arbeiterbewegung, ohne schon zu eigenen konkreten programmatischen Vorstellungen zu kommen; andererseits blieb auch die praktische Verbindlichkeit des Begriffs ungeklärt, wodurch er schließlich unpraktisch werden mußte.«[123]

Über die Frage der nächsten praktischen Schritte der Neuen Linken kam es schon 1962 zur offenen Kontroverse, die hauptsächlich zwischen Repräsentanten der SDS-Spitze und den Sprechern der Förderergesellschaft ausgetragen wurde. In den Kreisen der Förderergesellschaft war nach dem Kölner Parteitag der SPD (Mai 1962) der Wille bekundet worden, eine organisatorische Alternative zur SPD zu schaffen. Anfang Oktober 1962 benannte sich die Förderergesellschaft um in »Sozialistischer Bund«. Der Zweck des Vereins wurde folgendermaßen umrissen: »Der Verein versucht, theoretisch und praktisch Voraussetzungen für die Bewegung einer ›Neuen Linken‹ in der Bundesrepublik Deutschland zu schaffen. Er versucht, diese Bewegung in jeder Weise zu fördern und dabei zusammen mit anderen freiheitlich-sozialistischen Kräften ein Zentrum für eine neue sozialistische Politik zu bilden.«[124] Der SDS, den zu unterstützen die Satzung des Sozialistischen Bundes als eine der wichtigsten Aufgaben bezeichnete, schloß sich dieser Initiative nicht an. Die 17. Delegiertenkonferenz (Oktober 1962) nahm eine Resolution an, in der erklärt wurde: »Der SDS ist der Ansicht, daß eine sozialistische Partei unter den gegebenen Umständen keine Aussicht auf Erfolg hat, und daß alle in diese Richtung gehenden Anstrengungen die augenblickliche Zersplitterung und Ohnmacht der linken Gruppierungen in der Bundesrepublik nicht überwinden, sondern fördern würden.«[125] In einer in den nächsten Monaten folgenden Diskussion zwischen Thomas von der Vring als SDS-Sprecher und Wolfgang Abendroth als erstem Vorsitzenden des Sozialistischen Bundes wurden die theoretisch-taktischen Gegensätze ausgesprochen, die hinter dieser Kontroverse standen. Von der Vring hielt den im Sozialistischen Bund zusammengeschlossenen Linkssozialisten eine zu starke Fixierung an die alten, von der SPD aufgegebenen Positionen vor, ein Festhalten an den »tradierten sozialdemokratischen Ideologien und Riten«[126]; die Gründung des Sozialistischen Bundes und seine Organisationspraxis schienen ihm von diesem eher nach rückwärts gewandten Geist geleitet und für den SDS nicht akzeptabel. Die Sprecher des Sozialistischen Bundes (Abendroth, Brakemeier) sahen in der durch von der Vring formulierten Kritik die Gefahr, daß der SDS in der Abgrenzung gegen die »Alte Linke« auch die guten Traditionen und den Erfahrungsschatz der älteren Genossen verbanne und so zu einer »geistigen tabula rasa« gelange.[127] »*Beide* Gruppen, der SDS an den Hochschulen, der SB an anderen Stellen der Gesellschaft, sollten sich als *Partner* der *gemeinsamen* Aufgabe wissen, den Boden für eine ›neue Linke‹ in der Bundesrepublik bereiten zu helfen; beide dürfen dabei nicht den Anspruch erheben, ein Monopol auf die ›neue Linke‹ zu besitzen, weder allein noch gemeinsam.«[128] Bedeutsam für die Entwicklung des SDS scheint diese Kontroverse insofern, als hier erstmals das seit Mitte 1959 dominante linkssozialistische Selbstverständnis, das mit Hilfe von Vertretern der innerparteilichen Opposition gegen die Transformation der SPD zur Volkspartei, Wolfgang Abendroth und Fritz Lamm, formuliert worden war[129], ausdrücklich in Frage gestellt wurde mit dem Argument, zu sehr auf verpaßte Möglichkeiten der sozialistischen Neuordnung fixiert und an aufgegebenen Positionen der Nachkriegs-SPD orientiert zu sein.

Die Entwicklung des SDS, der sich als unabhängiger sozialistischer Studentenverband den Organisationsgründungen von der Art der VUS ebenso wie von der Art des Sozialistischen Bundes versagte, konnte später den Sprechern des antiautoritären Lagers mit einer gewissen Berechtigung für die Periode von 1961 bis 1965 als »Vorbereitungszeit für die antiautoritären Aktionen«[130] seit Mitte der sechziger Jahre erscheinen. Im Rahmen der Strategiediskussion der Jahre 1961 bis 1966[131] wurde einerseits intensiv die Aneignung sozialistischer Theorie betrieben, andererseits wurden die Aktionsformen und Aktionsmöglichkeiten sozialistischer Opposition in der Bundesrepublik erörtert. Diese Zielsetzung wurde von der 17. Delegiertenkonferenz (Oktober 1962) deutlich formuliert: »Der SDS fordert [...] alle nichtkommunistischen sozialistischen Gruppen auf, sich informell zu Studien- und Aktionsgemeinschaften zusammenzuschließen und mit den Mitteln politischer Aufklärung und sinnvoller Aktionen das Bewußtsein der Möglichkeit und Notwendigkeit einer sozialistischen Veränderung der Gesellschaft in breitere Kreise zu tragen.«[132] Zentrale Themen in der überwiegend theoretischen Arbeit dieser Periode, die in der Strategiedebatte der Neuen Linken entfaltet und von der späteren antiautoritären Mehrheit im SDS mit radikalen praktischen Konsequenzen weiterverfolgt wurden, waren die Kritik an den traditionellen Arbeiterorganisationen, die Erörterung neuer Aktionsformen und die Bestimmung der Rolle der Intelligenz in der sozialistischen Bewegung.

Die Spannweite der in der *Neuen Kritik* veröffentlichten Überlegungen zur Rolle der Intellektuellen in der sozialistischen Bewegung sah Michael Vester Mitte 1965 abgesteckt durch zwei Extrempositionen: »Die einen erklären die Intellektuellen zu einer Agentur historischen Wandels, die anstelle der Unterklassen und aus eigener Kraft die Gesellschaft demokratisieren kann. Die anderen halten einzig die politische Aktion der Arbeiterschaft für effektiv; sie unterschätzen damit die Apathie der Arbeitnehmer und die Tatsache, daß in einer bürokratischen Gesellschaft die Intellektuellen strategische Nervenpunkte besetzt halten: in der Beamtenschaft, in den Massenmedien, unter den Städteplanern, in Braintrusts, Parteien und Gewerkschaften, unter Jugendfunktionären und Pfarrern, in Schulen und Universitäten und nicht zuletzt unter den Technikern, Juristen und Ärzten.«[133] Der ersten Position näherten sich einige Beiträge in der *Neuen Kritik,* die offensichtlich unter dem Einfluß der Anfang der sechziger Jahre in der Bundesrepublik übersetzten und rezipierten Arbeiten des der New Left in den USA verbundenen Soziologen C. Wright Mills[134] standen.[135] Mills hatte unter dem Eindruck anscheinend unaufhebbarer, systembedingter politischer Apathie der sozialen Unterklassen die These aufgestellt, die junge Intelligenz sei möglicherweise in den kapitalistischen Industriestaaten zur einzigen »historical agency of change« geworden. Der anderen Position näherten sich Beiträge, die, wie z. B. der von Wolfgang Abendroth, mahnten, die Tätigkeit sozialistischer Intellektueller könne nur dann wirksam werden, wenn sie »in die Organisationswelt und das reale Leben jener gesellschaftlichen Untergruppen, der Arbeitnehmer, ausstrahlt und dort zum Katalysator potentieller Aktionen wird«.[136] In der Feststellung der politischen Apathie und der weitgehenden sozialen Integriertheit der Arbeitnehmermassen in das kapitalistische System waren sich alle Autoren einig, sie setzten allerdings unterschiedliche Akzente bei der Erklärung der Ursachen dieses Tatbestandes. In Anlehnung an C. Wright Mills schrieb Michael Vester: »Die Allgegenwart von Machteliten und ihr bisher unerschöpftes Arsenal von ökonomischen und psychologischen Stabilisatoren lassen den Schluß zu, daß unmittelbare Aktionen der abhängigen Massen weder zu erwarten sind noch Aussicht auf Erfolg haben.«[137] Im Gegensatz zu Vester hielt Abendroth diese Handlungsunfähigkeit der lohnabhängigen Massen keineswegs für ein generelles Symptom in spätkapitalistischen hochindustriellen Gesellschaften, sondern eher für eine Folge der spezifischen ökonomischen und sozialen Restauration in der Bundesrepublik Deutschland: »Dieser erneute Sieg des Denkens der herrschenden Klassen der Bundesrepublik über die Ideen des Sozialismus, über die Anfänge eines neuen gesellschaftlichen und politischen Selbstbewußtseins der Unterklassen, die nach dem so deutlich sichtbaren Bankrott der barbarischen Politik dieser herrschenden Klassen 1945 emporzuschießen schienen, auch in den bürokratisch geführten Organisationen der Arbeitnehmer selbst, war offensichtlich nur deshalb möglich, weil die Wiederherstellung des alten ökonomisch-sozialen Machtgefüges in der westdeutschen Gesellschaft dank der Förderung durch die USA so rasch gelang, dann eine langandauernde wirtschaftliche Hochkonjunktur nutzen konnte und einer tiefgehenden Restauration des früheren administrativen und militärischen Apparates und seiner sozialen Träger parallel lief.«[138] Je höher in dieser Debatte von den einzelnen Autoren der Grad der politischen Apathie der Arbeitermassen veranschlagt wurde, desto mehr wurde von ihnen die stimulierende Rolle der Intellektuellen bei der Herstellung der Voraussetzungen einer sozialistischen Politik hervorgehoben.

Eine ähnliche prinzipielle Einigkeit wie über die hervorragende Rolle der Intellektuellen bei der Rekonstruktion der sozialistischen Bewegung herrschte in der Neuen Linken, soweit sie sich in der *Neuen Kritik* artikulierte, über das Versagen der traditionellen Arbeiterorganisationen. Die dominanten Themen der Kritik an den Organisationen der alten Arbeiterbewegung waren deren »Verstaatlichung« und Bürokratisierung. Unter »Verstaatlichung« verstand man »die Verselbständigung der politischen Spitzen der Arbeiterbewegung gegenüber ihren Mitgliedern und ihre ›Integration‹ in den kapitalistischen Herrschaftsapparat«.[139] Mit ihrer »Verstaatlichung« haben »die alten sozialdemokratischen Organisationen der Arbeitnehmer eine neue gesellschaftliche Funktion erhalten. Die kapitalistische Gesellschaft hat sie, entsprechend der Integration der Arbeitnehmer, in wesentliche Bestandteile ihres bürokratischen Mechanismus umgeformt. Die reformistische Partei der Sozialdemokratie ist ›verstaatlicht‹ wie alle anderen Parteien auch, die als ›Verfassungsorgane‹ zu Teilen des Staatsapparates geworden sind und nur noch in einseitiger Kommunikation die politischen Entscheidungen gegenüber der Bevölkerung vertreten.«[140]

Ossip K. Flechtheim stellte in seinen Referaten auf der 16. Delegiertenkonferenz des SDS und auf der Gründungsversammlung der Sozialistischen Förderergesellschaft 1961 besonders die Rolle des Art. 21 GG für die Integration der Parteien in den Staat heraus; nach seiner Beobachtung wandelten sich die Parteien in der Bundesrepublik, begünstigt durch die 5%-Klausel des Wahlgesetzes und die teilweise Finanzierung der Parteien aus Steuermitteln, von ursprünglich »stark weltanschaulich geprägten, ›vorstaatlichen‹, auf freiwilligen Mitgliedern und Funktionären beruhenden Assoziationen« zu »quasi-öffentlich-rechtlichen, d. h. staatsverbundenen, hierarchisch geführten Anstalten«.[141] Zu diesem Funktionswandel der Arbeiterpartei, ihrem Anspruch gemäß ursprünglich die Inkarnation des Kampfes gegen die bürgerliche Staatsgewalt, hatte nach übereinstimmender Analyse der Neuen Linken das Schwinden der innerparteilichen Demokratie erheblich beigetragen. Von der Vring skizzierte die Genese der Bürokratisierung der Sozialdemokratie so: »In dem Maße, wie der Apparat der Sozialdemokratie wuchs, gewann er jedoch Eigenleben und vor allem ein alles überragendes Interesse an seiner Selbsterhaltung. Er wehrte sich gegen jede existenzgefährdende politische Praxis. Statt dessen suchte er Funktionen, in denen er expandieren konnte. Im Vordergrund stand dabei die parlamentarische Arbeit, der Kampf um die Mandate in Parlament und Verwaltung des Staates und der Gemeinden. Die Partei wurde auf diese Weise *Instrument des Staates* zur Vermittlung von Funktionsträgern, zu einem Appendix des Staatsapparates.«[142] Der Apparat unterwerfe sich die Mitgliedschaft, so wie er selbst sich dem Staatsapparat unterworfen habe: »Die Hierarchie der Partei wird zwar formal kontrolliert von der Mitgliedschaft, welche die Funktionäre einsetzt und abberuft. Aber das Machtübergewicht des Apparates gegenüber den Einzelnen ist unumgänglich, und eben ihre formale Abhängigkeit von der Mitgliedschaft drängt die Funktionsträger – deren wirtschaftliche Existenz häufig und weitgehend an ihre Funktionen gebunden ist –, alle Möglichkeiten der Manipulation ihrer Wähler zu suchen.«[143] Flechtheim fand den von Robert Michels vor 1914 in der SPD analysierten Bürokratisierungsprozeß in der zeitgenössischen Sozialdemokratischen Partei ungleich stärker ausgeprägt: »Heute hat sich die straffe Führung der Parteien von oben noch weiter perfektioniert. [...] Zweifellos wird die Politik der SPD heute von ihren Führern ohne entscheidende Mitsprache der Mitglieder bestimmt.«[144] Diese Kritik am Integrations- und Manipulationscharakter der Parteien im allgemeinen und der einzigen großen Arbeitnehmerpartei, der SPD, im besonderen wurde bereits in dieser Phase des SDS gelegentlich im antiautoritären Sinne zugespitzt. In einem der Beiträge hieß es: »Die Privatisierung [der Arbeitermassen; H. M. B.] ist nicht nur ein Protest gegen die bürokratisierte Politik der sozialdemokratischen Parteien von heute, sondern gegen jede spezialisierte ›Politik‹ dieser Art, gegen die hergebrachte Vorstellung von der ›politischen‹ Organisation der sozialistischen Bewegung in Parteiform. Nach dem ›strategischen‹ und organisatorischen Konzept der Sozialdemokratie und der Kommunisten ist die Partei die mehr oder weniger ›revolutionäre‹ Aktivität einer bewußten Minderheit, die die Massen führt und eine Minderheitsrevolution mit einer anschließenden Minderheitsherrschaft über die nichtrevolutionäre Mehrheit anstrebt. Mit diesem Ansatz wird die typisch kapitalistische Aufteilung in Führung und Ausführung – durch die Massen – begründet – und kann die Aufgabe des Sozialismus nicht gelöst werden...«[145] Ähnlich argumentierte von der Vring: »Das Scheitern der sozialistischen Revolutionen ist Folge der hierarchisch-autoritären Struktur der vorrevolutionären – sozialdemokratischen wie bolschewistischen – Arbeiterbewegung. Jede ›stellvertretende‹ Administration, die das Denken und Lenken der Massen ersetzen soll und darum notwendig die Gestalt eines hierarchischen Rollengefüges annimmt, enthält immanente Entfremdungstendenzen.«[146]

Wie in der Kritik an den traditionellen Organisationen der Arbeiterbewegung zeichnete sich auch ein weitgehender Konsens in der Strategiediskussion der Neuen Linken während der ersten Hälfte der sechziger Jahre ab, der unmittelbar die Aktionsformen der antiautoritären Studentenbewegung vorbereitete. Bereits auf der 16. Delegiertenkonferenz des SDS im Oktober 1961 hatte Ossip K. Flechtheim auf die in den USA entstandenen »single purpose movements« hingewiesen, die angesichts der weitgehenden bürokratischen Verkrustung der Parteien den Staatsbürgern einen gewissen Einfluß auf die politische Willensbildung in wesentlichen Fragen ermöglichten und ihnen Ansätze politischen Bewußtseins vermittelten: »In dem Maße, wie aber auch unsere Parteien immer mehr zu oligopolistischen, hierarchisch-strukturierten Anstalten werden, wird, ähnlich wie in den USA, die Betätigung politisch aktiver Bürger in staatsbürgerlichen Vereinigungen aller Art zu einer Lebensfrage für die demokratische Dynamik unserer Gesellschaft.«[147] Flechtheim schrieb diesen Bewegungen die Funktion einer »Unruhe im politischen Getriebe einer durchorganisierten und institutionalisierten Welt«[148] zu. Die hier aufgezeigte neue Taktik für die sozialistische Bewegung, im Bündnis auch mit nichtsozialistischen betroffenen sozialen Gruppen eng umgrenzte defensive oder offensive politische Kampfziele in verschiedenen Varianten des Protests und der Einwirkung auf die Öffentlichkeit durchzusetzen, stieß auf wachsendes Interesse im SDS. Auf der 17. Delegiertenkonferenz wurde ein Referat beim Bundesvorstand des SDS eingerichtet, das sich darum bemühen sollte, die vom sozialistischen Studentenverband erarbeiteten Konzeptionen »den gesellschaftlichen Interessengruppen bekanntzumachen, die in zielgerichteten Aktionen (›single purpose actions‹) zu ihrer Verwirklichung beitragen können, z. B. den bewußteren Teilen der Studentenverbände, der Arbeitnehmerorganisationen, des Ostermarsches der Atomwaffengegner usw.«[149] Diese Aktionen schienen Ansatzpunkte zur Konstituierung von Gegenmacht in den und gegen die bürokratisch verselbständigten Repräsentativorgane der hochindustrialisierten Staaten darzustellen. Nach Auswertung der Erfahrungen der Bürgerrechtsbewegung und der Studentenopposition in den USA[150] faßte der mit der angelsächsischen New Left gut vertraute Michael Vester Mitte 1965 die taktischen Möglichkeiten der »single purpose movements« zusammen:[151] Das in diesen Bewegungen praktizierte Prinzip der »direkten Aktion« sei im Gegensatz zu dem auch von der Arbeiterbewegung übernommenen Repräsentativsystem entwickelt worden, das dazu neige, sich zu »einem autoritären Paternalismus« zu verselbständigen. Direkte Aktion könne aber nicht angezettelt werden, sondern ergebe sich »aus einer spezifischen und konkreten Situation, deren Unerträglichkeit von den Betroffenen eingesehen werden kann«. »Direkte Aktion ist immer freiwillige Aktion der Betroffenen selbst, nicht aktivistischer Minderheiten, die nur die Rolle von Katalysatoren spielen können.« In diesen Aktionen kämen in der Regel mehr und andere Gruppen in Bewegung, als in den Organisationen mit explizit politischer Zielsetzung zusammengefaßt seien. Die spezifische Wirksamkeit dieser Aktionen liege in der Verweigerung, in der passiven Resistenz: »Direkte Aktion ist nur als passiver Widerstand sinnvoll und erfolgreich. ›Civil disobedience‹ ist gewaltlos und rein defensiv wie jede Gehorsamsverweigerung: eine Gruppe von Menschen macht einfach nicht mehr mit, weil sie am demokratischen Mitmachen gehindert ist. Ihr Erfolg beruht darauf, daß der Ungehorsam am Ort des Unrechts, an strategisch empfindlichen Punkten der Gesellschaft ansetzt, an denen das Mitmachen unerläßlich ist, weil sonst ein Teil des Systems zusammenbricht.« Als Bereiche, in denen in der Bundesrepublik die Konstituierung von Gegenmacht durch die Taktik der direkten Aktion gefördert werden könne, nannte Vester die Universitäten und die Gewerkschaften. Auch Thomas von der Vring, der mit seinen sozialistischen Häresien eine Schrittmacher-Funktion in der Strategiedebatte erfüllt hatte[152], maß schließlich bei der Darlegung seiner Konzeption eines modernen Klassenkampfes dem Selbsthandeln betroffener sozialer Gruppen nach dem Vorbild der »single purpose movements« hohe Bedeutung bei: »Eine sozialistische Politik kann [...] heute nur von punktuellen Ansätzen ausgehen. Im Sinne von Single-Purpose-Movements wird sie sich anfänglich auf solche partielle Probleme und Bereiche konzentrieren müssen, die sich am leichtesten und wirksamsten erschließen lassen. Es gilt – analog zur ersten Phase der modernen Partisanenstrategie – in dem weiten Feld gesellschaftlicher Repression Inseln eines organisierten Widerstandes zu schaffen und zu festigen, die zunächst unverbunden bleiben.«[153] Für von der Vring galt es insbesondere, die Einflußchancen der unteren Funktionärskader und der Mitglieder in den Gewerkschaften gegenüber deren bürokratischem Apparat zu stärken, ohne jedoch die Handlungsfähigkeit der Gewerkschaftsbürokratie in der Konkurrenz mit anderen Bürokratien zu schwächen.

Die hier zusammengefaßten wesentlichen Tendenzen in der

Strategiediskussion der Neuen Linken, so wie sie in der ersten Hälfte der sechziger Jahre im SDS geführt wurde, waren gekennzeichnet durch die starke Akzentuierung der aktiv-stimulierenden Rolle der Intellektuellen bei der Rekonstruktion der sozialistischen Bewegung, durch die Revision und weitgehende Ablehnung der Tradition der als gescheitert angesehenen alten Arbeiterbewegung und durch die Suche nach neuen Ansatzpunkten und Aktionsformen sozialistischer Politik in Anlehnung an die in den USA erprobten »single purpose movements«. Für die Praxis des SDS blieben diese Tendenzen der Strategiediskussion jedoch ziemlich unverbindlich, und die Kritik an dieser endlosen und letztlich unfruchtbar erscheinenden Debatte mehrte sich. Die in der SDS-Diskussion zur Strategie der Neuen Linken sich abzeichnenden Positionen lassen sich in die Geschichte des SDS einordnen als Übergangsstufe von der linkssozialistischen Fixierung der anfänglichen sozialdemokratischen Opposition des Verbandes zu seinem späteren mehrheitlichen antiautoritären Selbstverständnis.

Die Außerparlamentarische Opposition und der antiautoritäre SDS

Die abstrakt geführte Strategiedebatte der Neuen Linken wurde im SDS tendenziell seit 1965 verdrängt durch Auseinandersetzungen über Fragen der Taktik und der Organisation, die aus den wachsenden praktischen Differenzen zwischen der Verbandsspitze, der Mehrheit des Frankfurter Bundesvorstandes und einer anfänglichen Minderheit im Berliner Landesverband entstanden. Bis Ende 1966 fand die Kontroverse zwischen diesen beiden dominanten Richtungen statt, die bald als »traditionalistische« und als »antiautoritäre« Tendenzen bezeichnet wurden. Es ging um die Bestimmung der politischen Praxis des Gesamtverbandes. Aus dieser Auseinandersetzung resultierten die folgenreichsten Entwicklungsanstöße des SDS seit seiner Ablösung von der SPD.
 In der Verbandsspitze waren die linkssozialistischen Gruppen seit der Übernahme des Bundesvorsitzes des SDS durch Helmut Schauer, einen über die »Naturfreunde«-Bewegung zum SDS gekommenen politischen Schüler Fritz Lamms, bis

1966 vorherrschend; sie hatten sich in der Strategiedebatte von den Revisionsansätzen von der Vrings und Vesters distanziert und sich die Kennzeichnung als »Orthodoxe« erworben mit ihren Argumenten, es sei nicht sinnvoll, den Marxismus als theoretische Anleitung sozialistischer Politik zu verabschieden und die Erörterung neuer sozialistischer Aktionsformen zu vertiefen, ohne vorab sich über die Inhalte sozialistischer Politik verständigt zu haben.[154] Das verbandspolitische Hauptziel der SDS-Führung in der Periode des Bundesvorsitzes Schauer/Dabrowski (1964-1966) war es, den SDS so weit zu konsolidieren, daß er selbständig handlungsfähig wurde und imstande war, als Studentenverband in Koalition mit anderen oppositionellen Verbänden und Gruppen in der Öffentlichkeit zu wirken. Während die Kontaktnahmen mit der FDJ fortgesetzt wurden, aber 1965 im wesentlichen an der Weigerung der FDJ-Funktionäre scheiterten, neben dem politisch-sozialen System der Bundesrepublik auch dasjenige der Deutschen Demokratischen Republik einer kritischen Analyse zu unterziehen[155], kam im Mai 1964 zwischen dem SDS und vier weiteren Studentenverbänden ein Bündnis zustande. Diese »Höchster Vereinbarung« zwischen dem SDS, dem nunmehr seinerseits bei der SPD-Führung in Ungnade fallenden »Sozialdemokratischen Hochschulbund« (SHB), dem »Liberalen Studentenbund Deutschlands« (LSD), der »Humanistischen Studentenunion« (HSU)[156] und dem »Bundesverband Deutsch-Israelischer Studentengruppen« (BDIS) gründete auf hochschul-, verfassungs- und deutschlandpolitischen Gemeinsamkeiten. Angesichts der bevorstehenden abschließenden parlamentarischen Beratung der teilweise verfassungsändernden Notstandsgesetze, in denen die Höchster Bünde die »Gefahr eines Staatsstreichs von oben«[157] sahen und in deren politischer und juristischer Kritik der SDS sich besonders hervorgetan hatte[158], initiierten die fünf Verbände gemeinsam unter dem Motto »Demokratie vor dem Notstand« am 30. 5. 1965 einen Kongreß in Bonn. Vor allem die Beteiligung namhafter Hochschullehrer und Gewerkschaftsvertreter verschaffte diesem Kongreß eine nicht unerhebliche öffentliche Resonanz[159]; die zwischen dem SDS-Bundesvorstand und der Frankfurter IG-Metall-Zentrale bei der Vorbereitung des Kongresses intensivierten Beziehungen wurden während der folgenden Zeit weiter gepflegt, und Helmut Schauer wurde im Herbst 1966 nach der Abgabe des Bundesvorsitzes des SDS Sekretär des unter maßgeblicher Beteiligung der IG Metall gegründeten Kuratoriums »Notstand der Demokratie«. Schauer beschrieb die Koalitionstaktik des SDS-Bundesvorstandes auf der 20. Delegiertenkonferenz (1965) folgendermaßen: »Bestimmend für die politische Arbeit des Verbandes im vergangenen Jahr war, daß es ihm als Teil der Intellektuellenbewegung gegen die Notstandsgesetzgebung gelang, zu praktisch-politischem Zusammenwirken mit den die Notstandsgesetzgebung bekämpfenden Gewerkschaften zu kommen. Die Struktur dieser gemeinsamen Front ist *das* exemplarische Beispiel für unsere politischen Arbeitsmöglichkeiten über die Hochschule hinaus, mit Gewerkschaften und anderen Organisationen.«[160] An dem im Mai 1966 vom SDS-Vorstand organisierten und nach Frankfurt/Main einberufenen Kongreß »Vietnam, Analyse eines Exempels« nahmen wiederum neben den Höchster Bünden auch sozialdemokratische und gewerkschaftliche Jugendorganisationen teil. Der Kongreß setzte in größerem Maßstabe die Solidarisierungsaktionen des SDS mit antikolonialistischen Befreiungsbewegungen fort, die dieser seit dem Algerienkrieg entschieden betrieben hatte. Er war vorbereitet worden durch die kritisch-wissenschaftliche Analyse des militärischen Engagements der USA in Vietnam in den Arbeitskreisen mehrerer SDS-Hochschulgruppen[161] und sollte dazu dienen, »die verschiedenen Ansätze der Opposition gegen die US-Intervention in Vietnam zusammenzufassen«[162] und gegen die indirekte Unterstützung der Vietnampolitik der USA durch die deutsche Bundesregierung zu protestieren. Die SDS-Vorstandstaktik, als Studentenverband in Koalition mit anderen oppositionellen Verbänden, Gruppen und Bewegungen zu aktuellen Tagesfragen der Innen- und Außenpolitik der Bundesrepublik fundiert Stellung zu nehmen, die oppositionellen Kräfte zusammenzuführen und ihren Argumenten in der Form von Kongressen und Demonstrationen öffentliche Wirkung zu verschaffen, wurde noch auf der 21. Delegiertenkonferenz des SDS programmatisch formuliert: »Der SDS arbeitet zusammen mit allen demokratischen Studentenverbänden, den oppositionellen Hochschullehrern, den Gewerkschaften und Verbänden der Arbeiterjugend und allen Persönlichkeiten und Organisationen unter gegenseitiger Wahrung der Gleichberechtigung und Unabhängigkeit: Zur Verteidigung des Grundgesetzes, zur Abwendung der Notstandsgesetze, zur Förderung von Entspannung und Abrüstung, gegen die US-Aggression in Vietnam, für die Verbesserung des Bildungssystems und der Studienbedingungen. Die Höchster Koalition, der Kongreß gegen die Notstandsgesetze (1965), der Vietnam-Kongreß (1966), die Demonstrationen gegen Bildungsnotstand, gegen Vietnamkrieg, die Zusammenarbeit mit Professoren und Gewerkschaften gegen die Notstandsgesetze und die Mitarbeit in der Kampagne für Abrüstung sind Beispiele dieses politischen Engagements.«[163] Dieser »traditionalistische« Programmentwurf wurde von der Konferenz-Mehrheit im September 1966 bereits nicht mehr angenommen; eine andere in der Praxis des Berliner SDS entwickelte taktische Orientierung begann, sich im Gesamtverband durchzusetzen.

Im Gegensatz zu den vom Bundesvorstand eher als »rechte« Abweichung aufgefaßten theoretischen Revisionsversuchen in der Strategiediskussion der frühen sechziger Jahre bewirkte nun eine ihrem Selbstverständnis gemäß »linke« Fraktion im SDS dessen mehrheitliche Abkehr von der seit 1959 dominierenden linkssozialistischen Fixierung des Verbandes. Die frühesten Ansätze dieser »antiautoritären« Fraktion kann man zurückverfolgen bis auf die Tätigkeit der in München zentrierten und unter dem Einfluß des französischen Sozialphilosophen Henri Lefebvre stehenden »Situationistischen Internationale«.[164] Die in der Gruppe SPUR zusammengefaßten Situationisten aus dem Münchener Künstler- und Intellektuellenmilieu folgten, in enger terminologischer Anlehnung, der französischen Sektion der »Situationistischen Internationale« in der Analyse der Entfremdungserscheinungen in allen Bereichen der modernen industriellen Zivilisation und in der Forderung nach Transformation der Gesellschaft durch Freisetzung schöpferischer (künstlerischer) Subjektivität. Ein Teil der Situationisten konstituierte im Herbst 1963 die »Subversive Aktion«, die in den beiden folgenden Jahren ausschließlich jüngere Intellektuelle und Studenten in München, Berlin, Stuttgart und Hamburg anzog. Sich auf die radikale Kulturkritik der Frankfurter Schule (Theodor W. Adorno, Max Horkheimer, Herbert Marcuse u. a.) berufend, erklärte die Gruppe, »daß der Mensch [...] in dieser repressiven Epoche nur durch *Subversive Aktion* die Verwirklichung seiner innersten Triebe und Strebungen finden kann«.[165] Die »Subversive Aktion« suchte dieses theoretische Selbstverständnis in den Jahren 1964-1965 durch provokative Stör- und Flugblattaktionen z. B. anläßlich einer Tagung des Bundes Deutscher Werbeleiter und Werbeberater, der Wahl des Bundespräsidenten und des 80. Deutschen Katholikentages in die Praxis umzusetzen.[166] Die wichtigsten Sprecher der »Subversiven Aktion« in München (Dieter Kunzelmann, Frank Böckelmann) und in Berlin (Rudi Dutschke, Bernd Rabehl) stießen Ende 1964/Anfang 1965 zum SDS.[167] Dieser Schritt signalisierte eine zunehmende Politisierung der ursprünglich kulturkritischen Intellektuellengruppierung und setzte besonders im Münchener und Berliner SDS neue, von der Forderung nach spontaner Selbstverwirklichung in der Aktion ausgehende Impulse frei. So ging aus dieser Verbindung im Umkreis des Münchener SDS eine »Aktion der Rätesozialisten«, in den Kreisen des Münchner und des Berliner SDS eine »Aktion für internationale Solidarität« hervor, deren Wortführer weitgehend identisch waren. Es lag durchaus nahe, daß sich die von den Situationisten und der »Subversiven Aktion« herkommenden Gruppen, die in der Analyse der Entfremdungsphänomene und der Repressionstechniken in den modernen Gesellschaftsformationen geübt waren, bei ihrem Eintritt in den aus der Tradition der Arbeiterbewegung hervorgegangenen SDS sich vor allem für diejenigen Tendenzen in der Geschichte der deutschen Arbeiterbewegung interessierten, in denen die antiautoritäre Kritik am weitesten entfaltet worden war. Otto Rühle, dessen Programm einer Synthese von Marxismus und Psychologie ihren theoretischen Neigungen entgegenkam, schien der Münchener »Aktion der Rätesozialisten« mit seiner Kritik an der sozialdemokratischen und an der bolschewistischen Arbeiterbewegung von höchster Aktualität im Rahmen der Debatte über eine neue Arbeiterbewegung, die in der Neuen Linken geführt wurde[168]: »Den Mut und die Fähigkeit der arbeitenden Klasse zu ihrer Selbstbestimmung zu stärken und weiterzuentwickeln, das halten wir für die dringlichste Aufgabe unserer Zeit. Darum ist diese Arbeit von Otto Rühle [›Von der bürgerlichen zur proletarischen Revolution‹ (1924), H. M. B.] so aktuell.«[169] Gemäß dieser Überzeugung druckten und verteilten die Münchener Rätesozialisten zur Maifeier 1965 ein Flugblatt, in dem vor den Gewerkschafts- und Partei-Bürokraten gewarnt wurde: »Schaut sie euch an: die Bürokraten und Apparatschiks. Sie glauben noch immer daran, die arbeitende Klasse bevormunden zu müssen. Zumindest in einem Punkt sind sich DGB-, SPD- und KPD-Bürokraten einig: ›Die Arbeiterschaft hat kein Bewußtsein‹. Damit rechtfertigen sie ihre Politik.«[170] Gefordert wurde die »Abschaffung des Berufsführertums« und der »regelmäßige Austausch aller Funktionäre [...], damit Verbürokratisierung der Organisation und Verselbständigung ihrer Macht unmöglich wird.«[171] Die »Aktion der Rätesozialisten« zerfiel im Sommer 1966[172]; die mit ihr in der Studentenbewegung einsetzende theoretische Rezeption und historische Identifikation mit der rätekommunistischen Bewegung der Weimarer Zeit wurde jedoch nachdrücklich fortgesetzt in der antiautoritären Mehrheit des SDS seit 1967. Der für die interne Entwicklung des SDS wichtigere Impuls ging aus von der »Aktion für internationale Solidarität«. Die Mitglieder dieser Gruppierung in Berlin und München gaben ab August 1964 gemeinsam die Zeitschrift *Anschlag* heraus, in der sie sich besonders der Analyse des weltweiten Zusammenhangs zwischen den ökonomischen Interessen der kapitalistischen Industriestaaten und den konterrevolutionären Regimes in den Entwicklungsländern einerseits und andererseits der Bestimmung möglicher aktiver Solidarisierung der sozialistischen Opposition in den kapitalistischen Ländern mit den antikolonialistischen Befreiungsbewegungen der Dritten Welt widmeten.[173] Die Gelegenheit, aus der bloßen Passivität der »radikal-akademischen Kritik«[174] auszubrechen, ergab sich im Dezember 1964 bei der Demonstration gegen den Berlin-Besuch des kongolesischen Ministerpräsidenten Moise Tschombe, der für den Tod des Revolutionärs Lumumba verantwortlich gemacht wurde. Allem Anschein nach auf Initiative der Berliner »Aktion für internationale Solidarität«[175] wichen erhebliche Teile der Demonstranten von den vorgeschriebenen Wegen ab und erzielten mit der gelungenen

Überraschung der polizeilichen Ordnungskräfte erhebliche Publizität für ihre Protestaktion. Von dieser Aktion datierten die späteren Wortführer des antiautoritären Lagers in Berlin den Beginn ihrer spezifischen Taktik: »Mit der Anti-Tschombe-Demonstration hatten wir erstmals die politische Initiative in dieser Stadt ergriffen. In der postfestum-Betrachtung können wir sie als Beginn unserer *Kulturrevolution* ansetzen, in der tendenziell alle bisherigen Werte und Normen des Etablierten in Frage gestellt werden, sich die an der Aktion Beteiligten primär auf sich selbst konzentrieren und in der Aktion ihre Selbstaufklärung über den Sinn und das Ziel der Aktion weiterführen.«[176] Die am Jahresende 1964 noch spontan geübte Taktik der begrenzten Regelverletzung wurde 1965 in der besonderen Situation Berlins[177] durch wachsende Spannungen zwischen der Universitätsverwaltung und den linken Studentenverbänden[178] sowie durch die großen Rekrutierungserfolge der internationalistischen Arbeitskreise um die von der »Subversiven Aktion« kommenden Studentensprecher Dutschke und Rabehl allmählich zur bewußten taktischen Alternative zur Koalitionspolitik des Bundesvorstandes des SDS und seiner Berliner Parteigänger entwickelt. Im Februar 1966 kam es zur Konfrontation zwischen dem Bundesvorstand und den Berliner »Internationalisten«, nachdem diese mit einer geheim geplanten und überraschend durchgeführten Plakat-Aktion gegen den Vietnamkrieg die West-Berliner Öffentlichkeit provoziert hatten.[179] Während Dutschke z. B. die Aktion mit der These rechtfertigte, die sozialistischen Intellektuellen müßten den Vietcong durch »prinzipiell illegale Demonstrationen und Aktionen«[180] gegen den Imperialismus unterstützen, lehnte die Mehrheit des Bundesvorstandes[181] die Aktion ab mit dem Hinweis auf die gegen das Gebot innerverbandlich demokratischer Willensbildung verstoßende Verfahrensweise und mit dem Argument der möglichen Existenzgefährdung des SDS durch eine plötzliche Umstellung seiner Taktik auf illegale Aktionen.[182] In der Diskussion über die Vorbereitung des Frankfurter Vietnam-Kongresses vom Mai 1966 kam es zu einer Verschärfung der taktischen Differenzen zwischen dem Bundesvorstand, der zu Ausschluß- und Rücktrittsandrohungen griff, und dem Berliner Landesverband des SDS, der nunmehr mehrheitlich die Taktik der

»Aufklärung in der Aktion« vertrat. Bei der vom Berliner SDS im Dezember 1966 veranstalteten Vietnam-Demonstration wurde diese Taktik schließlich in Nachahmung der Demonstrationstechnik der Amsterdamer »Provos«[183] bewußt praktiziert.[184]

Die von der »Subversiven Aktion« ausgehende antiautoritäre und aktionsorientierte Tendenz im SDS, die sich in Berlin zwischen 1964 und 1966 durchgesetzt hatte, prägte deutlich die Entwicklung des gesamten Verbandes innerhalb der Außerparlamentarischen Opposition während der Jahre 1967 bis 1969. Eine knappe ereignisgeschichtliche Skizze dieser die Ausmaße einer Sozialbewegung annehmenden Opposition ist die Voraussetzung für das Verständnis der Entwicklung des SDS seit 1967. Den Beginn der in der Bundesrepublik in unerwarteter Breite losbrechenden jugendlichen und intellektuellen Protestbewegung[185] kann man datieren mit der Regierungsbildung der Großen Koalition zwischen SPD und CDU/CSU im Dezember 1966. Die von den sozialdemokratischen und gewerkschaftlichen Jugendorganisationen und vom SDS getragenen Proteste gegen diesen »Schlußpunkt der Anpassung der SPD an vorgegebene Machtverhältnisse«[186] strahlten aus bis weit in die liberale Öffentlichkeit, die um die formalen Möglichkeiten effektiver parlamentarischer Opposition besorgt war. Einen ersten Höhepunkt bundesweiter Solidarisierung mit den zwischen 1967 und 1969 sich häufenden studentischen Demonstrationen in Berlin stellte die Reaktion auf den am 2. Juni 1967 durch einen Polizisten verursachten Tod des Studenten Benno Ohnesorg dar. Die Demonstration vom 2. Juni 1967 gegen den Besuch des Schahs von Persien in Berlin, die von den »Internationalisten« im Berliner SDS in Zusammenarbeit mit iranischen Gegnern des Diktators vorbereitet worden war[187], enthüllte aufgrund der Unverhältnismäßigkeit der polizeilichen Repression gegen die studentische Provokation[188] auch für die liberale Öffentlichkeit ein erschreckendes Maß von Intoleranz der staatlichen Gewalt gegenüber politischen Minderheiten.[189] »In den Wochen und Monaten nach dem 2. Juni kam es zu einer breiten Mobilisierung von Studenten, jungen Arbeitern, Angestellten und Schülern gerade auf der Grundlage der Erfahrungen des 2. Juni und anderer Auftritte des Schahs in

Westdeutschland. Es kam zu einem Umschlag der ›öffentlichen Meinung‹.«[190] Ein weiterer Kulminationspunkt in der spätestens seit dem 2. Juni 1967 von Berlin auf die Bundesrepublik übergreifenden Revolte waren schließlich die Oster-Unruhen des Jahres 1968. Nach dem Berliner Attentatsversuch auf den zur Symbolfigur des studentischen Protests gewordenen Rudi Dutschke am Gründonnerstag 1968 kam es in mehreren Großstädten zu spontanen gewaltsamen Aktionen gegen die Niederlassungen des Springer-Konzerns[191], in dem letztlich der Urheber der Pogromstimmung gegen die studentischen Rebellen und die übrigen Vertreter der Außerparlamentarischen Opposition gesehen wurde. Die in den spontanen Oster-Aktionen praktizierte Gewalt gegen Sachen führte in der als »Resonanzboden« (Negt) für die Aktionen der Außerparlamentarischen Opposition fungierenden liberalen Presse zu einem neuerlichen, nunmehr negativen Umschwung: »Die Auseinandersetzung mit der Protestbewegung hat eine neue Stufe erreicht; das wohlwollende Interesse, das ihr nach den Ereignissen des 2. Juni von allen Seiten entgegengebracht wurde, ist einer nervösen und oft hilflosen Abwehrhaltung gewichen.«[192] Die systemoppositionellen Mobilisierungsschübe des 2. Juni 1967 und der Oster-Aktionen von 1968 wurden noch einmal verstärkt durch die Rückwirkung der in Frankreich sich im Mai 1968 zum Generalstreik und zur Staatskrise ausweitenden studentischen Protestaktion;[193] in der zweiten Jahreshälfte 1968 begannen die heterogenen Kräfte der Außerparlamentarischen Opposition, sich verstärkt fraktionsmäßig zu verfestigen und schließlich ab 1969 in eine Vielfalt von neu gegründeten Organisationen zu verteilen.

Der SDS wurde in den Jahren 1967/68 zum Emblem der Außerparlamentarischen Opposition, obwohl seine geringen organisatorischen Mittel es ihm keineswegs erlaubten, auf Beginn und Verlauf der großen Protestaktionen dieser Jahre maßgeblichen Einfluß zu nehmen. Den zahlreichen neuen Mitgliedern des SDS und den noch zahlreicheren Sympathisanten, die in den Protestaktionen politisiert bzw. mobilisiert worden waren[194], boten sich die beiden Grundpositionen der »Antiautoritären« und der »Traditionalisten« als Identifikationsmuster an. In den ab 1967 in besonders expliziter Weise im SDS zwischen beiden Richtungen verhandelten taktischen Differenzen schlug sich die Mehrheit der neu politisierten Studenten und Intellektuellen auf die Seite der Antiautoritären. Die antiautoritäre Tendenz, die seit der 21. Delegiertenkonferenz im September 1966 im Bundesvorstand des SDS überwog, erweiterte sich nunmehr zum »antiautoritären Lager«: Im Frühjahr 1967 entstand als Antwort auf die Bildung der Großen Koalition in Berlin der »Republikanische Club« (RC), der vor allem oppositionellen universitären und freischaffenden Intellektuellen eine Diskussionsplattform geben wollte und eng mit dem Berliner SDS verbunden war. Er entwickelte sich nach dem 2. Juni 1967 zusehends zu einem Aktionszentrum der Außerparlamentarischen Opposition und zählte im Mai 1968 etwa 800 Mitglieder[195]; anfangs eher an der Aufgabe orientiert, innerhalb der SPD und der Gewerkschaften ein oppositionelles Gegengewicht zu schaffen, dominierte im Berliner RC bald das Interesse an der Begründung radikaler Alternativen: »Unsere Antwort kann nur in schonungsloser Kritik an den Apparaten bestehen; nicht mehr in der Hoffnung, uns mit diesen Apparaten zu arrangieren. Sie kann nur darin bestehen, daß wir selbst an der Basis eine Alternative zu dem gegebenen parlamentarischen System, zu den Parteien und zu den Gewerkschaften entwickeln. [...] Es geht nicht mehr darum, irgendeine vorhandene Demokratie zu verteidigen, sondern Demokratie herzustellen, und dies schließt Kompromisse mit den Herrschenden aus.«[196] Das Berliner Beispiel des RC machte in der Bundesrepublik Schule; es entstanden – mit im einzelnen unterschiedlicher Rekrutierungsbasis und Zielsetzung – zahlreiche ähnliche Clubs linksoppositioneller Intellektueller in westdeutschen Mittel- und Großstädten.[197] Neben den Clubs bildeten sich als zusätzliche antiautoritäre Diskussionszentren seit Frühjahr 1967, wiederum nach Berliner Vorbild, eine größere Zahl von »Sozialistischen Schüler-Bünden« bzw. »Unabhängigen (Sozialistischen) Schüler-Bünden«, deren sich namentlich der im September 1966 gewählte Bundesvorsitzende des SDS, Reimut Reiche[198], annahm. Mit Förderung des SDS konstituierten sich die Schüler-Bünde am 17. Juni 1967 zu einem »Aktionszentrum unabhängiger und sozialistischer Schüler« (AUSS), das sich nicht nur zur Anprangerung repressiver Mechanismen in den Schulen aufgerufen sah[199], sondern sich »durchaus zu der außerparlamentarischen Opposition im allgemeinen«[200] zählte. Dem AUSS schlossen sich noch im selben Jahr 20 Gruppen mit etwa 600 bis 1000 Schülern an. Neben den Clubs und den Schüler-Bünden, die in einer großen Zahl lokaler Periodika und Zirkulare ihr antiautoritäres Selbstverständnis zu klären versuchten, standen den Repräsentanten der antiautoritären Mehrheit in der Außerparlamentarischen Opposition ab 1967 mit dem von Hans Magnus Enzensberger, einem der Initiatoren des RC in Berlin, herausgegebenen *Kursbuch* und Klaus Rainer Röhls *Konkret*[201] zwei auflagenstarke Zeitschriften als Vehikel der Selbstdarstellung zur Verfügung.

Während die wichtigsten Anstöße für die Formierung des antiautoritären Lagers von Berlin ausgingen, wurde der »traditionalistische« Widerspruch gegen die antiautoritäre Entwicklung des SDS in den Jahren 1967/68 vor allem in Marburg/Lahn und in Köln artikuliert. Im Gegensatz zu den Antiautoritären verstärkten die »Traditionalisten« die seit der Ablösung des SDS von der SPD bestehenden Bindungen an die linkssozialistischen Gruppierungen (Sozialistischer Bund, Vereinigung Unabhängiger Sozialisten), die in diesen Jahren im Zeichen der Wirtschaftsrezession und der Großen Koalition neue Initiativen entfalteten. In unmittelbarer Reaktion auf die Bildung der Großen Koalition wurde die Zahl dieser linkssozialistischen Gruppierungen vergrößert durch die Neugründung einer »Arbeitsgemeinschaft Sozialistische Opposition« (ASO); sie wurde Anfang 1967 u. a. von dem ehemaligen SDS-Bundesvorsitzenden Eberhard Dähne in Marburg/Lahn ins Leben gerufen und regte im Raume Hessen zur Gründung einer Reihe lokaler »Arbeitsgemeinschaften Demokratischer Sozialismus« an.[202] Gleichzeitig begann in der »Vereinigung Unabhängiger Sozialisten« (VUS) die Diskussion über die organisatorische Zusammenfassung der politischen Gruppen links von der SPD mit dem Ziel einer sozialistischen Parteigründung.[203] Schon im Dezember 1966 hatte eine Konferenz von Vertretern des »Sozialistischen Bundes« (SB) und des SDS den Zeitpunkt für die Vorbereitung einer solchen Parteigründung für günstig erachtet. Alle diese Initiativen führten am 17. Juni 1967 auf einer gemeinsamen Konferenz der Linkssozialisten in Frankfurt/Main zur Einrichtung eines gemeinsamen Büros, dem die Koordination der Vorbereitungen eines Bündnisses übertragen wurde. Wolfgang Abendroth, der allgemein anerkannte theoretische Führer der Linkssozialisten, zählte im Oktober 1967 die Elemente eines solchen kartellartigen Zusammenschlusses im Publikationsorgan der VUS[204] auf: »Die bisher zersplitterten Gruppierungen der Arbeiterbewegung, die im Laufe der Rechtsentwicklung der SPD aus ihr ausgeschieden sind, wie VUS und SB; die Kommunisten, die im Zusammenhang mit Fehlern der stalinistischen Periode entweder aus der legalen politischen Tätigkeit verdrängt werden konnten oder sich aus der politischen Arbeit völlig zurückgezogen haben; die Sozialisten, die in den letzten Jahren glaubten, in der DFU eine wirksame politische Gegenkraft gegen die restaurative Entwicklung in der BRD entwickeln zu können; viele Gewerkschaftsfunktionäre, die die Notwendigkeit permanenter politischer Tätigkeit neben ihrem gewerkschaftlichen Kampf erkennen.«[205] Zum vorläufigen Abschluß kamen diese Sammlungsbemühungen mit der Konstituierung des »Sozialistischen Zentrums« auf einer Konferenz Anfang Februar 1968 in Offenbach/Main, an der neben dem »Sozialistischen Bund«, der »Vereinigung Unabhängiger Sozialisten« und der »Arbeitsgemeinschaft Sozialistische Opposition« auch der im März 1967 gegründete »Initiativausschuß zur Wiederzulassung der KPD« korporativ beteiligt war.[206] Das »Sozialistische Zentrum« (SZ), innerhalb dessen die organisatorische Selbständigkeit der beteiligten Gruppen gewahrt blieb, umriß in seinem Gründungsaufruf seine Zielsetzung: »Im Sozialistischen Zentrum schließen sich die bisher getrennt operierenden sozialistischen Gruppierungen zur gemeinsamen Abwehr aller Angriffe auf die Interessen der arbeitenden Bevölkerung zu einer sozialistischen Alternative zusammen. Das Sozialistische Zentrum, das diesen Kampf wirksam koordinieren will, steht allen sozialistischen Kräften offen und sucht die Zusammenarbeit mit all denen, die eine demokratische Alternative zur Politik der Großen Koalition vertreten.«[207] Der Impetus dieses Bündnisses führte jedoch nicht zur Gründung einer linkssozialistischen Partei als Alternative im Bundestags-Wahlkampf 1969. Im September 1968 wurde überraschend die Konstituierung einer neuen Kommunistischen Partei in der BRD angekündigt[208], die sich schon vor ihrer unter dem Namen »Deutsche Kommunistische Partei« (DKP) Mitte April 1969 erfolgenden offiziellen Gründung als der stärkere Integrationsfaktor links von der SPD erwies. Das prekäre Bündnis des »Sozialistischen Zentrums« war noch im Laufe des Jahres 1968 erschüttert worden durch die kontroversen Stellungnahmen der in ihm zusammengeschlossenen Gruppen zur militärischen Intervention der Warschauer-Pakt-Staaten in der Tschechoslowakei vom August[209] sowie zu der Anfang November vollzogenen Gründung eines »Aktions- und Wahlbündnisses« für die Bundestagswahl 1969.[210] In dem schließlich als »Aktion Demokratischer Fortschritt« (ADF) firmierenden Wahlbündnis, das nicht vom »Sozialistischen Zentrum«, sondern durch die Initiative eines radikal-demokratischen Kreises von in der Notstandsgesetzgebungs-Opposition politisierten Hochschullehrern[211] eingeleitet wurde, dominierte die DKP.

Diese zahlreichen und vielfältigen Initiativen, die seit Ende 1966 innerhalb der Außerparlamentarischen Opposition einsetzten, wirkten auf die innerverbandliche Entwicklung des SDS in der Weise zurück, daß die Gegensätze zwischen dessen »antiautoritärer« und dessen »traditionalistischer« Richtung sich zuspitzten und in letzter Konsequenz zur Auflösung des Verbandes führten. Die Auseinandersetzung zwischen beiden Lagern läßt sich am besten auf zentral-verbandlicher Ebene darstellen, vollzog sich aber ähnlich, wenngleich schwieriger dokumentierbar, auch in den SDS-Gruppen der einzelnen Hochschulorte. Die Ende 1966 gewählten Bundesvorsitzenden des SDS, Reimut Reiche und Peter Gäng, deren politisch-theoretische Position geprägt war durch das Konzept der Berliner Internationalisten[212] und durch die kritische Theorie des Frankfurter Instituts für Sozialforschung[213], veröffentlichten im April 1967 Überlegungen, in denen sie Möglichkeiten der »politischen Kanalisierung und Disziplinierung« der jugendlichen Protestbewegung aufzuzeigen versuchten[214]; »traditionelle Reorganisationsvorstellungen« nach der Art der VUS, des SB oder der ASO erklärten sie für ungeeignet, um die Fortentwicklung des studentischen Protests zur sozialistischen Opposition zu fördern. Die von Reiche und Gäng vorgetragenen Überlegungen zur Klassenkonstellation, aus der die sozialistische Strategie und Organisation abzuleiten sei, setzten den Akzent auf die psycho-sozialen Bedingungen oppositioneller Bewegungen im Spätkapitalismus; sie behaupteten, zur Wahrnehmung der Repressions- und Manipulationsmechanismen dieses Systems bedürfe es eines »Bewußtseinsstandes und eines psychischen Apparates, die den abhängigen Massen nicht unbedingt zur Verfügung stehen«, über die die Intellektuellen und die Studenten jedoch verfügten. Daher könnten Ansätze einer sozialistischen Gegenmacht nicht aus den obsoleten Strategievorstellungen der VUS, ASO, SB usw. hervorgehen, sondern nur aus der in der Atomwaffen- und Notstandsopposition sowie in der Universitätsrevolte freigesetzten Intellektuellen- und Studenten-Opposition. Dieser Versuch einer teilweise mit psychoanalytischen Kategorien arbeitenden Deutung der Protestbewegung und einer theoretischen Rechtfertigung der spezifischen antiautoritären Taktik veranlaßte eine Gruppe Marburger und Frankfurter SDS-Sprecher zu einer vehement kritischen Replik.[215] Sie lehnten das »Psycho-Analysieren der gesellschaftlichen Verhältnisse« ab und forderten als Grundlage sozialistischer Politik »die Erarbeitung einer politisch-ökonomischen Analyse der Entwicklungstendenzen des zeitgenössischen Kapitalismus«; der Kapitalismusanalyse dieser »Traditionalisten« zufolge konnte allein der »bewußte Teil der Gewerkschaften [...] der Kern einer sozialistischen Partei sein« und nicht »irgendwelche ›Jungen‹ oder Alten, Studenten oder Provos, Ostermarschierer oder Gewerkschaftsfunktionäre, die ›aus psychischen Gründen‹ dafür prädestiniert sein sollen«; der emphatischen Beschreibung der AUSS-Schülerbewegung in den Darlegungen der beiden Bundesvorsitzenden des SDS setzten sie den Bericht ihrer erfolgreichen Tätigkeit in den hessischen ASO-Gruppierungen entgegen. Auf der 22. Delegiertenkonferenz des SDS Anfang September 1967 kam es zur breiteren Konfrontation beider Richtungen, die sich hier auch in den Fragen des Parlamentarismus und der Organisationsform tendenziell gegeneinander abgrenzten.[216] Im VUS-Organ wurde die den Kongreß beherrschende Konfrontation zusammenfassend dargestellt: »Die Differenzen erstrecken sich vor allem auf die Beurteilung der Entwicklungstendenzen des Spätkapitalismus sowie auf Fragen der sozialistischen Strategie und

Taktik, insbesondere die Bündnispolitik. Dabei standen sich vornehmlich zwei Hauptströmungen gegenüber: die sogenannte ›antiautoritäre‹ und ›antiinstitutionelle‹ Richtung (unter Wortführung von Rudi Dutschke und Hans-Jürgen Krahl) und die von diesen als ›traditionalistisch‹ etikettierte Richtung, die sich selbst als marxistisch versteht. Ihre Wortführer auf der DK waren Herbert Lederer, Frank Deppe, Erich Eisner und W. von Heiseler.«[217] Von dem neu gewählten Bundesvorstand des SDS vertrat nur Herbert Lederer (Köln) die »traditionalistische« Richtung[218]; sowohl die Vorsitzenden, die Brüder Karl Dietrich und Frank Wolff, als auch Hans-Jürgen Krahl und Bernd Rabehl waren »Antiautoritäre«. Die auf der DK kontroversen theoretischen, taktischen und organisationspolitischen Fragen wurden Ende Oktober 1967 auf einer Arbeitskonferenz weiter erörtert, »auf der Westdeutschlands linke Intelligenz fast vollständig versammelt war«.[219] Dem Ziel der antiautoritären Initiatoren der Konferenz, eine »programmatische Plattform gegen die politisch-organisatorischen Sammlungs-Bestrebungen der ›Arbeitsgemeinschaft Sozialistische Opposition‹ (ASO), des ›Sozialistischen Bundes‹ (SB) und anderer Gruppen in deren Umkreis«[220] zu schaffen, kam Oskar Negt mit seinen Erläuterungen zu *Politik und Protest*[221] am nächsten. In kritisch-polemischer Wendung gegen die »Parteigründungs-Traditionalisten« versuchte er, das spezifisch Neue der »urbanen Protestbewegung« der Studenten und deren Bedeutung für den Sozialismus herauszustellen; ähnlich wie Reiche und Gäng hielt er sie für das »zur Zeit einzige revolutionäre Potential der fortgeschrittenen Industriegesellschaften«[222]; er befaßte sich eingehend mit der Organisationsfrage und brachte die in der Protestbewegung gewonnene organisationspolitische Erfahrung auf die antibürokratisch pointierte Programmformel von der Bildung »informeller Kader«.[223] Auf der Gründungskonferenz des »Sozialistischen Zentrums« im Februar 1968, die durch die Frankfurter Diskussionsergebnisse nicht hatte verhindert werden können, machte der stellvertretende Bundesvorsitzende des SDS in einem Grußwort erhebliche Bedenken geltend gegen eine kritiklose Übernahme »historisch überholter Organisationsmodelle« und gegen eine fraglose Anerkennung des Parlaments als »Tribüne des Klassenkampfes auf Dauer«[224]; Widerspruch gegen diese Vorbehalte erhoben 70 »traditionalistische« SDS-Mitglieder, die an der Konferenz teilnahmen.[225] Die Ende März 1968 stattfindende Außerordentliche Delegiertenkonferenz des SDS sprach sich mehrheitlich gegen den vom »Sozialistischen Zentrum« eingeschlagenen organisatorischen und taktischen Weg aus; die antiautoritäre Kritik an dem im »Sozialistischen Zentrum« angelegten Wahlbündnis formulierte prägnant eine Resolution des SDS-Bundesvorstandes: »Voraussetzung für den antibürokratischen Kampf kann nicht das Parlament als integrative Instanz der Interessenvermittlung durch Parteibürokratien sein, sondern Massenaktionen, die an die konkreten Bedürfnisse dieser Massen anknüpfen.«[226] Auf der gleichen Grundlage antiautoritären Selbstverständnisses distanzierte sich der SDS-Bundesvorstand Ende des Jahres 1968 von dem Wahlbündnis der ADF und dessen »traditionalistischen« Mitkämpfern im SDS: »In der augenblicklichen gesellschaftlichen und politischen Situation muß der Versuch der politischen Aktivierung der Massen auf dem Wege der Beteiligung am scheindemokratischen Parlamentarismus scheitern.«[227] Inzwischen hatte die Auseinandersetzung zwischen »Antiautoritären« und »Traditionalisten« im SDS ihren Höhepunkt erreicht: auf der 23. Delegiertenkonferenz vom 12.-16. September 1968 in Frankfurt/Main. Dort kam es zum Ausschluß von 5 »traditionalistischen« SDS-Mitgliedern, die kurz zuvor auf den 9. Weltjugendfestspielen in Sofia gemeinsam mit parteikommunistischen Jugendorganisationen antiamerikanische Protestaktionen, an denen Vertreter des »antiautoritären« SDS-Bundesvorstandes beteiligt waren, zu verhindern gesucht hatten; sie hatten bei dieser Gelegenheit erklärt, sie fühlten sich durch diesen Bundesvorstand nicht mehr repräsentiert.[228] Die teilweise tumultuarisch verlaufende 23. Delegiertenkonferenz wurde am 16. 9. 1968 abgebrochen und am 16. November 1968 in Hannover fortgesetzt, ohne zu verbindlichen organisationspolitischen und taktischen Aussagen für den Gesamtverband zu gelangen; die 23. Delegiertenkonferenz des SDS wurde zur letzten, die praktische organisatorische Auflösung des Verbandes unmittelbar einleitenden Zusammenkunft. Der SDS hatte sich, wie es der Bundesvorstand in seinem Rechenschaftsbericht zur 23. DK formulierte, »wesentlich in die antiautoritäre Bewegung aufgelöst, deren nominelle Spitze er darstellt«.[229] Nach der 23. DK tendierte die »traditionalistische« Richtung, die sich besonders deutlich in der Kölner Zeitschrift *facit* bekundete, anfangs zur Konstituierung von DKP-Hochschulgruppen, die im SDS arbeiten und die Bildung eines konkurrierenden DKP-Studentenverbandes vermeiden sollten.[230] Wahrscheinlich aufgrund der entschiedenen Ablehnung der neu entstandenen DKP durch die antiautoritären Kräfte im SDS[231] und angesichts des im Jahr 1969 fortschreitenden organisatorischen Zerfalls des SDS erfolgten gleichwohl schon im Laufe desselben Jahres erste Ansätze zur Bildung eines sich zur DKP bekennenden Studentenverbandes mit dem Namen »Spartakus. Assoziation Marxistischer Studenten« (Spartakus AMS).[232] Die »antiautoritäre« Mehrheit des SDS zersplitterte nach der 23. DK in eine Vielzahl überwiegend lokal und miteinander unverbunden operierender »Projektgruppen«, »Kontaktgruppen«, »Basisgruppen«, »Klubs«, »Institute« usw.[233], unter deren Mitgliedern im Laufe des Jahres 1969 allerdings verstärkt der Ruf nach »Überwindung der antiautoritären Phase« des SDS[234] laut wurde. Die folgende kritische Charakterisierung der beiden Tendenzen im Kölner SDS der ersten Jahreshälfte 1969 dürfte weitgehend auch auf die Situation der übrigen SDS-Hochschulgruppen zu dieser Zeit zutreffen: »Merkmale der beiden Gruppen: *KPDisten:* Durch Fernsteuerung (Strategie nicht an den lokalen Gegebenheiten orientiert, sondern angeschlossen an die zentrale KPD-Strategie), keinerlei Versuche, strategische und theoretische Ansätze in die Gruppe hinein zu vermitteln und zu diskutieren. *Antiautoritäre:* Kurzfristige, aus der Politik der ›Stargruppen‹ abgeleitete Strategie, geringe theoretische Kenntnisse, Praxis auf kurzfristige Erfolge abgestellt.«[235] Nach dem Ende der Großen Koalition und unter dem Eindruck der September-Streiks von 1969 kam der Fraktionierungsprozeß des SDS und der Außerparlamentarischen Opposition zu seinem Höhepunkt, und aus diesem Auflösungsvorgang entstanden zahlreiche und vielfältige neue Organisationsansätze mit unterschiedlicher Zielsetzung.

Der Versuch, die antiautoritär geprägte Entwicklungsphase der Außerparlamentarischen Opposition in der Bundesrepublik von 1966 bis 1969 politisch-soziologisch als zeitgenössische Manifestation des Linksradikalismus zu deuten, liegt nahe wegen des in dieser Bewegung selbst entwickelten historischen Selbstverständnisses, aber auch angesichts ihrer kritischen historischen Zuordnung durch ihre »traditionalistischen« Gegner. Wurden die Bewegung der »Jungen« in der deutschen Sozialdemokratie um 1890 und die rätekommunistische Bewegung der zwanziger Jahre im antiautoritären Lager als Vorläufer der eigenen Intentionen gewürdigt[236], so wies z. B. Wolfgang Abendroth als Kritiker der »Antiautoritären« auf eben diese Entsprechungen hin: »Es ist kein Zufall, daß an den Universitäten in Teilen der sozialistischen Studentenbewegung gewisse Vorstellungsweisen wieder in den Vordergrund rücken, wie sie in jeder Aufbruchssituation der Arbeiterbewegung immer wieder entstanden sind, und fast unvermeidlich immer wieder entstehen, wenn junge aktive Kräfte, die noch keine Erfahrungen aus früheren Kämpfen haben, ihre ersten größeren Erfolge überschätzen. Wenn an den Universitäten unter den sozialistischen Studenten sich Formeln, sehr häufig in kaum veränderter Form, wie ich durchaus zugebe, in vielen Fällen mit halber Berechtigung, wiederholen, wie wir sie unmittelbar nach der Revolution, 1919 und 1920, bei den ›Linkskommunisten‹ und der KAP, und wie wir sie in der Zeit der Transformation der illegalen Sozialdemokratie des Sozialistengesetzes in die legale sozialdemokratische Partei bei den ›Jungen‹ kennengelernt haben, so ist das durch die Parallelität der Situation erklärlich. Aber auch verständliche Illusionen müssen überwunden werden, wenn man unnötige Niederlagen vermeiden will.«[237] Die von Apologeten und Kritikern übereinstimmend festgestellten analogen Merkmale der antiautoritären Bewegung der Jahre 1966 bis 1969 und der früheren Manifestationen des Linksradikalismus in der Geschichte der deutschen Arbeiterbewegung werden inhaltlich in fast definitorischer Schärfe deutlich in der folgenden Auswertung von 72 Einsendungen aus dem Leserkreis des *Kursbuches* zum Thema »Kritik der Zukunft«, die Hans Magnus Enzensberger 1968 vornahm; Enzensberger faßt die in den eingesandten Texten dominanten Vorstellungen zusammen und liefert damit eine Momentaufnahme antiautoritären Selbstverständnisses für das Jahr 1968: »Die politischen und ideologischen Vorstellungen, die sich in den Einsendungen niederschlagen, sind oft undeutlich und widersprüchlich. Fast alle Entwürfe sind sozialistisch geprägt, doch bleibt ihr Sozialismus oft blaß; er mischt sich mit liberalen, technokratischen und anarchistischen Elementen. [...] Auffallend schwach entwickelt sind Klassenanalyse und politische Ökonomie. Die Vergesellschaftung der Produktionsmittel wird von der weit überwiegenden Mehrheit der Einsender zur selbstverständlichen Voraussetzung ihrer Entwürfe gemacht, aber nicht als hinreichend zur Lösung antagonistischer Widersprüche betrachtet. Im Hinblick auf die Organisation des Staates überwiegen radikaldemokratische, populistische und plebiszitäre Vorschläge. Das Parlament im heutigen Sinne hat in den Augen so gut wie aller Einsender ausgespielt. Auffällig ist die Animosität gegenüber den politischen Parteien, die in ihrer heutigen Gestalt durchwegs als verselbständigte Herrschaftsapparate ohne demokratische Legitimation betrachtet werden. In vielen Einsendungen werden Referenda, oft mit elektronischen Mitteln, gefordert. Das Rätesystem spielt eine große Rolle; es wird jedoch selten oder nie genauer entwickelt.«[238] Es soll im folgenden versucht werden, die linksradikalen Charakteristika der antiautoritären Bewegung detaillierter darzustellen und ihre unmittelbaren Entlehnungen aus den älteren linksradikalen Bewegungen zu belegen.

Soziale Rekrutierung und politisch-soziales Selbstverständnis

Alle Beobachter der Studentenrevolte der zweiten Hälfte der sechziger Jahre treffen sich in der Feststellung, daß die Akteure dieser jugendlich-intellektuellen Opposition sich überwiegend aus dem Kleinbürgertum bzw. aus den Mittelschichten rekrutierten. Die Außerparlamentarische Opposition dieser Jahre blieb eine reine Intellektuellen-Bewegung mit dominant sozialistischem Bewußtsein. Die Erklärungsversuche für die massenhafte Mobilisierung und Radikalisierung der jungen Intelligenz, die von den Wortführern der antiautoritären Bewegung kritisch diskutiert oder selbst entwickelt wurden, enthalten Aufschlüsse über das soziale Selbstverständnis der antiautoritären Bewegung. Wenngleich von einem einheitlichen Selbstverständnis nicht ausgegangen werden kann, lassen sich doch in der Argumentation der »Antiautoritären« signifikante Topoi ausmachen und zentralen Themen ihrer soziologischen Selbsteinschätzung zuordnen.

Ein zentrales Thema dieser Selbsteinschätzung war der Nachweis einer neuartigen Qualität gesellschaftsverändernder Politik, die in der Außerparlamentarischen Opposition angelegt sei. Der Versuch, die Außerparlamentarische Opposition als »eine durch besondere antiautoritäre Sensibilität ergänzte Fortbildung der bekannten Einpunktbewegungen« zu interpretieren, hielt Oskar Negt 1968 für verfehlt; eine derartige »verengte Analyse« diene lediglich dazu, »historisch neue Phänomene im Bezugsrahmen der traditionellen Politik zu deuten«.[239] Auch Reimut Reiche konstatierte: Weil die radikalen Protestaktionen der Jugendlichen »nicht eingebettet sind und auch nicht einbettbar sind in eine selbstverständliche Tradition politischer Akte und Aktionen einer sozialrevolutionären oder sozialistischen Bewegung – die eben im und erst recht nach dem Faschismus nachhaltig unterbrochen wurde – müssen sie in sich den Charakter und das Selbstverständnis des ›ganz Neuen‹ ausbilden, der dann von bürgerlichen wie von sozialistischen Kritikern als ›unpolitische happenings‹ mißverstanden und abqualifiziert wird.«[240] Eben dieses spezifisch Neue der radikalen Opposition zu erkennen, waren die gängigen soziologisch-rollentheoretischen und politischökonomischen Erklärungsansätze nach übereinstimmender Ansicht antiautoritärer Sprecher nicht geeignet; in diesen Deutungsversuchen werde die Rebellion der jungen Intelligenz lediglich als Reaktionsphänomen dargestellt, nicht aber in ihrer politisch-intentionalen Qualität erkannt. Gegen die besonders von der amerikanischen Soziologie entwickelte Ableitung des Studentenprotests aus den Rollen-Merkmalen der Statusinkonsistenz, der Rollenambivalenz und der Unsicherheit der beruflichen Zukunft wurde z. B. eingewandt, diese Deutung strahle eine »doppelte Beruhigung« aus: »1. Als wachstumsbedingte Übergangserscheinung, als möglicherweise liebenswerter Gärungsprozeß interpretiert, kann der studentische Radikalismus das Schweigen der Väter nicht kritisieren – auch auf die heute so wilden Studenten wartet der Rasenmäher. 2. Mit seiner sozialpsychologischen Motivierung

in der Hand kann sich der Forscher die Mühe sparen, nach
genuin politischen, vielleicht gar ernst zu nehmenden Ursachen für die neue soziale Aktivität der Studenten zu
suchen.«[241] Reiche bemühte sich schon Ende 1966, nachzuweisen, daß eben jene rollentheoretischen Kategorien aus-
reichten, die im wesentlichen unpolitisch verlaufene Rebellion
in Berkeley (USA) zu erklären, nicht aber die studentische
Opposition in Berlin, die aufgrund anderer Universitätsstruk-
turen und der aktiven Rolle des SDS in weit höherem Maße
politisch gewesen sei.[242] – Auch die von »traditionalistischen«
Sozialisten angeführten ökonomischen Verursachungsgründe
der Revolte wurden von antiautoritären Wortführern verwor-
fen: Die These, daß »die ökonomische Unsicherheit oder der
versperrte Weg zum sozialen Aufstieg, der im nachuniversitä-
ren Erwerbsleben auf sie warte, bereits zur Zeit ihres
Studiums derart auf den Studenten laste, daß ihnen bereits
während des Studiums ihre ›reale Klassenposition‹ deutlich
werde«[243], suchte man zu entkräften; man argumentierte,
daß bei den von ökonomischer Unsicherheit viel unmittelbarer betroffenen lohnabhängigen Massen »das Deutlichwerden
realer Klassenpositionen« keineswegs zu beobachten sei.
Frank Böckelmann hielt derlei Fragen nach den Ursachen der
Studentenrevolte überhaupt für verfehlt: »Freilich muß das
Aufbegehren relativ privilegierter Gruppen all denen uner-
forschlich bleiben, die von den Stellungen im Produktionsprozeß ausgehen, vielsagende Parallelen zur ›Proletarisierung‹
der Studenten ziehen und das übrige der geleisteten Aufklärungsarbeit zugute halten. Die internationale Gleichzeitigkeit
des Ausscherens einer Avantgarde sowie das Fehlen aller Ver-
gleichsmöglichkeiten beim Rückblick auf die Evolution des
Kapitalismus schließen es aus, daß die Erfahrung von Ausläu-
fern des Widerspruchs von Lohnarbeit und Kapital bzw. von
Ideologie und Realität ausschlaggebend war oder ist.«[244] War
bereits in der ersten Hälfte der sechziger Jahre im SDS unter
Berufung auf C. Wright Mills die Diskussion darüber ent-
brannt, ob möglicherweise die radikalen Intellektuellen
gegenwärtig die einzige »historische Agentur der Veränderung« seien, so bildete sich jetzt im antiautoritären Lager in
Anlehnung besonders an die Gesellschaftstheorie Herbert
Marcuses ein ausgeprägtes Bewußtsein, zumindest potentiell

Träger einer historisch neuartigen sozialrevolutionären Politik zu sein.

Strategisch gewendet stellte sich für die Antiautoritären die Frage nach den Ursachen der Revolte als Problem der Neubestimmung des »revolutionären Subjekts«. Hans-Jürgen Krahl formulierte im September 1968, man habe zunächst einmal »relativ blind die vulgärmarcusianische Formel übernommen, daß nur die Randgruppen noch revolutionäres Subjekt sein könnten«.[245] Die konkret-inhaltliche Ausfüllung und Erweiterung der von Herbert Marcuse aufgestellten revolutionstheoretischen These, daß die Studentenopposition und die antikolonialen Befreiungsbewegungen gegenwärtig die stärksten systemgefährdenden Kräfte für die kapitalistischen Industriestaaten darstellten[246], wurde zum weiteren zentralen Thema bei der Bestimmung des politisch-sozialen Selbstverständnisses der antiautoritären Bewegung. Man kann in den Beiträgen antiautoritärer Protagonisten zur Neubestimmung des »revolutionären Subjekts« eine überwiegend sozialpsychologische und eine politökonomische Argumentationsreihe erkennen. Beide Aspekte deutet Dutschke in einer beiläufig entwickelten Explikation der Studentenrebellion an: »Wir haben als Studenten – wenn auch von Fakultät zu Fakultät verschieden – innerhalb der gesamtgesellschaftlichen Reproduktion soziologisch eine Zwischenlage. Auf der einen Seite sind wir eine geistig und ausbildungsmäßig privilegierte Fraktion des Volkes, aktuell bedeutet dieses Privileg im Grunde aber nur Frustration. Frustration darum, weil der sich ausbildende Student, besonders der politisch engagierte, tagtäglich den Idiotismus der Politikaster-Cliquen der irrationalen Autoritäten kritisch und manchmal auch sinnlich miterlebt. Hinzu kommt, daß diese antiautoritären Studenten noch keine materiell gesicherten Positionen der Gesellschaft übernommen haben, sie von Machtinteresse und Machtpositionen noch relativ weit entfernt sind. Diese temporäre Subversiv-Stellung der Studenten bringt eine dialektische Identität der unmittelbaren und historischen Interessen der Produzenten überhaupt hervor. Die vitalen Bedürfnisse und Interessen nach Frieden, Gerechtigkeit und Emanzipation können sich daher in diesen soziologischen Positionen am ehesten materialisieren.«[247] Auch Reiche kam zu dem Schluß, daß »die

Jugendlichen, die noch nicht voll ins Erwerbsleben, also in den Arbeitsprozeß integriert sind, und unter ihnen vornehmlich die Studenten, in der gegenwärtigen politisch ökonomischen Situation besonders prädestiniert sind für radikales politisches Engagement«.[248] Seine Analyse der psycho-sozialen Ursachen des studentischen Radikalismus beruhte auf der Beobachtung einer »kollektiven Über-Individualisierung« und eines Ausbruchs aus dem »rigiden Funktionalismus« mittelschichtenspezifischer Sozialisation. Die Bedeutung dieser psycho-sozialen Faktoren leitete Reiche ab aus dem Sachverhalt, »daß sich die internen ökonomischen Schwierigkeiten im industriell entfalteten Kapitalismus von der Produktionssphäre auf die Konsumsphäre verlagern und daß sich entsprechend die sozialpsychologischen Integrationsprobleme von der Sphäre unmittelbarer Ausbeutung auf die Sphäre psychischer Repression und Manipulation verschieben«.[249] Die durch diesen Prozeß hervorgetriebene »kollektive Über-Individualisierung«, die »Vereinzelung, die bei gleichzeitiger Auflösung der klassischen bürgerlichen Familie von den Manipulationsmedien und vermittelten Herrschaftsinstanzen immer weiter bis an die Grenze der anthropologischen Belastbarkeit getrieben wird«[250], und die immer deutlicher sich abzeichnende Dysfunktionalität des mittelschichtenspezifischen »rigiden Funktionalismus«[251] werde von den jugendlichen Intellektuellen mit geschärfter Bewußtheit registriert und erzeuge bei ihnen eine neue, teilweise durchaus pathologische[252] Sensibilität; diese sei die Grundlage der an sich noch unpolitischen, aber prinzipiell politisierbaren radikalen Verweigerungshaltung der oppositionellen Jugend. Diese radikale Opposition sei gegenüber der »Manipuliertheit und Apathie der lohnabhängigen Massen« mit ihren Aktionen und Forderungen auch dort im Recht, wo sie einstweilen gegen »das entfremdete Bewußtsein der Arbeiterklasse kämpft« und »wo sie sich in ihrem antimanipulativen Kampf die Sympathien der Arbeiterorganisationen zeitweilig verscherzt und von den Arbeitern nicht verstanden oder sogar gehaßt wird«.[253] »Die oppositionellen Jugendlichen und Intellektuellen sind heute objektiv die Avantgarde der beherrschten Klasse, insofern sie *stellvertretend* für die gesamte Klasse handeln. Aber gleichzeitig tritt diese Avantgarde der gesamten beherrschten (und manipulativ integrierten) Klasse *gegenüber*. Sie muß aktuell *gegen* das falsche Bewußtsein, d. h. die psychologische und intellektuelle Zurückgebliebenheit der gesamten Klasse kämpfen.«[254] – Dieser »Substitutionalismus«[255], die vorübergehend stellvertretende Initiative für die Emanzipation der »beherrschten Klasse« durch die radikale Intellektuellenbewegung, kennzeichnete auch die politökonomische Argumentation der Antiautoritären. Diese ging aus von den neuartigen Erfordernissen der beruflichen Qualifikationsstruktur in den technologisch hochentwickelten kapitalistischen Industriestaaten: »In dem Maße, in dem die Qualifikationsstruktur der Arbeitskräfte angesichts unumgänglicher technologischer Entwicklungen in qualitativ neuer Weise zu einem strategisch wichtigen Faktor für eine relativ krisenfreie Reproduktion der kapitalistischen Produktionsweise geworden ist, ist auch die Integration und Steuerung der Ausbildungsinstitutionen und ihrer Leistungen für die bürgerliche Gesellschaft kein Randproblem mehr. Dies bedeutet zugleich, daß die politische Opposition der Intelligenz an materieller Kraft gewonnen hat.«[256] In ähnlicher Weise wurden die systemstützende Rolle der Intelligenz in hochindustrialisierten Gesellschaften und die ihr aus dieser Rolle zugewachsene Machtstellung bestimmt: »Es existiert keine Statistik aus den hochindustrialisierten Ländern inclusive Sowjetunion, die nicht darauf hinweist, daß sich das numerische Gewicht (somit also die ›Massenbasis‹ für eine Umwälzung der Gesellschaft) kontinuierlich von den Lohnabhängigen im primären und sekundären Sektor der materiellen Produktion mehr und mehr auf den tertiären Sektor verschiebt, oder ins Orthodox-Marxistische übersetzt: vom Arbeiter zum Angehörigen der technischen Intelligenz. [...] Die Intellektuellen sind nicht nur subjektiv, sondern auch objektiv (in diesem Fall technologisch vermittelt) die Avantgarde des Proletariats.«[257] In der im wesentlichen von Wolfgang Lefèvre formulierten Hochschulresolution der 22. DK des SDS wurde die mögliche Rückwirkung der Studenten-Rebellion auf die »Produktivkraft Wissenschaft« unter zwei Gesichtspunkten dargelegt: Einmal könne bei dem Übertritt der oppositionellen Intelligenz ins Erwerbsleben »eine locker in Verbindung stehende intellektuelle Produzentenschicht mit Ansätzen von Klassenbewußtsein« entstehen;

vor allem aber sei der »antiinstitutionelle Charakter« des studentischen Kampfes »modellhaft für die Strategie des Klassenkampfes« in der Zukunft; selbst wenn sie noch nicht von den Arbeitern und ihren Organisationen akzeptiert würde, wäre der Verzicht auf diese Strategie »ein Verrat der Studenten gegenüber der Sache der unmittelbaren Produzenten«. Die hier belegten Ansätze der politökonomischen Ableitung eines neuartigen »revolutionären Subjekts« griff auch Hans-Jürgen Krahl auf. »Wie hat sich die Rolle der kritischen Intelligenz in einer Gesellschaft verändert, in der Wissenschaft immer mehr ein bedeutender, wenn nicht sogar der primäre Produktionsfaktor ist?« »Ist es wirklich so, daß der Intellektuelle nur als einzelner die Gesellschaft verlassen kann, ist das auch heute bei der Rolle, die die Wissenschaften als Produktivkraft einnehmen, der Fall?«[258] Und er kam zu der Antwort: »Der Klassenverrat ist organisierbar geworden, die wissenschaftliche Intelligenz gehört ihrer objektiven Lage zufolge tendenziell der herrschenden Klasse nicht mehr an, nur ihrer sozial zurechenbaren geschichtlichen und sozialen Herkunft nach.«[259] In seinen vieldiskutierten *Thesen zum allgemeinen Verhältnis von wissenschaftlicher Intelligenz und proletarischem Klassenbewußtsein*[260] versuchte er den theoretischen Nachweis, daß die »Produktivkraft Wissenschaft« gegenwärtig ein konstituierendes Element des proletarischen Klassenbewußtseins und daß der »industrieproletarisch verengte Klassenbegriff« leninistischer Observanz für die sozialrevolutionäre Strategiebildung in den Metropolen unbrauchbar sei. – Den im politisch-sozialen Selbstverständnis der Antiautoritären in den Jahren 1967 bis 1969 vorherrschenden »Substitutionalismus« hatte Krahl zur Zeit der Veröffentlichung der *Thesen,* im Dezember 1969, bereits aufgegeben.[261] Bedingt durch die überwiegend spontanen Streiks in der metallverarbeitenden Industrie und im Bergbau vom September 1969, in denen erstmals seit langem größere Arbeitermassen in der Bundesrepublik wieder aktiv handelnd auf den Plan getreten waren[262], aber auch unter dem Eindruck des organisatorischen Zerfalls der antiautoritären Bewegung zeichnete sich seit Ende 1969 eine Wende im politisch-sozialen Selbstverständnis der Außerparlamentarischen Opposition ab.[263] An die Stelle der Stilisierung der Intellektuellen-Bewegung zum zumindest potentiell neuartigen revolutionären Subjekt traten nun tendenziell die Überzeugung von der notwendigen Einordnung der radikalen Intellektuellen in die Reihen des klassenkämpferisch rehabilitierten Proletariats und die Forderung nach Unterordnung unter dessen »nichtrevisionistische« Organisationen.

In der sozialen Isolierung der antiautoritären Bewegung der Jahre 1966 bis 1969 von der Arbeiterschaft und in ihrem »Substitutionalismus«, in dem man teilweise eine Rechtfertigungsideologie dieser faktischen Isolierung erblicken kann, liegt der wesentliche Unterschied zu den älteren linksradikalen Bewegungen. Aus der fehlenden Stützung der antiautoritären Studentenbewegung durch radikale Arbeiter läßt sich sowohl das vergleichsweise abrupte Ende dieser Bewegung erklären als auch die Labilität des individuellen Engagements der Antiautoritären.[264] Ihr »Substitutionalismus« schloß den Rekurs auf die von unmittelbarer Revolutionserwartung geprägte ökonomische Krisen-Theorie des älteren Linksradikalismus aus[265], während in allen anderen wesentlichen Fragen der Theorie, der Organisationspolitik und der Taktik der antiautoritären Bewegung die Diskussionsergebnisse der historischen Vorläufer teilweise rezipiert wurden.

Theoretische Positionen

Die Kritik der Antiautoritären der Jahre 1967 bis 1969 an den für gescheitert angesehenen traditionellen kommunistischen und sozialdemokratischen Arbeiterorganisationen erfolgte u. a. als Kritik an der Theorie, die der Praxis dieser Organisationen zugrunde lag. Es entstand ein wachsendes Interesse an den revolutionär-marxistischen Theorien, die im Verlauf der Geschichte der deutschen Arbeiterbewegung im Widerspruch zur offiziellen Ideologie der SPD und der KPD entstanden und – von diesen traditionellen Arbeiterorganisationen abgewiesen – nahezu vollkommen in Vergessenheit geraten waren.

Im wesentlichen drei verdrängte Tendenzen marxistisch-revolutionärer Theorie wurden von der antiautoritären Bewegung wiederentdeckt und teilweise rezipiert: die philosophische Opposition in der früheren Dritten Internationale – Georg Lukács und Karl Korsch[265a], die rätekommunistischen

Theoretiker der »Holländischen Marxistischen Schule«, Pannekoek und Gorter, sowie Otto Rühle und der Theoretiker der »Sex-Pol-Bewegung« Wilhelm Reich. – Die Auseinandersetzung mit dem politisch-theoretischen Werk Korschs und Lukács' war im engen Rahmen der linkssozialistischen Gruppierungen in der BRD niemals ganz abgebrochen[266] und hatte insofern bereits Einfluß auf die theoretische Diskussion im SDS der frühen sechziger Jahre.

Krahl zufolge konnte die für die antiautoritäre Bewegung notwendige »philosophiekritische Rekonstruktion der revolutionären Theorie«[267] bei der von Lukács und Korsch geleisteten Arbeit ansetzen. Die von beiden Denkern in den frühen zwanziger Jahren geübte, hegelianisch inspirierte Kritik sowohl am Marxismus der Zweiten Internationale (Kautsky) als auch an Dogmatisierungserscheinungen des in der Dritten Internationale führenden »Sowjetmarxismus« schien geeignet, den Weg zu eröffnen für eine von kautskyanischen und stalinistischen Verformungen gleichermaßen freie, authentische Marx-Rezeption. Dutschke hatte schon 1966 die frühen Hauptwerke der beiden Philosophen gewürdigt: »Die Schriften von K. Korsch, Marxismus und Philosophie, Leipzig 1923, [. . .] und von G. Lukács, Geschichte und Klassenbewußtsein, Berlin 1923, sind die einzigen niveauvollen Versuche marxistischer Philosophen innerhalb der KP gewesen, in der Form ›theoretischer Aktionen‹, dem in der Organisation der Komintern und im Proletariat sichtbar werdenden Prozesse der Verdinglichung und Pragmatisierung der Marxschen Theorie entgegenzutreten.«[268] Während man für die Analyse des »Kautskyanismus« der Zweiten Internationale auf Korschs kritische Auseinandersetzung mit Kautskys Geschichtsauffassung[269] oder auf neuere nicht marxistische, aber von Korschs Thesen beeinflußte Darstellungen der Kautskyschen »Integrationsideologie«[270] rekurrierte, versuchte Oskar Negt in jenen Jahren, aufbauend auf der kritischen Marx-Diskussion Korschs und Lukács' sowie der Frankfurter Schule, in einem vielbeachteten Essay eine selbständige, kritische Analyse stalinistischer Philosophie[271]; nach seiner Darstellung waren die Ursprünge stalinistischen Marx-Verständnisses bereits – aufweisbar am Beispiel der Naturdialektik und der Widerspiegelungstheorie – in fehlerhaften mechanistischen Konstruktionen der Erkenntnistheorie Lenins selbst zu suchen. Derselben philosophiekritischen Intention diente die gleichzeitige Neuausgabe der Pannekoekschen Spätschrift *Lenin als Philosoph*[272], in der der rätekommunistische Theoretiker am Beispiel der Arbeit *Materialismus und Empiriokritizismus* (1908) die »Übereinstimmung Lenins mit dem bürgerlichen Materialismus«[273] nachzuweisen versuchte, im Unterschied zu Korsch und Lukács allerdings ohne Rekurs auf die Hegelsche Dialektik, sondern in Orientierung an der materialistischen Erkenntnistheorie Joseph Dietzgens. Besonders Korsch und Pannekoek führten die undialektischen bzw. bürgerlichen Züge des »Sowjetmarxismus« auf den im Vergleich zu Westeuropa gering entwickelten Stand der Produktivkräfte im Rußland vor sowie nach der Oktoberrevolution zurück. Nach Bernd Rabehl waren es Korsch und Pannekoek, »die die Disposition der Kritik des Leninismus gegeben haben«.[274] Die Zielrichtung dieser philosophischen Kritik am »Sowjetmarxismus« hatte Dutschke 1968 in Anlehnung an Korsch auf die Formel gebracht: »Der Marxismus als ›Erkenntnistheorie des revolutionären Willens‹, wie er besonders in den ›Feuerbachthesen‹ entwickelt wurde, verwandelte sich in der Sowjetunion noch unter Lenin zu einem staatserhaltenden Mythos.«[275]

Anders als Lukács und Korsch waren die rätekommunistischen Theoretiker Pannekoek, Gorter, Rühle u. a. seit dem Ende rätesozialistischer Diskussion gegen Mitte der fünfziger Jahre bis zur Münchner »Aktion der Rätesozialisten« Ende 1964 ohne Nachwirkung in den linkssozialistischen Gruppen geblieben. In der antiautoritären Bewegung wurde diese theoretische Tradition dann in solcher Breite aktualisiert, daß Krahl 1968 in ihr neben der westeuropäischen philosophischen Opposition in der frühen Komintern (Lukács, Korsch) den wichtigsten Ansatz für die Grundlegung ihrer Theorie sah: »Die theoretisch vorurteilsfreie Rezeption der Linksopposition in der revolutionären Arbeiterbewegung, des Anarchismus in der Ersten und der Holländischen Schule in der Dritten Internationale, soll diesen Rekonstruktionsversuch der revolutionären Theorie vor Dogmatismus in der Praxis bewahren.«[276] Die weitgehende Identifizierung der Antiautoritären mit dem Rätekommunismus wird u. a. sinnfällig am Beispiel der vorübergehenden Existenz eines »Instituts für

Praxis und Theorie des Rätekommunismus« in Berlin.[277] Für die Antiautoritären wurden die Kritik der rätekommunistischen Theoretiker an der Strategie der Bolschewiki und die von den Rätekommunisten erhobene Forderung einer westeuropäischen Kulturrevolution die wichtigsten Anknüpfungspunkte für ihre theoretische Selbstverständigung. Der »proletarische Antibolschewismus« der Rätekommunisten wurde in seinem wesentlichen kritischen Gehalt übernommen. Rühles vehemente Anprangerung des »bürgerlichen« Charakters der Oktoberrevolution[278] wurde von den Münchner Rätesozialisten 1965 zwar abgeschwächt: »Besonders an den Abschnitt über die Entwicklung der Sowjetunion können wir heute mit mehr Distanz herangehen.«[279] Gleichwohl stützte man Rühles harte Kritik an der »bürokratischen Entartung der Sowjetunion« mit selbstkritischen Zitaten aus Lenins letzten Lebensjahren.[280] Dutschke hielt 1968, in Übereinstimmung mit den Theoretikern des Rätekommunismus, Lenins revolutionstheoretische These, die von den kapitalistischen Produktionsbedingungen geprägten Arbeiter könnten nur tradeunionistisches Bewußtsein entwickeln und müßten durch die Partei als Avantgarde der Klasse organisiert und revolutioniert werden, zumindest in ihrer Anwendung auf die mitteleuropäische Arbeiterbewegung für verhängnisvoll: »Unter den anderen Bedingungen Mitteleuropas, mit einer hochqualifizierten Arbeiterklasse, die durch den ›stummen Zwang‹ der kapitalistischen Verhältnisse die Normen und Verhaltensweisen der bürgerlichen Gesellschaft verinnerlicht hatte, mußte auch diese Theorie der Organisation, die nur sehr schlecht den grundlegenden Sinn der marxistischen Emanzipationsidee, daß die ›Befreiung der Arbeiterklasse nur das Werk der Arbeiter‹ sein kann, für sich in Anspruch nehmen konnte, scheitern.«[281] Nicht bei Lenin, sondern in Pannekoeks Schrift *Weltrevolution und kommunistische Taktik,* die eine Berliner »Projektgruppe Räte« Anfang 1968 neu herausgegeben hatte[282], sah Dutschke eine Antwort auf »die so wesentliche Frage nach der Entwicklung und Veränderung der Bewußtseinsstruktur des europäischen Proletariats«[283] angedeutet. Am gleichen Punkt der von Lenin behaupteten unvermeidlichen Außenlenkung des Proletariats durch die Partei der Berufsrevolutionäre setzte 1968 die sich auf Rosa Luxemburg,

Anton Pannekoek und die KAPD berufende Kritik der Brüder Cohn-Bendit an den Bolschewiki und an der Russischen Revolution an: »Die Theorie Lenins, nach der die Spontaneität der Arbeiter das tradeunionistische Denken nicht überwinden kann, führte die Partei schließlich dazu, das Proletariat zu enthaupten, um die Partei zum Kopf der Revolution zu machen. Der französische Syndikalismus und die Bildung von Arbeiterräten beweisen in der Praxis das Gegenteil. Lenins These stimmt freilich nach 1917, weil damals die Partei die Arbeiterbewegung mit Hilfe der von Trotzki und Lenin genial angeführten politischen Polizei und der Roten Armee köpft und dem Proletariat auf die Schultern steigt. Aber daß der Kopf fiel, genügte nicht; die völlige Zerschlagung war notwendig. Diese Aufgabe, die weniger revolutionäres Feingefühl verlangte, fiel dann Stalin zu, der das von Lenin und Trotzki begonnene Werk fortsetzte.«[284] Die Rezeption der linkskommunistischen Bolschewismus- und Komintern-Kritik der Holländischen Marxistischen Schule wurde 1969 durch eine umfassende Anthologie des Verlages »Neue Kritik« zusätzlich gefördert[285] und wirkte fort bei den Autoren, die die Kernstücke antiautoritärer Theorie über das Ende der antiautoritären Bewegung hinwegzuretten versuchten.[286]

Ohne nachweisbare Vermittlung durch die linkssozialistische Tradition erfolgte schließlich die Aneignung der politischen und sexualpädagogischen Schriften Wilhelm Reichs (1897-1957), in denen dieser während der Jahre 1927 bis 1937 eine methodologisch fruchtbare und für den revolutionären Klassenkampf unmittelbar bedeutsame Verbindung von Marxismus und Psychoanalyse versuchte und die 1933 zum Ausschluß Reichs aus der KPD geführt hatten.[287] Das überaus breite Interesse in der antiautoritären Bewegung an diesen Schriften Reichs[288] war begründet in dessen gleichzeitiger Kritik an der Organisationspraxis der sozialdemokratischen und kommunistischen Arbeiterorganisationen und an der vollständigen Vernachlässigung der subjektiven, in psychologischen Kategorien faßbaren Faktoren des Klassenkampfes bei deren Strategiebildung. Die Veröffentlichung Reichs über den Begriff des Klassenbewußtseins aus dem Jahre 1934[289], in der diese Kritik am deutlichsten formuliert wurde, hielt Reimut Reiche für »den Höhepunkt seiner politisch-theoretischen

Arbeit«: »Die Fragen der Organisation und der Bewußtseinsbildung werden hier für die Epoche des sich etablierenden Faschismus mit einer Prägnanz behandelt, die die Kommunistischen Parteien an ihren unveränderten Heiligtümern traf: an ihrem autoritären Organisations- und ihrem moralisierenden Agitationsprinzip.«[290] In einer anderen Programmschrift Reichs aus dem Jahre 1934 – *Dialektischer Materialismus und Psychoanalyse* – sah ein anonymer Kommentator im Jahre 1969 den »alten Vorwurf und die Konstruktion des unvereinbaren Gegensatzes von Marx-Ökonomie-kollektiver Klassenkampf und auf der anderen Seite Reich/Freud-Psychoanalyseindividuelle Heilmethode-Stabilisierung-Anpassung an die bestehende Gesellschaft« endgültig widerlegt.[291] Reichs Nachweis sowohl der ökonomischen Repression wie auch besonders der psychischen Unterdrückung der Lohnabhängigen erschien den Antiautoritären direkt aktualisierbar zu sein für die Gegenwartsanalyse. Unter Hinweis auf diese analoge Fragestellung in der Sozialphilosophie Herbert Marcuses hieß es in einer anonymen Würdigung Reichs vom Januar 1969: »Die Sexualfeindlichkeit hat entscheidende Bedeutung für das bestehende repressive System. Deshalb ist es nicht zufällig, daß in der antiautoritären Bewegung der ›Neuen Linken‹ in den Vereinigten Staaten (Love-ins usw.) und bei uns die politischen Protestformen eine ›neue Dimension‹ erreicht haben. [. . .] Über diese zaghaften Ansätze hinaus muß die sexuelle Rebellion bei uns theoretisch und praktisch beginnen, um einen neuen aktiven Menschen zu schaffen, der zu einer Veränderung der bestehenden Verhältnisse fähig ist.«[292] Dieser programmatischen Forderung war Reimut Reiche 1968 mit seiner Schrift *Sexualität und Klassenkampf*[293] in Anlehnung an Reich und Marcuse nachgekommen, und insbesondere die Zeitschrift *Konkret* war diesem Programm verpflichtet. Das in der freudo-marxistischen Diskussion der Antiautoritären erkennbare Interesse an einer »brauchbaren marxistischen politischen Psychologie«[294] lenkte deren Aufmerksamkeit auch auf die Rühleschen Versuche einer theoretischen Verbindung des Marxismus mit der Individualpsychologie Alfred Adlers im Dienste des Klassenkampfes.[295]

Die theoretischen Positionen der antiautoritären Studentenbewegung lassen sich kaum anders als durch eine Skizze der wichtigsten Rezeptionsströme revolutionär-sozialistischer Theorie verdeutlichen, denn eingestandenerweise war es ihr nicht möglich, eine eigenständige und abgeschlossene Theorie zu formulieren.[296] Insbesondere in der politischen Schulungsarbeit der Antiautoritären spielten die hier skizzierten, innerhalb der organisierten Arbeiterbewegung verdrängten politischen Theorieansätze eine wesentliche Rolle.[297] Gemeinsam war ihnen bei aller Unterschiedlichkeit der philosophischen Voraussetzungen (z. B. Hegel bei Lukács und Korsch, Dietzgen bei Pannekoek und Gorter, Freud bei Reich) die besondere Akzentuierung des »subjektiven Faktors«, der Momente des Bewußtseins und des menschlichen Willens im revolutionären Klassenkampf. Am eingehendsten reflektierte Hans-Jürgen Krahl diese für die Antiautoritären maßgeblichen Momente in den wiederentdeckten revolutionären Theorien. Für ihn war die Dimension der »revolutionären Subjektivität« von den Marx-Epigonen der Zweiten Internationale verschüttet worden, für die »die Vorstellung vom naturgesetzlichen unaufhaltsamen Fortschritt der Menschengattung dazu diente, das Proletariat und sich selbst von der Aufgabe der revolutionären Befreiung zu dispensieren und den eigenen reformistischen Verrat zu rationalisieren«.[298] In der Dritten Internationale sah Krahl die »Ebene der revolutionären Subjektivität im Historischen Materialismus« in organisationstheoretischer Hinsicht von der Holländischen Marxistischen Schule, in erkenntniskritischer und geschichtsphilosophischer Hinsicht von Georg Lukács und Karl Korsch in vorbildlicher Weise akzentuiert. »Doch die auf diese Weise theoretisch zu Tage geförderte subjektive emanzipatorische Dimension der revolutionären Theorie des Proletariats wurde durch den Prozeß der realpolitischen Pragmatisierung der einstmals revolutionären Politik der Sowjetunion, im Zuge wachsender terroristischer Erfordernisse der stalinistisch-forcierten landwirtschaftlichen Kollektivierung und der retardierten technischen Industrialisierung sowie des immer mehr sich verdichtenden Zusammenhangs von Weltwirtschaftskrise und faschistischer Gewaltlösung, auf Jahrzehnte erstickt oder zur praktischen Folgenlosigkeit verurteilt.«[299] Die Notwendigkeit, an diese »subjektive emanzipatorische Dimension der revolutionären Theorie« anzuknüpfen, ergab sich nach Meinung der Antiautoritären aus der Veränderung des Gegenstandes historisch-materialistischer Analyse, aus den immanenten Entwicklungen des Kapitalismus selbst. Übereinstimmend wurde von deren Sprechern geltend gemacht, daß in dem Maße, wie aus der Dynamik der Produktivkräfte im Spätkapitalismus alle objektiven Bedingungen für die Revolution geschaffen würden[300], der »subjektive Faktor« menschlichen Willens und Bewußtseins zu hervorragender Bedeutung gelange. Frank Böckelmann zufolge war die dem Konkurrenzkapitalismus eigentümliche Dialektik zwischen den Produktionsverhältnissen und ihrem ideologischen Überbau gegenwärtig nicht mehr gegeben: »Was jede kritische Analyse heute berücksichtigen muß, ist vielmehr eine Verselbständigung von Herrschafts-strukturen in dem Sinne, daß sich eine historische Wirkung nicht mehr durch die Aufhebung ihrer Ursache [. . .] rückgängig machen läßt. Wir müssen heute feststellen, daß die Zahl, die Komplexität, die Gewichtigkeit und zugleich die Austauschbarkeit der zwischen Produktionsverhältnissen und ideologisch-psychischem Überbau eingeschalteten Institutionen, Mechanismen, Surrogate und Introversionen soweit zugenommen haben, daß die Auswirkungen einer noch feststellbaren Dialektik zwischen Unterbau und Überbau jederzeit abgeleitet und gedrosselt werden können . . .«[301] Von psychischen Phänomenen gesondert zu reden, sei erst aufgrund der Aufhebung jener ursprünglichen Dialektik im Spätkapitalismus historisch notwendig geworden. »Die Entstehung einer kritischen Sozialpsychologie und die Versuche, mit ihr den Historischen Materialismus zu ergänzen – siehe Reich, Fromm, die Frankfurter Schule, Erikson usw. – sind ein Beleg dafür.«[302] In ähnlicher Weise neigte Krahl zu der Auffassung, daß eine Revolutionstheorie des Spätkapitalismus nicht mehr als »Kritik der politischen Ökonomie«, sondern vielmehr bereits als »Kritik der politischen Technologie«[303] geschrieben werden müsse: »Immerhin äußert sich heute Entfremdung nicht mehr ›sinnlich‹, weil es gelungen ist, den Hunger zu beseitigen – man schneidet die Individuen nicht ab vom sinnlichen Genuß, man deformiert die Sinnesorgane und steuert den Genuß. Technologie und nicht Terror, Repression der Psyche und nicht der Physis sind *die* Herrschaftsmittel.«[304] Diesen Gegebenheiten trugen nach Krahl am ehesten Herbert

Marcuse und Henri Lefebvre Rechnung; zu den Stichworten »Rolle der Psychologie, Theorie des Individuums, Rolle der Subjektivität« notierte er: »Im Gegensatz zur existentialistisch beeinflußten Diskussion des Marxismus versuchten Lefebvre und Marcuse nicht einfach die Lehre Marxens post hoc, um eine positive Theorie des Individuums zu ergänzen. Doch sie scheinen der Meinung zu sein, daß die Antagonismen dieser Gesellschaft nicht einfach ökonomiekritisch darzustellen sind (oder gar sozioökonomisch), sondern beide ziehen einen Bereich herein, in dem sich die gesellschaftliche Produktenwelt, die kapitalistische Warensammlung, mit der subjektiven Bewußtseinsstruktur der ökonomischen und gesellschaftlichen Agenten eigentümlich verbindet, dem Alltagsleben; eine Vermittlungssphäre, die Marx nur angedeutet hat und die heute relevant wird durch die manipulative Programmierung des entfremdeten Lebens.«[305] Ausgehend von der gleichen Forderung nach einer die immanenten Veränderungen des Kapitalismus reflektierenden schöpferischen Weiterentwicklung des Marxismus, wie sie in der Begründung der Hypostasierung »revolutionärer Subjektivität« durch antiautoritäre Studentensprecher aufgestellt wurde, formulierte Dutschke 1968 in Anlehnung an den jungen Lukács: »Hier gewinnt die subjektive, aktivistische und voluntaristische Revolutionstheorie ihren materialistischen Begründungszusammenhang: allein die ›bewußte Tat‹ des revolutionären Proletariats kann die objektive Krise des kapitalistischen Systems in die revolutionäre Transformation des Systems umsetzen.«[306] In Reaktion auf die Orthodoxie und den Ökonomismus des »Parteimarxismus«[307] vertraten die sich theoretisch artikulierenden Antiautoritären – analog den älteren linksradikalen Bewegungen – eine ausgeprägt voluntaristische Revolutionstheorie.[308]

Organisationskritik und Räte-Idee

In der antiautoritären Phase seiner Entwicklung stellte sich für den SDS die Organisationsfrage nicht mehr überwiegend – wie in der ersten Hälfte der sechziger Jahre – als Problem innerverbandlicher Demokratie; sie wurde nunmehr in grundsätzlicher Weise – in Anlehnung an den jungen Georg Lukács – definiert als die Frage nach der Form der Vermittlung zwischen Theorie und Praxis.[309] Sie stellte sich in besonderer Dringlichkeit seit dem oppositionellen Mobilisationsschub nach dem 2. Juni 1967, denn für die Antiautoritären galt es geeignete, organisatorische Vehikel zu schaffen, um die hier freigesetzte oppositionelle Spontaneität in einen längerfristigen anti-institutionellen Kampf überzuleiten. Keine der herkömmlichen Organisationsformen der Arbeiterbewegung kam für diese Aufgabe mehr in Betracht. Die Organisationskritik an der SPD war bereits in der ersten Hälfte der sechziger Jahre im SDS geübt worden unter den Gesichtspunkten der »Verstaatlichung« und der Bürokratisierung der Partei und mit dem Ergebnis, daß diese Organisation kein Vehikel sozialistischer Politik mehr sein könne.[310] Diese Beobachtungen interpretierte Johannes Agnoli 1967 im Rahmen seiner »Involutions«-Theorie als eine der feststellbaren Tendenzen zur autoritären Rückbildung ursprünglich demokratischer Organisationen und Institutionen.[311] Die Kritik an den sozialdemokratischen Organisationen galt den »Antiautoritären« der späten sechziger Jahre als ein Moment der Ablösung des SDS von der SPD und im wesentlichen für abgeschlossen. Rudi Dutschke beschrieb den antiautoritären Konsens hinsichtlich der Parteien der Bundesrepublik: »Die Parteien lassen sich nur noch als Instrumente der Exekutive benutzen. Wie steht es um die innerparteiliche Demokratie bei CDU und SPD? Wo ist da noch Selbsttätigkeit der Parteimitglieder? Worin drückt sich die aus? Was geschieht auf den Parteitagen? Die Parteitage von CDU und SPD entsprechen den stalinistischen Parteitagen der KPdSU der dreißiger Jahre: keine Selbsttätigkeit von unten, nur noch Manipulation von oben; Führer, die keinen Dialog mit ihrer Basis führen; verselbständigte Führungselite, die es gar nicht mehr will, daß eine Diskussion stattfindet – weil nämlich die praktisch-kritische Diskussion Ausgangspunkt der Infragestellung der bürokratischen Institutionen wäre.«[312]

Die kommunistische Organisationsform der zentralistischen Kaderpartei rückte zunehmend in den Mittelpunkt der Diskussion zwischen »Antiautoritären« und »Traditionalisten«. Auf der Oktoberkonferenz der Außerparlamentarischen Opposition des Jahres 1967 in Frankfurt/Main sprach sich Oskar Negt, dessen Überlegungen zur Organisationsfrage dann bis

1969 eine gewisse Verbindlichkeit erlangten, gegen den Absolutheitsanspruch der »Kaderpartei als einziger Plattform, auf der eine den geschichtlichen Erfordernissen angemessene Vermittlung zwischen Theorie und Praxis erfolgt«[313], aus. Er akzeptierte die von Lukács formulierte formale Funktionsbestimmung revolutionärer Organisation, lehnte jedoch seine Hypostasierung der leninistischen Kaderpartei zum allgemein gültigen Typ revolutionärer Organisation mit dem Hinweis auf deren spezifische, historische Bedingtheit ab.[314] Diesen Hinweis präzisierte er später: »Lenin bestimmte die Hauptrolle des Proletariats als die der organisatorischen und politischen Führung; da dieses zum Subjekt weltgeschichtlicher Veränderung erhobene Proletariat andererseits jedoch von einem Millionenheer von Bauern und Kleinproduzenten umgeben war, die vom revolutionären Kampf zuallererst überzeugt, evtl. für Bündnisse gewonnen werden mußten, und die ihrer Klassenlage nach eine ständige Bedrohung der revolutionären Mission der proletarischen Minderheit darstellten, wurde die Herausbildung einer durch eiserne Disziplin und zentralisierte Entscheidungsbefugnisse zusammengehaltenen Kaderpartei zur notwendigen Voraussetzung der politischen Identität des russischen Proletariats; sie erst gestattete die Anwendung flexibler Strategien, das Eingehen taktischer Kompromisse und die Mitarbeit in nichtrevolutionären [...] Organisationen und Institutionen, ohne daß die Verfolgung der revolutionären Ziele dadurch im mindesten bedroht gewesen wäre.«[315] Anders als die Brüder Cohn-Bendit, die es als Ziel ihrer Bolschewismus-Kritik bezeichneten, nachzuweisen, »daß eine Partei bolschewistischen Typs niemals die Befreiung der Arbeiterklasse bewerkstelligen kann«[316], ließ Negt also die historische Berechtigung der leninistischen Kaderpartei für die Oktoberrevolution gelten; er lehnte allerdings deren mechanische Übertragung ab, da sich eine neue Organisationsform aus der revolutionären Aktivität unter den Bedingungen der »technologisierten Klassengesellschaft« der Gegenwart erst noch entwickeln müsse. Daß die zentralisierte Kaderpartei bolschewistischen Typs für den revolutionären Kampf in der Gegenwart untauglich sei, schien sich nicht nur für die Cohn-Bendits, sondern auch für die Berliner Antiautoritären im Verhalten der französischen KP während der Mai-Revolte des

Jahres 1968 zu bestätigen: »Die französische kommunistische Partei entlarvte sich in ihrer Flucht in den Wahlkampf als Partei der Ordnung. In den bürokratischen Organisationen der traditionellen Arbeiterbewegung hat sich schon lange der autoritäre Staat angekündigt. Die Menschen bleiben Objekte der Apparate, Spontaneität wird nur als bereits verwaltete geduldet. Die Organisation hat sich an die Stelle der Theorie und des Kampfes gesetzt, ist wie der autoritäre Staat zum Selbstzweck geworden.«[317]

Die Organisationskritik der Antiautoritären richtete sich in den späten sechziger Jahren mit wachsendem Nachdruck auch gegen die Gewerkschaften, nachdem die Aktionsgemeinschaft einiger Industriegewerkschaften mit der Außerparlamentarischen Opposition gegen die Notstandsgesetzgebung kurz vor deren abschließender Beratung im Bundestag im Jahre 1968 zerbrochen und z. B. das gemeinsame »Kuratorium Notstand der Demokratie« noch im selben Jahre aufgelöst worden war. Die antiautoritäre Organisationskritik an den Gewerkschaften entzündete sich überwiegend an deren »Verstaatlichung« bzw. »Institutionalisierung« und Bürokratisierung; die Bestimmung des taktischen Verhältnisses der Antiautoritären zu den Gewerkschaften blieb kontrovers, ließ jedoch deutliche Züge antigewerkschaftlicher Einstellung erkennen. Helmut Schauer, einer der Exponenten der Zusammenarbeit des SDS mit den Gewerkschaften in den frühen sechziger Jahren, schrieb 1968, man habe mit einem bislang unbekannten »Ausmaß institutioneller Verknüpfung der Gewerkschaften mit dem Staatsapparat und einem kaum geringeren Ausmaß innerer bürokratischer Verkrustung« zu rechnen. »Mit der Institutionalisierung des Klassenkampfes sind auch die Organisationen des Klassenkampfes zu Institutionen geworden. Ihre halböffentliche Struktur entspricht ihrer Stellung im Spätkapitalismus. Sie wirken an der Verteilung sozialer Entschädigungen, an der Integration der Produzenten in die gesellschaftliche Produktion mit – Aufgaben, die ohne eine gewisse Zustimmung der Abhängigen nicht mehr effektiv gelöst werden können.«[318] Er hielt dieses partielle Zustimmungsbedürfnis der Gewerkschaftsbürokratie im Rahmen ihrer systemimmanenten Funktion für einen Hebel, dessen sich die Außerparlamentarische Opposition zur Stärkung der Reste gewerkschaftlicher Autonomie und zur Entwicklung einer neuen Interessenpolitik bedienen müsse. Im Gegensatz zu dieser die antiautoritäre Arbeit in den Gewerkschaften nicht ausschließenden taktischen Schlußfolgerung erachtete Krahl die Arbeit in den Gewerkschaften nicht für sinnvoll. Nach dem Ende der gemeinsamen Opposition gegen die Notstandsgesetzgebung erklärte er Ende Mai 1968: »Die heimliche Kabinettspolitik der Gewerkschaftsspitzen in den Vorräumen des Bundestages ist gescheitert, denn man kann nicht ernsthaft ohne die Massen für Demokratie kämpfen. [. . .] Daraus haben die Studentenbewegung und die Außerparlamentarische Opposition die politische Konsequenz gezogen: auf die Bürokratie der Parteien und der Gewerkschaften können wir uns nicht verlassen, wenn wir nicht selbst anfangen zu handeln«.[319] Er sah ähnlich wie die Cohn-Bendits[320] keine Möglichkeit, eine primär auf emanzipatorische Selbsttätigkeit zielende Taktik mit der Arbeit in den Gewerkschaften zu vereinen, da eine solche Taktik unvermeidlich am Widerstand der Gewerkschaftsbürokratie scheitern müsse.

Mit der Kritik der Antiautoritären an den sozialdemokratischen und kommunistischen sowie den gewerkschaftlichen Arbeiterorganisationen eng verbunden verlief ihre Diskussion über die dem anti-institutionellen Kampf angemessenen Organisationsformen und Organisationsprinzipien. Die Räteidee wurde zum zentralen Orientierungspunkt organisationspolitischer Überlegungen im antiautoritären SDS. Nach den sporadischen Ansätzen rätesozialistischer Diskussion in der Münchner »Aktion der Rätesozialisten« und in der Subversiven Aktion kam es nun durch die antiautoritäre Bewegung (und in ihr) zu einer Renaissance des Räte-Gedankens, die nicht nur auf organisationspolitische Momente eingegrenzt blieb. Zumindest in Berlin, dem Zentrum der neuen Räte-Diskussion, ist der unmittelbare Einfluß der älteren rätesozialistischen Bewegung nachweisbar. Dort hatte sich die von Altsozialisten gegründete »Sozialistische Bildungsgemeinschaft Berlin« im Sommer 1967 in den »Republikanischen Club« eingegliedert – als »Arbeitskreis Bürokratie und Rätesystem im Republikanischen Club«, dem Willy Huhn vorstand.[321] Aber auch über Berlin hinaus tendierte die Organisationsdebatte des SDS zum Räte-Modell. Die Bundesvorsitzenden des

SDS formulierten den organisationspolitischen Trend der Antiautoritären Anfang 1967: Die zur Lösung der politischen Aufgaben notwendige Organisationsform lasse sich vorerst nur ex negativo bestimmen: »Zuvörderst können wir zu ihrer Bewältigung keine Partei brauchen. Eine Organisation, die unter dem Namen ›Partei‹ anträte, würde (besonders bei der Schwäche, mit der sie anträte) so schnell den Rollenzwängen einer ›Partei‹ unterliegen, daß sich ihre Arbeit bald im Parteiwesen erschöpfen würde.« Als positives Minimalprogramm forderten sie »eine formal lockere, inhaltlich einheitliche, öffentlich arbeitende Organisation (nach unseren Vorstellungen gegliedert in ein zentrales Arbeitssekretariat und – später – örtlichen Gruppen), die sich primär mit politischer Agitation [. . .] beschäftigt.«[322] Unmittelbar nach dem Mobilisationsschub des 2. Juni 1967 führte Dutschke in gleichem Sinne aus: »Immer mehr erkennen, daß sie im bestehenden System der Institutionen nicht vertreten sind, daß wir *außerhalb* der Interessentenbörse stehen – objektiv und subjektiv –, daß unsere Interessen, Wünsche, Bedürfnisse und Sehnsüchte nur durch unsere *eigene* praktisch-kritische Tätigkeit *gegen* das System durchgesetzt werden können, daß wir unser ›Schicksal‹ nicht mehr einer Partei – welcher Richtung auch immer – überlassen dürfen.« Er rief auf zur »Selbstorganisation« in der Form räteähnlicher »Aktionskomitees«, in denen offensive Selbsttätigkeit gewährleistet sei.[323] Auf der Oktoberkonferenz der Außerparlamentarischen Opposition 1967 brachte Negt die organisationspraktischen Entwicklungstendenzen der Bewegung auf die Programmformel der Bildung »informeller Kader«: »Von lokalen, überschaubaren Kommunikationszentren oder Brennpunkten, in denen sich informelle politische Kader bildeten, ausgehend, organisierte sich die Bewegung um inhaltlich konkrete Aktionslinien. Aber diese Zentren, wie der Republikanische Club in Berlin, haben sich als theoretisch-praktische Grundeinheiten der Bewegung, die einen lockeren organisatorischen Rahmen für die Bildung informeller Kader darstellen, nicht in der Abfassung von Tageslosungen, in der Fixierung von Programmen, in administrativer Anleitung der Aktionsgruppen erschöpft; in ihnen konstituierte sich vielmehr selber erst, was revolutionäre Theorie und revolutionäre Praxis unter den gesamtgesellschaftlichen Bedingungen der einzelnen Aktionen bedeuten.«[324] Dergleichen räteförmige Diskussions- und Entscheidungszentren sollten charakterisiert sein durch eine »antiautoritäre und antibürokratische Verfassung« und durch die in ihnen zu schaffende »dialektische Einheit von Aktionsvorbereitung, Aktion und politischem Erziehungsprozeß«. In der hochschulpolitischen Resolution der 22. Delegiertenkonferenz des SDS, dem umfassendsten Entwurf der antiinstitutionellen Strategie der Antiautoritären, hieß es zur Organisationsfrage: »Die Organisation einer antiinstitutionellen Bewegung kann nicht ihrerseits den zu mobilisierenden Massen bürokratisch gegenübertreten. In ihr muß der Einzelne selbsttätig und bestimmend sich entfalten können. Die Stärke einer solchen Bewegung gegenüber den alle Machtmittel bei sich konzentrierenden Institutionen kann nicht an einem leicht zerschlagbaren Büro allein oder an leicht liquidierbaren Individuen allein hängen, sondern sie muß vor allem in der Selbsttätigkeit des Einzelnen bestehen«.[325] Der in all diesen antiautoritären Organisationskonzeptionen vorherrschende antibürokratische und spontaneistische Zug ermöglichte schließlich auf der 23. Delegiertenkonferenz des SDS im September 1968 einen explizit rätedemokratischen Reorganisationsvorschlag für den Gesamtverband, der vom Hamburger SDS vorgelegt wurde.[326] Die Hamburger Antiautoritären forderten die Konferenz auf, endgültig die »aus sozialdemokratischen Zeiten überkommene Verbandsorganisation« zu revidieren. Das von ihnen zu diesem Zweck ausgearbeitete »Modell der drei Ebenen und zwei Räte« suchte die antibürokratisch-emanzipatorischen Forderungen der Organisationsdebatte praktisch verbindlich zu machen: »Nur mittels rätedemokratischer Kriterien, d. h.: permanenter Kontrolle durch die Basis, direkter Abwählbarkeit, imperativem Mandat und Delegation, ist der von uns selbst an unsere Arbeit gestellte Anspruch zu realisieren.« Wegen der Ende 1968 sich abzeichnenden Stagnation der Außerparlamentarischen Opposition und der fortschreitenden Auflösung der einzelnen SDS-Hochschulgruppen in divergierende Basis-, Projekt- und sonstige Gruppen[327] waren organisationspolitische Verbindlichkeiten für den Gesamtverband allerdings bereits nicht mehr durchzusetzen. Trotz zahlreicher Reorganisationsvorschläge der 23. DK des SDS[328] war die Tendenz zur Entfunktionalisierung des Bundesvorstandes für die innerverbandliche Arbeit und zur Auflösung der Gruppen in immer kleinere Einheiten, die u. a. in der Form von Wohngemeinschaften teilweise subkulturelle Züge annahmen, nicht mehr aufzuhalten. Schlechthin organisationsfeindliche Regungen wurden erkennbar.[329] Angesichts dieser organisationspolitischen Aporie entstand ab 1969 eine wachsende Disposition zu streng zentralistischen Kaderorganisationen; die Vertreter des Konzepts dezentralisierter Kaderbildung oder rätedemokratischer Organisationsformen wurden in die Defensive gedrängt. Schon aus dieser Defensivstellung schrieben die Berliner Rätekommunisten im Jahre 1970 in polemischer Wendung gegen die neuerliche Resurrektion der »marxistisch-leninistischen Kaderorganisation«: »Lenins Parteikonzeption, die sich auf die Masse stützenden Jakobiner, steigt aus der Asche des antiautoritären Strohfeuers hervor.«[330] Ende 1968 war im Publikationsorgan der Hamburger Antiautoritären noch vermutet worden, »daß der Rätegedanke innerhalb der Theoriebildung der APO eine zentrale Rolle einnehmen wird«.[331] In der Tat hatte gerade in organisationspolitischer Hinsicht bereits die retrospektive Identifizierung vor allem mit der rätekommunistischen Bewegung der zwanziger Jahre eingesetzt, die auf der übereinstimmenden Ablehnung der parteiförmigen und gewerkschaftlichen Organisationen der Arbeiterbewegung und der analogen antibürokratischen und auf Selbsttätigkeit zielenden Orientierung gegründet war.[332] Jedoch verlor diese zwischen 1967 und 1969 begonnene historische Aufarbeitung und theoretische Aktualisierung der Räte-Idee in der 1969/1970 einsetzenden Phase der leninistisch, maoistisch und trotzkistisch inspirierten Parteigründungsversuche ihre ursprüngliche Bedeutung.

Antiparlamentarismus und Räte-Idee

Im antiautoritären SDS wurde die linkssozialistische Forderung nach notwendiger Ergänzung von parlamentarischer und außerparlamentarischer Aktion im Rahmen der antiinstitutionellen Taktik der »Aufklärung in der Aktion« tendenziell ersetzt durch die Ablehnung parlamentarischer Arbeit und die ausschließliche Orientierung an außerparlamentarischer Massenaktion. Die Kritik am Funktionsverlust und am Funktionswandel des Parlaments schlug nach der Bildung der Großen Koalition Ende 1966 und in der Folge der Massenmobilisierung nach dem 2. Juni 1967 um in einen unterschiedlich nuancierten Antiparlamentarismus; die Antiautoritären begannen, im Rätesystem teilweise eine basisdemokratische Modifikationsmöglichkeit des parlamentarischen Systems, teilweise eine radikale Alternative zum Parlamentarismus zu sehen. – In der Bildung der Großen Koalition sah man einen entscheidenden Schritt auf dem Wege zur autoritären Umgestaltung der demokratischen Institutionen in der Bundesrepublik: »Nach der großen Koalition, einem zunächst zeitlich befristeten Bündnis zur Lösung der ›anstehenden großen Aufgaben‹, wird das Zweiparteienmonopol installiert sein: die Aufteilung des Staates unter die beiden ›staatserhaltenden‹ Parteien, eine weitere Aushöhlung der parlamentarischen Demokratie. Grundvorstellungen der Verfassung, der föderative Aufbau und die parteienpluralistische Demokratie, werden durch die geplanten Gesetzgebungen abgebaut, politische Diskussionen künftig in noch stärkerem Maße aus dem Parlament in das Kabinett verlagert; die parlamentarische Diskussion wird sich noch mehr zu bloßer Repräsentation vorentschiedener Meinungen zurückentwickeln.«[333] Unter diesen Auspizien setzte 1967 in der Außerparlamentarischen Opposition, voran im Republikanischen Club in Berlin, eine prinzipielle Parlamentarismus-Debatte ein, zu der besonders Johannes Agnolis Thesen *Transformation der Demokratie* anregten.[334] Auf der Grundlage einer kritischen Elitentheorie und einer historischsoziologischen Analyse des Parlamentarismus[335] konstatierte er einen »Umschlag der Volksvertretung in Repräsentation der Herrschaft«[336]: »Dem demos gegenüber ist das Parlament ein *Transmissionsriemen der Entscheidungen politischer Oligarchien*«.[337] Da diese Oligarchien, eine Symbiose der Parlamentsführung, der Spitzen des Exekutivapparates und der Führungsstäbe der Produktionssphäre, sich des Parlaments als Herrschaftsmittel zum Zwecke der Herstellung von Massenloyalität bedienten, seien die demokratischen Vertretungsund Herrschaftsfunktionen sowie die Kontroll- und Öffentlichkeitsfunktionen des Parlaments beseitigt. Für eine systemtranszendierende Aktivität zog Agnoli die taktische Schlußfolgerung, daß sie sich gegenwärtig nur außerhalb des Parlaments entfalten könne: »Die fundamentaloppositionellen Parteien, die sich auf das palamentarische Spiel einlassen und den außerparlamentarischen Kampf nicht mehr als das wesentliche Mittel des Herrschaftskonfliktes praktizieren, drohen ihre emanzipatorische Qualität zu verlieren und sich in bürokratische Integrationsapparate zu verwandeln.«[338] Diese Thesen dienten den Antiautoritären zur Präzisierung ihres anti-institutionellen Konsenses im Hinblick auf das Parlament[339] und zur argumentativen Stützung ihrer Ablehnung von Wahlbeteiligung. Theoretisch wurden diese Thesen in der gesamten Parlamentarismus-Debatte bis 1969 von den Antiautoritären kaum eigenständig weiterentwickelt; noch 1969 wurde die antiautoritäre Agitation gegen die Beteiligung an den Bundestagswahlen mit folgender Agnoli-Paraphrase begründet: »Das Parlament im spätkapitalistischen System ist kein Organ des Volkswillens, sondern das Vollzugsorgan der Exekutive und der herrschenden gesellschaftlichen Kräfte. Was dort allenfalls noch stattfindet, ist der Austausch von Machteliten. Der Bedeutungsschwund des Parlaments impliziert jedoch nicht, daß das System auf das Parlament als eine überflüssige Fassade verzichten könnte; vielmehr erfüllt das Parlament wichtige neue Funktionen: es veröffentlicht die Entscheidungen der Exekutive und erhebt sie zum Gesetz; es erweckt den Anschein, als handle es sich dabei um Entscheidungen des Volkes; es domestiziert oppositionelle Gruppen und Parteien zur Systemkonformität. Insgesamt schirmt das Parlament Entscheidungen der Machteliten, die außerhalb des Parlaments getroffen werden, gegen Kritik von unten ab; dieser Funktionswandel des Parlaments ist kein Degenerationsprozeß, sondern das natürliche Ergebnis der Entwicklung vom Früh- zum Spätkapitalismus.«[340]

Auf der 22. Delegiertenkonferenz des SDS im September 1967 hatten die Antiautoritären bereits ihren prinzipiellen Antiparlamentarismus geltend gemacht, während die Traditionalisten das Konzept des »revolutionären Parlamentarismus« verfochten und die Gründung einer linken Wahlinitiative befürworteten.[341] Noch vor der Außerordentlichen DK Ende März 1968, als deren zentrales Thema die Parlamentarismus-Frage vorgesehen war, stellte sich das Problem der Wahlbeteiligung in der Praxis: Ende November 1967 konstituierte sich im Hinblick auf die Landtagswahl in Baden-Württemberg aus Linkssozialisten und ehemaligen KPD-Funktionären eine Wahlgemeinschaft unter dem Namen »Demokratische Linke« (DL).[342] Deren Ablehnung auf der SDS-Konferenz vom 29.-31. März 1968 war kategorisch; man distanzierte sich namentlich von den DL-Wahlkampf-Forderungen nach »Wiederbelebung der parlamentarischen Demokratie«, »positiver Mitarbeit in den Institutionen« und »Übernahme gewerkschaftlicher Forderungen ohne Wenn und Aber«; man warf dem Wahlbündnis vor, »statt die Bewußtwerdung der Massen voranzutreiben, durch falsche Analysen und auf Mitläufer zugeschnittene Parolen gerade eine Bewußtseinsverschleierung«[343] zu bewirken. Gleichzeitig wurde eine Resolution des Berliner SDS-Landesverbandes angenommen, durch die die antiparlamentarische Festlegung des Verbandes begründet werden und die Ablehnung der Beteiligung an Parlamentswahlen auch für die Bundestagswahl 1969 verbindlich gemacht werden sollte: »Die Stärke der außerparlamentarischen Bewegung liegt in ihrem anti-institutionellen, antibürokratischen Charakter. Ihre Kraft hat sie entfaltet im Kampf gegen die Institutionen und Verwaltungsapparate, in denen das Kapitalverhältnis seine Wirklichkeit hat. In dem Maße, wie die Außerparlamentarische Opposition und die durch sich selbst bestimmenden Massen die Institutionen angreifen, in dem Maße werden die eingespielten Unterdrückungsmaßnahmen zunehmend wirkungslos, weil deren Unangemessenheit und daher herrschaftstechnische Dysfunktionalität klar zutage tritt [. . .]. Die Notwendigkeiten, die sich aus der Zielsetzung ergeben würden, in einem Kartell verschiedener Gruppen der Außerparlamentarischen Opposition Kandidaten für die Bundestagswahl 1969 aufzustellen und gar noch in den Bundestag zu bringen, wäre geeignet, die Basis der Außerparlamentarischen Opposition zu zerstören.«[344] Im wesentlichen auf dieser Argumentationsgrundlage[345] lehnte dann die antiautoritäre Mehrheit des SDS Ende des Jahres 1968 die Gründung und Unterstützung des linkssozialistisch-kommunistischen Wahlbündnisses für die Bundestagswahl 1969, die ADF, ab.[346] Am Ende der bis zur Bundestagswahl 1969 in der Außerparlamentarischen Opposition vehement fortgeführten Parlamentarismusdebatte[347] rief der kommissarische Bundesvorstand des SDS zur antiparlamentarischen Agitation in den Wahlkampf-veranstaltungen aller kandidierenden Parteien auf: »Die DKP und die ADF erwecken durch ihre noch nicht einmal wortra-dikalen Wahlaufrufe die Illusion, der Parlamentarismus könne reformiert und demokratisiert werden. Anstatt mit gezielten Aktionen die Oppositionsbewegung zu verstärken, verfestigt die DKP das parlamentarisch entpolitisierte Bewußtsein der lohnabhängigen Massen. Der SDS wird in seinen Aktionen während der Wahlveranstaltungen die scheinhafte Opposition der DKP ebenso entlarven wie den Schwindel der CDU/SPD.«[348]

Die Antiautoritären, die nicht nur die Organisationsform der Partei, sondern auch die Institution des Parlaments prinzipiell ablehnten, sahen sich sowohl in organisationspolitischer wie in verfassungspolitischer Hinsicht auf das Räte-Modell ver-wiesen. Die Räte-Idee wurde in den Jahren 1967 bis 1969 zum dominanten Leitbild gesellschaftlich-politischer Transforma-tionsvorstellungen der Antiautoritären, zur radikalen Alterna-tive gegenüber der parlamentarischen Demokratie. Dutschke bejahte Mitte 1967 die Frage, ob er für die Abschaffung des Parlamentarismus, so wie er in der BRD existiere, sei: »Wenn wir sagen außerparlamentarisch, soll das heißen, daß wir ein System von direkter Demokratie anzielen – und zwar von Rätedemokratie, die es den Menschen erlaubt, ihre zeitwei-ligen Vertreter direkt zu wählen und abzuwählen, wie sie es auf der Grundlage eines gegen jedwede Form von Herrschaft kritischen Bewußtseins für erforderlich halten. Dann würde sich die Herrschaft von Menschen über Menschen auf das kleinstmögliche Maß reduzieren«.[349] Die rätesozialistischen Diskussionsergebnisse im Berliner Republikanischen Club legte Wilfried Gottschalch 1968 vor: Auch ihm erschien die Rätedemokratie als eine denkbare Alternative zur »Depravie-rung des Parlamentarismus zum demoautoritären System«.[350] Die besonderen Qualitäten der Rätedemokratie für eine auf Herrschaftsreduzierung angelegte politisch-soziale Ordnung beschrieb er so: »Ihr konsequent demokratischer Charakter – alle Führungspositionen werden durch Wahl besetzt, alle füh-renden Funktionäre können jederzeit von den Wahlkörper-schaften abberufen werden – befähigt sie zu einem steten, engen Kontakt mit den revolutionären Massen. So können mit Hilfe der Rätedemokratie sehr schnell die ganze Arbeiterschaft der Betriebe oder die Bewohner der Kommunen erfaßt und organisiert werden. Auch jene Bürokratisierungstendenzen in Parteien und Gewerkschaften, die Robert Michels veranlaßten, von einem ›ehernen Gesetz der Oligarchiebildung‹ zu reden, vermögen sich in Rätebewegungen nicht so wirksam und dauerhaft durchzusetzen wie in anderen Organisationsformen. Hinzu kommen noch andere Vorzüge direkter Demokratie, vor allem das Prinzip der Öffentlichkeit der Verhandlungen der Räte, das den Wählern ermöglicht, die politischen Entscheidungsprozesse zu kontrollieren. Schließlich sind die gewählten Vertreter nicht frei, sondern an Wähleraufträge gebunden. Besser als Parteien und Parlamente sind also demokratische Räte zur Selbstorganisation der Massen geeignet.«[351] Diese Evokationen eines rätedemokratisch strukturierten politischen Systems als Alternative sowohl zu den für dysfunktional angesehenen parlamentarischen Demokratien wie auch zu den parteikommunistisch regierten Staaten[352] blieben in hohem Maße abstrakt und regten symptomatischerweise vor allem die politikwissenschaftliche Reflexion des im Rätegedanken eingeschlossenen Konzepts identitärer Demokratie an.[353] Die aufgrund der Schwäche der antiautoritären Bewegung im Verhältnis zu den anderen politischen Kräften in der Bundesrepublik unvermeidliche Abstraktheit der Rätediskussion gestand sich Gottschalch ein: »Wenn ich auch nicht sicher bin, ob eine rätedemokratische Organisation der Gesellschaft funktionieren wird, so zweifle ich doch nicht daran, daß sie – sozialistische Produktionsverhältnisse vorausgesetzt – funktionieren kann. Gewißheit habe ich jedoch darüber, ›daß das Parlament als eine entscheidende politische Instanz längst der Vergangenheit angehört und auch [. . .] nicht mehr als entscheidende Instanz zu retten ist‹.«[354] Es gab auf dem Höhepunkt der Außerparlamentarischen Opposition von seiten der Antiautoritären einige unmittelbare Projektionsversuche rätedemokratischer Transformation in der Bundesrepublik; so z. B. das extemporierte »Modell einer Räterepublik in Westberlin«, das Dutschke, Rabehl und Semler im Gespräch mit Hans Magnus Enzensberger entwarfen[355]; so auch die Überlegungen Gottschalchs, der »die Umwandlung des parlamentarischen Systems der Bundesrepublik in ein reines Rätesystem« gegenwärtig nicht für durchführbar hielt, wohl aber die Ergänzung der überkommenen Institutionen des Staates, der Länder und Gemeinden »durch Räte als verfassungsmäßige Staatsorgane mit bestimmten Kontroll-, Vorschlags- und Einspruchsrechten«.[356] Im Mittelpunkt der Erörterungen stand jedoch die mehr oder minder kritische Aneignung der Geschichte der Rätebewegungen als Stimulans »gesellschaftspolitischer Phantasie«[357]. Die Spanne historischer Beispiele reichte von der Pariser Kommune[358] bis zum »reinen Rätesystem« der linken USPD[359] und der rätekommunistischen Konzeption der KAPD/AAUD[360] sowie zum jugoslawischen Modell der Arbeiterselbstverwaltung in der Gegenwart[361]; besonders faszinierten die in Opposition zur bolschewistischen Herrschaft entstandene »Arbeiteropposition« und die Kronstadt-Kommune von 1921.[362] Blieben die unmittelbaren Projektionsversuche des Rätemodells und die historischen Aneignungsversuche der Rätebewegung überwiegend literarische Anstrengungen, so wurde von den Berliner Antiautoritären die linkskommunistische Parlamentarismus-Kritik und Rätetheorie der frühen zwanziger Jahre zumindest im Richtungskampf innerhalb des SDS erfolgreich politisch aktualisiert.

Wie in der theoretischen Selbstverständigung und in der Organisationsdebatte, so waren die Antiautoritären auch in der Parlamentarismusfrage geneigt, sich die Argumente der älteren linksradikalen Bewegungen zu eigen zu machen. In der Tat wiederholte sich im Prinzip bei ihnen das Argument der historischen Obsoletheit des Parlaments und seiner korrumpierenden Wirkung auf die in ihm vertretene revolutionäre Bewegung, das von den Rätekommunisten, aber auch schon von den »Jungen« entfaltet worden war; auch das Postulat der Selbsttätigkeit revolutionärer Massen als wichtigster Grundlage sozioökonomischer Transformation war ihnen mit den älteren Manifestationen des Linksradikalismus gemeinsam. Mit der Herausgabe einer Anthologie linkskommunistischer Texte zur Parlamentarismusfrage[363] sollte nach der März-Konferenz 1968 »die radikale Haltung des SDS in den Kontext der Theorie der linken Kommunisten gestellt werden«.[364] In der von einer Berliner »Projektgruppe Räte« verfaßten Einleitung wurde die Geschichte der deutschen Arbeiterbewegung unter dem Gesichtspunkt skizziert, daß eine »unbewußte und unreflektierte Teilnahme am Parlamentarismus« die »Integration der subversiven Arbeiterpartei in die bürgerliche Gesellschaft« bewirke. Die Position der linkskommunistischen Opposition in der frühen Komintern frei paraphrasierend würdigten die Berliner Antiautoritären deren taktische Konzeption: »Die Widersacher der Teilnahme am Parlament gingen nicht so sehr von der Dysfunktionalität des Parlaments im kapitalistischen Staat aus, vielmehr betonten sie die soziologische Umwandlung der Partei in eine Führerpartei, die in dieser Struktur die autoritären Verhältnisse in den bürgerlichen Parteien [. . .] nur noch reproduzierten, wenn in der Organisation als Kampforgan nicht gewährleistet war, daß die Träger des Kampfes permanent antiautoritär gegen den Kapitalismus mobilisiert wurden, eine permanente ›Kulturrevolution‹ gegen die Kulturwerte, die Sexualmoral und die Verhaltensnormen des Kapitalismus stattfand. Die Ziele der neuen Gesellschaft sollten in Ansätzen, in der Solidarität des Kampfes, in der proletarischen Partei schon verwirklicht sein. Die Wahlbeteiligung wurde nur als Startzeichen für Massenkampagnen begriffen, entweder als ›offener Wahlboykott‹ (Bela Kun), Revolutionierung des Parlaments (Rudas) oder antiparlamentarische Streikbewegungen für ein Rätesystem (Pannekoek, ähnlich auch Lukács, der für ein Rätesystem mit taktischen Modifizierungen eintrat)«.[365] Diese Übernahme linkskommunistischer Argumentation blieb kein Einzelbeispiel in der Parlamentarismus-Debatte; 1969 kommentierten Marburger Antiautoritäre die Neuausgabe zweier antiparlamentarischer Broschüren der KAPD: »Die Lektüre dieser beiden Flugschriften aus den Anfängen der Weimarer Republik zeigt, daß der Klassencharakter des Parlaments, seine Funktion als Beruhigungs- und Disziplinierungsinstrument gegenüber den Massen und als Beifallsmaschine für die Entscheidungen der Herrschenden, inzwischen noch deutlicher hervorgetreten ist [. . .]. So sind die Flugschriften der KAPD auch heute noch aktuell: sie rufen dazu auf, sich mit dem Akt der Wahl nicht politisch selbst zu entmündigen.«[366]

Die antiautoritäre Bewegung entstand ohne Einfluß der Rest-Tradition des organisierten Anarchismus in der Bundesrepublik. Die stark überalterten Traditionsgruppen der anarchistischen Bewegung waren wie der Rätesozialismus Mitte der fünfziger Jahre auf dem Tiefpunkt ihrer Entwicklung angelangt.[367] Innerhalb der linkssozialistischen Tendenzen der späten fünfziger und der frühen sechziger Jahre hatte allein Erich Gerlach (1910-1972) wiederholt auf die Bedeutung des spanischen und gelegentlich auch des deutschen Anarcho-Syndikalismus hingewiesen.[368] Das Interesse der antiautoritären Bewegung der späten sechziger Jahre am Anarchismus resultierte zuerst und überwiegend aus dem Bemühen, das vermeintliche Scheitern der alten Arbeiterbewegung zu erklären; bei diesen Erklärungsversuchen schien die reichhaltige anarchistische Kritik an den autoritären, zentralistischen oder bürokratischen Organisationsstrukturen der großen sozialdemokratischen und kommunistischen Arbeiterparteien und der mit ihnen verbundenen Gewerkschaften eine brauchbare Orientierungshilfe zu sein. Außerdem schienen die in der Geschichte des Anarchismus und Anarcho-Syndikalismus in vielen Varianten entwickelten Begriffe der Spontaneität, der direkten Aktion und der Selbstorganisation für die Klärung der eigenen antiautoritären Strategie und Taktik zumindest überprüfenswert zu sein.

Die Anarchismus-Rezeption in der antiautoritären Bewegung der Jahre 1966 bis 1969 vollzog sich einmal in der Form kritisch-prüfender Würdigungsversuche des historischen Anarchismus, zum anderen durch den kommentarlosen Nachdruck seiner Klassiker und seiner besonders aktuell erscheinenden Dokumente. – Die Tendenz der 1968 einsetzenden theoretischen Assimilierungsversuche des Anarchismus durch die antiautoritäre Bewegung wird am ehesten sinnfällig in dem Slogan »Marx und Bakunin in einer Front!«[369] Die dem Verhältnis des antiautoritären Lagers zum Anarchismus gewidmete Schrift eines Berliner SDS-Mitgliedes[370] verglich 1968 vermeintliche Vorzüge und Schwächen marxistischer und anarchistischer Revolutionstheorie. Der mit den objektiven »Notwendigkeiten« des revolutionären Prozesses argumentierenden marxistischen Theorie wird am Beispiel Bakunins der reine Voluntarismus des Anarchismus gegenübergestellt; der erstere abstrahiere von den unmittelbaren Bedürfnissen der hier und jetzt lebenden Individuen, der letztere sei unfähig zu einer systematischen wissenschaftlichen Analyse der Gesellschaft. Bei Engels[371] und Lenin suchte der Autor nachzuweisen, daß die Sozialdemokratie so gut wie die Bolschewiki in Theorie und Praxis nicht konsequent mit den autoritären staatlichen und ökonomischen »Herrschaftsstrukturen der bürgerlichen Gesellschaft« gebrochen hätten; die bürgerliche Organisation der Arbeit sei von Lenin nicht angezweifelt worden: »Die Parteidisziplin hat ihr Vorbild in der Fabrikdisziplin.«[372] Am Beispiel von Georges Sorel illustrierte er die anarchistische Fetischisierung insurrektioneller Massenspontaneität und ihre faschistischen Gefahren: »Der Sozialismus hat bei Sorel seinen demokratischen Inhalt verloren: statt der revolutionären Organisation die spontane Massenaktion, statt der möglichen freien Gesellschaft die verselbständigte Gewalt.«[373] Zusammenfassend heißt es: »Der bloße Widerspruch der Anarchisten und die bloße Disziplin der Bolschewisten rissen gleichermaßen die revolutionäre Dialektik auseinander.«[374] Für die Organisation des antiautoritären Lagers forderte Dreßen »demokratisch-zentralistische« Strukturen im Sinne der »Einheit von Widerspruch und Disziplin«, von »kontrollierter Spontaneität«.[375] In ähnlich zwischen Marxismus und Anarchismus abwägender Weise verfuhr Rabehl in seiner Kritik an der »Linksradikalismus«-Schrift der Brüder Cohn-Bendit, die nach seinem Eindruck den Anarchismus allzu unkritisch rezipierten.[376] Davon überzeugt, daß in der antiautoritären Bewegung »die wissenschaftlichen und anarchistischen Komponenten des Marxismus zum ersten Mal seit Lenins ›Staat und Revolution‹ von 1917 wieder voll bewußt«[377] seien, konzentrierte sich Rabehl auf die Darstellung der Ambivalenz des Anarchismus für eine »revolutionäre Realpolitik«. Er hielt ihn in der Aufschwungperiode der Revolution für ein wichtiges »Korrelat der revolutionären Realpolitik«: »Der Anarchismus ist nicht nur kleinbürgerliche Ideologie, wie die Orthodoxen des Marxismus behaupten, sondern revolutionäre Moral, die die geringsten Anzeichen der Verselbständigung der Parteiapparate von den Massen wahrnimmt und Strukturen bloßlegt, die die Massen von den Entscheidungen fernhalten und sie zum bloßen Fußvolk degradieren, das den Führern zu applaudieren hat. Die Anarchisten können anhand der bürgerlichen Realpolitik der Arbeiterparteien aufzeigen, wann die Arbeiterparteien der revolutionären Zielsetzung entsagen und sich durch Geheimabsprachen, Koalitionen und Kabinettspolitik mit den bürgerlichen Organisationen arrangieren. In dieser kulturrevolutionären Form ist die anarchistische Moral bedeutsam für die Kontrolle revolutionärer Realpolitik.«[378] In der Revolution selbst jedoch wird, Rabehl zufolge, der »Spontaneitätsfetischismus« des Anarchismus zur Bewußtseinsschranke: »In dieser Phase muß die proletarische Organisation durch Aktionen diesen anarchistischen Konservatismus entlarven, um die Massen für die gesellschaftlichen Aufgaben zu erziehen.«[379] – Ansatzweise ist in den hier resümierten wichtigsten Beiträgen der Berliner Antiautoritären zur Anarchismus-Diskussion die gleiche Tendenz erkennbar, sich im Rahmen marxistischen Selbstverständnisses revolutionstheoretische Elemente des Anarchismus anzueignen, wie sie bei den anarchoiden Tendenzen des Rätekommunismus der Weimarer Republik vorherrschte.

Neben dieser Debatte setzte 1968 eine über mehrere Jahre hin sich steigernde Renaissance anarchistischer Literatur ein, die zuerst durch studentische Initiativen, bald aber auch von kommerziellen Verlagen betrieben wurde.[380] Eine Sichtung dieser studentischen Raubdrucke[381] – überwiegend unkommentierte fotomechanische Reproduktionen – vermag weiteren Aufschluß zu geben über die Trends antiautoritärer Anarchismus-Rezeption. Die in den Jahren 1968/69 neu gedruckten anarchistischen Schriften – allein in diesen beiden Jahren mehr Titel als in der ganzen Nachkriegsgeschichte der anarchistischen Rest-Tradition – hatten in signifikanter Häufung die Bolschewismus-Kritik des Anarchismus zum Inhalt. Das »Institut für Praxis und Theorie des Rätekommunismus« gab 1969 dieser dominanten Ausrichtung der antiautoritären Anarchismus-Rezeption im Vorwort zu einer anarchistischen Geschichte der Machno-Bewegung[382], deren Niederschlagung durch Trotzki die Brüder Cohn-Bendit im Jahr zuvor als »Niederlage der revolutionären Bewegung« und als Beginn der »bürokratischen Konterrevolution« in Sowjet-Rußland

bezeichnet hatten[383], die folgende Begründung: »Der Wieder-
abdruck P. Arschinoffs Geschichte der Machno-Bewegung
durch das IPTR steht in Zusammenhang mit den aktuellen
Aufgaben der Wiederaufnahme der Leninismus-Stalinismus-
Diskussion, der Diskussion über die Ursachen des Versagens
der alten, etablierten Arbeiterbewegung. [...] Anhand dieses
[Neudrucks] und weiterer Materials soll die Entwicklung von
Kategorien ermöglicht werden, die eine Einschätzung der
Rolle und des Charakters des Leninismus und der Bolschewiki ohne Apologie und ohne Rückgriff auf bürgerliche Argumente ermöglichen.«[384] Der gleichen Absicht diente offenbar
auch die gleichzeitig wieder zugänglich gemachte frühe Bolschewismus-Kritik Rudolf Rockers und Emma Goldmans.[385]
Neben diesem zentralen Thema rückte die Kontroverse zwischen Marx und Bakunin in den Mittelpunkt des Interesses
der Antiautoritären.[386] Die Neuedition der wichtigsten Schriften Bakunins und Kropotkins begann in diesen Jahren, wurde
jedoch erst Anfang der siebziger Jahre umfassender fortgesetzt. Auffallend ist, daß ausschließlich Autoren des kollekti-
vistischen und kommunistischen Anarchismus zu neuen Ehren kamen, die Tradition des individualistischen Anarchismus
jedoch nicht aufgenommen wurde.[387]

Eine Verständigung zwischen den Antiautoritären und den
Veteranen der Tradition des organisierten Anarchismus in
Deutschland konnte aufgrund dieser kritischen und selektiven
Anarchismus-Rezeption nicht zustande kommen. Augustin
Souchy, seit 1911 in der deutschen und internationalen anar-
chistischen und anarcho-syndikalistischen Bewegung tätig,
machte im September 1969 auf die Frage nach seiner Einschät-
zung der antiautoritären Studentenbewegung geltend:
»Dutschke, Teufel, Rabehl und die übrigen Wortführer des
SDS und der APO haben sich nie zum Anarchismus bekannt.
Ideologisch sind sie Anhänger des Linksmarxismus; sie bedienen sich des Vokabulariums von Herbert Marcuse, Theodor
W. Adorno, teilweise auch von Karl Korsch, Ernst Bloch etc.,
von Sozialphilosophen also, die in erster Linie von Karl Marx
herkommen. Daniel Cohn-Bendit bekennt sich zum ›anarchistischen Marxismus‹, eine Kombination von Begriffen, die
ebenso widerspruchsvoll ist wie die eines atheistischen Chri-
sten!«[388] Er war der Überzeugung, daß keine »Regenerations-

formel« den Marxismus »retten« könne, und lehnte den »neomarxistischen Jargon der SDS-Theoretiker« kategorisch ab.[389] Daß es – zumindest dem Anspruch nach – in der antiautoritären Anarchismus-Rezeption ursprünglich um eben jene »Regenerationsformel« des Marxismus ging, die Souchy für unmöglich hielt, zeigt noch einmal die Explikation des Selbstverständnisses einer Gruppe Antiautoritärer, die sich Anfang der siebziger Jahre im Zuge beginnender Organisations-Neugründungen »junge Anarchos« nannten. Sie distanzierten sich von den Traditionshütern des Anarchismus: »Wäre der Anarchismus das geblieben, was er zur Zeit Bakunins war, wäre er eine Leiche; würde er heute mit Landauer oder Kropotkin gleichgesetzt, wäre er ein greiser zahnloser Köter, und hätten wir die Weiterentwicklung des Anarchismus in den Händen solch verdienstvoller (das ist *nicht* ironisch gemeint!) Altgenossen wie Huppertz, Reimers oder Souchy gelassen, so hätten wir heute noch ein Museumsstück; bösartig und aggressiv, aber verstaubt. Und asthmatisch.«[390] Zur Rechtfertigung ihrer Programmformel »Marx und Bakunin in einer Front!« führten sie an, daß die »überwiegende anarchistische Wirtschaftstheorie und die anarchistische Kritik an der kapitalistischen Produktionsweise« von Marx entwickelt worden sei; vor allem sei der Rätekommunismus (»eine bedeutende Schule, die sich aus dem Marxismus ableiten läßt«) für Jahrzehnte »*der* tragende Impuls für die anarchistische Theorie und Praxis« gewesen: »Einzig er hat beispielsweise sich detaillierte Gedanken über die Rolle des Subjekts in der Revolution, über die Frage der genauen Ursachen des Versagens der Parteien und vor allem über die detaillierte Organisation nachrevolutionärer Verwaltung, Versorgung, Produktion und Güterverteilung gemacht.«[391]

Subkulturelle Tendenzen

Die insbesondere bei den intellektuellen Trägern der älteren linksradikalen Bewegungen feststellbare Neigung zu Gemeinschaftsexperimenten, in denen man mit den Konventionen und Verhaltensnormen der bürgerlichen Gesellschaft brechen und im überschaubaren Alltagszusammenhang der Gruppe alternative freiheitliche Lebensformen erproben wollte, wiederholte sich unter spezifischen Bedingungen und mit neuen taktischen Implikationen in der antiautoritären Studentenbewegung in der Konzeption der Gründung »revolutionärer Kommunen«.[392] Obwohl es schon im Mai 1967 zum Ausschluß der Kommune I aus dem SDS kam[393], blieb die 1966/67 von den Kommunen I und II formulierte Programmatik weit über die Periode ihrer SDS-Zugehörigkeit und ihres Bestehens hinaus in der antiautoritären Bewegung lebendig. Deshalb können die subkulturellen Tendenzen im antiautoritären Lager der späten sechziger Jahre weitgehend exemplarisch an Entstehung, Selbstverständnis und Entwicklung der Berliner Kommunen I und II aufgezeigt werden. – Bereits in den einzelnen SDS-Hochschulgruppen der frühen sechziger Jahre gab es Ansätze eines über die gemeinsame politische Intention hinausweisenden Gruppenzusammenhalts, der in den verschiedenen Formen gesellschaftlichen Drucks auf den radikalen Studentenverband begründet war. Im Vergleich mit dieser eher defensiven Gruppenkohäsion war das von der Subversiven Aktion 1963 vorgelegte Konzept der »Kohorte« schon eindeutig offensiv orientiert, aber noch nicht deutlich vom Typus antibürgerlich-elitärer Gruppenbildung der Boheme[394] unterschieden; sie definierte sich als »eine auf direkte Aktion ausgerichtete Paraelite« mit dem Ziel der »Entblößung gesellschaftlicher Repression.«[395] Erst nach dem Anschluß der Subversiven Aktion an den SDS in Berlin und München und nach den ersten Erfahrungen mit der Taktik der »Aufklärung in der Aktion« konnten die Antiautoritären die grundlegenden Prinzipien der Kommune-Bewegung, die Wechselwirkung von Selbstveränderung und Gesellschaftsveränderung, formulieren und sich zu »intentionalen Gemeinschaften«[396] zusammenfinden. Bei den Initiatoren der Kommune-Bewegung, die sich im Juni 1966 erstmals trafen, verband sich »die Auseinandersetzung mit der marxistischen Theorie und die Verachtung für den bloß kontemplativen Seminarmarxismus« mit dem Versuch, »psychoanalytische Kategorien auf gruppendynamische und individuelle Probleme anzuwenden«.[397] Sie hofften nicht mehr darauf, »daß der ökonomische Prozeß das revolutionäre Subjekt produziere, wie Marx es aus der Analyse des Produktionsprozesses gefolgert hatte«; sie waren sich einig darin, »endlich anzufangen, nicht mehr warten zu müssen«.[398] In

Berlin, wo neben Dieter Kunzelmann anfänglich auch Dutschke und Rabehl an der Kommune-Diskussion beteiligt waren, begannen diese aktivistischen Teile der Studentenbewegung, innerhalb der »Aktion für internationale Solidarität« Ende 1966 die Gründung von Kommunen als eine hier und jetzt praktizierbare Möglichkeit der Verbindung des »Kampfes in den Metropolen« mit den Befreiungsbewegungen der Dritten Welt zu propagieren. In seinen *Notizen zur Gründung revolutionärer Kommunen in den Metropolen*[399] faßte Dieter Kunzelmann im November 1966 diese Konzeption zusammen: Nach Aufarbeitung aller »bisher gescheiterten Gruppenexperimente« habe man zwei »entscheidende Implikationen von revolutionärer Kommune« zu erörtern: »das objektive Moment der gemeinsam zu leistenden Praxis und das subjektive Moment der Vermittlung der Individuen innerhalb der Kommune.« »Die Kommune ist nur dann fähig, systemsprengende Praxis nach außen zu initiieren, wenn innerhalb der Kommune effektiv die Individuen sich verändert haben, und diese können sich nur verändern, wenn sie jene machen. Praxis nach außen ohne experimentelle Vorwegnahme dessen, was Menschsein in emanzipierter Gesellschaft beinhalten könnte, wird zum Aktivismus als Normerfüllung. Die vielbeschworene neue Qualität der Kommune ohne gemeinsame Praxis wird sich als solipsistischer Akt, Psychose und elitärer Zirkel entpuppen.«[400] Diese programmatische Darlegung formulierte präzise den Grundgedanken der Kommune-Bewegung. Einer der sympathisierenden Sozialpsychologen der älteren Generation bestätigt das im Rückblick auf diese Tendenz innerhalb der antiautoritären Bewegung: »Kommunen haben ursprünglich immer zwei Intentionen gehabt: einmal wollten sie die gesellschaftlichen Verhältnisse ändern, sie an der Basis strukturell umwälzen, und zum anderen wollten sie ein neues Bewußtsein schaffen, ihre sozialen Beziehungen qualitativ verändern.«[401]

Die Erkundung der Möglichkeiten gesellschaftsverändernder Praxis nach außen erwies sich in der Entwicklung der Kommunen I und II als sehr schwierig. Die Mitglieder der Kommune I, die im Februar 1967 ihre Wohngemeinschaft errichteten, hatten maßgeblichen Anteil an der Konkretisierung der Taktik der »Aufklärung in der Aktion« mit der von ihnen entwickelten Technik des Ridikülisierens von Autoritäten: »Mit offener Gewalt aber können wir der Gewalt unserer Gesellschaft nicht begegnen. Wir müssen unsere Gewalt gewaltlos erscheinen lassen. Wir müssen unterlaufen, lächerlich machen.«[402] Diese Technik war im Sinne ihrer Initiatoren teilweise erfolgreich, insofern sie sich gegen die Autorität von Professoren und Polizisten wandte[403]; sie wirkte nach dem sogenannten »Pudding-Attentat« gegen den US-Vizepräsidenten Humphrey im April 1967 durch strafrechtliche Sanktionen selbstzerstörerisch auf die Kommune I zurück. Bald nach Errichtung der Wohngemeinschaft der Kommune I setzte sich in ihr die Neigung durch, sich zunächst auf die psychischen Binnenprobleme, auf die »Selbstrevolution«[404] zu konzentrieren. Der Teil der Kommune-Initiatoren, der sich der Wohngemeinschaft nicht angeschlossen hatte, ließ sich im Februar 1967 zum kollektiven Vorstand des SDS-Landesverbandes Berlin wählen mit dem Ziel, über die Bildung von kleinen Arbeitskreisen den ganzen Berliner Verband in Wohnkommunen zu überführen.[405] Diese »Polit-Kommune« scheiterte an der Arbeitsunfähigkeit der Arbeitskreise; die »Autoritäten« (Dutschke, Rabehl u. a.) wandten sich von diesen Gruppen ab und ein Teil der »Polit-Kommune« zog im August 1967 aus dem SDS-Zentrum aus, um eine neue Wohngemeinschaft zu gründen. Der Bundesvorstand des SDS kommentierte die bisherige Entwicklung der Kommune-Bewegung im September 1967 kritisch: »Die Kommune II ist noch schneller in politische Apathie abgesunken, als die Kommune I zur Funktion des Berliner Originals und Springers Hofnarren aufgestiegen ist.«[406] Nach dem Scheitern des Kommune-Konzepts als Modell für die antiautoritäre Umgestaltung des Berliner SDS ist in der Entwicklung der in der zweiten Jahreshälfte 1967 vollzogenen Kommunegründungen eine Konzentration der Außenaktivitäten auf vergleichsweise eng limitierte Praxisfelder festzustellen. Die im August 1967 neu konstituierte Wohngemeinschaft, die das Etikett »Kommune II« beibehielt und sich überwiegend die Analyse der Probleme kollektiver Lebensform zur Aufgabe machte, begann im Frühsommer 1968 »erstmals gemeinsam nach außen zu arbeiten«, indem sie sich am Aufbau eines der ersten antiautoritären Kinderläden in West-Berlin beteiligte.[407] Eine andere im

Herbst 1967 in Berlin entstandene Kommune versuchte die Frage »Wo liegt die politische Praxis, die über das Miteinanderarbeiten hinausgeht?«[408] durch die Herausgabe der »Untergrund«-Zeitung *Linkeck* und später durch die Produktion von Nach- und Raubdrucken zu lösen.[409] Diese Aktivitäten erschienen unbedeutend, wenn man sie am Anspruch maß, von der Basis »revolutionärer Kommunen« aus gesellschaftsverändernde Praxis zu begründen. Der Anspruch wurde 1968 von der Kommune II aufgegeben; als Fazit des Berichtes über ihr Gruppenexperiment schlug sie eine »politische Organisation als primären Bezugspunkt« vor, innerhalb deren Kommunen eine komplementäre Funktion erfüllen könnten: »Kommune wäre als Ergänzung der politischen Organisation zu bilden, keinesfalls als deren Ersatz. Innerhalb sozialistischer Organisationen könnten Kommunen den subjektiven Emanzipationsbedürfnissen Rechnung tragen, indem sie die differenzierten individuellen Erwartungen und Wünsche aufnehmen, für die jede politische Organisation zu grobmaschig ist.«[410]

Der Klärung der Voraussetzungen und Möglichkeiten, die eigene Mittelschicht-Sozialisation innerhalb der Wohngemeinschaft aufzubrechen, wandte sich die Kommune I Ende Januar 1967 verstärkt zu. Man gestand sich ein: »Unser politisches Programm ist nicht weiter gediehen als bis zur Technik. An die Inhalte, die in unserer Selbstrevolution umgewälzt werden müssen, haben wir uns noch gar nicht herangetraut.«[411] Man pointierte nun die Hinwendung zu den individuellen Problemen der Kommune-Mitglieder: »Warum reden wir über die große Koalition zwischen SPD und CDU, die uns einen Scheißdreck angeht, warum reden wir nicht über unsere persönlichen Schwierigkeiten?«[412] Die Lösung des Problems sexueller Repression in der traditionellen Zweier-Beziehung suchte die Kommune I in demonstrativ promiskuösen Verkehrsformen innerhalb ihrer Wohngemeinschaft.[413] Im Vergleich zur sexualpolitisch provokativen Selbstdarstellung der Kommune I waren die späteren Kommunegründungen stärker an der Begründung einer umfassenderen Alternative zur Kleinfamilie interessiert. Die Aufgabe der Selbstveränderung formulierte zum Beispiel der *Linkeck*-Kommune so: »Ist es möglich, innerhalb der kapitalistischen Umwelt eine Lebensbasis zu entwickeln und zu praktizieren, die die inneren

Zwänge – Konkurrenz, Existenzangst, Leistungsdruck, Vereinzelung – wenn schon nicht vollständig abschaffen, so doch zumindest mildernd im gemeinsamen Arbeiten, Wohnen auffangen kann?«[414] Die Kommune II ging aus von der Fragestellung: »Wie können wir die Isolation, die jeder aus seiner Privatexistenz mitbringt und die er nicht mehr verdrängen und kompensieren kann, wie können wir den Druck, den wir aus unserer persönlichen Situation mitschleppen (Ehe, Verhältnis, wechselnde Beziehung, Studium usw.) und der jetzt unerträglich wurde, gemeinsam aufheben?«[415] Besonders die im August 1967 neu konstituierte Kommune II bemühte sich mit Hilfe psychoanalytisch angeleiteter Gruppengespräche[416] um eine neue repressionsfreie Qualität des Verhältnisses der erwachsenen Kommune-Mitglieder zueinander[417]; überdies machte sie sich die theoretische und praktische Erprobung alternativer Kindererziehung zur Aufgabe.[418] Die Intention der Selbst- und Bewußtseinsveränderung erfüllten die Kommunen in unterschiedlicher Weise. Die *Linkeck*-Kommune konstatierte einen totalen Fehlschlag: »Der gedachte Freiraum wurde nach und nach zum gelebten Gefängnis. Die gruppennotwendige Arbeit konzentrierte sich auf darwinistische Überlebenskünste. Das Gegeneinander unserer individuellen Bedürfnisse verursachte einen theoretischen Diskussionsausweg: Was bedeutet Kommune? Kommune als Gefängnis!? Kommune als Asyl?! Kommune als Freizeitheim? Kommune als Kommune?! Die Frage, wer zahlt wann die Miete, das Essen, die Zigaretten, okkupierte inzwischen hauptsächlich die Gedankengänge.«[419] Weniger entmutigend war die Bilanz der Kommune II, die sich im Juni 1968 aufzulösen begann. Neben dem quasi-therapeutischen Effekt psychischer Stabilisierung, den alle Mitglieder bei sich beobachteten[420], sahen sie als gesicherte positive Ergebnisse die Möglichkeit rationellerer Organisation des Konsums und des Alltags an sowie die günstigeren Bedingungen progressiver Kindererziehung. Skeptisch äußerten sie sich über den sexualpolitischen Erfolg ihres Experiments: »Offensichtlich entspricht die psychische Struktur der meisten Menschen in unserer Gesellschaft dem Bedürfnis nach sexueller Promiskuität zu wenig, um sie zum Modell eines freieren Zusammenlebens jetzt schon machen zu können.«[421]

Die Kommune-Bewegung wurde ab 1968 weitgehend von den breiteren subkulturellen Tendenzen absorbiert, die dadurch charakterisiert waren, daß in ihnen die Absichten der Selbst- bzw. Bewußtseinsveränderung und der Gesellschaftsveränderung, deren dialektische Verbindung das Kommune-Konzept forderte, isoliert blieben. Zum einen wirkte die antiautoritäre Bewegung stimulierend auf im wesentlichen apolitische und überwiegend jugendliche Subkulturen, in denen Leistungs- und Konsumverweigerung dominierten und die sich in Abwendung von der Gesellschaft mehr und mehr psychedelischer Techniken, der Drogen und der Meditation zum Zwecke ihrer individuellen »Selbstbefreiung« bedienten[422]; zum anderen förderte die organisatorische Auflösung der antiautoritären Bewegung die Bildung politischer Ad-hoc-Gruppierungen in der Form von Betriebs-, Stadtteil- oder Universitäts-, Basis- bzw. Projektgruppen, die in ihren jeweiligen Praxisbereichen gesellschaftsverändernde »Gegenmacht« zu konstituieren suchten[423] und die schließlich zu Ausgangspunkten parteiförmiger Reorganisationsbemühungen wurden. Peter Brückner, einer der Apologeten der Kommune-Bewegung der ersten Stunde[424], beschrieb diese Entwicklung in der antiautoritären Opposition seit Mitte 1968 als einen Vorgang der »Entmischung«: Es entmischten sich »zwei Intentionen, die *zugleich* zu verfolgen [. . .] das Wesen sozialistischer Politik ausmachen mußte: die Intention, Bewußtsein umzuwerfen, die Struktur zwischenmenschlicher Beziehungen total zu verändern, und die andere Intention, energisch an die Veränderung der Verhältnisse in der Produktionssphäre und damit auch an Massenarbeit und politische Schulung, an Klassen-Analyse usw. zu gehen.« Als Ergebnis »bildeten sich auf der einen Seite Subkulturen mit Selbstveränderungsanspruch ohne politischen Austausch, d. h. organisierbaren Konflikt, mit der Gesellschaft; auf der anderen Seite entstanden Gruppen und Grüppchen, die sozialistische Politik unter dogmatischem Rückgriff auf sehr traditionelle Formen von Organisation, von Bewußtsein und von sozialen Beziehungen verfolgen.«[425]

Als ein Vorgang der Ausdifferenzierung einzelner Elemente des Linksradikalismus der antiautoritären Bewegung und ihrer Verbindung mit bislang weitgehend unabhängig von ihr existierenden politischen Positionen stellt sich generell die Geschichte der zerfallenden Außerparlamentarischen Opposition an der Schwelle von den sechziger zu den siebziger Jahren dar. Die so entstandenen neuartigen Gruppen und Konstellationen sollen abschließend in Umrissen skizziert werden.[426] Der Desintegrationsprozeß des SDS fand mit der offiziellen Auflösung des SDS-Bundesvorstandes, der nach der 23. Delegiertenkonferenz nur noch ein Schattendasein gefristet hatte, am 21. 3. 1970 seinen formalen Abschluß.[427] Die einzige über dieses Datum hinaus noch kontinuierlich arbeitende Hochschulgruppe, der Heidelberger SDS, wurde am 24. 6. 1970 vom baden-württembergischen Innenminister unter Berufung auf Art. 9, Abs. 2 GG verboten.[428] Der SDS, nahezu zehn Jahre lang das wichtigste Zentrum sozialistischer Diskussion in der Bundesrepublik, war Anfang 1970 aufgrund der von ihm mitverursachten Entwicklung der Außerparlamentarischen Opposition zum Anachronismus geworden. Eines der Mitglieder des letzten Bundesvorstandes des SDS faßte die organisatorischen Erfahrungen seit Anfang 1969 so zusammen: »Die informellen Kader der SDS-Gruppen [. . .] haben sich in der Phase der Basisgruppenpolitik aufgespalten. Alle Reorganisationsversuche für den SDS als das Bemühen, eine zentrale Ebene politischer Diskussion zwischen den Politisierten und den in den verschiedenen Bereichen praktisch arbeitenden Gruppen herzustellen, sind meist formalistisch geblieben und schon deswegen gescheitert. Im Gegensatz zu diesen formalistischen Reorganisationsversuchen haben sich, teils naturwüchsig, teils bewußt geplant, verschiedene Neuansätze zu verbindlichen Organisationsstrukturen entwickelt.«[429] Die sich aus den Basis- und Projektgruppen sowie aus den »Roten Zellen« an den Hochschulen[430] formierenden organisatorischen Neuansätze standen anfänglich insbesondere in den Großstädten miteinander durch gemeinsame Periodika in Verbindung[431]; sie zeigten bald eine zunehmende Neigung zur Abschließung gegeneinander und zur überlokalen Konsolidierung. Die antiautoritär geprägten Intellektuellen, Studenten, Schüler und Lehrlinge verteilten sich auf zahlreiche neuartige Organisationsansätze; die traditionalistischen Kräfte fanden überwiegend eine neue politische Heimat in der DKP und den ihr assoziierten Organisationen.

Die rätekommunistisch-anarchoide Tendenz blieb organisatorisch diffus. Die diese Tendenz konstituierenden Gruppen hielten an der Forderung der Verbindung marxistischer und anarchistischer Revolutionstheorie fest, neigten aber teils mehr zur marxistischen, teils mehr zur anarchistischen Komponente dieser für möglich gehaltenen Synthese. Sie definierten sich als »revolutionär emanzipatorische Bewegung mit antiautoritär-libertärem Charakter«[432] und grenzten sich gleichermaßen gegen die zur selben Zeit entstehenden leninistisch, maoistisch oder trotzkistisch inspirierten Kaderorganisationen wie auch gegen die DKP ab. Einer dieser Gruppen gelang es, das älteste Traditions-Blatt der Anarchisten, die seit 1948 in Mühlheim/Ruhr erscheinende *Befreiung,* und dessen Herausgeber für sich zu gewinnen[433]; der größte Teil der anarchistischen Veteranen, zu denen sich auch Alfred Weiland gesellte[434], lehnte jedoch eine Neubelebung des Anarchismus aus dem Geiste der antiautoritären Studentenbewegung ab.[435] Die Tätigkeit der rätekommunistisch-anarchoiden Gruppen erschöpfte sich weitgehend in der Herausgabe lokaler, überwiegend kurzlebiger Periodika, von denen einige auch überregionale Verbreitung fanden. Von einem 1970 gegründeten »Anarchistischen Zentralrat Westberlin« gestützt, erschienen seit September 1971 in anarcho-kommunistischem Sinne redigiert *833* und seit Anfang 1972 *fizz,* die beide wegen Befürwortung terroristischer Taktik verboten wurden[436]; seit Juli 1972 erschien dann die rätekommunistisch-anarchoide Zeitschrift *Schwarze Protokolle. Zur Theorie der linken Bewegung.*[437] Die in Hamburg seit September 1971 erscheinende anarchoide Zeitschrift *MAD. Materialien, Analysen, Dokumente* wurde von einer ephemeren »Föderation anarchistischer Stadtteil- und Basisgruppen« getragen; sie wurde später ersetzt durch *Revolte. Anarchistische Zeitschrift* und *Schwarz-Front. Zeitschrift für Theorie und Praxis der libertären Bewegung.* Das Festhalten an der Räte-Idee und die Ablehnung »neoleninistischer Liquidationspolitik«[438] verband die Göttinger Studentenzeitschrift *Politikon* mit den *Schwarzen Proto-kollen* und der *Revolte*; die Zielsetzung der Zeitschrift war im Februar 1970 programmatisch umrissen worden: »Es geht in der Tat um die Überwindung eines abstrakten, zur Subkultur und Kommerzialisierung tendierenden ästhetischen Protests, der sich gern antiautoritär nennt; aber nicht im Sinne der mechanischen und rigiden Entgegensetzung eines Zellen- oder Kadermodells, sondern in einer kritischen und reflektierten Neurezeption der theoretischen und organisatorischen Ansätze des erklärten antiautoritären oder libertären Sozialismus, d. h. des kollektiven Anarchismus und des Anarcho-Syndika-lismus, sowie des holländischen Rätekommunismus um Anton Pannekoek und Hermann Gorter und des deutschen Linkskommunismus vor allem um Otto Rühle und den späten Karl Korsch.«[439] Diese wichtigsten Gruppen rätekommuni-stisch-anarchoider Tendenz standen in einem lockeren Kommunikationszusammenhang untereinander und mit dem »Sozialistischen Büro« (SB), dem einzigen antiautoritären Organisationsansatz von überregionaler Bedeutung.

Im »Sozialistischen Büro«, das im April 1969 gegründet wurde, sammelten sich die linkssozialistischen Kräfte der mittleren und jüngeren Generation, die nicht den Anschluß an die DKP suchten[440], sondern ein prinzipiell positives, wenn auch keineswegs unkritisches Verhältnis zur antiautoritären Bewegung hatten. Seine Gründungsmitglieder kamen teilwei-se »aus Arbeiterjugendorganisationen bzw. sozialistischen Jugend- und Studentengruppen«, teilweise aus jenen Kreisen, »die über die außerparlamentarischen Bewegungen gegen die Atomrüstung, gegen den Vietnamkrieg, gegen die Notstandsgesetzgebung und über die antiautoritäre Protestbewegung« zu sozialistischem Selbstverständnis gelangt waren.[441] Das SB erklärte bei seiner Gründung, es erblicke in der Überwindung »unbrauchbarer traditionell-bürokratischer Organisationsvorstellungen« und in der Vermeidung »ebenso unbrauchbarer ›reiner‹ und teils blinder Spontaneität«, in der Einebnung der Kluft »zwischen isolierten Tageskämpfen einerseits, weit gespannten sozialistischen Zukunftsvorstellungen andererseits« sowie im Entwurf neuer Handlungsmöglichkeiten mit revolutionären Perspektiven in den hochindustrialisierten Gesellschaften die Voraussetzungen erfolgreicher

sozialistischer Politik.[442] Für die zahlreichen, weitgehend isoliert arbeitenden lokalen Gruppen wollte es ein »Kommunika-
tions- und Koordinationszentrum« für projektorientierte und
berufsspezifische Basisarbeit sein: »Unabhängige Sozialisten
arbeiten heute in lokalen Gruppen, in Clubs, in Basisgruppen
an den Hochschulen und Schulen und hier und dort auch
schon in Betrieben, in Wohngebieten, in berufsbezogenen
Gruppen, innerhalb der Jugendorganisationen, aber auch als
kritische Gruppierungen innerhalb der ›offiziellen‹ Organisationen (Kirchen, Parteien, Gewerkschaften). In dieser weit-
verzweigten Praxis liegt die Chance einer neuen sozialistischen Bewegung.«[443] Das SB wurde gemäß seiner Selbstcharakterisierung zum »Anziehungspunkt für solche Sozialisten,
die in die Umfunktionierung der SPD in eine sozialistische
Partei keine Hoffnung mehr setzten, – die die theoretisch-po-
litische Position und die Struktur der innerparteilichen Willensbildung der DKP nicht akzeptieren wollten, – die den
Weg der Gründung studentischer Kaderparteien für falsch
hielten.«[444] Es gab außer der Monatsschrift *links. Sozialistische
Zeitung*[445] und einer Zeitung für die Betriebs- und Gewerkschaftsarbeit[446] Informationsdienste für den »Sozialistischen
Lehrerbund«, für Sozialarbeiter, die Arbeiterbildung und für
das Gesundheitswesen heraus; es verfügt über einen eigenen
Verlag (Verlag 2000). Den rätekommunistisch-anarchoiden
Gruppen wegen seines organisatorischen und intellektuellen
Potentials weit überlegen, war dem SB mit diesen das Bemühen gemeinsam, die theoretischen, organisationspolitischen
und taktischen Positionen der antiautoritären Bewegung kon-
struktiv weiterzuentwickeln. Die übrigen organisatorischen
Neuansätze der Jahre 1969/70 definierten dagegen ihren Bezug zur antiautoritären Bewegung überwiegend im Sinne ne-
gatorischer Aufhebung.

Während für das SB die angemessene revolutionäre Theorie
und Organisation für die gegenwärtigen kapitalistischen Staaten erst noch aus den Erfahrungen der sozialistischen Bewegung in den ökonomisch-sozialen Kämpfen entfaltet werden mußten, stand die Gründung der vielen kommunistischen
Organisationsansätze zu Beginn der siebziger Jahre von Anfang an im Zeichen der theoretischen Orientierung an den
dominierenden Richtungen des Weltkommunismus und im

Zeichen der Parole »Die Partei aufbauen!« Eine der frühesten Partei-Aufbauorganisationen dieser Art wies noch vergleichsweise starke Bindungen an die Prinzipien der antiautoritären Bewegung auf. Die in West-Berlin aus einer im Herbst 1969 geschaffenen »Projektgruppe Elektro-Industrie« Mitte Juli 1970 hervorgegangene »Proletarische Linke/Partei-Initiative« (PL/PI)[447] hielt vor allem an der revolutionären Räte-Idee fest: »Räumte die Kritik an der studentischen Rätediskussion der letzten Jahre zu Recht damit auf, an den Räten die Illusion einer allgemeinen Demokratie von unten zu nähren, so schüttet doch diese Kritik das Kind mit dem Bade aus, wenn sie die Räte-Frage als irrelevant beiseite schiebt und auf diese Weise der Kaderorganisation die Aufgabe zuschreibt, die allein von den Räten, in denen sich die proletarische Klasse zur Durchführung ihrer Revolution und für die Ausübung ihrer Diktatur organisiert, wahrgenommen werden kann.«[448] Die PL/PI sah ein auf Zellen als Grundeinheiten aufbauendes, demokratisch-zentralistisches Rätesystem als Organisationsmodell vor. – Auch die in Hamburg Anfang 1971 entstandene »Proletarische Front« (PF), hervorgegangen aus der im Februar 1970 von SDS-Leuten gegründeten internationalistischen Gruppe »Trikont«[449], hielt am Prinzip der »Selbstorganisation« des Proletariats in der Form von Räten fest: »In ihnen versetzt sich das Proletariat nicht nur in die Lage, die vollständige Aneignung und Leitung der Produktions- und Distributionsbedingungen zu vollziehen, die Räte weisen zugleich über die enge Verkettung an die Fabrik hinaus. Sie schaffen, in enger Verbindung mit den regionalen Kommunalkomitees und überregional vereinigt, die Voraussetzungen für die Beseitigung des imperialistischen Staatsapparates und die Ausübung der Diktatur des Proletariats in ökonomischer, sozialer wie politischer Hinsicht. Schließlich sind die Räte jene bewußtseinsproduzierenden Institutionen, über die sich das Selbstbewußtsein der Arbeiter über ihre historische Aufgabe als Proletariat herstellt.«[450] Wie die PL/PI-Gründer waren auch die Initiatoren der PF der Überzeugung, daß sich die Räte erst im Verlauf der Intensivierung der Massenkämpfe endgültig herausbilden würden, die zu betreiben Aufgabe einer parteiförmigen Kaderorganisation sei.

Der Bezug zur antiautoritären Bewegung und zu der in ihr

aktualisierten Räte-Idee war im Vergleich zu den rasch verfallenden lokalen Initiativen der PL/PI und der PF schwächer ausgeprägt bei den quantitativ bedeutenderen Neugründungen auf nationaler Ebene, die sich am Maoismus und am Vorbild der KPCh orientierten. Erheblichen Teilen der durch die antiautoritäre Bewegung hindurchgegangenen Studenten stellte sich Anfang der siebziger Jahre der Maoismus, der bei der Entstehung und Entfaltung der Außerparlamentarischen Opposition noch keine große Bedeutung gehabt hatte[451], als die Grundlage einer neuen politischen Identitätsfindung dar. Die Antiautoritären fanden im Maoismus Ansätze zur Bürokratiekritik wieder, die allerdings nun nicht mehr in spontaneistischem Sinne geübt wurde, sondern mit dem Ziel der Wiederherstellung eines authentischen demokratischen Zentralismus. Sie konnten anknüpfen an die Kritik der Entwicklung der alten Arbeiterbewegung; allerdings erfolgte die Kritik am Sowjetkommunismus nun nicht mehr unter Berufung auf die Kronstadt-Kommune und die Arbeiteropposition und unter Abgrenzung vom Stalinismus, sondern mit dem Ziel der Verurteilung der auf dem 20. Parteitag der KPdSU (1956) eingeleiteten Politik und mit dem Effekt einer weitgehenden Rehabilitierung Stalins. Auch der Begriff der Kulturrevolution baute eine Brücke vom antiautoritären zum maoistischen Selbstverständnis. – Von den fünf überregionalen Parteigründungen maoistischer Observanz waren zwei »Studentenparteien« in dem Sinne, daß ihre Initiatoren vormals SDS-Protagonisten waren: die »Kommunistische Partei Deutschlands« (KPD) und der »Kommunistische Bund Westdeutschland« (KBW). In diesen beiden Parteigründungen wurde die Auseinandersetzung mit der eigenen antiautoritären Vergangenheit einerseits, mit einer allzu dogmatischen Auffassung des Maoismus andererseits besonders lebhaft geführt. Die KPD entstand in West-Berlin, nachdem im Laufe des Jahres 1969 alle Bestrebungen nach organisatorischer Zusammenfassung der Ad-hoc-Gruppen und »Roten Zellen« in einer »Sozialistischen Massenorganisation«[452] gescheitert waren. Im März 1970 trat die Organisation als »Kommunistische Partei Deutschlands/Aufbauorganisation« (KPD/AO) in Erscheinung und führte dann ab Juli 1971 den – nach Meinung der DKP usurpierten – Namen KPD, nachdem neben dem West-Berliner ein zweites Regionalkomitee im Ruhrgebiet gegründet worden war.[453] Die Kritik an der Studentenbewegung der vergangenen Jahre zielte vor allem auf deren Fixierung an die Räte-Idee: »Der grundlegende Fehler war, die Räte sowohl unabhängig von revolutionären Klassenauseinandersetzungen als auch losgelöst von der Partei als selbständige Organisationsformen, auf diverse gesellschaftliche Bereiche beliebig übertragbar, zu verstehen. In diesem Zusammenhang muß Selbstkritik auch hinsichtlich der schwankenden Positionen einiger Genossen gegenüber der Parteifrage geführt werden. Von falschen Ideen über den Charakter der sozialistischen Revolution geleitet, wurde die leninistische Partei umstandslos den bürgerlichen Leitungsorganen des bürgerlichen Staates und der Monopole gleichgesetzt. Sofern es sich nicht überhaupt um die Rationalisierung von eingeschworenem Antikommunismus handelte, beging man den Fehler, den revisionistischen Verrat aus dem Organisationsprinzip der Parteien der Komintern selbst zu erklären.«[454] Dieses Organisationsprinzip des demokratischen Zentralismus, so wie es gegenwärtig beispielhaft im Statut der KPCh formuliert sei, gewährleiste die fortschreitende Entfaltung des »Zusammenhangs von Organisation und Spontaneität«.[455] Die KPD berief sich in ihrer *Programmatischen Erklärung*[456] vom Juli 1971 auf den Marxismus–Leninismus »und seine schöpferische Weiterentwicklung besonders durch Stalin und Mao Tse-tung«. Man übernahm neben dem Prinzip des demokratischen Zentralismus auch die maoistische These, daß »scharfe Klassenauseinandersetzungen auch unter den Bedingungen der Diktatur des Proletariats unvermeidlich« seien: »Die entwickeltste Form dieser Weiterführung des Klassenkampfes bisher war die Große Proletarische Kulturrevolution in der Volksrepublik China.« Die *Programmatische Erklärung* befürwortete – »entgegen allen sektiererischen Positionen« – die Beteiligung an Parlamentswahlen mit dem Ziel, »auch dort die verschiedenen Cliquen der Monopolbourgeoisie zu entlarven«. Die KPD grenzte sich ab gegen die DKP, die »die revolutionäre Tradition der Partei Rosa Luxemburgs, Liebknechts und Thälmanns vollends verraten« habe und zum »Handlanger der Monopolbourgeoisie in der Arbeiterbewegung« geworden sei. Als der Partei unterstellte »studentische Massenorganisation« wurde 1970 durch Zusammenfassung der »Roten Zellen« an den Hochschulen der »Kommunistische Studenten-Verband« (KSV) geschaffen. Neben einem parteieigenen Verlag (»Rote Fahne«) verfügte die KPD bald über mehrere Periodika.[457] – Die andere »Studentenpartei«, der »Kommunistische Bund Westdeutschland« (KBW), nahm wie die KPD für sich in Anspruch, das »Zirkelwesen« zu beseitigen und die Kommunistische Partei wiederaufzubauen.[458] Nach langwierigen Vorbereitungen, die von der »Kommunistischen Gruppe Neues Rotes Forum (Mannheim/Heidelberg)« und vom »Kommunistischen Bund Bremen« (KBB) getragen wurden, entstand der KBW Mitte Juni 1973 durch die Zusammenfassung einer Reihe bislang selbständiger lokaler kommunistischer Gruppen; außer der Heidelberger und der Bremer Initiativgruppe lösten sich ein »Bund Kommunistischer Arbeiter Freiburg« sowie der »Kommunistische Bund« in Göttingen, Osnabrück und Wolfsburg in der neuen zentralen Organisation auf.[459] Die Heidelberg-Mannheimer Gruppe hatte sich um die Redaktion des Nachfolgeorgans des im Juni 1970 verbotenen SDS-Periodikums *Rotes Forum* gebildet[460]; diese Gruppe gestand sich ihre durch die objektiven Umstände bedingte mangelnde Erfahrung in den Klassenkämpfen des Proletariats und mangelnde Verbindung mit den proletarischen Massen ein[461] und suchte als intellektueller Zirkel Möglichkeiten, zum Aufbau einer marxistisch-leninistischen Partei beizutragen. Die »Kommunistischen Bünde«, die im KBW aufgingen, waren aus lokalen Studentengruppen hervorgegangen; sie versuchten, wie z. B. in der Westberliner *Plattform des KB/ML* deutlich wird[462], in der kritischen Auseinandersetzung mit den orthodoxen Maoisten eine den besonderen Gegebenheiten der Bundesrepublik angemessene Variante des Maoismus zu entwickeln. Das Programm des KBW übt wie das der KPD Kritik am »Reformismus« der Sozialdemokratie und an der »revisionistischen Entartung«[463] der KPdSU, der SED und der DKP; es ruft zur Solidarität mit der KP Chinas und Albaniens auf. Den besonderen Akzent im Vergleich mit den Programmen der anderen »antirevisionistischen« Parteiansätze setzte die Gründungskonferenz des KBW mit einer Gewerkschafts-Resolution, die alle Mitglieder zur Arbeit in den Gewerkschaften verpflichtet: »Jeder Versuch, neben den bestehenden Industriegewerkschaften [. . .]

parallele kommunistische Richtungsgewerkschaften aufzubauen, statt in den bestehenden Gewerkschaften für die Gewerkschaftseinheit auf dem Boden des Klassenkampfs zu kämpfen, führt notwendig ins Abseits des Sektierertums . . .«[464] Mit Hilfe von Zellenbildung in den Betrieben, Fraktionsbildung in den Gewerkschaften und durch Eroberung von Positionen in den Betriebsräten und im Gewerkschaftsapparat sollen sich KBW-Mitglieder instand setzen, wirkungsvolle Agitation zu leisten und die Vorbereitung und Führung »inoffizieller Streiks« zu übernehmen. Als zentrales Publikationsorgan des KBW erschien ab Juli 1973 die *Kommunistische Volkszeitung*[465]; ein theoretisches Organ und Betriebszeitungen waren von der Gründungskonferenz vorgesehen. Der in Bremen gegründete »Kommunistische Studentenbund« (KSB) und seine Filialen in anderen Universitätsstädten ordneten sich – »bei voller organisatorischer Selbständigkeit«[466] – dem KBW zu.

Alle diese auf studentische Initiative zurückgehenden »antirevisionistischen« kommunistischen Neuorganisations-Ansätze setzten sich, selbst wenn sie sich explizit zum Maoismus bekannten (KPD, KBW), kritisch auseinander mit der »Kommunistischen Partei Deutschlands/Marxisten-Leninisten« (KPD/ML) und deren Abspaltungen. Die PF-Gruppe distanzierte sich z. B. vom »ML-Dogmatismus«: »Dieser Dogmatismus zeichnet sich vor allem dadurch aus, daß er – bei der Suche nach einer Alternative zur KPD/DKP – nichts anderes darstellt als die kritiklose, frei erwählte Abhängigkeit von den ›Worten des Vorsitzenden Mao Tse-tung‹ und seiner Politik gegen die ›Moskau-Linie‹. Demgemäß leiten die ML-Organisationen den Beginn ihres ›Bruches‹ mit der alten KPD, mit dem modernen Revisionismus – ebenso wie die KPCh – von der Chruschtschow-Rede auf dem XX. Parteitag der KPdSU 1956 her, ohne die Frage nach den Inhalten revisionistischer Tendenzen zu stellen. Sie übernehmen kritiklos den Revisionismus Stalins, der KPdSU und der 3. Internationale unter Stalin, sowie in bezug auf Deutschland den Revisionismus der KPD unter Ernst Thälmann, und leiten daraus ihr Organisationsverständnis, ihr Praxisverständnis und ihren ›Internationalismus‹ ab.«[467] Aber auch der KB/ML monierte an der KPD/ML-Gründung deren »Hauptfehler«, daß »ihr keinerlei

ideologische Auseinandersetzung, die alle marxistisch-leninistischen Zirkel, die zu dem damaligen Zeitpunkt bestanden,
einbezogen hätte, vorherging«.[468] Auch der KB/ML konstatierte den Mangel einer theoretisch fundierten Revisionis-
muskritik bei der KPD/ML. Diese Partei war bereits am
Jahreswechsel 1968/69 auf maßgebliche Initiative eines dissi-
denten Altkommunisten in Hamburg gegründet worden. In
ihrer Gründungserklärung[469] attackierte sie mit gleicher
Schärfe den »US-Imperialismus« und den »Sowjetrevisionis-
mus«: »Die sowjetrevisionistische Führungsclique hat unter
der Maske der Kritik an Stalin die Diktatur des Proletariats
direkt angegriffen und sie in eine Diktatur einer sich neu
entwickelnden Bourgeoisie verwandelt. In ihren Beziehungen
zu anderen Ländern unterscheidet sie sich nicht wesentlich
von den USA-Imperialisten. Sie restauriert in der Sowjetunion
offen den Kapitalismus und verstärkt ebenfalls ihren Militär-
und Polizeiapparat, um ihre Vorherrschaft über die anderen
Völker zu erhalten und die eigenen Volksmassen zu unter-
drücken.« Die KPdSU habe seit 1956 »Verrat« begangen am
Marxismus/Leninismus und ihren Führungsanspruch in der
kommunistischen Weltbewegung damit verloren. »Im Gegensatz dazu hat die Kommunistische Partei Chinas unter
Führung ihres Vorsitzenden Mao Tse-tung konsequent die
Lehre von Marx, Engels, Lenin und Stalin schöpferisch ange-
wandt und gegen alle Angriffe verteidigt. Genosse Mao Tse-
tung hat die historischen Erfahrungen der Diktatur des Proletariats zusammengefaßt, den Marxismus-Leninismus weiterentwickelt und ihn dadurch auf eine höhere Stufe gehoben.
Die Große Proletarische Kulturrevolution unter der direkten
Führung des Genossen Mao Tse-tung ist die konsequente
Fortsetzung des Klassenkampfes unter den Bedingungen der
Diktatur des Proletariats im Kampf gegen die bürgerlich-revi-
sionistische Linie.« Im gleichen Tenor wurden die SED und
die DKP verurteilt und der Anspruch erhoben: »Die
KPD/ML ist die Avantgarde des Proletariats, die die Theorie
mit der Praxis verbindet, enge Verbindung mit den Volksmassen aufrechterhält und den Geist der ernsten Selbstkritik hat.«
In einer späteren Plattform des ZK der KPD/ML[470] wurde der
demokratische Zentralismus zum verbindlichen Organisationsprinzip erklärt und die Unterordnung der »Roten Gar-

den«, der maoistischen Jugendorganisation, unter die Partei gefordert. Die KPD/ML verfügte über ein anfänglich vierwöchig, dann vierzehntägig erscheinendes Zentralorgan *(Roter Morgen);* nach den 1970 einsetzenden Spaltungen der KPD/ML gaben die der Stammpartei verbundenen »Roten Garden« Anfang 1971 den *Rotgardist* heraus; sporadische »Kommunistische Studentenbünde/Marxisten-Leninisten« bemühten sich an den Hochschulen um lokale Publikationsorgane, die der KPD/ML *(Roter Morgen)* verbunden gebliebenen Betriebszellen um entsprechende Betriebszeitungen. – Der 1969 einsetzende Zustrom politisierter Studenten, die mit dem Anwachsen der KPD/ML sich mehrenden divergierenden Führungsansprüche in der Partei und die mit der besonderen Mitgliederrekrutierung sich stellende Frage der Rolle der Intellektuellen in der Partei gaben allem Anschein nach den Anstoß zu der mehrfachen Spaltung der Organisation im Jahre 1970. Der Gründergruppe um den *Roten Morgen* wurde auf einer Bundesdelegierten-Konferenz der »Roten Garden« Anfang April 1970 zum Vorwurf gemacht, den APO-Intellektuellen zu weit entgegenzukommen und damit die »Linie des proletarischen Klassenkampfes« zu verlassen.[471] Diese im nordrhein-westfälischen Organ der »Roten Garde«, dem seit Anfang März 1970 erscheinenden *Bolschewik,* vorgetragene Kritik war der Ausgangspunkt der ersten Spaltung. Die sich gegen den »kleinbürgerlichen« »Anarchismus« und »Trotzkismus« der *Roter Morgen*-Fraktion absetzenden KPD/ML-Mitglieder gründeten in Bochum ein eigenes Zentralbüro und gaben ab Juli 1970 die *Rote Fahne* als neues Zentralorgan heraus, nach der diese zweite Partei benannt wurde; der ihr folgende größte Teil der »Roten Garden« bildete den »Kommunistischen Jugendverband Deutschlands« (KJVD). Die KPD/ML *(Rote Fahne)* gab ein Zentralorgan des KJVD, ein theoretisches Organ, einen Nachrichtendienst und mehrere Betriebszeitungen heraus. Von ihr spaltete sich schon im August 1970 noch einmal eine Gruppe um den vormaligen Herausgeber des theoretischen Organs der KPD/ML *(Roter Morgen)* ab, die sich als KPD/ML (»Revolutionärer Weg«) konstituierte und in der Folgezeit mit einem im süddeutschen Raum verankerten »Kommunistischen Arbeiterbund/Marxisten-Leninisten« (KAB/ML)[472] zusammenarbeitete und mehrere Periodika veröffentlichte.

Nicht nur bei der orthodox maoistischen KPD/ML, sondern auch bei den Trotzkisten führte der Zulauf von in der antiautoritären Bewegung mobilisierten Jugendlichen zur organisatorischen Expansion und anschließenden Spaltung. Der Trotzkismus, der die Restituierung des seiner Meinung nach von Stalin verfälschten Leninismus und die Schaffung der Partei der Berufsrevolutionäre nach bolschewistischem Vorbild erstrebte und von den Kommunisten maoistischer wie sowjetrussischer Observanz für eine Agentur der konterrevolutionären Bourgeoisie angesehen wurde, hatte als Unterströmung bereits in der antiautoritären Schülerbewegung der späten sechziger Jahre eine gewisse Bedeutung erlangt.[473] Die offizielle deutsche Sektion der Vierten Internationale, die »Gruppe Internationaler Marxisten« (GIM), hatte während der fünfziger und der sechziger Jahre die »entristische« Taktik verfolgt, innerhalb der reformistischen und bürokratisierten Arbeiterparteien und Gewerkschaften die Herausbildung eines linken Flügels zu fördern, »der die Brücke zwischen den bestehenden traditionellen Arbeiterorganisationen und einer künftigen revolutionären Massenpartei«[474] darstellen sollte. Auf der Pfingstkonferenz der Trotzkisten 1969 kam es u. a. über der Frage der Beibehaltung dieser Taktik[475] zur Spaltung, die im Juli 1969 zur Konstituierung einer zweiten trotzkistischen Gruppierung unter dem Etikett »Internationale Kommunisten Deutschlands« (IKD)[476] führte. Außerdem gab es eine Gruppe, die sich »Internationale Arbeiterkonferenz« (IAK) nannte.[477] In diesen drei Formationen des Trotzkismus in der Bundesrepublik leitete die Studentenrevolte eine neue taktische Orientierung ein. Sie fand vor allem ihren Ausdruck in der Gründung von neuen Jugendorganisationen, die zur eigentlichen organisatorischen Basis trotzkistischer Politik wurden. Die GIM begann 1970 damit, eine »Revolutionär-Kommunistische Jugend« (RKJ) aufzubauen, die sich im Mai 1971 auf nationaler Ebene konstituierte. Die RKJ sollte gleichzeitig die Aufgaben einer bislang noch nicht vorhandenen revolutionären Partei erfüllen und den Kern einer solchen zukünftigen Partei bilden. Ernest Mandel forderte bei der Gründung der RKJ in Hamburg im Juli 1970 den Aufbau einer revolutionären Jugendorganisation mit gesamtgesellschaftlicher Praxis: »Nicht zünftlerisch abgekapselt, sondern gesamtgesellschaftlich revolutionär, weder ausschließlich auf die Hochschule noch auf die Schule, das Lehrlingswesen oder den Betrieb ausgerichtet, sondern eine Organisation, die versucht, durch Integration aller dieser Kräfte ein wirklich revolutionäres, marxistisches Bewußtsein heranzubilden. Nur auf diese Weise kann es gelingen, die revolutionären Möglichkeiten, die bei Schülern und Studenten vorhanden sind, als wichtiges Stimulans für das Wiedererwecken eines revolutionären Bewußtseins auch der Betriebsarbeiterschaft zu nutzen. Auf diesem Wege kann der Aufbau einer revolutionären Jugendorganisation zum wichtigsten Instrument für den Aufbau einer neuen revolutionären Partei werden.«[478] Die GIM verschmolz organisatorisch mit der RKJ; sie gab die Monatsschrift *Was tun* heraus. – Wie die RKJ nahm auch die den IKD assoziierte »Kommunistische Jugendorganisation – Spartacus« (KJO – Spartacus) für sich in Anspruch, Parteiersatz und Aufbauorganisation für die revolutionäre Partei zu sein. Sie vereinigte sich Ende März 1971 auf Bundesebene und formulierte als Kriterien für die Mitgliedschaft: das Bekenntnis zur proletarischen Revolution und zur Diktatur des Proletariats, die Anerkennung der Notwendigkeit zentralisierter revolutionärer Klassenführung durch die Kommunistische Partei, die Beteiligung am Aufbau der kommunistischen Jugendorganisation als einem strategischen Moment im Entstehungsprozeß der revolutionären Partei, die Förderung des antibürokratischen Kampfes in den Gewerkschaften und die Bekämpfung sämtlicher Varianten des Sozialdemokratismus und des Stalinismus.[479] Als Zentralorgan der KJO erschien *Spartacus*. Gemeinsames und nicht erreichtes Vorbild für die RKJ und die KJO war die aus der Mai-Revolte in Frankreich hervorgegangene »Ligue Communiste«, die 1973 von der französischen Regierung verboten wurde. – Die der IAK nahestehende Jugendorganisation »Junge Garde«[480], die sich Anfang April 1970 überregional etablierte, lehnte im Gegensatz zu den beiden anderen trotzkistischen Kaderorganisationen den Anspruch ab, Kristallisationskern der revolutionären Partei zu sein; sie plädierte für die Arbeit in der SPD, besonders bei den Jungsozialisten, und in den Gewerkschaften. Gemäß ihrer Analyse war der bei weitem größte Teil der Jugend noch in sozialdemokratischen Vorstellungen befangen; hier müsse die revolutionäre Aufklärungsarbeit ansetzen und nicht im Rahmen eines isolierten Zirkels. Als publizistische Plattform standen ihr seit 1970 *Die Junge Garde* und seit 1971 *Sozialistische Arbeiterpolitik. Organ für eine Arbeiterpolitik der SPD* zur Verfügung, in denen sie für eine sozialdemokratische Alleinregierung agitierte.

Ein weiteres Produkt der Auflösung der antiautoritären Bewegung der späten sechziger Jahre stellte schließlich die Baader-Meinhof-Gruppe dar, die ab 1970 den bewaffneten Kampf nach dem Vorbild der Stadt-Guerilla in den Ländern der Dritten Welt propagierte und zu praktizieren versuchte. Die »romantische Identifizierung mit den Guerillas der dritten Welt«[481] war von Anfang an in der antiautoritären Protestbewegung verbreitet gewesen. Die Konzepte der führenden Theoretiker Guerilla (Che Guevara, Frantz Fanon u. a.) wurden in den sechziger Jahren jedoch überwiegend nicht als auf die hochindustrialisierten Länder unmittelbar übertragbare Vorbilder verstanden, sondern als Stimulatoren für eine neue politische Moral, die zur Kritik der traditionellen Arbeiterorganisationen und zur Grundlegung einer neuen revolutionären Strategie in den kapitalistischen Industriestaaten dienen konnte. In der Formulierung Krahls hieß das: »Die [. . .] abstrakte Gegenwart der Revolution in der Dritten Welt liefert der Protestbewegung in den Metropolen ein neues weltgeschichtliches Bezugssystem, an dem sie die Möglichkeit der Organisation einer eigenen revolutionären Politik orientieren kann. Zwar kann sich in den Metropolen der Kampf nicht als eine unkritische Übertragung der Guerillastrategie darstellen. Diese liefert aber das Modell kompromißlosen Kampfes, vor dem die traditionelle Politik der verfestigten Institutionen verurteilt werden kann. [. . .] Die Orientierung an der Gegenwart der Revolution in der Dritten Welt bietet also für uns die Möglichkeit, eine politische Moral der Kompromißlosigkeit herauszubilden, die ein Ansatz zur Bildung selbständiger Organisationsformen der Bevölkerung sein kann.«[482] Die weitgehend unkritische Übernahme der Guerilla-Strategie durch die Baader-Meinhof-Gruppe war nicht zuletzt Ausdruck des Scheiterns der Hoffnung auf die Herausbildung selbständiger antiautoritärer Organisationsformen

und ein Resultat der fortschreitenden Illegalisierung der Au-
ßerparlamentarischen Opposition: Die von einer Gruppe um
Andreas Baader Anfang April 1968 aus Protest gegen »die
Gleichgültigkeit der Gesellschaft gegenüber dem Morden in
Vietnam«[483] verübte Warenhaus-Brandstiftung wurde vom
SDS noch abgelehnt.[484] Erst nachdem es in Reaktion auf das
Dutschke-Attentat während der Auslieferungsblockaden gegen die Springer-Presse Ostern 1968 zu spontaner Gewaltanwendung der antiautoritären Opposition kam und nachdem in
der zweiten Jahreshälfte 1968 die strafrechtliche Ahndung
dieser Gewalttätigkeiten begann, entstand eine breitere Disposition zur Solidarisierung mit den strafrechtlich Verfolgten.[485]
Man sah in der Urteilsbildung der Gerichte die politisch-mo-
ralische Motivation der Angeklagten so gut wie nicht berück-
sichtigt und betrachtete nun auch Baader und seine Mitange-
klagten als Opfer der »Klassenjustiz«.[486] Die auf der Grundlage dieser Solidarisierung[487] im Mai 1970 erfolgende gewaltsa-
me Befreiung Baaders, in deren Verlauf ein Justizangestellter
schwer verletzt wurde, bedeutete den endgültigen Schritt eines
kleinen Teils der Antiautoritären in die Illegalität. In dieser
Situation der Illegalität begann dann die Baader-Meinhof-
Gruppe, sich nach dem Vorbild der Guerilla der Dritten Welt
zu organisieren und deren politische Theorie und Praxis auf
die Bundesrepublik zu übertragen. In einer pathetischen
Adresse an das Berliner »Untergrund«-Blatt *883*[488] rief die
Gruppe im Mai 1970 auf, mit dem »Geschwätz der Linken«,
das »ohne Folgen und Taten« geblieben sei, zu brechen und –
unter Appell an die verelendeten Randschichten der BRD-Ge-
sellschaft – den »bewaffneten Widerstand« zu beginnen, die
»Rote Armee« aufzubauen. Als »Rote Armee Fraktion«
(RAF) versuchte sie in den beiden folgenden Jahren (in vielen
Aspekten den Plättner-Banden nach 1921 ähnlich), den »bewaffneten Widerstand« mit Hilfe von Banküberfällen, Ein-
brüchen und damit verbundenen gewaltsamen Konfrontatio-
nen mit der Polizei (mit Toten auf beiden Seiten[489]) vorzuberei-
ten. Den umfassendsten politisch-theoretischen Begründungs-
und Rechtfertigungsversuch legte die RAF im Sommer 1971
mit *Der bewaffnete Kampf in Westeuropa*[490] vor. Die vermutlich von Horst Mahler verfaßte Schrift enthielt wesentliche
Elemente antiautoritären Selbstverständnisses. Der antiinsti-

tutionelle Affekt der antiautoritären Bewegung und ihre zentrale Forderung nach »Selbstaktion« wurden hier folgendermaßen aufgenommen: »Die bürgerliche Propaganda will die Massen gerade von selbständigem politischen Handeln fernhalten und lediglich die Akklamation zu einem ›stellvertretenden‹ Handeln durch politische Parteien und Parlamentarier erreichen. [. . .] Die revolutionäre Propaganda dagegen zielt auf die eigene, selbstbewußte Aktion der Massen.«[491] Das Leitmotiv antiautoritärer Organisationskritik erschien in einer neuen Variante: »Die politische Organisation des Proletariats, die kommunistische Partei, ist kein Selbstzweck. Die Revolution ist nicht vollbracht, wenn die Parteiorganisation steht. Niemand behauptet das. Und doch ist entgegen allen theoretischen Beteuerungen in der Vergangenheit die Organisation wiederholt zum Selbstzweck geworden, hat der Wunsch nach Schonung und Erhaltung der Partei, nach Wahrung ihrer Legalität, in wichtigen Entscheidungssituationen zum Rückzug aus den vordersten Linien des Klassenkampfes geführt.«[492] Auch am »Substitutionalismus« der Antiautoritären wurde festgehalten: »Nicht die Organisationen der Industriearbeiterschaft, sondern die revolutionären Teile der Studentenschaft sind heute Träger des zeitgenössischen revolutionären Bewußtseins.«[493] Die antiautoritäre Kritik an der traditionellen Arbeiterbewegung würdigte der Autor als wichtigen Theoriebeitrag: »Die revolutionäre Theorie ist in diesem Prozeß um wichtige Aspekte bereichert worden, die praktisch-theoretische Auseinandersetzung mit dem Revisionismus der traditionellen kommunistischen Parteien und mit dem Sozialdemokratismus ist ein wichtiger Beitrag.«[494] Antiautoritäre Stereotype und zahlreiche Marx-, Engels-, Lenin- und Mao-Zitate wurden aufgeboten, um die Möglichkeit und die Notwendigkeit der Bildung bewaffneter Kader und einer von diesen zu entwickelnden terroristischen Taktik zu begründen. Die Quintessenz der Strategie des »bewaffneten Kampfes in Westeuropa« lautete: »Die Partisaneneinheit entsteht aus dem Nichts. Jeder kann anfangen. Er braucht auf niemanden zu warten. Einige Dutzend Kämpfer, die wirklich beginnen und nicht nur endlos diskutieren, können die politische Szene grundlegend verändern, eine Lawine auslösen. In der ersten Phase stellt sich die Aufgabe, durch geeignete Aktionen zu demonstrieren, daß sich bewaffnete Gruppen bilden und gegen den Staatsapparat behaupten können; daß bewaffnete Überraschungsangriffe ein Mittel sein können, legitime Interessen gegen ein repressives System erfolgreich durchzusetzen. Kurz: Das Mittel des bewaffneten Kampfes ist praktisch zu entdecken. Falsch wäre es, dieses Mittel erst einzusetzen, wenn die ›Zustimmung der Massen‹ sicher ist; denn das hieße, auf diesen Kampf gänzlich verzichten, weil diese ›Zustimmung der Massen‹ allein durch den Kampf erreicht werden kann.«[495] Noch bevor sich diese Strategie u. a. gegenüber dem staatlichen Gewaltmonopol und aus mangelnder Zustimmungsbereitschaft der arbeitenden Massen als eine Illusion erwies, stieß die RAF auf fast einhellige Ablehnung bei den übrigen aus der antiautoritären Bewegung hervorgegangenen Gruppen.[496]

Die in diesem Ausblick skizzierten linksradikalen Derivate rätekommunistisch-anarchoider, linkssozialistischer, maoistischer, trotzkistischer und terroristischer Prägung bilden keine einheitliche revolutionäre Masse. Sich untereinander mit äußerster Schärfe abgrenzend, sind sie sich allerdings einig in der gemeinsamen Ablehnung der DKP, in der sie eine »revisionistische« und traditionelle Organisationsgründung erblicken. Die DKP ihrerseits, die seit 1968 das bei weitem größere Organisations- und Agitationspotential schuf[497], befehdet die linksradikalen Gruppen als objektive Komplizen des staatsmonopolistischen Kapitalismus.[498]

Anmerkungen

Anmerkungen zu: Die Aktualität des linken Radikalismus

1 Kurt Sontheimer, *Gefahr von rechts, Gefahr von links*, in: *Der Überdruß an der Demokratie. Neue Linke und alte Rechte – Unterschiede und Gemeinsamkeiten*, Köln 1970, S. 41 f.

2 Helga Grebing, *Linksradikalismus gleich Rechtsradikalismus. Eine falsche Gleichung*, Stuttgart 1971.

3 Helmut Schelsky, *Die Strategie der »Systemüberwindung«*, in: *Frankfurter Allgemeine Zeitung*, 10. Dez. 1971; s. neuerdings auch in Helmut Schelsky, *Systemüberwindung, Demokratisierung und Gewaltenteilung. Grundsatzkonflikte in der Bundesrepublik*, München 1973, S. 19 ff.
Zur Resonanz des Schelskyschen Definitionsversuchs vgl. auch: *Der Spiegel*, 27. Jg. (1973), Nr. 31, S. 89. Mit einer Auflage von rund 1,7 Millionen ist der Artikel Schelskys in der aktuellen verfassungspolitischen Diskussion gewissermaßen zum offiziellen Definitionsversuch des Linksradikalismus geworden.

4 Helmut Schelsky, *Systemüberwindung, Demokratisierung und Gewaltenteilung*, a.a.O., S. 20.

5 Urs Jaeggi sieht in der Behauptung, »daß die ›Systemüberwinder‹ politische Einheitlichkeit besitzen«, einen »rechten« Mythos, »um das Feindbild im Holzschnitt zu profilieren«. Urs Jaeggi, *Für und wider die revolutionäre Ungeduld. Aufsätze und Notizen*, Zürich/Köln 1972, S. 116 f.

6 Helga Grebing (a.a.O., S. 7) bemerkt zutreffend: »Im Schatten der von der Wissenschaft nicht mehr generell akzeptierten und wohl auch nur noch historisch begrenzt verwendbaren Totalitarismus-Theorie tauchen immer häufiger – von namhaften Wissenschaftlern vertreten, publizistisch umgesetzt und von Politikern oft in vulgarisierter Verkürzung wiederholt – Auffassungen auf, die die Kritik der Rechten und der Linken an der Demokratie und die Konsequenzen dieser Kritik als weitgehend übereinstimmend identifizieren.«

7 Gerhard A. Ritter, *Der Antiparlamentarismus und Antipluralismus der Rechts- und Linksradikalen*, in: *Der Überdruß an der Demokratie. Neue Linke und alte Rechte – Unterschiede und Gemeinsamkeiten*, Köln 1970, S. 51.

8 Ebenda, S. 51.

9 Erwin K. Scheuch, Einleitung zu: *Die Wiedertäufer der Wohlstandsgesellschaft. Eine kritische Untersuchung der »Neuen Linken« und ihrer Dogmen*, Köln 1968.

10 Gerhard A. Ritter, a.a.O., S. 58. Vgl. auch: Peter Christian Ludz, *Zur politischen Ideologie der »Neuen Linken«*, in: *Die Wiedertäufer der Wohlstandsgesellschaft*, a.a.O., S. 31.

11 Ulrich Lohmar, *Die »Neue Linke« und die Institutionen der Demokratie*, in: *Die Wiedertäufer der Wohlstandsgesellschaft* (a.a.O.), S. 16. In der antiamerikanischen Zuspitzung dieser Kritik an der technischen Zivilisation sieht sich Erwin K. Scheuch an den Nationalbolschewismus der Weimarer Republik erinnert. (Erwin K. Scheuch, *Zum Wiedererstehen der Erlösungsbewegungen*, in: *Der Überdruß an der Demokratie*, a.a.O., S. 163). Hans Mathias Kepplinger (*Rechte Leute von links. Gewaltkult und Innerlichkeit*, Freiburg i. Br. 1970) versucht, Parallelen zwischen Hans Magnus Enzensbergers politischem Denken und den Theoretikern der »konservativen Revolution« der Weimarer Republik aufzuzeigen.

12 Hans Mathias Kepplinger, *Rechte Leute von links*, a.a.O., S. 111.

13 A.a.O., S. 116.

14 Gerhard A. Ritter, *Der Antiparlamentarismus und Antipluralismus der Rechts- und Linksradikalen*, a.a.O., S. 53.

15 Gerhard A. Ritter, a.a.O., S. 52. Vgl. ebenso E. K. Scheuch, *Zum Wiedererstehen der Erlösungsbewegungen*, a.a.O., S. 147 ff.

16 E. K. Scheuch, *Das Gesellschaftsbild der »Neuen Linken«*, a.a.O., S. 107. S. auch: E. K. Scheuch, *Zum Wiedererstehen . . .*, a.a.O., S. 168 f. So auch z. B. H. M. Kepplinger, a.a.O., S. 197 ff.

17 Gerhard A. Ritter, *Der Antiparlamentarismus . . .*, a.a.O., S. 55 f.; H. M. Kepplinger, *Rechte Leute von links*, a.a.O., S. 16 ff.

18 Gerhard A. Ritter, *Der Antiparlamentarismus . . .*, a.a.O., S. 54 f.; H. M. Kepplinger, a.a.O., S. 200 ff.

19 Gerhard A. Ritter, a.a.O., S. 54 f.

20 Gerhard A. Ritter, a.a.O., bes. S. 58 ff.; H. M. Kepplinger, a.a.O., S. 207 ff.; E. K. Scheuch, *Zum Wiedererstehen . . .*, a.a.O., S. 134 ff.

21 Vgl. als ein Beispiel von vielen: Willi Schickling, *Von Goebbels bis Dutschke. Der Amoklauf des Radikalismus und seine Abwehr*, Velbert und Kettwig 1969.

22 S. den Katalog »wesentlicher Unterschiede im Denken der links- und rechtsradikalen Kritiker« bei G. A. Ritter, a.a.O., S. 44 ff.

23 Bruno Frei, *Die anarchistische Utopie. Freiheit und Ordnung*, Frankfurt/Main 1971, S. 5.

24 Bruno Frei, *Die anarchistische Utopie*, a.a.O., S. 89.

25 Wolfgang Harich, *Zur Kritik der revolutionären Ungeduld. Eine Abrechnung mit dem alten und dem neuen Anarchismus*, Basel 1971.

26 Wolfgang Harich, *Zur Kritik der revolutionären Ungeduld*, a.a.O., S. 12 ff.

27 Hans G. Helms, *Fetisch Revolution. Linksradikalismus unter monopolkapitalistischen Bedingungen*, in: Hans G. Helms, *Fetisch Revolution. Marxismus in der Bundesrepublik*, Neuwied und Berlin 1969, S. 39-172.

28 Vgl. Hans G. Helms, *Die Ideologie der anonymen Gesellschaft. Max Stirners »Einziger« und der Fortschritt des demokratischen Selbstbewußtseins vom Vormärz bis zur Bundesrepublik*, Köln 1966.

29 Hans G. Helms, *Fetisch Revolution*, a.a.O., S. 41.

30 Wolfgang Harich, *Zur Kritik der revolutionären Ungeduld*, a.a.O., S. 45 ff., bes. S. 62 ff.

31 Ebenda, S. 56.

32 Bruno Frei, *Die anarchistische Utopie*, a.a.O., S. 67 ff.: Das Anti-Staats-Argument; Hans G. Helms, *Fetisch Revolution*, a.a.O., bes. S. 95 ff.

33 Hans G. Helms, *Fetisch Revolution*, a.a.O., S. 95. Explizit zur »Transformation der ›Kritischen Theorie‹ in linksradikalen Revolutionsfetischismus« s. Hans G. Helms, S. 81 ff. Zur Funktion der Kritischen Theorie für die Entstehung des »Neoanarchismus« s. kritisch und ausführlich: Wolfgang Harich, a.a.O., S. 56 ff.; vgl. auch Bruno Frei, a.a.O., S. 116 ff.

34 Wolfgang Harich, *Zur Kritik der revolutionären Ungeduld*, a.a.O., S. 13.

35 Hans G. Helms, *Fetisch Revolution*, a.a.O., S. 63 ff., diagnostiziert einen gerade wegen seiner analytischen Ungenauigkeit politisch ambivalenten Antikapitalismus: »Radikaler Antikapitalismus ist weder ein Charakteristikum noch ein ideologisches Privileg der Linksradikalen« (S. 64). »Da die heutigen

Linksradikalen sich wenig Mühe gegeben haben, diese durchaus nicht widerspruchsfreie Interrelation zwischen Bourgeoisie und Staat im nationalen und im internationalen Bereich aus dem ideologischen Dunkel ans Licht zu heben, vermuten sie – wie schon ihre linksradikalen Vorgänger und wie die ehemaligen rechtsradikalen Antikapitalisten von der Art Rosenbergs, Eckarts und Hitlers – die Urheber der imperialistischen Aggressionsunternehmen in einer Clique internationaler Dunkelmänner« (S. 74).

36 Bruno Frei, *Die anarchistische Utopie*, a.a.O., S. 89.

37 Ebenda, S. 82 f.

38 Hans G. Helms, *Fetisch Revolution*, a.a.O., S. 116 ff.

39 Ebenda, S. 111.

40 So durchgängig bei Helms; s. auch Bruno Frei, a.a.O., bes. S. 30 u. S. 126 f.

41 Wolfgang Harich, a.a.O., S. 33 ff. Vgl. auch Helms, *Fetisch Revolution*, a.a.O., S. 68: »Der linksradikale Antietatismus gefährdet nicht nur die Aussicht auf eine künftige sozialistische Gesellschaftsordnung, er führt hier und jetzt zur vollständigen Abstention von aller Politik, die Engels als Konsequenz des Bakunismus nachgewiesen hat.«

42 Wolfgang Harich, a.a.O., S. 38 ff.

43 Wolfgang Harich, a.a.O., S. 81 ff.

44 Wolfgang Harich, a.a.O., S. 44.

45 Hans G. Helms, *Fetisch Revolution*, a.a.O., S. 62 f. Vgl. auch Bruno Frei, a.a.O., S. 30 u. 44 ff.

46 Vgl. Hans Manfred Bock, *Bibliographischer Versuch zur Geschichte des Anarchismus und Anarcho-Syndikalismus in Deutschland*, in: *Arbeiterbewegung. Theorie und Geschichte*. Jahrbuch 1, Frankfurt/Main 1973, S. 330 ff.

47 S. Günther Bartsch, *Der deutsche Anarchismus seit dem Ende des Zweiten Weltkrieges*, in: *Politische Vierteljahresschrift*, 13. Jg. (1972), bes. S. 342 ff. Bartsch belegt diese Gegensätze, behält aber (in sich selbst widersprechender Weise) die Bezeichnung »Neuanarchismus« für die Studentenbewegung bei.

47a Rudi Dutschke, *Ausgewählte und kommentierte Bibliographie des revolutionären Sozialismus von Karl Marx bis zur Gegenwart. SDS-Korrespondenz*, Sondernummer. Hrsg. vom Bundesvorstand des Sozialistischen Deutschen Studentenbundes (SDS), Frankfurt/Main 1966. Unter demselben Titel neu herausgegeben von der Druck- und Verlagskooperative Heidelberg, Frankfurt, Hannover, Berlin, erweitert um ein »Aktuelles Vorwort« im Jahre 1969.

48 Rudi Dutschke, *Ausgewählte und kommentierte Bibliographie des revolutionären Sozialismus*, a.a.O., Ausgabe 1969, S. 14.

49 Dieses Motiv wird besonders deutlich in Dutschkes Antwort auf die Frage, ob der utopische Kommunismus, der religiöse Sozialismus, der Syndikalismus und Anarchismus denn schlechthin obsolet seien: »Wir glauben das nicht, denn in einer Zeit der sich verstärkenden und sich verselbständigenden zentralisierten Staatsbürokratien scheint uns die bei Bakunin im Mittelpunkt der Theorie und Praxis stehende Frage der Abschaffung des Staates, der unmittelbaren Beseitigung desselben, der erneuten Aufarbeitung durchaus wert.« Rudi Dutschke, a.a.O., S. 21.

50 Vgl. dazu die Einleitung zu der von den Münchner Rätesozialisten im SDS neu herausgegebenen Schrift: Otto Rühle, *Von der bürgerlichen zur proletarischen Revolution*, München 1965. Vgl. auch das Vorwort zu der von der Berliner ›Projektgruppe Räte‹ herausgegebenen Broschüre: *Parlamentarismus-*

debatte. Pannekoek, Lukács, Friedländer (Reuter), Rudas, Berlin 1968.

51 Hans-Jürgen Krahl, *Konstitution und Klassenkampf. Zur historischen Dialektik von bürgerlicher Emanzipation und proletarischer Revolution. Schriften, Reden und Entwürfe aus den Jahren 1966-1970*, Frankfurt/Main 1971, S. 191.

52 Hans-Jürgen Krahl, a.a.O., S. 193.

53 Gabriel und Daniel Cohn-Bendit, *Linksradikalismus – Gewaltkur gegen die Alterskrankheit des Kommunismus*, Reinbek bei Hamburg 1969, S. 262.

54 Artur Staffelberg, *Revolutionäre und reformistische Politik in der Geschichte der deutschen Arbeiterbewegung*, in dem Reprint: Hans Müller, *Der Klassenkampf und die Sozialdemokratie. Zur Geschichte der »Jungen«, der linken Opposition in der frühen SPD (1870-1890)*, Heidelberg/Frankfurt/Hannover/Berlin 1969, S. IX-LIX; die Schrift wurde von derselben Druck- und Verlagskooperative herausgegeben wie die Neuauflage von Dutschkes *Bibliographie des revolutionären Sozialismus.*

55 Der Name ist vermutlich ein Pseudonym.

56 Artur Staffelberg, a.a.O., S. IX.

57 Artur Staffelberg, a.a.O., S. XLVI.

58 Vgl. ebenda, vor allem das Kapitel *Die ›Jungen‹ und die KAPD.*

59 Von mangelndem historischen Unterscheidungsvermögen zeugt (um nur dies Beispiel zu nennen) die Behauptung, die Kritik der »Jungen« sei bis heute gültig, »weil sich bis heute an der Sozialdemokratie im wesentlichen nichts geändert hat«. Artur Staffelberg, a.a.O., S. IX.

60 Von den in der voranstehenden Zusammenfassung berücksichtigten Beiträgen scheint mir die mehr beiläufige Bemerkung von Christian Peter Ludz, Strategie und Taktik des gegenwärtigen Linksradikalismus bewege sich »parteihistorisch gesehen zwischen Luxemburgismus und Leninismus – mit einer deutlichen Tendenz zu einem psychoanalytisch und ästhetisch aufgeladenen Luxemburgismus hin«, am ehesten dem Sachverhalt annähernd gerecht zu werden. S. Peter Christian Ludz, *Zur politischen Ideologie der »Neuen Linken«*, in: Erwin K. Scheuch (Hg.), *Die Wiedertäufer der Wohlstandsgesellschaft*, a.a.O., S. 33.

61 Vgl. dazu durchgängig die gesammelten Schriften Hans-Jürgen Krahls: *Konstitution und Klassenkampf* (a.a.O.) und neuerdings: Rudi Dutschke, *Versuch, Lenin auf die Füße zu stellen. Über den halbasiatischen und den westeuropäischen Weg zum Sozialismus. Lenin, Lukács und die Dritte Internationale*, Berlin 1974.

62 Für den in der französischen Mai-Revolte 1968 hervorgetretenen Linksradikalismus (»gauchisme«) ist ein historiographischer Versuch unternommen worden, der von einem solchen authentischen Charakter des Phänomens ausgeht: Richard Gombin, *Les origines du gauchisme*, Paris 1971. Gombin konstatiert, daß der linke Radikalismus in Frankreich ohne Anleihen bei der anarchistischen Bewegung entstand (S. 110). Neben der Bedeutung von Korsch und Lukács und der »Situationistischen Internationale« (vgl. dazu unten das Kapitel über den linken Radikalismus in der antiautoritären Studentenbewegung) stellt er vor allem die Rolle der rätekommunistischen Bewegung und ihrer Theoretiker (besonders Pannekoek und Rühle) für die Entstehung und ideologische Formung des gegenwärtigen Linksradikalismus heraus (vgl. bes. S. 99-125).

Anmerkungen zu: *Der linke Radikalismus als politisch-soziales Phänomen*

 1 *Marx-Engels-Werke (MEW)*, Bd. 22, S. 68 u. S: 80.
 2 *MEW*, Bd. 37, S. 450, ähnlich *MEW*, Bd. 22, S. 70.
 3 *MEW*, Bd. 38, S. 490.
 4 *MEW*, Bd. 22, S. 69.
 5 *Antwort an Herrn Paul Ernst: MEW*, Bd. 22, S. 81 und *MEW*, Bd. 37, S. 411.
 6 *MEW*, Bd. 37, ähnlich *MEW*, Bd. 22, S. 69.
 7 *MEW*, Bd. 22, S. 84.
 8 *MEW*, Bd. 22, S. 69.
 9 Z. B. in seinem Entwurf einer *Antwort an die Redaktion der Sächsischen Arbeiter-Zeitung, MEW*, Bd. 22, S. 67.
 10 Karl Kautsky, *Die neue Taktik* (1912), in: *Die Massenstreikdebatte.* Herausgegeben von Antonia Grunenberg, Frankfurt/M. 1970, S. 307 f. Eine direkte Kontinuität von der Opposition der »Jungen« zu der seiner Kontrahenten schließt er zutreffender Weise aus: »Seitdem sind mehr als zwei Jahrzehnte verflossen. Die heutige Generation kennt nicht mehr die Kämpfe, die wir damals ausfochten.« A.a.O., S. 308.
 11 Karl Kautsky, *Der jüngste Radikalismus*, in: *Die neue Zeit*, 31. Jg. (1912).
 12 Karl Kautsky, *Die neue Taktik*, in: *Die Massenstreikdebatte*, a.a.O., S. 306 ff. Die in dem Massenstreikdebatte-Reader enthaltenen Artikel aus dieser Diskussion werden der leichteren Zugänglichkeit wegen nach dieser Edition zitiert; die dort nicht vorfindbaren Diskussions-Beiträge werden zitiert nach der Quelle (*Die Neue Zeit*).
 13 *Die Massenstreikdebatte*, a.a.O., S. 307.
 14 Ebenda, S. 307.
 15 Karl Kautsky, *Der jüngste Radikalismus*, in: *Die Neue Zeit*, 31. Jg. (1912), S. 437.
 16 Karl Kautsky, *Die neue Taktik*, a.a.O., S. 307.
 17 Besonders in seiner Artikelserie: *Die Aktion der Massen*, in: *Die Massenstreikdebatte*, a.a.O., S. 233 ff.
 '18 Karl Kautsky, *Die neue Taktik*, a.a.O., S. 307.
 19 Karl Kautsky, *Die Aktion der Massen*, a.a.O., S. 244.
 20 So besonders in: Karl Kautsky, *Die neue Taktik*, a.a.O., S. 309 ff.
 21 Karl Kautsky, *Die neue Taktik*, a.a.O., S. 333.
 22 Karl Kautsky, *Die neue Taktik*, a.a.O., S. 327.
 23 Karl Kautsky, *Der jüngste Radikalismus*, in: *Die Neue Zeit*, 31. Jg. (1912), S. 444.
 24 Zur Organisationsgeschichte beider Bewegungen in Deutschland s. Ulrich Linse, *Organisierter Anarchismus im Deutschen Kaiserreich von 1871*, Berlin 1969, und die einschlägigen Kapitel in meiner Arbeit über *Syndikalismus und Linkskommunismus von 1918-1923*, Meisenheim/Glan 1969.
 25 Paul Frölich, *Die syndikalistische Krankheit in der KPD*, Sonderdruck aus: *Die Internationale* (dort nicht erschienen) o. O., o. J. (1919).
 26 Karl Radek, *Zur Taktik des Kommunismus. Ein Schreiben an den Oktober-Parteitag der KPD*, Berlin 1919, S. 6.
 27 Paul Frölich, *Die syndikalistische Krankheit*, a.a.O., S. 7.
 28 Ebenda, S. 4.

29 Ebenda, S. 8.

30 Karl Radek, *Zur Taktik des Kommunismus*, a.a.O., S. 11.

31 Paul Frölich, *Die syndikalistische Krankheit*, a.a.O., S. 14.

32 Ebenda, S. 8.

33 Karl Radek, *Zur Taktik des Kommunismus*, a.a.O., S. 6.

34 Karl Radek, *Zur Taktik des Kommunismus*, a.a.O., S. 7.

35 Paul Levi, *Reinigung*, in: *Die Internationale*, 1. Jg. (1919), S. 284 f.

36 Er konnte das um so leichter und wirkungsvoller als in der Tat in den Monaten Mai bis Oktober 1919 parallel zur Auseinandersetzung mit der Opposition der Kampf gegen den in der »Freien Vereinigung deutscher Gewerkschaften« organisierten authentischen revolutionären Syndikalismus geführt wurde. S. dazu die von der KPD-Zentrale herausgegebene Broschüre: F. Brandt, *Syndikalismus und Kommunismus*, Berlin 1919.

37 Lenin, *Werke*, Bd. 30, S. 35 ff.

38 Lenin, *Werke*, Bd. 30, S. 71.

39 Lenin, *Werke*, Bd. 30, S. 41.

40 Lenin, *Werke*, Bd. 31, S. 42 f.

41 So durchgängig in der *Kinderkrankheits*-Schrift, besonders im Kapitel *Einige Schlußfolgerungen*. Lenin, *Werke*, Bd. 31, S. 77 ff.

42 Lenin, *Werke*, Bd. 31, S. 89.

43 Lenin, *Werke*, Bd. 31, S. 91.

44 Lenin, *Werke*, Bd. 31, S. 47 f.

45 Lenin, *Werke*, Bd. 31, S. 48.

46 Diese von Radek, Frölich und Levi in der deutschen KP vorweggenommene oder zumindest gleichzeitige Kritik am linken Radikalismus ist von der Geschichtsschreibung bislang nicht hinreichend gewürdigt worden. Z. B. fehlt jeder Hinweis darauf in: Hellmuth Kolbe, *W. J. Lenins Werk »Der linke Radikalismus, die Kinderkrankheit des Kommunismus« – eine bedeutende Hilfe für die junge KPD*, in: *Beiträge zur Geschichte der deutschen Arbeiterbewegung*, 2. Jg. (1960), S. 255 ff.

47 Lenin, *Werke*, Bd. 31, S. 47 f.

48 Lenin, *Werke*, Bd. 31, S. 26.

49 Ebenda.

50 Lenin, *Werke*, Bd. 31, S. 50 f. Ähnlich wie Radek in dieser Frage fährt auch er fort: »Besonders komisch ist es, daß in Wirklichkeit an die Stelle der alten Führer, die allgemein menschliche Ansichten über einfache Dinge haben, nun praktisch (unter dem Deckmantel der Losung ›Nieder mit den Führern!‹) *neue Führer* treten, die hirnverbrannten Unsinn und wirres Zeug verzapfen.«

51 Lenin, *Werke*, Bd. 31, S. 42.

52 Lenin, *Werke*, Bd. 31, S. 43. Hervorhebung im Original.

53 Vgl. Lenin, *Werke*, Bd. 31, S. 49 f.

54 Lenin, *Werke*, Bd. 31, S. 37.

55 Lenin, *Werke*, Bd. 30, S. 71.

56 Lenin, *Werke*, Bd. 30, S. 40.

57 Lenin, *Werke*, Bd. 31, S. 95. Nachtrag zur Kinderkrankheitsschrift vom 12. 5. 1920.

58 Diese Definition unterscheidet sich von dem in der politischen Publizistik der Bundesrepublik üblichen Sprachgebrauch, der in einem neueren Lexikon charakterisiert wird: »Als linksradikal werden heute in der westlichen Welt alle marxistisch-leninistischen Parteien und Gruppen betrachtet.« *Brockhaus Enzy-*

klopädie, Wiesbaden 1972, Bd. 15, S. 354. – Eine solche Definition ist nicht nur in der Konsequenz der hier entwickelten Begriffsbildung falsch; sie ist auch deshalb unzutreffend, weil z. B. in Frankreich niemandem einfallen würde, die KPF in den Begriff des »gauchisme« (Linksradikalismus) einzuschließen.

59 Curt Geyer, *Der Radikalismus in der deutschen Arbeiterbewegung*, Jena 1923. Auszugsweise neu gedruckt in: *Die Rätebewegung I*, Hg. Günter Hillmann, Reinbek bei Hamburg 1971, S. 216 ff.

60 Alfred Meusel, *Der Radikalismus*, in: *Kölner Vierteljahreshefte für Soziologie*, 4. Jg. (1924/25), S. 44-68.

61 Curt Geyer, a.a.O., S. 16 f.

62 Curt Geyer, a.a.O., S. 26 f.

63 Curt Geyer, a.a.O., S. V.

64 Curt Geyer, a.a.O., S. V.

65 Curt Geyer, a.a.O., S. 41 ff.

66 Alfred Meusel, a.a.O., S. 44.

67 Curt Geyer, a.a.O., S. 44. f.

68 Alfred Meusel, a.a.O., S. 46.

69 Curt Geyer, a.a.O., S. 46.

70 Curt Geyer, a.a.O., S. 45 f.

71 Hier trifft durchaus das zu, was Georg Lukács gelegentlich in einer Rezension von Robert Michels' *Soziologie des Parteiwesens* zu deren massenpsychologischen Prämissen sagt. Er meint, dort, wo die »Massenpsychologie zur Grundlage der Soziologie gemacht« werde, gerate diese in Gefahr, zu einer »völlig unhistorischen Betrachtungsweise« zu führen, bei der »sämtliche Spezifika [ihres] Gegenstandes vollständig« verloren gingen und bei der historisch und sozial bedingte Erscheinungen zu »zeitlosen Wesenheiten hypostasiert« würden. S. *Archiv für die Geschichte des Sozialismus und der Arbeiterbewegung*, 13. Jg. (1928), S. 309 ff.

72 Zur Zeit ihrer Niederschrift zeichnete sich den Autoren der Rechtsradikalismus, im wesentlichen entstanden in der Reaktion auf die politisch-sozialen Umsturzversuche seit Ende des Ersten Weltkrieges, noch nicht als distinktes Phänomen ab.

73 Vgl. vor allem die Kapitel über die sozialen und die individuellen Faktoren für die »radikale Geistes- und Willenshaltung« in der Schrift Geyers; a.a.O., S. 58 ff. und S. 84 ff.

Anmerkungen zu: Die Bewegung der »Jungen« in der deutschen Sozialdemokratie um 1890

1 S. Hans Rosenberg, *Große Depression und Bismarckzeit. Wirtschaftsablauf, Gesellschaft und Politik in Mitteleuropa*, Berlin 1967, bes. S. 202 ff.

2 Paul Kampffmeyer, *Radikalismus und Anarchismus*, in: *Die Befreiung der Menschheit*, Berlin/Leipzig/Wien/Stuttgart 1921, S. 72.

3 Vgl. Vernon L. Lidtke, *The Outlawed Party: Social-Democracy in Germany 1878-1890*, Princenton/New Jersey 1966, bes. S. 78 ff.

4 Max Nettlau, *Anarchisten und Sozialrevolutionäre*, Berlin, 1931, S. 145 f. Hervorhebung im Original.

5 Zur Gesamtbiographie s. Rudolf Rocker, *Johann Most. Das Leben eines Rebellen*, Berlin 1924. Diese von anarchistischer Seite geschriebene Biographie

ist überwiegend apologetisch angelegt. Ein Reprint dieses Buches erschien 1971 in Glashütten/Taunus.

6 S. Rudolf Rocker, *Johann Most*, a.a.O., S. 32 f.

7 Rudolf Rocker, *Johann Most*, a.a.O., S. 32.

8 Als bislang einzige politische Biographie Hasselmanns s. jetzt: Günter Bers, *Wilhelm Hasselmann 1844-1916. Sozialrevolutionärer Agitator und Abgeordneter des deutschen Reichstages.* Köln 1973. Vgl. auch Andrew R. Carlson, *Anarchism in Germany. The early Movement*, Metuchen N. J. 1972, S. 187 ff.

9 Most schrieb u. a. *Kapital und Arbeit. Ein populärer Auszug aus »Das Kapital« von Marx*, Chemnitz 1873. Dieser Vulgarisierungsversuch wurde anfangs von Marx und Engels eher ablehnend aufgenommen: »Dieser Mensch, Most meine ich, hat es fertig gebracht, das ganze ›Kapital‹ zu exzerpieren und doch nichts draus zu kapieren.« *MEW*, Bd. 34, S. 12. Die Schrift ist neuerdings von Hans Magnus Enzensberger ediert worden: Johann Most, *Kapital und Arbeit. Das »Kapital« in einer handlichen Zusammenfassung. Von Marx und Engels selbst revidiert und überarbeitet*, Frankfurt/Main 1972.

10 Vgl. zum Einfluß Blanquis auf Hasselmann Andrew R. Carlson, a.a.O., S. 187 f.

11 Zitiert nach Max Nettlau, *Anarchisten und Sozialrevolutionäre*, a.a.O., S. 153. Zur Konspirations-Taktik der Opposition, vgl. auch: Vernon L. Lidtke, *The Outlawed Party*, a.a.O., S. 123 f.

12 Vgl. Vernon L. Lidtke, *The Outlawed Party*, a.a.O., S. 82 ff.

13 In einer Resolution von Berliner Abgeordneten auf dem Wydener Kongreß der SPD hieß es dazu: »Den sozialdemokratischen Abgeordneten ist über ihr Verhalten im deutschen Reichstag ein Mißtrauensvotum zu ertheilen. Gründe: a) Kaysers Eintreten für die Schutzzölle, b) Bebels Appell an den ›Patriotismus‹ der Genossen, sowie seine ›Erwartung‹, daß dieselben sicher auch die ›Feinde‹ aus dem Lande schlagen würden, c) Hasenclevers Protest gegen die Erklärung Hasselmanns, d) Liebknechts Erklärungen, welche den persönlichen Streit unter den Abgeordneten entfacht haben.« *Protokoll des Kongresses der deutschen Sozialdemokratie. Abgehalten auf Schloß Wyden in der Schweiz vom 20. bis 23. August 1880*, Zürich 1880, S. 45.

14 *Freiheit*, 2. Jg. (1880), 5. Juni 1880: *Ein Mahnruf an Deutschlands Socialisten.* (Hervorhebung im Original)

15 Nach Rudolf Rocker, *Johann Most*, a.a.O., S. 87. S. den vollen Wortlaut der Reichstagsrede Hasselmanns in: Günter Bers, a.a.O., S. 153-158.

16 *Protokoll Wyden*, a.a.O., S. 16.

17 Ebenda, S. 44.

18 Ebenda, S. 28.

19 S. dazu: E. V. Zenker, *Der Anarchismus. Kritische Geschichte der anarchistischen Theorie*, Frankfurt 1966, S. 95 ff. und S. 175 ff.

20 Vgl. dazu bes. Johann Most. *Die freie Gesellschaft. Eine Abhandlung über die Prinzipien und Taktik der communistischen Anarchisten*, New York 1884.

21 Vgl. Vernon L. Lidtke, a.a.O., S. 129 ff.

22 Dazu Vernon L. Lidtke, a.a.O., S. 158 ff.

23 Vgl. Vernon L. Lidtke, a.a.O., S. 193 ff.

24 Vgl. dazu Vernon L. Lidtke, a.a.O., S. 185 ff.

25 *Protokoll Wyden*, S. 49.

26 Eduard Bernstein, *Die Geschichte der Berliner Arbeiterbewegung. Ein Kapitel zur Geschichte der deutschen Sozialdemokratie*, Berlin 1907, 2. Teil, S. 166.

27 Hans Müller, *Der Klassenkampf in der deutschen Sozialdemokratie*, Zürich 1892, S. 66.

28 Zitiert in: Hans Müller, a.a.O., S. 68.

29 Eduard Bernstein, a.a.O., 2. Teil, S. 160.

30 S. Eduard Bernstein, a.a.O., S. 183 ff. Vgl. dazu auch: *Die Berliner Arbeiter und die Kommunalwahlen in Berlin. Ein Gutachten und ein Rückblick*, in: *Berliner Volkstribüne*, 2. Jg. (1888), Nr. 13 u. 14.

31 Eduard Bernstein, a.a.O., S. 199.

32 Eduard Bernstein, a.a.O., S. 201.

33 Eduard Bernstein, a.a.O., S. 227.

34 »Der Parteitag ist der Überzeugung, daß nach wie vor die Stellung der Partei zu der parlamentarischen Thätigkeit der Abgeordneten im Reichstag und in den Landtagen *die bisherige bleiben* muß; wie bisher ist das Hauptgewicht auf die kritische und agitatorische Seite zu legen und die positive gesetzgeberische Thätigkeit nur unter der Voraussetzung zu pflegen, daß bei dem heutigen Stand der Parteigruppierung und der ökonomischen Verhältnisse über die Tragweite dieser positiven Thätigkeit im Parlament für die *Klassenlage* der Arbeiter in politischer wie ökonomischer Hinsicht *kein Zweifel* gelassen und *keine Illusion* geweckt werden kann.« *Verhandlungen des Parteitages der deutschen Sozialdemokratie in St. Gallen, abgehalten vom 2. bis 6. Oktober 1887*, Hottingen/Zürich, 1888, S. 19. Vgl. zum Stellenwert dieser Resolution in der innerparteilichen Diskussion: Vernon L. Lidtke, a.a.O., S. 269 f.

35 *Berliner Volkstribüne*, 2. Jg. (1888), Nr. 14.

36 Eduard Bernstein, a.a.O., S. 267. Der Berliner Sprecher war der gelernte Schuhmacher Max Baginsky (1864-1943), einer der bekanntesten illegalen Agitatoren und oppositionellen Redakteure der Berliner Bewegung, der auf dem Höhepunkt der Revolte der »Jungen« eine Freiheitsstrafe aufgrund eines Presse-Vergehens abzugelten hatte. Auskünfte nach der anarcho-syndikalistischen Traditions-Zeitschrift *Die Freie Gesellschaft*, 2. Jg. (1951), Nr. 23, S. 21 ff.

37 Vgl. Paul Kampffmeyer, *Radikalismus und Anarchismus*, in: *Die Befreiung der Menschheit*, a.a.O., S. 74.

38 Eine solche Ermittlung des soziologischen Gefüges dieser Gruppen kann nur indirekt erschließenden Charakters sein, da exaktere statistische Unterlagen nicht vorhanden sind und vermutlich auch nie existierten.

39 S. Paul Kampffmeyer, *Die Gründung der »Neuen Zeit« und die Intellektuellen. Eine persönliche Erinnerung*, in: *Die Gesellschaft*, Sonderheft der *Gesellschaft* zu Karl Kautskys 70. Geburtstag, Berlin, 1924, S. 86 ff. Vernon L. Lidtke (a.a.O., S. 306) vermutet, daß diese jungen Intellektuellen in ihrer Marx-Rezeption weiter vorangekommen seien als die älteren führenden Sozialdemokraten mit der Ausnahme Bebels und Liebknechts.

40 S. z. B.: *Die Überfüllung der gelehrten Berufe*, in: *Berliner Volkstribüne*, 3. Jg. (1889) Nr. 39 u. 40. Vgl. auch *Berliner Volkstribüne*, 4. Jg. (1890), Nr. 25: *Die Sozialdemokratie und die geistigen Arbeiter*, 3. Jg. (1889), Nr. 15: *Die Proletarisierung der »Kopfarbeit«*, 3. Jg. (1889), Nr. 20: *Die Proletarisierung der »Intelligenz«*.

41 S. besonders: *Die Sozialdemokratie und die »Gebildeten unserer Tage«*,

in: *Berliner Volkstribüne*, 3. Jg. (1889), Nr. 50 u. 51, 4. Jg. (1890), Nr. 1.

42 *Berliner Volkstribüne*, 4. Jg. (1890), Nr. 1.

43 Bemerkenswerterweise durchlief der Schriftsteller Paul Ernst (1866 bis 1933) nach dem Bruch mit der Sozialdemokratie die ganze Skala politischer Möglichkeiten und vertrat gegen Ende seines Lebens eine völkisch-nationalistische Position.

44 *Berliner Volkstribüne*, 4. Jg. (1890), Nr. 10.

45 Zur literaturkritischen und literaturtheoretischen Tätigkeit Ernsts in der deutschen Sozialdemokratie s. neuerdings: Georg Fülberth, *Proletarische Partei und bürgerliche Literatur*, Neuwied u. Berlin 1972, S. 54 ff. Die Arbeit bezieht das reichhaltige Material der *Berliner Volkstribüne* nicht mit ein.

46 *Berliner Volkstribüne*, 4. Jg. (1890), Nr. 42: *Naturalismus und Sozialismus.*

47 A.a.O.

48 *Berliner Volkstribüne*, 4. Jg. (1890), Nr. 44: *Was die moderne Litteratur für uns bedeutet.*

49 Vgl. dazu die knappe kritische Skizze in Georg Fülberth, a.a.O., S. 106 ff. und das Standardwerk: Siegfried Nestriepke, *Die Geschichte der Volksbühne Berlin*, Berlin 1930.

50 Vgl. dazu besonders Bruno Wille, *Die Sünden der Presse*, in: *Berliner Volkstribüne*, 3. Jg. (1889), Nr. 30, 33, 36, 37 und Paul Ernst, *Die Litteratur als Waare*, in: *Berliner Volkstribüne*, 4. Jg. (1890), Nr. 25.

51 Eduard Bernstein, a.a.O., S. 267.

52 Eduard Bernstein, a.a.O., S. 268. Vgl. auch – mit kritischem Akzent – zu dem Zustrom kleinbürgerlicher Intelligenz: Franz Mehring, *Geschichte der deutschen Sozialdemokratie*, Berlin 1960, Bd. 2, S. 479: »Verkannte Erfinder und Reformer, Impfgegner, Naturheilärzte und ähnliche schrullenhafte Genies suchten in den arbeitenden Klassen, die sich so mächtig regten, die ihnen sonst versagte Anerkennung zu finden. In dem frischen Drange, eine verrottete Welt umzuwälzen, zeigte sich das klassenbewußte Proletariat auch nicht sehr spröde und sah mehr auf den guten Willen der Helfer als auf die Kraft ihrer Lenden. Besonders stark war der Zustrom aus den akademischen Kreisen«.

53 Vernon L. Lidtke, a.a.O., S. 303 f.

54 S. *Berliner Volkstribüne*, 4. Jg. (1890), Nr. 9, 11, 15.

55 *Berliner Volkstribüne*, 4. Jg. (1890), Nr. 13. S. auch Hans Müller, a.a.O., S. 71 und: Eduard Bernstein, a.a.O., Bd. 2, S. 306; dort der vollständige Text des Aufrufs.

56 *Berliner Volkstribüne*, 4. Jg. (1890), Nr. 16.

57 Hans Müller, a.a.O., S. 71.

58 *Berliner Volkstribüne*, 4. Jg. (1890), Nr. 16: *An die Arbeiter und Arbeiterinnen Deutschlands!* S. auch Hans Müller, a.a.O., S. 74.

59 Vgl. Hans Müller, a.a.O., S. 77.

60 Vom Verleger der *Sächsischen Arbeiterzeitung*, O. Harnisch, wurde außerdem noch ein kulturelles Familienblatt herausgegeben, das ideologisch von der Opposition geprägt wurde: *Lichtstrahlen, Blätter für volksverständliche Wissenschaft und atheistische Weltanschauung. Zugleich Unterhaltungsblatt und litterarischer Wegweiser für das Volk.* I. Jg. (1891)-4. Jg. (1894).

61 S. Hans Müller, a.a.O., S. 80 f.

62 *Berliner Volksblatt*, 7. Jg. (1890), Nr. 195.

63 Hans Müller, a.a.O., S. 85.

64 Zur Magdeburger Opposition s. auch: Paul Kampffmeyer, *Die Bewegung der Magdeburger »Jungen«*, in: *Von Fehden und Kämpfen. Bilder aus der Geschichte der Arbeiterbewegung Magdeburgs*, Magdeburg 1910.

65 Franz Mehring, *Geschichte der deutschen Sozialdemokratie*, a.a.O., 2. Bd., S. 676.

66 Protokoll der Versammlung in: *Berliner Volksblatt*, 7. Jg. (1890), Nr. 198. Beilage: *Zur Taktik unserer Partei*. S. auch Eduard Bernstein, a.a.O., Bd. 2, S. 322 ff.

67 So der Buchdrucker Wilhelm Werner (Berlin), der die Hauptlast der oppositionellen Argumentation auf dem Parteitage zu tragen hatte. S. *Protokoll über die Versammlungen des Parteitages der Sozialdemokratischen Partei Deutschlands, abgehalten zu Halle a. S., vom 12.-18. Oktober 1890*, S. 44 und öfter.

68 So z. B. Krewinkel (Aachen): »Wenn wir den Landleuten mit den Berliner Ideen kommen, man würde sagen, die Kerle kommen aus dem Narrenhaus.« *Protokoll Halle*, a.a.O., S. 69.

69 Hans Müller, a.a.O., S. 79.

70 So Hans Müller, a.a.O., S. 82. Vgl. auch das Resumé dieser oppositionellen Argumente in: *Der Sozialist*, 2. Jg. (1892), Nr. 52: *Der antiautoritäre Zug in der Bewegung der »Jungen«*.

71 Abgedruckt in: *Berliner Volkstribüne*, 4. Jg. (1890), Nr. 32.

72 S. *Protokoll Halle*, S. 131 ff.

73 Robert Michels konnte sich 15 Jahre später u. a. direkt auf diese Beobachtungen der »Jungen« berufen zur Stützung seiner These von der »Verkleinbürgerlichung durch den bürokratischen Apparat« der SPD. S. Robert Michels, *Die deutsche Sozialdemokratie. 1. Parteimitgliedschaft und Zusammensetzung*, in: *Archiv für Sozialwissenschaft und Sozialpolitik*, Bd. 23 (1906), S. 550.

74 *Der Sozialist*, 2. Jg. (1892), Nr. 8: *Die Bureaukratie in der Sozialdemokratie*.

75 Eduard Bernstein, a.a.O., Bd. 3, S. 125 f.

76 Domela F. Nieuwenhuis, *Die verschiedenen Richtungen in der deutschen Sozialdemokratie*. Aus dem Französischen übersetzt von A. Auerbach. Mit einem Vorwort des Verfassers, Berlin 1892, S. 3.

77 *Der Sozialist*, 1. Jg. (1891), Nr. 5. Hervorhebung im Original.

78 *Der Sozialist*, 1. Jg. (1891), Nr. 7: *Das Erfurter Programm und die Opposition*.

79 *Der Sozialist*, 3. Jg. (1893), Nr. 6: *Ein Beitrag zur Lösung der Organisationsfrage*.

80 Vgl. besonders: *Der Sozialist*, 2. Jg. (1892), Nr. 28: *Zur Organisationsfrage*.

81 *Protokoll Halle*, a.a.O., S. 71 f.

82 S. dazu Eduard Bernstein, a.a.O., Bd. 3, S. 118 ff.

83 Ein Faksimile-Abdruck des Flugblattes in: Eduard Bernstein, a.a.O., Bd. 3, S. 121-124. Vollständiger Text auch in: *Protokoll Erfurt*, a.a.O., S. 61-67.

84 *Protokoll über die Verhandlungen des Parteitages der Sozialdemokratischen Partei Deutschlands. Abgehalten zu Erfurt vom 14.-20. Oktober 1891*, Berlin 1891, S. 74. Vgl. auch darin (S. 53-80) die vor dem Parteitag herausgegebene Broschüre: *Die Anschuldigungen der Berliner Opposition. Für den Parteitag zusammengestellt nach den Berichten des »Vorwärts« vom Partei-Vorstand*, Berlin 1891. S. auch: Domela F. Nieunwenhuis, a.a.O., S. 20 und:

Der Sozialist, 3. Jg. (1893), Nr. 2: *Zur Geschichte der »Opposition«*.

85 Besonders Wildberger, *Protokoll Erfurt*, a.a.O., S. 190-198.

86 *Protokoll Erfurt*, a.a.O., S. 286.

87 Paul Ernst erinnert sich aus kritischer Distanz, der innere Kreis der Berliner Partei, aus der die Opposition hervorgegangen sei, sei marxistisch, der äußere Kreis lassalleanisch gewesen. Er selbst sei durch Willes Vermittlung »rettungslos Marx verfallen« gewesen. Paul Ernst, *Jünglingsjahre*, München 1931, S. 168.

88 *Protokoll Erfurt*, a.a.O., S. 19-23.

89 A.a.O., S. 20 f.

90 A.a.O., S. 21.

91 A.a.O., S. 21.

92 Vgl. über die kleinbürgerlichen Schichten: »Sie hängen mehr denn jeder Andere am Bestehenden . . . Sie träumen davon, mit sozialdemokratischer Hilfe ihre spießbürgerliche Existenz weiterführen zu können; nur behäbiger und gesicherter als heute. Der zünftlerische Kleinmeister erwartet im stillen sogar von der Sozialdemokratie – o Ironie der Weltgeschichte! – einen neuen ›goldenen Boden des Handwerks‹.« Hermann Teistler, *Der Parlamentarismus und die Arbeiterklasse*, Berlin 1892, S. 36.

93 *Der Sozialist*, 1. Jg. (1891), Nr. 1: *Unser Zweck*. Vgl. auch Albert Auerbach, *Wider die kleinbürgerlich-parlamentarische Sozialreform! Für die revolutionäre Sozialdemokratie*, Berlin 1892, S. 22 ff.

94 *Der Sozialist*, 1. Jg. (1891), Nr. 7: *Das Erfurter Programm und die Opposition*.

95 Die gleiche Beobachtung trifft Wolfgang Schmidt (*Die Auseinandersetzung in der deutschen Sozialdemokratie um die richtige Taktik nach dem Ende des Sozialistengesetzes: Der Streit zwischen Parteileitung und den »Jungen«*, Diplom-Arbeit Göttingen 1971, unveröffentl. Manuskript, S. 77), wenn er »die – überhaupt für die ›Jungen‹ typische – Reduktion der Totalität der Klassenbeziehungen auf das ausschließliche Verhältnis von Lohnarbeit und Kapital« und eine »Ausklammerung der Zwischenklassen aus der theoretischen Konzeption« feststellt.

96 Hans Josef Steinberg, *Sozialismus und deutsche Sozialdemokratie. Zur Ideologie der Partei vor dem 1. Weltkrieg*, Hannover 1967, bes. S. 60 ff.

97 *Berliner Volkstribüne*, 4. Jg. (1890), Nr. 32: *Gefahren des Marxismus*.

98 *Berliner Volkstribüne*, 4. Jg. (1890), Nr. 35 u. 36.

99 Bruno Wille, *Aus Traum und Leben*, a.a.O., S. 13.

100 Hans Josef Steinberg, a.a.O., S. 67: »Nicht von ungefähr hat einer der Wortführer der Opposition, Paul Ernst, den Fatalismus als Gefahr des Marxismus aufgezeigt und darüber geklagt, daß dem nach politischer Aktion Strebenden nichts übrig bleibe, als die Massen aufzuklären und zu organisieren. Wenn Engels dies auch mit Recht als ›Verdrehung der Marxistischen Theorie‹ zurückwies, so ist doch nicht zu leugnen, daß Paul Ernst schon sehr früh charakteristische Elemente – nicht des Marxismus – aber der Parteiideologie aufgedeckt hat.«

101 *Berliner Volkstribüne*, 4. Jg. (1890), Nr. 36.

102 *Protokoll Erfurt*, a.a.O., S. 21.

103 *Der Sozialist*, 1. Jg. (1891), Nr. 2: *Vom Wesen des Staates*.

104 Hans Müller, *Der Klassenkampf*, a.a.O., S. 35.

105 Die Bezeichnung des Zusammenschlusses schwankte zwischen »Verein

Unabhängiger Sozialisten«, »Vereinigung Unabhängiger Sozialisten« und »Partei Unabhängiger Sozialisten«.

106 Text des Manifestes in: *Berliner Volkstribüne*, 5. Jg. (1891), Nr. 46. Auszüge daraus in Hans Müller, a.a.O., S. 118.

107 Hans Müller, *Der Klassenkampf*, a.a.O., S. 122. Vgl. auch die Kritik an Müllers Position in *Der Sozialist*, 2. Jg. (1892), Nr. 43.

108 *Berliner Volkstribüne*, 5. Jg. (1892), Nr. 46 u. 52.

109 S. dazu die Parlamentarismus-Diskussion in: *Berliner Volkstribüne*, 6. Jg. (1892), Nr. 4, 6 und öfter. Zum Begriff des ambivalenten Parlamentarismus s. Vernon L. Lidtke, a.a.O., S. 149 ff.

110 S. die Würdigung der Rolle der Zeitung für die Entwicklung der Opposition in: *Der Sozialist*, 2. Jg. (1892), Nr. 53: *Die Berliner Volkstribüne*.

111 Hans Müller, *Der Klassenkampf*, a.a.O., S. 120.

112 Vgl. *Der Sozialist*, 1. Jg. (1891), Nr. 6 f.: *Die Alten und die Jungen*, 2. Jg. (1892), Nr. 5 ff.: *Unter dem Ausnahmegesetz*, Nr. 22: *Die ersten Spuren arger Verwässerung der sozialdemokratischen Prinzipien unter dem Ausnahmegesetz*, Nr. 52: *Der antiautoritäre Zug in der Bewegung der »Jungen«*, usw.

113 So programmatisch in: *Der Sozialist*, 1. Jg. (1891), Nr. 1: *Unser Zweck*. S. auch bes. *Der Sozialist*, 2. Jg. (1892), Nr. 16: *Zuerst politische oder ökonomische Macht?*

114 *Der Sozialist*, 2. Jg. (1892), Nr. 44.

115 Zur Geschichte der lokalistischen Minderheit in den »Freien Gewerkschaften«, s. Hans Manfred Bock, *Syndikalismus und Linkskommunismus*, a.a.O., S. 23 ff.

116 *Der Sozialist*, 1. Jg. (1891), Nr. 1: *Unser Zweck*.

117 Zuerst in: *Der Sozialist*, 2. Jg. (1892), Nr. 3-13, dann als Broschüre: Hermann Teistler, *Der Parlamentarismus und die Arbeiterklasse*, Berlin 1892 (Neuauflage Berlin 1894).

118 Hermann Teistler, a.a.O., S. 9.

119 Hermann Teistler, a.a.O., S. 13 ff. S. auch: *Der Sozialist*, 1. Jg. (1891), Nr. 3: *Positive Mitarbeit*.

120 Hermann Teistler, a.a.O., S. 25 f.

121 Neben entsprechenden Äußerungen Bebels aus der Illegalitätsperiode der Partei berief man sich von Seiten der Opposition regelmäßig auf die vehement antiparlamentarischen Ausführungen Wilhelm Liebknechts aus dem Jahre 1869: Wilhelm Liebknecht, *Über die politische Stellung der Sozialdemokratie insbesondere mit Bezug auf den Reichstag. Ein Vortrag gehalten in einer öffentlichen Versammlung des demokratischen Arbeitervereins zu Berlin am 31. Mai 1869*, London 1889. Liebknecht setzte sich bereits auf dem Parteitag in Halle mit der Anschuldigung auseinander, er habe die ursprünglich von ihm selbst vertretene antiparlamentarische Position der Sozialdemokratie verraten. S. *Protokoll Erfurt*, a.a.O., S. 203 f. Zur Entwicklung der Haltung Liebknechts und Bebels zum Parlamentarismus s. Vernon L. Lidtke, a.a.O., S. 232 ff.

122 Hermann Teistler, a.a.O., S. 28.

123 Vgl. Hans Müller, *Der Klassenkampf*, a.a.O., S. 19 ff.

124 Hermann Teistler, a.a.O., S. 33.

125 Albert Auerbach, *Wider die kleinbürgerlich-parlamentarische Sozialreform! Für die revolutionäre Sozialdemokratie*, Berlin 1892, S. 14.

126 *Der Sozialist*, 1. Jg. (1891), Nr. 5: *Massenbewegungen*.

127 Hermann Teistler, a.a.O., S. 41.

128 *Der Sozialist*, 1. Jg. (1891), Nr. 5: *Massenbewegungen*.

129 So Hermann Teistler, a.a.O., S. 34 ff. Zitat ebenda, S. 39.

130 Hans Müller, *Werth und Bedeutung politischer Demonstrationen*. Festschrift zur Maifeier, Berlin 1892, S. 28.

131 Hermann Teistler, a.a.O., S. 46.

132 S. Hans Müller, *Der Klassenkampf*, a.a.O., S. 29.

133 S. *Der Sozialist*, 2. Jg. (1892), Nr. 14, 22, 31 usw. Vgl. auch: Karl Schneidt, *Neue Aufschlüsse über die Hungerrevolte in Berlin*, Berlin o. J. (1892).

134 *Der Sozialist*, 2. Jg. (1892), Nr. 14.

135 Reich dokumentiert in: Rudolf Rocker, *Memoiren*, Bd. 1, *Die Jugend eines Rebellen*, Ms. im Anarchismus-Archiv des (IISG) Amsterdam.

136 S. zur schriftlichen Agitation der Anarchisten in Deutschland: Hans Manfred Bock, *Bibliographischer Versuch zur Geschichte des Anarchismus und Anarcho-Syndikalismus in Deutschland*, in: *Jahrbuch 1. Arbeiterbewegung – Theorie und Geschichte*, Frankfurt/M 1973, S. 298 ff.

137 S. dazu ausführlich Andrew R. Carlson, a.a.O., S. 321 ff.

138 Ulrich Linse, *Organisierter Anarchismus im Deutschen Kaiserreich von 1871*, Berlin 1969, S. 50.

139 Z. B. *Der Sozialist*, 2. Jg. (1892), Nr. 45: *Die nächsten Aufgaben der »Opposition«*.

140 Vgl. Ulrich Linse, a.a.O., S. 50 ff. Linse geht allerdings nicht auf die selbständige Klassenkampf-Konzeption der Unabhängigen ein und überzeichnet so deren Anfälligkeit für die anarchistische Agitation.

141 Er schrieb in diesen Jahren einen weitgehend autobiographischen Roman, in dem auch sein Verhältnis zur Sozialdemokratie erörtert wurde: Gustav Landauer, *Der Todesprediger*, Dresden 1893.

142 Vgl. die interessante Schilderung des Vereinslebens der Unabhängigen in Zürich durch den späteren Expressionisten in: *Die Aktion*, 9. Jg. (1919), Nr. 12/13.

143 *Der Sozialist*, 3. Jg. (1893), Nr. 2.

144 Vgl. Benedict Friedländer, *Der freiheitliche Sozialismus im Gegensatz zum Staatsknechtthum der Marxisten. Mit besonderer Berücksichtigung der Werke und Schicksale Eugen Dührings*, Berlin 1892. Theodor Hertzka, *Freiland. Ein soziales Zukunftsbild*, Leipzig 1890.

145 *Der Sozialist*, 3. Jg. (1893), Nr. 14: *Wie nennen wir uns?*

146 S. *Der Sozialist*, 3. Jg. (1893), Nr. 16 ff.

147 Paul Kampffmeyer (*Radikalismus und Anarchismus*, a.a.O., S. 81 f.) weist im Rückblick noch auf die dominante Rolle des Marxismus im Selbstverständnis der Unabhängigen hin: »Überhaupt strebten die oppositionellen Unterströmungen in der Sozialdemokratie vielfach eine feste Verbindung mit dem Marxismus an. Namentlich suchte der unabhängige Sozialismus seine direkte Abstammung vom Marxismus mit allem Nachdruck zu erweisen.«

148 Ulrich Linse, a.a.O., S. 54.

149 *Der Sozialist*, 6. Jg. (1896), Nr. 29: *Von Zürich bis London*.

150 Vgl. Ulrich Linse, a.a.O., S. 73 u. 163 ff.

151 Diese Stellung Landauers wird deutlich in der Analyse seines 1908 gegründeten »Sozialistischen Bundes«, vgl. dazu Ulrich Linse, a.a.O., S. 275 ff. Zum theoretisch-literarischen Lebenswerk Landauers s. Wolf Kalz, *Gustav*

Landauer. Kultursozialist und Anarchist, Meisenheim/Glan 1967. Neuerdings: Eugene Lunn, *Prophet of Community. The Romantic Socialism of Gustav Landauer*, London, 1973.

152 Im Rückblick ironisierend beschreibt Paul Kampffmeyer diese Disposition: »In den Ideengängen der ›Jungen‹ nahm die Vorstellung von dem äußeren und inneren Verfall des Parlamentarismus eine Art Zentralstellung ein. Um diese niedrige Einschätzung des Parlamentarismus gruppierte sich dann eine ganze Reihe ähnlicher Werturteile über alle Institutionen der bürgerlichen Welt: die Ehe galt als völlig zerrüttet, der Militarismus als Schlagflußkandidat wegen seiner Säfteüberfülle, der Staat als erklärter Bankerotteur, die kapitalistische Wirtschaft als todsieche Kranke. In dem Gesicht der bürgerlichen Welt entdeckten die ›Jungen‹ nur lauter hypokratische Züge.« Paul Kampffmeyer, *Radikalismus und Anarchismus*, a.a.O., S. 74.

153 Bruno Wille, *Aus Traum und Kampf*, a.a.O., S. 33.

154 Vgl. neuerdings einen nützlichen Überblick über diese Tendenzen in: Janos Frecot, Joh. Friedrich Geist, Diethart Kerbs, *Fidus. Zur ästhetischen Praxis bürgerlicher Fluchtbewegungen*. München 1972, S. 13 ff.

155 Heinrich Hart, *Dies aber sind wir*, in: *Die Neue Gemeinschaft, Mitteilungen für Mitglieder und Gleichgesinnte*, Friedrichshagen/Berlin, 1. Jg. (1900), Nr. 1.

156 *Die Neue Gemeinschaft*, 1. Jg. (1900), Nr. 6. Auch als selbständige Broschüre erschienen.

157 Wille bemerkt in seinen Erinnerungen (*Aus Traum und Kampf*, a.a.O., S. 28) er sei niemals ein »Parteimensch« gewesen und die Erfahrungen in der SPD hätten ihn bestärkt in seinem Entschluß, »bloß Persönlichkeit zu bleiben außerhalb des Parteirahmens«.

158 Vgl. die Monographie: Herbert Scherer, *Bürgerlich-oppositionelle Literaten und sozialdemokratische Arbeiterbewegung nach 1890. Die »Friedrichshagener« und ihr Einfluß auf die sozialdemokratische Kulturpolitik*, Stuttgart 1974.

Anmerkungen zu: Die rätekommunistische Bewegung während der Weimarer Republik

1 Vgl. dazu neuerdings die Diskussion dieser noch unzureichend erforschten Bewegungen: Gerald D. Feldman, Eberhard Kolb, Reinhard Rürup, *Die Massenbewegungen der Arbeiterschaft in Deutschland am Ende des Ersten Weltkrieges (1917-1920)*, in: *Politische Vierteljahresschrift*, 13. Jg. (1972), Heft 1, S. 84 ff.

2 Zur umfassenden Diskussion der Genese der »Burgfriedens«-Politik der SPD s. neuerdings: Dieter Groh, *Negative Integration und revolutionärer Attentismus. Die deutsche Sozialdemokratie am Vorabend des Ersten Weltkrieges*, Frankfurt/Main, Berlin, Wien 1973.

3 Zur hier auch nicht ansatzweise referierbaren Vorgeschichte der beiden Parteien vgl. für die USPD: Carl E. Schorske, *German Social Democracy 1905-1917. The Development of the Great Schism*, Cambridge/Mass. 1955; für die KPD: Heinz Wohlgemuth, *Die Entstehung der Kommunistischen Partei Deutschlands 1914 bis 1918*. Überblick, Berlin (Ost) 1968.

4 S. Peter Lösche, *Der Bolschewismus im Urteil der deutschen Sozialdemo-*

kratie 1903-1920, Berlin 1967, bes. S. 250 ff.

5 Die großen theoretischen Debatten über Strategie und Taktik der SPD vor 1914 fanden unter diesen Umständen kein Pendant in der Nachkriegs-Sozialdemokratie. Die taktische Diskussion erstreckte sich hier in den frühen zwanziger Jahren vor allem auf die Frage der Koalitionspolitik. S. dazu Alfred Kastning, *Die deutsche Sozialdemokratie zwischen Koalition und Opposition 1919 bis 1923*, Paderborn 1970.

6 Vgl. zu deren Verlauf in der USPD die immer noch ergiebigste Darstellung: Eugen Prager, *Geschichte der USPD. Entstehung und Entwicklung der Unabhängigen Sozialdemokratischen Partei Deutschlands*, Berlin 1921; für die Diskussion in der KPD(S) vgl. meine Darstellung in: *Syndikalismus und Linkskommunismus von 1918 bis 1923*, a.a.O., S. 122 ff.

1 S. Carl E. Schorske, *The German Social Democracy 1905-1917. The Development of the Great Schism*, Cambridge/Mass. 1955, S. 28 ff.

2 Rosa Luxemburg, *Massenstreik, Partei und Gewerkschaften*, in: Rosa Luxemburg, *Schriften zur Theorie der Spontaneität*, Reinbek bei Hamburg 1970, S. 177 f.

3 Vgl. Karl-Ernst Moring, *Die Sozialdemokratische Partei in Bremen 1890-1914. Reformismus und Radikalismus in der Sozialdemokratischen Partei Bremens*, Hannover 1968, S. 69 ff.

4 Karl-Ernst Moring, a.a.O., S. 79.

5 Vgl. Karl-Ernst Moring, a.a.O., S. 106 f. und 110 f.

6 Karl-Ernst Moring, a.a.O., S. 127.

7 Moring (a.a.O., S. 115) kommt zu dem sorgfältig dokumentierten Schluß: »Pannekoek übte durch seine Kontakte zur Mitgliedschaft und Funktionärsgruppe einen kaum zu unterschätzenden Einfluß auf die bremische Partei aus.«

8 Siehe dazu meine Darstellung: *Anton Pannekoek in der Vorkriegssozialdemokratie*, in: *Jahrbuch 3. Arbeiterbewegung – Theorie und Geschichte*, Frankfurt/Main 1975, S. 103 ff.

9 Gerhard Engel, *Die politisch-ideologische Entwicklung Johann Kniefs (1880-1919). Untersuchungen zur Geschichte der Bremer Linksradikalen*, Diss. Berlin-Ost 1967, Masch. Manuskript, S. 170.

10 So vielfach belegt bei Gerhard Engel, für die Vorkriegszeit s. besonders S. 105. Cf. auch Karl-Ernst Moring, a.a.O., S. 202.

11 A. Pannekoek, *Marxistische Theorie und revolutionäre Taktik*, in: A. Pannekoek, H. Gorter, *Organisation und Taktik*, a.a.O., S. 50.

12 Karl Kautsky, *Was nun?*, in: *Die Massenstreikdebatte*, a.a.O., S. 101 ff.

13 Zitiert in Karl-Ernst Moring, a.a.O., S. 165.

14 Rosa Luxemburg, *Ermattung oder Kampf?*, in: *Die Massenstreikdebatte*, a.a.O., S. 149 f.

15 Vgl. dazu ausführlich: Karl-Ernst Moring, a.a.O., S. 168 ff.

16 Vgl. bes. Anton Pannekoek, *Die taktischen Differenzen in der Arbeiterbewegung*, Hamburg 1909, S. 78 ff.

17 Vgl. besonders Gerhard Engel, a.a.O., S. 95 ff. S. auch Karl-Ernst Moring, a.a.O., S. 137 ff.

18 Zitiert bei Gerhard Engel, a.a.O., S. 96 f.

19 Gerhard Engel, a.a.O., S. 97.

20 Anton Pannekoek, *Die Machtmittel des Proletariats*, Vortrag gehalten vor Stuttgarter Arbeitern im Oktober 1910. Stuttgart 1910, S. 7 f.

21 Karl Radek, zitiert in: Karl-Ernst Moring, a.a.O., S. 158.

22 Zitiert bei Karl-Ernst Moring, a.a.O., S. 158.

23 Gerhard Engels Bemerkung, Pannekoek stelle »in undialektischer Weise [...] parlamentarische und außerparlamentarische Kampfmittel als einander ausschließend gegenüber« (a.a.O., S. 103), ist für die Vorkriegsposition Pannekoeks und der Bremer Linken nicht richtig. Zutreffend die Darstellung bei Karl-Ernst Moring, a.a.O., S. 157.

24 Vgl. dazu Karl-Ernst Moring, a.a.O., S. 137 ff.

25 Anton Pannekoek, *Die taktischen Differenzen*, a.a.O., S. 92.

26 Vgl. auch Gerhard Engel, a.a.O., S. 99. f.

27 Vgl. dazu Peter Nettl, Rosa Luxemburg, Berlin 1969, S. 358 ff.

28 Vgl. zur Entwicklung des Spartakus-Bundes in der SPD während der Kriegsjahre bes. Heinz Wohlgemuth, *Die Entstehung der KPD. Überblick*, Berlin-Ost 1968. Die Darstellung gibt allerdings wenig Aufschlüsse über die Entwicklung der nicht zum Spartakus-Bund zählenden linksradikalen Gruppen.

29 Vgl. zu den Einzelheiten Carl E. Schorske, a.a.O., S. 285 ff.

30 So vor allem wortführend Knief auf der Reichskonferenz der Spartakus-Gruppe im Januar 1916. S. dazu Gerhard Engel, a.a.O., S. 254 ff.

31 Vgl. dazu Rosa Luxemburgs Begründung in ihrem Artikel im Duisburger *Kampf* vom 6. 1. 1917, abgedruckt in: *Dokumente und Materialien zur Geschichte der deutschen Arbeiterbewegung*, Hrsg. vom Institut für Marxismus-Leninismus des ZK der SED, Berlin 1958, Bd. I, S. 522 ff.

32 Dazu (zum ersten Mal in der Geschichtsschreibung zur Arbeiterbewegung) ausführlich: Gerhard Engel, a.a.O., S. 362 ff.

33 Vgl. die zahlreichen interessanten Dokumente zur Rolle der Gruppen um die *Lichtstrahlen* und die *Arbeiterpolitik*, die hier nicht ausgewertet werden können, in: Horst Lademacher, *Die Zimmerwalder Bewegung. Protokolle und Korrespondenz*, The Hague/Paris 1967, 2 Bde.

34 Gerhard Engel, a.a.O., S. 267: »Für die Bremer Linken und Knief war die entschiedene Kampfstellung gegen den Zentrismus ein wesentlicher Impuls, sich auf der zweiten Zimmerwalder Konferenz [...] der Zimmerwalder Linken anzuschließen.«

35 S. bes. *Proletarier. Kommunistische Zeitschrift für revolutionären Klassenkampf*, Hrsg., KAPD, 2. Jg. (1926): Carl Schlicht, *Der Ursprung der KPD, Zur Geschichte der Arbeiterbewegung in Deutschland.*

36 Dazu und zur Geschichte der Bremer SPD in den Kriegsjahren vgl. Erhard Lucas, *Die Sozialdemokratie in Bremen während des Ersten Weltkrieges*, Bremen 1969.

37 Durch die Außenseiterrolle eines parteiunabhängigen Sozialisten bedingt, ist die politische Biographie Borchardts wenig erhellt. Einige interessante Angaben in einem Nachruf: Bruno Lieske, *Julian Borchardt zum Gedächtnis. Ein Nachruf und eine Betrachtung*, in: *Der Syndikalist, Organ der Freien Arbeiter-Union Deutschlands (Anarcho-Syndikalisten)*, 14. Jg. (1932), Nr. 11. Eine Summe seiner ökonomischen Schulungsarbeit der Vorkriegszeit in: Julian Borchardt, *Einführung in den wissenschaftlichen Sozialismus*, Berlin 1919.

38 *Lichtstrahlen*, 2. Jg. (1914), Nr. 2.

39 Vgl. besonders Julian Borchardt, *Vor und nach dem 4. August 1914. Hat die deutsche Sozialdemokratie abgedankt?*, Berlin 1915.

40 Zitiert in: Gerhard Engel, a.a.O., S. 252.

41 Gerhard Engel, a.a.O., S. 264.

42 *Lichtstrahlen*, 1. Jg. (1914), Nr. 11.

43 *Arbeiterpolitik*, 2. Jg. (1917), Nr. 10. Hervorhebung im Original.

44 S. dazu seine pessimistische Schrift: Julian Borchardt, *Revolutionshoffnungen*, Berlin 1917.

45 *Arbeiterpolitik*, 2. Jg. (1917), Nr. 31: *Abtrünnig.*

46 Zitiert in: Gerhard Engel, a.a.O., S. 191. Vgl. auch ebenda, S. 185 ff.

47 Vgl. Gerhard Engel, a.a.O., S. 335 f.

48 Gerhard Engel, a.a.O., S. 276.

49 Vgl. dazu die Nachweise in: Hans Manfred Bock, *Syndikalismus und Linkskommunismus*, a.a.O., S. 62 ff.

50 Zitat in: Gerhard Engel, a.a.O., S. 237.

51 *Arbeiterpolitik*, 2. Jg. (1917), Nr. 12.

52 *Arbeiterpolitik*, 2. Jg. (1917), Nr. 12.

53 Vgl. auch Gerhard Engel, a.a.O., S. 341 ff.

54 Vgl. Gerhard Engel, a.a.O., S. 176. Knief plante 1917 vor seinem Untertauchen in die Illegalität in München, zu Pannekoek überzusiedeln. Ein weiterer linkskommunistischer Wortführer der ersten Nachkriegsjahre, Karl Minster, gab zeitweilig in den Niederlanden in Zusammenarbeit mit den dortigen Linksradikalen eine Zeitschrift heraus.

55 Vgl. dazu W. van Ravesteyn, *Het wording van het communisme in Nederland*, Amsterdam 1948.

56 Zur internen Entwicklung und Diskussion der SDP vgl. neuerdings: Herman de Liagre Böhl, *Herman Gorter. Zijn politieke aktiviteiten von 1909 tot 1920 in de opkomende kommunistische beweging in nederland*, Nijmegen 1973, bes. S. 106 ff.

57 In Verbindung mit der SDP gab Pannekoek 1916 die deutschsprachige Zeitschrift *Vorbote* als Organ der Zimmerwalder Linken heraus.

58 Vgl. dazu Heinrich Laufenberg / Fritz Wolffheim / Carl Herz, *Organisation, Krieg und Kritik. Dokumente zu den Hamburger Parteidebatten*, Hamburg o. J. (1915).

59 Heinrich Laufenberg u. a., *Organisation, Krieg und Kritik*, a.a.O., S. 75.

60 Die IWW (»International Workers of the World«) war eine revolutionär syndikalistische Organisation in den USA, die insbesondere die Arbeitslosen organisierte und wegen ihrer spektakulären direkten Aktionen berüchtigt war. Als neuere Darstellung ihrer Geschichte s. Philip S. Foner, *The Industrial Workers of the World 1905-1917*, New York 1965.

61 Dazu und zum Folgenden s. Lothar Peter, *Das Verhältnis von Schriftstellern zum politischen Engagement am Beispiel der Zeitschrift »Die Aktion« 1918-1925*, Diss. phil. Marburg/Lahn 1971, S. 6 ff.

62 S. die Bemerkungen von Claire Jung in: *Expressionismus. Aufzeichnungen und Erinnerungen der Zeitgenossen*. Hrsg. Paul Raabe, Freiburg i. Br. 1965, S. 44 und 50.

63 *Die Aktion*, 1. Jg. (1911), Nr. 4.

64 S. dazu Lothar Peter, a.a.O., S. 17 ff. und S. 24 ff.

65 Vgl. seine gesammelten Vorkriegsglossen über die Sozialdemokratie in: Franz Pfemfert, *Die Sozialdemokratie bis zum August 1914*, Berlin 1918.

66 Lothar Peter, a.a.O., S. 35.

67 Vgl. Lothar Peter, a.a.O., S. 68 ff.

68 Vgl. zu den Stützpunkten der IKD im Reich erstmals genauere Daten und eine Übersicht in: Peter Kuckuk, *Bremer Linksradikale bzw. Kommunisten von der Militärrevolte im November 1918 bis zum Kapp-Putsch im März 1920. Ihre Politik in der Hansestadt und in den Richtungskämpfen innerhalb der KPD*, Diss. phil. Hamburg 1970, masch. Ms., S. 68 ff.

69 Vgl. dazu meine Analyse des Gründungs-Parteitages der KPD (*Syndikalismus und Linkskommunismus*, a.a.O., S. 87 ff.), die im wesentlichen bestätigt wird durch die Arbeit von Peter Kuckuk (*Bremer Linksradikale . . .*, a.a.O., S. 76 ff.).

70 *Der Gründungsparteitag der KPD. Protokoll und Materialien.* Hrsg. Hermann Weber, Frankfurt/Wien 1969, S. 135.

71 Vgl. Peter Kuckuk, a.a.O., S. 87 ff. und 89 ff.

72 Vgl. zu den beiden Reichskonferenzen Peter Kuckuk, a.a.O., S. 185 ff.

73 *Kommunistische Arbeiter-Zeitung*, Hamburg, 1. Jg. (1919) Nr. 153.

74 *Bericht vom 2. Parteitag der KPD(S) vom 20.-24. Oktober 1919*, o. O., o. J., S. 3-6. Abgedruckt in: H. M. Bock, *Syndikalismus und Linkskommunismus*, a.a.O., S. 360-363.

75 Zu Verlauf und Inhalt der Auseinandersetzungen auf dem Heidelberger Parteitage s. Peter Kuckuk, a.a.O., S. 280 ff., und Hans Manfred Bock, a.a.O., S. 139 ff.

76 Diese Arbeit der Bremer »Informationsstelle« wird erstmals umfassend beschrieben und interpretiert in der gesamten zweiten Hälfte der Studie von Peter Kuckuk; a.a.O., bes. S. 405 ff.

77 Vgl. Peter Kuckuk, a.a.O., S. 432 ff. Die exakte Darstellung der internen Konflikte und Diskussionen in den Berliner Organisationen der KPD zwischen Gründungs-Parteitag und 3. Parteitag ist noch zu leisten. S. Hinweise zu den Berliner Auseinandersetzungen bei: Olaf Ihlau, *Die Roten Kämpfer. Ein Beitrag zur Geschichte der Arbeiterbewegung in der Weimarer Republik und im Dritten Reich*, Meisenheim/Glan 1969.

78 Vgl. das Protokoll des Gründungs-Parteitags in: *Kommunistische Arbeiter- Zeitung*, Groß-Berlin, 1. Jg. (1920), Nr. 90.

79 *Illustrierte Geschichte der deutschen Revolution*, Berlin 1929, S. 265 (Reprint: Frankfurt 1968).

80 Zur Überprüfung dieser Thesen vgl. die Kurzbiographien in: Hans Manfred Bock, *Syndikalismus und Linkskommunismus*, a.a.O., Olaf Ihlau, a.a.O., und Lothar Peter, a.a.O.

81 Vgl. dazu neuerdings: Walter Fähnders, Martin Rector (Hrsg.), *Literatur im Klassenkampf. Zur proletarisch-revolutionären Literaturtheorie 1919 bis 1923. Eine Dokumentation*, München 1971, bes. den Einleitungs-Essay: *Theorie und Organisation einer proletarisch-revolutionären Literatur 1919- 1923.*

82 Vgl. seine Autobiographie: Franz Jung, *Der Torpedokäfer*, Neuwied und Berlin 1972.

83 Vgl. Heinrich Vogeler, *Erinnerungen*. Mit einem Vorwort von Erich Weinert, Berlin 1952.

84 Vgl. Ernst Friedrich, *Oskar Kanehl, Der proletarische Dichter. Sein Leben. Auszüge aus seinem Werk*, Berlin o. J. (ca. 1923).

85 Vgl. dazu Richard Lorenz (Hrsg.), *Proletarische Kulturrevolution in Sowjetrußland (1917-1921). Dokumente des »Proletkult«*, München 1969.

86 Franz Jung, *Reise in Rußland*, Berlin o. J., S. 23.

87 Heinrich Vogeler, *Proletkult. Kunst und Kultur in der kommunistischen Gesellschaft*, Hannover 1920, S. 4.

88 Oskar Kanehl, *Kunst und Künstler im Proletariat*, in: Ernst Friedrich, a.a.O., S. 45.

89 Vgl. dazu Hans Manfred Bock, *Syndikalismus und Linkskommunismus*, a.a.O., S. 323 ff.

90 *Erlebnisse und Schlußfolgerungen eines Revolutionärs*, in: *Proletarischer Zeitgeist*, 10. Jg. (1931), Nr. 9 ff. Alle folgenden Zitate in dem Referat der politischen Biographie verweisen auf diese Quelle.

91 Vgl. die Hölz-Memoiren: Max Hölz, *Vom »Weißen Kreuz« zur Roten Fahne. Jugend-, Kampf- und Zuchthaus-Erinnerungen*, Berlin 1929 (Reprint Frankfurt/M. 1969).

92 Vgl. zur Plättner-Bewegung weiter unten und das Kapitel über Plättner in: Hans Manfred Bock, *Syndikalismus und Linkskommunismus*, a.a.O., S. 328 ff.

93 Authentische Belege wie die oben referierte politische Biographie eines Rätekommunisten sind selten. Indirekte Belege sind beizubringen durch die belletristische Gestaltung der revolutionären Kämpfe der Jahre 1919 bis 1921 durch rätekommunistische Schriftsteller. Vgl. u. a.: Karl Schröder, *Die Geschichte Jan Beeks*, Berlin 1929; Franz Jung, *Die Rote Woche. Ein Proletarier-Roman*, Berlin 1921.

94 Peter Kuckuk, a.a.O., S. 322, bringt Hinweise auf die starke Fluktuation und die quantitative Instabilität der linkskommunistischen Bewegung zwischen dem 2. und dem 3. Parteitag der KPD, die in dieser Weise interpretierbar sind.

95 Vgl. Bernhard Reichenbach, *Zur Geschichte der Kommunistischen Arbeiter-Partei Deutschlands*, in: *Archiv für die Geschichte des Sozialismus und der Arbeiterbewegung*, 13. Jg. (1928).

96 *Programm der Kommunistischen Arbeiter-Partei Deutschlands*, Berlin 1920.

97 Dies und die folgenden Zitate nach dem Bericht über den Gründungs-Parteitag der KAPD in: *Kommunistische Arbeiterzeitung*, Groß-Berlin, 1. Jg. (1920), Nr. 90.

98 S. *Protokoll des 1. ordentlichen Parteitages der Kommunistischen Arbeiter-Partei Deutschlands vom 1. bis 4. August in Berlic*, o. O., o. J., masch. Ms., S. 1: »Als im April dieses Jahres aus allen Gauen Deutschlands die Delegierten zusammenkamen, war es nur eine Zusammenfassung der Opposition, die sich im Spartakusbund gebildet hatte, und so ist der heutige Parteitag der eigentliche Gründungsparteitag der Kommunistischen Arbeiter-Partei Deutschlands, der einheitliche und eindeutige Richtlinien aufzustellen haben wird. «Vgl. auch den Geschäftsbericht ebenda, S. 175 ff.

99 S. *Protokoll des 1. ordentlichen Parteitages der KAPD*, a.a.O., S. 7-100.

100 Als Überblick über sein theoretisches Lebenswerk, der im Rahmen dieser Darstellung nicht gegeben werden kann, siehe die kompetente Arbeit: Serge Bricianer, *Pannekoek et les conseils ouvriers*, Paris 1969.

101 *Arbeiterpolitik*, 3. Jg. (1918), Nr. 45.

102 Vgl. Gerhard Engel, a.a.O., S. 388 und S. 404.

103 So auch Gerhard Engel, a.a.O., S. 411 f.

104 *Kommunistische Arbeiter-Zeitung*, Hamburg, 1. Jg. (1919), Nr. 160.

105 Vgl. besonders Herman de Liagre-Böhl, a.a.O., S. 195 ff.

106 Vgl. dazu besonders Anton Pannekoek, *Weltrevolution und kommunistische Taktik*, Wien 1920, und Herman Gorter, *Offener Brief an den Genossen*

Lenin. Eine Antwort auf Lenins Broschüre: Der Radikalismus, eine Kinderkrankheit des Kommunismus, Berlin 1920.

107 Herman Gorter, *Offener Brief an den Genossen Lenin*, zitiert nach: A. Pannekoek, H. Gorter, *Organisation und Taktik der proletarischen Revolution*, a.a.O., S. 176.

108 Anton Pannekoek, *Weltrevolution und kommunistische Taktik*, a.a.O., S. 123.

109 Anton Pannekoek, *Weltrevolution und kommunistische Taktik*, a.a.O., S. 127 f.

110 *Programm der Kommunistischen Arbeiter-Partei Deutschlands*, Berlin 1920, zitiert nach: Bock, *Syndikalismus und Linkskommunismus*, a.a.O., S. 410.

111 Vgl. dazu Jörg Kammler, *Entstehung, Struktur und historischer Praxisbezug der politischen Theorie von Georg Lukács in ihrer Entwicklung bis 1929*, Diss. phil. Marburg/Lahn 1971, S. 227 ff., bes. S. 248.

112 Angeregt wurde diese Synthese von der Adler-Schülerin Alice Gerstel-Rühle, Rühles zweiter Frau. Vgl. Alice Gerstel-Rühle, *Der Weg zum Wir. Versuch einer Verbindung von Marxismus und Individualpsychologie*, Dresden 1927.

113 Vgl. als Beispiel für die Inkonsistenz dieser Diskussion besonders typisch: *Der Kurs der KAPD*, in: *Proletarier. Kommunistische Zeitschrift für revolutionären Klassenkampf*. KAPD, 1. Jg. (1924/25), Heft 2. Zum Verlauf der Diskussion siehe auch im theoretischen Organ der KAPD: *Proletarier, 3.* Jg. (1927), Nr. 3, 6, 7, 9, 10/11.

114 Henryk Grossmann, *Das Akkumulations- und Zusammenbruchsgesetz des kapitalistischen Systems*, Leipzig 1929 (Neudruck Frankfurt 1970). Diese Diskussion insbesondere zwischen Pannekoek und Paul Mattick ist neuerdings dokumentiert in: Korsch, Mattick, Pannekoek, *Zusammenbruchstheorie des Kapitalismus oder Revolutionäres Subjekt*, Berlin 1973.

115 *Der Kurs der KAPD* in: *Proletarier*, 1. Jg. (1924/25), Heft 2.

116 Karl Horner (Pseudonym Pannekoeks), *Prinzip und Taktik*, in: *Proletarier*, 3. Jg. (1927), Heft 7.

117 Siehe dazu besonders die ausführliche Darstellung und Diskussion in: Werner T. Angress, *Stillborn Revolution. The Communist bid for power in Germany 1921-1923*, Princeton/New Jersey 1963.

118 *Der Weg des Dr. Levi. Der Weg der VKPD*, Hrsg. KAPD, o. O., o. J., (Berlin 1921), S. 30. Hervorhebung im Original. Die Schrift wurde gemeinschaftlich von Herman Gorter und den Berliner KAPD-Führern verfaßt.

119 A.a.O., S. 27.

120 Siehe Einzelheiten hierzu und zum folgenden: H. M. Bock, a.a.O., S. 251 ff., und: Olaf Ihlau, *Die Roten Kämpfer. Ein Beitrag zur Geschichte der Arbeiterbewegung im der Weimarer Republik und im Dritten Reich*, Meisenheim/Glan 1969, S. 6 ff.

121 *Das Exekutivkomitee der 3. Internationale und die Kommunistische Arbeiter-Partei Deutschlands*, Hrsg. KAPD, Berlin o. J., S. 7.

122 S. Bericht über Moskau, in: *Die Aktion*, 10. Jg. (1920), Nr. 39/40.

123 Vgl. dazu: *Leitsätze über kommunistische Grundsätze und Taktik*, in: *Bericht über den 2. Parteitag der KPD(S) vom 20.-24. Oktober 1919*, o. O., o. J., S. 3 ff., mit: *Leitsätze über die Grundaufgaben der 3. Internationale*, in: *Der 2. Kongreß der Kommunistischen Internationale. Protokoll der Verhand-*

lungen vom 19. Juli in Petrograd und vom 23. Juli bis 7. August in Moskau, o. O. (Hamburg) 1921, S. 746-766.

124 S. *Proletarier*, 1. Jg. (1920), Nr. 3, und: *Kommunistische Arbeiter-Zeitung* (Groß Berlin), 1. Jg. (1920), Nr. 155.

125 Der Bericht über die zurückliegenden zweieinhalb Jahre Entwicklung des Kommunismus in Deutschland und über die Entstehung der KAPD, der Bernhard Reichenbachs Aufsatz über die Geschichte der KAPD (*Archiv für die Geschichte des Sozialismus und der Arbeiterbewegung*, 13. Jg., 1928) zugrunde liegt, wurde u. a. in englischer und französischer Übersetzung den Delegierten vorgelegt.

126 Heinrich Laufenberg, Fritz Wolffheim, *Revolutionärer Volkskrieg oder konterrevolutionärer Bürgerkrieg? Erste kommunistische Adresse an das deutsche Proletariat*, Hamburg 1919, S. 10.

127 Zur Stellung der Hamburger Linkskommunisten in der Geschichte des Nationalbolschewismus s. Otto Ernst Schüddekopf, *Linke Leute von rechts. Die nationalrevolutionären Minderheiten und der Kommunismus in der Weimarer Republik*, Stuttgart 1960, S. 107 ff. S. auch: Karl O. Paetel, *Versuchung oder Chance? Zur Geschichte des deutschen Nationalbolschewismus*, Göttingen 1965, S. 36 ff. Insbesondere Schüddekopf überschätzt die Bedeutung der nationalbolschewistischen Tendenz in der KAPD erheblich.

128 Heinrich Laufenberg, Fritz Wolffheim, *Kommunismus gegen Spartakismus. Eine reinliche Scheidung*, Hamburg 1920.

129 Vgl. dazu auch Arthur Goldstein, *Nation und Internationale, eine kritische Auseinandersetzung mit dem Hamburger Kommunismus*, Berlin 1920.

130 *Protokoll des 1. ordentlichen Parteitages der KAPD*, a.a.O., S. 95.

131 Vgl. dazu die Darstellung dieser rivalisierenden Konzeptionen in der frühen Unionsbewegung in: H. M. Bock, *Syndikalismus und Linkskommunismus*, a.a.O., S. 122 ff.

132 S. *Bericht von der Einheitskonferenz der AAUE*, in: *Die Aktion*, 11. Jg. (1921), Nr. 41/42.

133 Vgl. dazu die Entwicklung dieser Ideen in: Otto Rühle, *Revolution ist keine Parteisache!*, Berlin 1920; Otto Rühle, *Grundfragen der Organisation*, Frankfurt/M., o. J. (1921); Otto Rühle, *Von der bürgerlichen zur proletarischen Revolution*, Dresden, o. J. (1924).

134 Otto Rühle, *Grundfragen der Organisation*, zitiert nach: Bock, *Syndikalismus und Linkskommunismus*, a.a.O., S. 399.

135 S. z. B.: *Das Ergebnis der Reichskonferenz*, in: *Die Einheitsfront*, 2. Jg. (1922), Nr. 19.

136 Vgl. *Die Aktion*, 13. Jg. (1923), Nr. 15.

137 *Entschließung der Dresdner AAUE*, in: *Die Einheitsfront*, 2. Jg. (1922), Nr. 18.

138 *Die Aktion*, 13. Jg. (1923), Nr. 17.

139 Vgl. zum Ausschluß der Schröder-Gruppe auch: Olaf Ihlau, a.a.O., S. 24 ff.

140 Vgl. z. B. *Kommunistische Arbeiter-Zeitung* (Groß-Berlin), 1. Jg. (1920/21), Nr. 232: *Die Lehren des Parteitages*.

141 Vgl. zu dieser Kontroverse insbesondere die Artikelserie: *Die Union – was sie ist und was sie nicht ist*, in: *Der Kampfruf, Organ der Allgemeinen Arbeiter-Union (Revolutionäre Betriebsorganisationen)*, Berlin, 3. Jg. (1922), Nr. 4 bis 8.

142 S. *Proletarier*, 1. Jg. (1921), Nr. 8: *Die 3. Internationale und die Notwendigkeit der Schaffung einer Kommunistischen Arbeiter-Internationale.*

143 Zur Position der KAP-Mehrheit vgl. die spätere Schrift: *Die Kommunistische Arbeiter-Internationale. Räteinternationale oder Führerinternationale?*, Berlin, o. J. (1922).

144 *Protokoll der Zentralausschuß-Sitzung*, in: *Kommunistische Arbeiter-Zeitung* (Berliner Richtung), 3. Jg. (1922), Nr. 19-22.

145 *Statuten für die Kampforganisation der KAPD*, abgedruckt in: Hans Manfred Bock, *Syndikalismus und Linkskommunismus*, a.a.O., S. 419.

146 Zur ausführlichen Darstellung und Diskussion der Tätigkeit Plättners s. Hans Manfred Bock, *Syndikalismus und Linkskommunismus*, a.a.O., S. 328 ff.

147 Max Hölz wurde von den rätekommunistischen Organisationen als einer der ihren reklamiert; er war jedoch weniger stark an diese Organisationen gebunden als Plättner und entfaltete seine paramilitärische Aktivität in der vogtländischen »Roten Armee« des Jahres 1920 und in den mitteldeutschen Kämpfen des Jahres 1921 stärker in Verbindung mit spontanen aufständischen Massen; er trat während seiner Zuchthausstrafe der KPD bei und leistete nach seiner Amnestierung (1928) für sie Propaganda-Dienste; von den rätekommunistischen Organisationen wurde sein Beitritt zur KPD als Folge seiner geistigen und körperlichen Zermürbung im Zuchthaus interpretiert und bedauert. Zur Deutung Hölz' als Sozialrebellen in der Industriegesellschaft vgl. Hans Manfred Bock, *Syndikalismus und Linkskommunismus*, a.a.O., S. 308 ff.

148 Vgl. dazu: Karl Plättner, *Propaganda der Tat! Der organisierte rote Schrecken! Kommunistische Parade-Armee oder organisierter Bandenkampf im Bürgerkrieg*, o. O., o. J. (1921).

149 Daß der Plättnersche »Bandenkampf« keine isolierte Randerscheinung des Linksradikalismus der Weimarer Zeit war, wird deutlich an der Biographie des 1930 dreiunddreißigjährig im Zuchthaus verstorbenen Herbert Kobitsch-Meyer: Als junger Matrose im 1. Weltkrieg in Sibirien interniert, kam er in Kontakt mit russischen Revolutionären; 1918 als Marinesoldat in Kiel Mitglied des Spartakusbundes; 1921 Beteiligung an den mitteldeutschen Kämpfen und Sympathisant, dann aktives Mitglied der »Plättnerbewegung« im Ruhrgebiet und Betriebsobmann der AAU in Essen; seit 1924 in Hamburg, »wo er sich ausschließlich im Sinne der Plättnerbewegung« betätigte; 1925 aufgrund von »Expropriations-Aktionen« 15 Jahre Zuchthaus. S. *Fanal*, Hrsg. Erich Mühsam, 4. Jg. (1930), Nr. 5.

150 Vgl. *Richtlinien zur einheitlichen Fundamentierung des unionistischen Räteprinzips*, in: *Die Epoche, Kampforgan des Kommunistischen Rätebundes*, Leipzig, 2. Jg. (1924), Nr. 5.

151 S. *Die Aktion*, 14. Jg. (1924), Nr. 7.

152 S. auch die Charakterisierung der Linksradikalen der Vorkriegszeit (Pannekoek, Laufenberg), deren »Überlegungen [...] Raum für eine Aufnahme des Rätegedankens gegeben hätten«, bei Peter von Oertzen, a.a.O., S. 47 ff.

153 S. Herman Gorter, *Die Weltrevolution*, Amsterdam 1918. Karl Horner, (Pseudonym Pannekoeks), *Sozialdemokratie und Kommunismus*, Hamburg o. J. (1919).

154 Generell wurde die Möglichkeit einer Umformung der existierenden Arbeiter- und Soldatenräte zu Instrumenten der Revolution von den IKD skeptischer eingeschätzt als vom Spartakus-Bund; Knief wies schon Ende

November 1918 darauf hin, daß die Arbeiter- und Soldatenräte im Reiche von der USPD majorisiert wurden und daß sie als Produkte der spontanen Massenbewegung »verworren wie die Bewegung selbst« seien (*Arbeiterpolitik*, 3. Jg. [1918], Nr. 49). Die Dresdner IKD um Otto Rühle zogen aus der auch von Knief erhobenen Forderung nach »Klärung« in den Arbeiter- und Soldatenräten schon am 16. 11. 1918 den Schluß, man könne als Revolutionär nicht in den von Sozialdemokraten dominierten Räten arbeiten; sie traten aus dem lokalen Arbeiter- und Soldatenrat aus. Zur Tätigkeit Laufenbergs und Wolffheims im Hamburger Arbeiter- und Soldatenrat s. als Dokument: Heinrich Laufenberg, *Die Hamburger Revolution*, Hamburg o. J. (1919).

155 Vgl. besonders Peter von Oertzen, a.a.O., S. 65 f.

156 *Die Allgemeine Arbeiter-Union (Revolutionäre Betriebsorganisation)*, Hrsg. Wirtschaftsbezirk Groß-Berlin, Berlin 1921, S. 17.

157 Karl Roche, *Demokratie oder Proletarische Diktatur! Ein Weckruf der AAU Ortsgruppe Hamburg*, Hamburg o. J.

158 Otto Rühle, *Grundfragen der Organisation*, hier zitiert nach: *Die Aktion*, 11. Jg. (1921), Nr. 37/38 ff.

159 *Richtlinien für die Allgemeine Arbeiter-Union (Einheitsorganisation)*, in: *Die Aktion*, 11. Jg. (1921), Nr. 41/42. Die Übereinstimmung zwischen AAUE und AAU in dieser prinzipiellen Frage wird deutlich durch die wörtliche Entsprechung im Programm der AAU: »Es gibt im Kampf um die kommunistische, die klassenlose Gesellschaft keinerlei Kompromiß zwischen Ausbeutern und Ausgebeuteten, zwischen Kapital und Arbeit. Zu ihrer Durchführung gehört notwendig die ausschließliche Willensbestimmung des Proletariats über alle politischen und wirtschaftlichen Einrichtungen der Gesellschaft, vermöge der Räteorganisation.« *Die Allgemeine Arbeiter-Union (Revolutionäre Betriebsorganisation)*, a.a.O., S. 20.

160 Vgl. dazu Oskar Anweiler, *Die Rätebewegung in Rußland 1905-1921*, Leiden 1958, S. 157 f. und S. 277 ff.

161 Vgl. das Kapitel über die Entstehung der Unions-Bewegung in: Hans Manfred Bock, *Syndikalismus und Linkskommunismus*, a.a.O., S. 122 ff. und S. 132 ff.

162 Vgl. dazu die Charakterisierung des »reinen Rätesystems« bei Peter von Oertzen, *Betriebsräte . . .*, a.a.O., S. 89 ff. S. auch Eric Ertl, *Alle Macht den Räten?*, Frankfurt/Main 1969, S. 88 ff.

163 S. z. B. Richard Müller, *Das Rätesystem in Deutschland*, in: *Die Befreiung der Menschheit. Freiheitsideen in Vergangenheit und Gegenwart*, Berlin/Leipzig/Wien/Stuttgart 1921, S. 168 ff.

164 Ebenda, S. 174

165 S. Peter von Oertzen, a.a.O., S. 94 ff.

166 *An die Syndikalisten in der Partei!*, in: *Der Kämpfer. Kommunistische Partei Deutschlands (Spartakusbund)*, Bezirk Groß Berlin, 1. Jg. (1919), Nr. 20/21.

167 S. Peter von Oertzen, a.a.O., S. 103 ff.

168 S. dazu die Darstellung in Hans Manfred Bock, *Syndikalismus und Linkskommunismus*, a.a.O., S. 57 ff.

169 S. dazu als Beispiel die Organisations-Diskussion auf dem Gründungs-Parteitag der USPD: *Protokoll über die Verhandlungen des Gründungs-Parteitages der USPD vom 6.-8. April 1917 in Gotha*, Hrsg. Emil Eichhorn, Berlin 1921.

170 Noch in der Erklärung der IKD auf dem Gründungsparteitag der KPD wurde darauf abgehoben: »Von unten herauf wuchsen und entwickelten sich die Organisationen der IKD, von oben wurde die illegale Organisation des Spartakusbundes geleitet.« *Der Gründungsparteitag der KPD. Protokoll und Materialien.* Hrsg. Hermann Weber, Frankfurt/Main 1969, S. 171.

171 *Der Gründungsparteitag der KPD*, S. 239 ff.

172 A.a.O., S. 241.

173 A.a.O., S. 247.

174 A.a.O., S. 247.

175 S. dazu eingehend: Peter Kuckuk, a.a.O., Bd. 2, S. 148 ff.

176 *Der Gründungsparteitag der KPD*, a.a.O., S. 256.

177 So in einem Hamburger Aufruf zur Sammlung der linken Opposition in der KPD in: *Kommunistische Arbeiter-Zeitung* (Hamburg), 1. Jg. (1919), Nr. 151.

178 Vgl. dazu Hans Manfred Bock, *Syndikalismus und Linkskommunismus,* a.a.O., S. 191 ff.

179 *Kommunistische Arbeiter-Zeitung* (Groß-Berlin), 1. Jg. (1920), Nr. 90: *Bericht über den Gründungs-Parteitag der KAPD.*

180 S. besonders: *Der neue Blanquismus,* in: *Der Kommunist* (Bremen), 3. Jg. (1920), Nr. 27: abgedruckt in: A. Pannekoek, H. Gorter, *Organisation und Taktik der proletarischen Revolution,* a.a.O., S. 118 ff.

181 Anton Pannekoek, *Der neue Blanquismus,* zitiert nach: Pannekoek/Gorter, *Organisation und Taktik,* a.a.O., S. 118.

182 *Kommunistische Arbeiter-Zeitung* (Hamburg), 1. Jg. (1919), Nr. 151. Hervorhebung im Original.

183 Der Hymniker des Rätekommunismus, Oskar Kanehl, brachte die prinzipielle und stark affektive Organisationskritik am Parteikommunismus in folgende Form:
»Antreten zum Kommunismus der KPD!
Stillgestanden, richt't Euch.
Feldwebel Radek vor der Front.
Die kleinen Chargen dienstbeflissen.
Wer nicht pariert, wird rausgeschmissen.
Parteibefehl, Kommißbetrieb, Strafeintrag in dein Mitgliedsbuch.
Wat Freiheit? Gleichheit? Nich vorhanden.
Hier wird zunächst mal stramm gestanden . . .
O welche Lust, Soldat zu sein. Gehorchen ist sein schönstes Los.
Nischt geht freiwillig, nischt gebeten.
Ein Kommunist hat anzutreten.«
Gedicht-Auszug aus: *Die Einheitsfront, Organ der AAUE,* 4. Jg. (1924), Nr. 7.

184 Karl Schröder, *Vom Werden der neuen Gesellschaft,* zitiert nach: Fritz Kool (Hrsg.), *Die Linke gegen die Parteiherrschaft,* a.a.O., S. 343.

185 Otto Rühle, *Von der bürgerlichen zur proletarischen Revolution,* a.a.O., S. 31.

186 Otto Rühle, *Von der bürgerlichen zur proletarischen Revolution,* a.a.O., S. 33. Hervorhebung im Original.

187 Vgl. dazu bes. seine Schrift vom Mai 1920: Otto Rühle, *Revolution ist keine Parteiensache,* a.a.O.

188 S. z. B. Karl Schröder, *Vom Werden der neuen Gesellschaft,* a.a.O., S. 352 f. Vgl. auch: *Programm der KAPD,* in: Hans Manfred Bock, *Syndika-*

lismus und Linkskommunismus, a.a.O., S. 414.

189 S. dazu die Beiträge aus der in Holland erscheinenden *Rätekorrespondenz,* die neu gedruckt sind in: A. Pannekoek, W. Huhn, C. Canne Meier, P. Mattick, *Partei und Revolution,* Berlin o. J. (ca. 1972), S. 7 ff.

190 S. dazu Gorters überwiegend im Sinne der Schröderschen Thesen verfaßte Schrift: Hermann Gorter, *Die Klassenkampf-Organisation des Proletariats,* Berlin 1921, abgedruckt in: A. Pannekoek, H. Gorter, *Organisation und Taktik der proletarischen Revolution,* a.a.O., dort S. 235 ff.

191 A. Pannekoek, W. Huhn u. a., *Partei und Revolution,* a.a.O., S. 73.

192 Karl Schröder, *Vom Werden der neuen Gesellschaft,* in: *Die Linke gegen die Parteiherrschaft,* a.a.O., S. 342.

193 *Die Allgemeine Arbeiter-Union (Revolutionäre Betriebsorganisation)* 1921, hier zitiert nach: *Syndikalismus und Linkskommunismus,* a.a.O., S. 390.

194 A.a.O., S. 391.

195 Vgl. auch zur Frage der notwendigen Zentralisierung Hermann Gorter, *Die Klassenkampf-Organisation des Proletariats,* Berlin 1921, in: A. Pannekoek, H. Gorter, *Organisation und Taktik der proletarischen Revolution,* a.a.O., S. 244 f. Bereits der erste von den Berlinern vorgelegte Entwurf eines Organisationsstatuts für die KAP war gekennzeichnet durch straffen Zentralismus. S. *Kommunistische Arbeiter-Zeitung* (Groß-Berlin), 1. Jg. (1920), Nr. 90. Als Erklärungsmöglichkeit bietet sich hier die Herkunft der KAP-Gründer aus der Tradition des Spartakus-Bundes an, in der die Organisations-Problematik weniger im Mittelpunkt stand als bei den ISD/IKD.

196 Otto Rühle, *Grundfragen der Organisation,* zitiert nach: *Syndikalismus und Linkskommunismus,* a.a.O., S. 399.

197 A.a.O., S. 392.

198 Otto Rühle, *Von der bürgerlichen zur proletarischen Revolution,* a.a.O., S. 35. Hervorhebungen im Original.

199 Ketty Guttmann, *Los von Moskau!* Hamburg 1924, S. 5.

200 *Die Revolution,* 3. Jg. (1923), Nr. 22: *Los von den Organisationen.*

201 Vgl. Peter Kuckuk, *Bremer Linksradikale, bzw. Kommunisten,* a.a.O., S. 87 ff.

202 Vgl. die an Paul Langes Referat anschließende Diskussion in: *Der Gründungsparteitag der KPD,* a.a.O., S. 149 ff.

203 S. zu den Motiven und zum Umfang der Austrittsbewegung: Peter von Oertzen, *Die großen Streiks der Ruhr-Bergarbeiterschaft im Frühjahr 1919,* in: *Vierteljahreshefte für Zeitgeschichte,* 6. Jg. (1956), S. 231 ff.

204 Vgl. Rudolf Rettig, *Die Gewerkschaftspolitik der KPD von 1918 bis 1925, unter besonderer Berücksichtigung der Auseinandersetzungen mit den Freien Arbeitergewerkschaften,* Diss. phil. Hamburg, 1954, Masch. Ms.

205 S. als Beispiel: Paul Lange, *Die Politik der Gewerkschaftsführer von 1914 bis 1919,* Berlin 1919.

206 Anton Pannekoek, *Weltrevolution und kommunistische Taktik,* zitiert nach: A. Pannekoek, H. Gorter, *Organisation und Taktik der proletarischen Revolution,* a.a.O., S. 140.

207 Otto Rühle, *Von der bürgerlichen zur proletarischen Revolution,* a.a.O., S. 39.

208 Anton Pannekoek, *Weltrevolution und kommunistische Taktik,* in: A. Pannekoek, H. Gorter, *Organisation und Taktik,* a.a.O., S. 140. Diese Formulierungen wurden wörtlich von Gorter (a.a.O., S. 180 f.) und in das

Programm der Allgemeinen Arbeiter-Union von 1921 (vgl. Hans Manfred Bock, *Syndikalismus und Linkskommunismus*, S. 385) übernommen.

209 Otto Rühle, *Von der bürgerlichen zur proletarischen Revolution*, a.a.O., S. 41.

210 A.a.O., S. 42.

211 *Die Allgemeine Arbeiter-Union (Revolutionäre Betriebsorganisation)*, Hrsg. Wirtschaftsbezirk Berlin-Brandenburg, Berlin 1923, S. 14.

212 Peter Kuckuk, *Bremer Linksradikale bzw. Kommunisten . . .*, a.a.O., S. 51 ff.

213 A.a.O., S. 52.

214 *Der Gründungsparteitag der KPD*, a.a.O., S. 88 ff. u. 99 ff.

215 A.a.O., S. 97.

216 *Kommunistische Arbeiterzeitung* (Hamburg), 1. Jg. (1919), Nr. 100: *Parlamentarismus und Klassenkampf.*

217 Otto Rühle, *Von der bürgerlichen zur proletarischen Revolution*, a.a.O., S. 31.

218 Anton Pannekoek, *Weltrevolution und kommunistische Taktik*, zitiert nach: A. Pannekoek, H. Gorter, *Organisation und Taktik*, a.a.O., S. 137. Diese Formulierungen wurden von Gorter u. a. immer wieder als Zitat angeführt. S. H. Gorter, *Offener Brief*, a.a.O., S. 194.

219 A.a.O., Diese Themen werden aufgegriffen in der gesamten Agitations-Literatur der KAP/AAU und auch der AAUE. Vgl. als B. die Agitationsschrift: *Nieder mit dem bürgerlichen Parlament! Alle Macht den Räten*, Berlin 1924.

220 Anton Pannekoek, *Weltrevolution und kommunistische Taktik*, a.a.O., S. 138. Die Unmöglichkeit, das Parlament als Agitations-Plattform zu nutzen, hatte auch schon Otto Rühle auf dem Gründungs-Parteitag der KPD vertreten. Nach seiner Beobachtung war es aufgrund der Berichterstattung in der bürgerlichen Presse gar nicht möglich, von der Parlamentstribüne agitatorisch zu den Massen durchzudringen. Man habe mit »der Straße« die großartigste Tribüne errungen: »Wir vergleichen sie gar nicht mit dieser lächerlichen, armseligen Parlamentstribüne, die wir in der Nationalversammlung haben, wo es vielleicht einem von unseren Rednern gelingt zu sprechen. In der Zeitung werden zwei bis drei Zeilen von seiner Rede stehen, das einzige Blatt, das die Rede wiedergibt, wird die ›Rote Fahne‹ sein.« *Der Gründungsparteitag der KPD*, a.a.O., S. 98.

221 Vgl. dazu unten den Abschnitt über die Reintegrationsversuche der rätekommunistischen Splittergruppen.

222 Flugblatt in: *Archiv für Rätebewegung des Internationalen Instituts für Sozialgeschichte* (Amsterdam), Nr. 232/7. Vgl. auch die Agitations-Broschüre der KAP/AAU: *Wählen oder nicht wählen? Nieder mit dem bürgerlichen Parlament!*, Berlin o. J. (ca. 1925), neu gedruckt Marburg 1969.

223 Paul Hemberg, Nachtrag zu: Hans Bötcher, *Zur revolutionären Gewerkschaftsbewegung in Amerika, Deutschland und England. Eine vergleichende Betrachtung*, Jena 1922, S. 223.

224 *Syndikalist. Organ der Freien Arbeiter-Union Deutschlands (Syndikalisten)*, 5. Jg. (1923), Nr. 1.

225 Vgl. *Nach der 3. Reichskonferenz der AAUE*, in: *Die Einheitsfront*, 4. Jg. (1924), Nr. 17, Beilage.

226 *Proletarischer Zeitgeist*, 3. Jg. (1924), Nr. 25: *Lehren aus der Reichs-*

227 *Proletarischer Zeitgeist*, 3. Jg. (1924), Nr. 36: *Massenorganisation oder Sekte.*

228 *Proletarischer Zeitgeist*, 3. Jg. (1924), Nr. 26.

229 Z. B. *Proletarischer Zeitgeist*, 3. Jg. (1924), Nr. 31: *August Reinsdorf vor Gericht.* August Reinsdorf (1849-1885) wurde wegen eines mißlungenen Sprengstoffattentats auf das Niederwald-Denkmal und den deutschen Kaiser zum Tode verurteilt und hingerichtet. Vgl. Johann Most, *August Reinsdorf und die Propaganda der That*, New York 1885.

230 S. z. B. *Proletarischer Zeitgeist*, 5. Jg. (1926) und 10. Jg. (1931), Nr. 31: *Sozialdemokratismus auch bei den Syndikalisten!*

231 *Proletarischer Zeitgeist*, 4. Jg. (1925), Nr. 22 ff., 8. Jg. (1929), Nr. 36, 9. Jg. (1930), Nr. 24 und öfter.

232 Vgl. *Proletarischer Zeitgeist*, 4. Jg. (1925), Nr. 47. Auch die Heidenauer versuchten, sich noch einmal Gehör zu verschaffen in den Kreisen der anarchoiden Rätekommunisten mit der Neu-Herausgabe von: *Die Revolution, Kampforgan für den herrschaftslosen Sozialismus*, 1. Jg. (1926).

233 Als B. *Proletarischer Zeitgeist*, 7. Jg. (1928), Nr. 46 *Einzelne Fragen für die antiautoritäre Arbeiterbewegung.*

234 S. *Proletarischer Zeitgeist*, 10. Jg. (1931), Nr. 5: *Antiautoritäre Marxisten?*

235 In einem Veteranen-Bericht charakterisiert Otto Reimers (Hamburg) die Bewegung: »Dieser ›Proletarische Zeitgeist‹ (P.-Z.-Bewegung) ward bald das Mißverstandenste und dennoch die Bekannteste. Hier entwickelten sich nicht nur die Grundzüge der antiautoritären Bewegung, sondern es zeigten sich darüber hinaus Ansätze zur Klärung im anarchistischen Sinne.« *Neues Beginnen*, o. J., Nr. 10 (März/April 1971).

236 Auf dem – vermutlich einzigen – Reichstreffen der P.Z.-Bewegung im Jahre 1930 waren Vertreter aus 24 Ortsgruppen aus allen Teilen des Reiches anwesend. S. *Proletarischer Zeitgeist*, 9. Jg. (1930), Nr. 19.

237 *Proletarischer Zeitgeist*, 12. Jg. (1933), Nr. 10.

238 Vgl. Ketty Guttmann, *Los von Moskau*. Hrsg. AAUE Hamburg, Hamburg o. J. (1924). Von der AAUE-Mehrheit, die sich in der *Einheitsfront* zum Ausdruck brachte, wurde diese Kampagne anfangs durchaus unterstützt, bald schon aber wurde Kritik geübt an den organisationsverneinenden Konsequenzen Ketty Guttmanns. S. *Die Einheitsfront*, 4. Jg., (1924), Nr. 32: *Los von Moskau* und in Nr. 35 die Rezension der Guttmann-Broschüre.

239 *Die Einheitsfront*, 5. Jg. (1925), Nr. 48: *Bericht von der Reichskonferenz der AAUE.*

240 S. *Die Einheitsfront*, 5. Jg. (1925), Nr. 51: *Proletarischer Zeitgeist.*

241 *Die Einheitsfront*, 5. Jg. (1925), Nr. 48.

242 Zusammengefaßt in: Otto Rühle, *Der autoritäre Mensch und die Revolution*, in: *Die Einheitsfront*, 5. Jg. (1925), Nr. 43 und *Die Aktion*, 15. Jg. (1925), S. 559 ff., neu gedruckt in: Otto Rühle, *Zur Psychologie des proletarischen Kindes*. Hrsg. Lutz von Werder und Reinhart Wolff, Frankfurt/Main 1970, S. 138 ff. Im folgenden zitiert nach dieser Ausgabe.

243 Otto Rühle, *Der antiautoritäre Mensch und die Revolution*, in: Otto Rühle, *Zur Psychologie des proletarischen Kindes*, a.a.O., S. 139.

244 A.a.O., S. 143.

245 A.a.O., S. 143.

246 Vgl. als ausführlicheres Referat und zur Genese dieser Thesen: Friedrich Georg Herrmann, *Otto Rühle als politischer Theoretiker*, in: *Internationale Wissenschaftliche Korrespondenz zur Geschichte der deutschen Arbeiterbewegung*, Heft 17, (Dez. 1972), S. 55 ff.

247 Die Entwicklung des Intellektuellen-Kreises um die *Aktion* in der rätekommunistischen Bewegung stellt dar: Lothar Peter, a.a.O., S. 264 ff.

248 S. die Dokumentation dieser Diskussion in: Otto Rühle, *Zur Psychologie des proletarischen Kindes*, a.a.O., S. 144 ff., mit Beiträgen von Pfemfert, Broh und Kanehl aus der *Aktion* und der *Einheitsfront*. S. zusätzlich: Franz Pfemfert, *Der Fall Rühle*, und: James Broh, *Rühles Adlerfedern*, in: *Die Aktion*, 15. Jg. (1925), S. 606 ff. und 617 ff. Die Kritik der KAP/AAU Berliner Richtung an Rühle war mit dieser Argumentation weitgehend identisch. Vgl. *Kommunistische Arbeiter-Zeitung*, (Berlin), 6. Jg. (1925), Nr. 100: *Rühles Flucht in die Erziehung.*

249 So gab er u. a. zusammen mit Alice Gerstel-Rühle von 1924-1926 die Zeitschriften *Am anderen Ufer. Blätter für sozialistische Erziehung* und 1926-1927 *Das proletarische Kind. Monatsblätter für proletarische Erziehung* heraus.

250 Mit Recht ist die irrtümliche Angabe, Rühle sei in die SPD zurückgekehrt (H. M. Bock, *Syndikalismus und Linkskommunismus*, a.a.O., S. 222 und 440) moniert worden. Sie wurde (zu einem Zeitpunkt, als keine einzige neuere Arbeit über Rühle vorlag) aus der DDR-Literatur übernommen.

251 Vgl. als kritisches Referat der späteren Arbeiten Rühles: Friedrich Georg Herrmann, *Otto Rühle als politischer Theoretiker*, 2. Teil, in: *IWK*, Heft 18, S. 23 ff.

252 *Die Einheitsfront*, 6. Jg. (1926), Nr. 7: *Die Fahne der Einigung vorläufig niedergeholt!*

253 Zur Entstehung dieser Annäherung vgl. besonders: *Vom Werden des »Spartakusbundes linkskommunistischer Organisationen«*, in: *Die Einheitsfront*, 6. Jg. (1926), Nr. 25 u. 26.

254 Zur innerparteilichen Situation in der KPD und zur Auswirkung des EKKI-Briefes s. Hermann Weber, *Die Wandlung des deutschen Kommunismus. Die Stalinisierung der KPD in der Weimarer Republik*, Frankfurt/Main, 1969, Bd. 1, S. 120 ff.

255 S. z. B. *Die Einheitsfront*, 6. Jg. (1926), Nr. 15: *Gerichtstag über Ultralinks.*

256 *Die Einheitsfront*, 6. Jg. (1926), Nr. 25.

257 *Der Kampfruf* (Berliner Richtung), 7. Jg. (1926), Nr. 7: *Brandler-Kurs der AAUE?* Angespielt wird auf die mit Brandlers Namen verbundene Einheitsfront-Taktik der KPD.

258 Dazu *Die Einheitsfront*, 6. Jg. (1926), Nr. 25: »Die verschiedenen Aussprachen hatten alle das gleiche Thema: Moskaus Staatspolitik sei heute offen konterrevolutionär, die KPD dränge in ihrer Taktik (auf Moskaus Kommando) auf eine Verschmelzung mit der SPD hin; es sei für revolutionäre Arbeiter unerträglich, weiterhin in dieser Partei zu bleiben.«

259 Zu den verschiedenen Gruppen in der »ultralinken« Opposition s. Hermann Weber, a.a.O., Bd. 1, S. 137 ff.; Siegfried Bahne, *Zwischen »Luxemburgismus« und »Stalinismus«. Die »ultralinke« Opposition in der KPD*, in: *Vierteljahreshefte für Zeitgeschichte*, 11. Jg. (1961), S. 359 ff.

260 S. Hermann Weber, a.a.O., Bd. 2, S. 177 ff.

261 Nach Siegfried Bahne (a.a.O., S. 566) wurde das *Mitteilungsblatt* der Katz-Gruppe im März 1926 mit einer Auflage von 1500, im April 1926 mit 3000 Exemplaren verbreitet. Aller Wahrscheinlichkeit nach war damit die Katz-Gruppe quantitativ bedeutender als die an der Kartellbildung beteiligte AAUE.

262 *Spartakus. Organ des Spartakusbundes (Politisch-wirtschaftliche Einheitsorganisation)*, 1. Jg. (1926), Nr. 1: *Richtlinien des Spartakusbundes.* Die *Einheitsfront* war auf der Verschmelzungskonferenz mit dem *Mitteilungsblatt* der Katz-Gruppe zusammengelegt worden und erschien unter dem neuen Zeitungskopf *Spartakus.*

263 Im Bericht von der Gründungskonferenz hieß es dazu: »In seinem Referat zur wirtschaftlichen und politischen Weltsituation hat Genosse Katz eingehend gezeigt, daß die Krise, in der sich der Weltkapitalismus befindet, die Todeskrise des auf Profitwirtschaft aufgebauten Wirtschaftssystems ist. Genosse Katz hat all die Redensarten von ›Stabilisierung‹ und ›teilweiser Stabilisierung‹ als leeres Geflunker enthüllt.« *Spartakus*, 1. Jg. (1926), Nr. 1.

264 Vgl. Siegfried Bahne, a.a.O., S. 370. S. auch den Hinweis in: Hermann Weber, a.a.O., Bd. 2, S. 179.

265 In einem *Offenen Brief aus dem Zuchthaus an die KAPD, die AAUE und an deren Nachfolger und Erben (Proletarischer Zeitgeist)* charakterisiert ein anonymer Rätekommunist die Stellung der »Gruppe Pfemfert« in der Bewegung: »Ihr wart schon immer eine Gruppe für Euch. Eben die Gruppe Pfemfert oder Lesergemeinde der *Aktion.*« Den Grund für diese Sonderstellung läßt er an anderer Stelle erkennen: »Ihr seid mir – wie jedem Proletarier – als Reingeistige in der reinen Dialektik überlegen. Das gestehe ich ohne Neid zu. – Doch *nur hier.*« Die feste *Aktion* – Mitarbeitergruppe um Pfemfert, den Rühle in dieser Zeit als den »Sinowjew der AAUE« bezeichnete, schrumpfte unter anderem 1927 durch den Rückzug des Schriftstellers Max Hermann Neißes (1886-1941) von der politischen Aktivität.

266 Zu Kanehls politisch-literarischer Entwicklung vgl. auch: Lothar Peter, a.a.O., S. 178 ff.

267 »Aus proletarischem Anstand haben wir dem verbannten Führer der russischen Oktoberrevolution Trotzki Gastfreundschaft in unserer Zeitung gewährt.« *Spartakus*, 6. Jg. (1931), Nr. 1. Vgl. auch die im *Aktions*-Verlag erschienene, von Pfemferts Frau übersetzte Broschüre: Leo Trotzki, *Die permanente Revolution.* Autorisierte Übersetzung von Alexandra Ramm, Berlin 1930.

268 S. bes. *Spartakus*, 6. Jg. (1931), Nr. 1: *Die vereinigten Linken (Bolschewiki-Leninisten), ihr Wortführer Trotzki und der Spartakusbund.*

269 Sie gaben ab Juni 1932 ein eigenes Blatt heraus: *Die Weltrevolution. Flugschrift des Spartakusbundes (Politisch-wirtschaftliche Einheitsorganisation)*, 1. Jg. (1932).

270 Die letzte nachweisbare Nummer des *Spartakus* erschien im November, die letzte Ausgabe der *Aktion* im August 1932.

271 *Die Proletarische Revolution. Ohne Bevormundung durch Solidarität zur Freiheit*, Hrsg. von der AAUE Ortsgruppe Frankfurt/Main, 1. Jg. (1926) ff.

272 Dr. Alice Gerstel-Rühle führte 1927 und 1928 in Zusammenarbeit mit dieser Richtung der AAUE in Dresden Tagungen der »marxistischen Individualpsychologen« durch. Vgl. *Die Proletarische Revolution* 2. Jg. (1927), Nr.

273 »Die Genossen der AAUE, vor allem jene Gruppe um Rühle und Heynemann, sahen eine wirkliche, feste, unumstößliche Stabilisierung von 200 Jahren als das gegebene, was natürlich ganz naturnotwendig eine ganz andere taktische, ja sogar prinzipielle Einstellung der Organisation bedingt, als jene Auffassung von Genossen, die günstigenfalls nur eine kurzfristige Scheinstabilisierung zugestehen wollen.« *Spartakus*, 4. Jg. (1929), Nr. 5.

274 S. zu diesen Differenzen bes. *Spartakus*, 4. Jg. (1929), Nr. 5: *Offener Brief der Bau-BO des Spartakusbundes an die AAUE.*

275 S. *Die Proletarische Revolution*, 5. Jg. (1930), Nr. 3, 6. Jg. (1931), Nr. 22 und öfter.

276 Vgl. etwa *Die Proletarische Revolution*, 2. Jg. (1927), Nr. 18: *Individualpsychologie und Klassenkampf.*

277 So auf der ersten selbständigen Reichskonferenz der AAUE (Frankfurt-Breslauer Richtung); s. *Die Proletarische Revolution*, 2. Jg. (1927), Nr. 5.

278 Vgl. dazu die Biographien in: Olaf Ihlau, a.a.O., S. 170 u. 180 ff.

279 Nach Olaf Ihlau (a.a.O., S. 36) wurden in die Vortrags-Tätigkeit dieser Vereinigung auch Laufenberg, Rühle, Franz Jung und Pfemfert einbezogen.

280 So benannt nach der ab Ende 1930 zuerst in Köln, dann in Dresden und Berlin erscheinenden Zeitschrift *Der Rote Kämpfer*, deren höchste Auflage sich auf 4000 Exemplare belief. S. dazu die Dokumentation: *Die Roten Kämpfer. Zur Geschichte einer linken Widerstandsgruppe. In: Vierteljahreshefte für Zeitgeschichte*, 7. Jg. (1959), S. 438 ff.

281 Vgl. Olaf Ihlau, a.a.O., S. 85 ff. und: *Die Roten Kämpfer*, a.a.O., allerorts.

282 *Zur Stellung der Kommunistischen Arbeiter-Union*, in: *RK-Korrespondenz*, 1. Jg. (1933), zitiert in: Olaf Ihlau, a.a.O., S. 110.

283 Zitiert nach: Olaf Ihlau, a.a.O., S. 111.

284 Vgl. *Kommunistische Arbeiter-Zeitung* (Berlin), 3. Jg. (1922), Nr. 40: *Fünfter Parteitag in Essen.* Zusammenfassend zur Frage einer 4. Internationale aus der Sicht der Berliner Richtung: *Die Kommunistische Arbeiter-Internationale. Räteinternationale oder Führerinternationale?*, Berlin o. J. (1922).

285 Auszugsweise abgedruckt in: Hans Manfred Bock, *Syndikalismus und Linkskommunismus*, a.a.O., S. 423 ff.

286 Zur Entstehung und Bedeutung der niederländischen und der bulgarischen KAP s. Hans Manfred Bock, *Syndikalismus und Linkskommunismus*, a.a.O., S. 344 ff. S. auch ergänzend zur niederländischen KAP die Einleitung Frits Kools zu: *Die Linke gegen die Parteiherrschaft*, a.a.O., bes. S. 143 ff.

287 *Kommunistische Arbeiter-Zeitung* (Berlin), 7. Jg. (1926), Nr. 31.

288 Rundschreiben an die Mitglieder der KAPD, in: *Kommunistische Arbeiter-Zeitung* (Essen), 1. Jg. (1922), Nr. 1.

289 Vgl. z. B. *Der Kampfruf*, (Essen), 2. Jg. (1923), Nr. 14 ff.: *Die Richtigkeit der Essener Richtung in der Frage des Mittuns in wirtschaftlichen Kämpfen.*

290 Seit 1926 wurden öfter Übertritte von Ortsgruppen aus der Essener in die Berliner Richtung angezeigt. S. z. B. *Kommunistische Arbeiter-Zeitung* (Berlin), 7. Jg. (1926), Nr. 48: *Die Liquidierung der Essener Richtung.*

291 Die letzte auffindbare Ausgabe des Essener *Kampfruf* erschien im April 1926, die wahrscheinlich letzte Nummer der *Kommunistischen Arbeiter-Zeitung* Essener Richtung erschien 1929.

292 In der Presse der Berliner Richtung wurde als Mitgliederbestand Mitte 1922 angegeben: Essener KAP 400-450, AAU Essener Richtung 600 Mitglieder, KAP Berliner Richtung 1000 Mann in Berlin, 1000 im Reiche, AAU Berliner Richtung 12 000. S. *Kommunistische Arbeiter-Zeitung* (Berlin), 3. Jg. (1922), Nr. 84.

293 *Der Kampfruf*, 7. Jg. (1926) Nr. 12: *Brandler-Kurs der AAUE*.

294 Vgl. die Biographien in: Hermann Weber, a.a.O., Bd. 2, S. 192 f., S. 299 f. u. S. 275 f.

295 Vgl. zur Entwicklung der »Entschiedenen Linken« Hermann Weber, a.a.O., Bd. 1, S. 149 ff. und: Siegfried Bahne, a.a.O., S. 379 ff. S. auch den gut informierten Artikel über die linksradikalen Gruppen in Deutschland in: *The Commune. Journal of Anti-Parlamentary Communism*, Glasgow, 2. Jg. (1927) Nr. 6: *Anti-Parliamentarism Abroad*.

296 Vgl. *Kommunistische Arbeiter-Zeitung* (Berlin), 8. Jg. (1927), Nr. 23: *Der Herr Professor*, Nr. 40: *Der politische Bankerott der Korsch-Gruppe*, Nr. 61: *Korsch als »Marxist«*, 9. Jg. (1929), Nr. 1: *Korschismus*, Nr. 12: *Korsch als parlamentarischer Kretin* usw. Ursache dieser rätekommunistischen Kritik an Korsch war im wesentlichen dessen Weigerung, die prinzipielle Ablehnung der Partei, des Parlamentarismus und der Gewerkschaftsarbeit der KAP nachzuvollziehen. Korsch hielt diese Ablehnung für undialektisch, die KAP/AAU hielt seine Position für unentschlossen. Ansätze einer theoretischen Argumentation von Seiten der KAP/AAU sind nicht nachweisbar.

297 *Kommunistische Arbeiter-Zeitung* (Berlin), 8. Jg. (1927) Nr. 9.

298 *Kommunistische Arbeiter-Zeitung* (Berlin), 8. Jg. (1927) Nr. 2: *Offener Brief an das ZK der KPD*. In den nachfolgenden Wochen und Monaten stand die Presse der KAP/AAU der Berliner Richtung ganz im Dienste dieser Kritik an der russischen Staats-Politik und am Sowjet-Kommunismus. Vgl. auch die Broschüre: *Offener Brief der KAPD über die »Sowjetgranaten« an das Zentralkomitee der KPD. Von der Revolution zur Konterrevolution. Rußland bewaffnet die Reichswehr*, Berlin o. J. (1927).

299 Vermutlich ab November 1927 erschien *Kommunistischer Arbeiter. Organ der Kommunistischen Arbeiter-Partei Deutschlands-Opposition* in Berlin; seit Ende 1927 *Klassenfront. Organ der Allgemeinen Arbeiter-Union Deutschlands-Opposition*.

300 Vgl. z. B. *Kommunistischer Arbeiter*, 1. Jg. (1927) (ohne Numerierung): *Antiparlamentarismus oder antiparlamentarischer Opportunismus*.

301 Beide zogen sich für den Rest ihres Lebens fast gänzlich von der politischen Aktivität zurück. Vgl. die Biographien in Hermann Weber, a.a.O., Bd. 2.

302 *Der Kampfruf* (Berlin), 9. Jg. (1928), Nr. 51/52.

303 *Kommunistische Arbeiter-Zeitung* (Berlin), 10. Jg. (1929), Nr. 5.

304 U. a. wurde Scharrer zum Vorwurf gemacht, er habe einen Roman in einem Verlagshaus der KPD veröffentlicht; es handelte sich dabei offenbar um sein bekanntestes Werk, den Roman *Vaterlandslose Gesellen* (1929). Zum literarischen Werk Scharrers s. neuerdings: Hans Harald Müller, *Vom »Proletarier« zur »Roten Fahne«. Untersuchungen zur politischen Biographie und zum autobiographischen Roman »Vaterlandslose Gesellen« von Adam Scharrer*, in; *IWK*, 11. Jg. (1975), Heft 1, S. 30 ff.

305 S. *Der Kampfruf* (Berlin), 10. Jg. (1929), Nr. 14/15: *Beschlüsse der Reichskonferenz*.

306 Vgl. *Der Kampfruf* (Berlin), 8. Jg. (1927), Nr. 8: *Zur Reichskonferenz.*

307 Die KAU umfaßte auf ihrer Gründungskonferenz nur noch 343 Mitglieder, davon 57 aus der AAUE. S. Fritz Kools Einleitung zu: *Die Linke gegen die Parteiherrschaft*, a.a.O., S. 152.

308 Vgl. dazu den nicht sehr informationshaltigen Bericht in: *Der Unionist. Für revolutionäre Theorie und Praxis.* Hrsg. von der AAU, 2. Jg. (1932) Nr. 1 (Dieses Blatt erschien in hektographierter Form als Ersatz für den vorübergehend verbotenen *Kampfruf*).

309 *Resolution der kombinierten Konferenz der AAUE und AAUD vom 25. Mai 1931 zu Berlin*, Ms. im Archiv für Rätebewegung im IISG Amsterdam, Nr. 228/14.

310 Z. B. *Kommunistische Arbeiter-Zeitung, Organ der KAPD*, 2. Jg. (1932), Nr. 9.

311 *Proletarier. Zeitschrift für revolutionären Klassenkampf.* Hrsg. KAP, Berlin, 1. Jg. (1933), Nr. 1. Mit dieser Neuherausgabe des *Proletarier* versuchte die Rest-KAP noch einmal, eine eigene theoretische Plattform zu formulieren. In der ersten und einzigen Nummer verteidigte sie die Existenzberechtigung der Partei gegen die Kritik der »Groep van Internationale Communisten« von Pannekoek.

312 *Proletarier* Berlin, 1. Jg. (1933), Nr. 1: *Unser Kampf gestern und heute.*

313 So durchgängig in der rätekommunistischen Presse; vgl. aber auch: *Kritik an den Waffen. Eine Betrachtung über wirtschaftliche und politische Arbeiterorganisationen, ihr Wesen, ihre Rolle im proletarischen Klassenkampf.* Hrsg. AAU Bezirk Mitteldeutschland. Leipzig–Chemnitz 1931 (als Ms. vervielfältigt).

314 Nach der im September 1921 erfolgten Gründung der niederländischen KAP war diese Partei durch die Spaltung der deutschen KAP ebenfalls bald in zwei Richtungen zerfallen. Gorter stritt wie in Deutschland für die der Essener Richtung verwandte Richtung, Pannekoek hielt sich fern von den Gruppenkämpfen, sympathisierte aber mit der Berliner Richtung. Nach der Konstituierung der GIC existierte die niederländische KAP unter der Leitung von Fritz Kief u. a. noch bis 1932.

315 S. die biographische Skizze von B. A. Sijes in: *Gruppe Internationale Kommunisten Hollands*, a.a.O., S. 209 ff. Vgl. auch die historische Skizze über die rätekommunistische Bewegung in Deutschland von Henk Canne-Meijer in: *Internationale Information und Korrespondenz.* Hrsg. Gruppe Soziale Revolution, Berlin 1971. S. 60-82: *Die Arbeiterrätebewegung in Deutschland (1918-1933).* Canne-Meijers Skizze ist in vielen Details ungenau und hat mehr programmatische als historische Bedeutung.

316 *Kommunistische Arbeiter-Zeitung* (Berlin), 8. Jg., (1927), Nr. 17/18.

317 Vgl. Fritz Kool in: *Die Linke gegen die Parteiherrschaft*, a.a.O., S. 152.

318 So vor allem die von Jan Appel entworfene und von den GIC kollektiv ausgearbeitete kritisch-programmatische Studie: *Grundprinzipien kommunistischer Produktion und Verteilung*, Berlin 1930. Die Arbeit wurde in einem von der Berliner AAU eigens zu diesem Zweck gegründeten Verlag zuerst in deutscher Sprache veröffentlicht.

319 Nachweisbar so bei Paul Mattick (geb. 1904), der über die Freie Soziali-

stische Jugend und den Spartakus-Bund zur KAP gekommen war und nach seiner Emigration in die USA bis 1931 die IWW-Zeitung *Chicagoer Arbeiter-Zeitung* herausgab.

320 Vgl. z. B. die Kontroverse in: *Der Kampfruf* (Berlin) 10. Jg. (1930), Nr. 7: *IWW und AAU, eine notwendige Klarstellung* und 10. Jg. (1930), Nr. 12/13: *Die Antwort der IWW.*

321 *Proletarier. Zeitschrift für Theorie und Praxis des Rätekommunismus,* Hrsg. Gruppe Internationaler Kommunisten Hollands, Amsterdam, 1. Jg. (1933).

322 *Rätekorrespondenz. Theoretisches und Diskussionsorgan für die Rätebewegung,* Ausgabe der Gruppe Internationaler Kommunisten, Holland, o. O., 1. Jg. (1934) ff.

323 Vgl. dazu oben Anm. 114.

324 S. dazu Frits Kool, *Die Linke gegen die Parteiherrschaft,* a.a.O., S. 530 f.

325 Dazu Frits Kool, a.a.O., S. 531 f.

326 Vgl. *World-wide Fascism or World-Revolution? Manifesto and Program of the United Workers Party of America,* Chicago o. J. (1934).

327 S. die Kritik in *Rätekorrespondenz,* 1. Jg. (1934), Nr. 4: *Zur Marxschen Akkumulations- und Zusammenbruchs-Theorie.*

328 S. dazu Frits Kool, *Die Linke gegen die Parteiherrschaft,* a.a.O., S. 528.

329 *Kommunistische Arbeiter-Zeitung* (Hamburg), 1. Jg. (1919), Nr. 171: *Der syndikalistische Kater gegen die Unionen;* Nr. 185: *Zusammenschluß mit den Syndikalisten?;* 2. Jg. (1920), Nr. 1: *Ein Kongreß der Syndikalisten;* Nr. 4: *Essener AAU gegen die Syndikalisten.*

330 *Kommunistische Arbeiter-Zeitung* (Hamburg), 1. Jg. (1919), Nr. 185.

331 Vgl. zum Gründungskongreß der FAUD(S) H. M. Bock, *Syndikalismus und Linkskommunismus,* a.a.O., S. 153 ff.

332 *Kommunistische Arbeiter-Zeitung* (Berlin), 1. Jg. (1920), Nr. 90. Vgl. auch 1. Jg. (1920), Nr. 94: *Syndikalistische Tendenzen?:* »Sind wir so in manchem Gegner des Syndikalismus [...], so mag doch festgestellt sein, was von sogenannten ›syndikalistischen Tendenzen‹ bei uns vorhanden ist: 1. Wir lehnen eine Kampfgemeinschaft mit den Syndikalisten nicht ab. 2. Wir sehen in ihnen keinen politischen ›Kinderschreck‹, sondern fühlen uns ihnen eng verbunden in ihrem draufgängerischen Kampf gegen militärisch-bureaukratische Organisationen, gegen die unproletarischen Gewerkschaften, gegen die bürgerliche Demokratie und vor allem gegen Parteiherrschaft, Instanzenpolitik und politisches Cliquenwesen. Wir erkennen auch die Sabotage an als ein – von den Umständen bedingtes – Mittel im Klassenkampf.«

333 Das Organ der FAUD(S) bezeichnete die KPD und die KAP nach dem Ende der Kämpfe in Mitteldeutschland als »Schrittmacher der Reaktion«; s. *Der Syndikalist,* 3. Jg. (1921), Nr. 13.

334 *Kommunistische Arbeiter-Zeitung* (Berlin), 2. Jg. (1921), Nr. 184: *Und der Kater spricht . . .*

335 Vgl. Hans Manfred Bock, *Syndikalismus und Linkskommunismus,* a.a.O., S. 188 ff.

336 *Die Allgemeine Arbeiter-Union (revolutionäre Betriebsorganisation).* Hrsg. Wirtschaftsbezirk Groß-Berlin 1921, S. 41: *AAU und Syndikalismus.* Als

besondere historische Leistungen wurden anerkennend genannt die Ideen der direkten Aktion, der Sabotage und des Generalstreiks. Darüber hinaus würdigte man den Syndikalismus: »Mit Kraft und Ausdauer hat er den Kampf geführt gegen den Kadaverzentralismus der Freien Gewerkschaften, der Selbsttätigkeit und Selbstdenken ertötet.«

337 A.a.O., S. 42. Die hier skizzierten Differenzen waren nicht lediglich aus organisations-egoistischen Interessen vorgeschoben, sondern trafen in der Tat wesentliche Unterschiede. Vgl. zur Räte-Konzeption, zur Haltung zur Diktatur des Proletariats und zur Entwicklung der Organisations-Politik der FAUD(S): Hans Manfred Bock, *Syndikalismus und Linkskommunismus*, a.a.O., S. 170 ff.

338 A.a.O., S. 42.

339 Im April 1921 wurde in Berlin eine solche Absprache getroffen, die aber nicht zuletzt aufgrund der Intervention der Organisations-Spitzen von FAUD und AAUD bald scheiterte; s. *Der Syndikalist*, 3. Jg. (1921), Nr. 15 u. 17: *Syndikalisten und AAU*.

340 So z. B. von seiten der AAU (Berliner Richtung), als 1926 die FAUD(S) sich der Propaganda für den Volksentscheid über die Fürstenenteignung anschloß; s. *Der Kampfruf* (Berlin), 7. Jg. (1926), Nr. 7.

341 *Der Syndikalist*, 5. Jg. (1923), Nr. 1, und *Die Aktion*, 13. Jg. (1923), Nr. 1-4.

342 So durchgängig in der *Aktion;* s. aber auch: Johann Most, *Für die Einheitsfront des revolutionären Proletariats*. Mit Geleitworten von Rudolf Rocker und Franz Pfemfert, Berlin 1921, »Aktions«-Verlag.

343 Vgl. *Die Einheitsfront*, 2. Jg. (1922), Nr. 11:25 *Jahre FAUD*.

344 Die SAJD hatte sich seit 1921 als selbständige Organisation mit anfangs angeblich mehreren Tausend Mitgliedern konstituiert und war in gleicher Weise personell und theoretisch mit der FAUD und der »Föderation kommunistischer Anarchisten Deutschlands« (FKAD) verbunden. Vgl. die historische Skizze: *Die Syndikalistisch-Anarchistische Jugend Deutschlands*, in: *Die Internationale. Organ der Internationalen Arbeiter-Assoziation*, 2. Jg. (1925), Nr. 5.

345 Die FKAD war in der Weimarer Republik die stabilste anarchistische Vereinigung; sie setzte die Vorkriegs-Tradition der »Anarchistischen Föderation Deutschlands« (AFD) fort. (Vgl. zur AFD: Ulrich Linse, *Organisierter Anarchismus im Deutschen Kaiserreich von 1871*, a.a.O., S. 183 ff.). Die FKAD stand anfangs in engem Kontakt mit der FAUD, geriet aber immer stärker in ein – vor allem auf persönlichen Animositäten beruhendes – Spannungsverhältnis zur syndikalistischen Organisation. Zu den theoretischen Diskussionen u. a. in der FKAD s. auch: Ulrich Linse, *Die Transformation der Gesellschaft durch die anarchistische Weltanschauung. Zur Ideologie und Organisation anarchistischer Gruppen in der Weimarer Republik*, in: *Archiv für Sozialgeschichte*, 11. Bd. (1971), S. 289-372.

346 *Die Einheitsfront*, 5. Jg. (1925), Nr. 6. Vgl. auch das Organ der FKAD: *Der Freie Arbeiter*, 18. Jg. (1925), Nr. 6.

347 Der mit der antiautoritären Szenerie bestens vertraute, als Ferry bekannte Sprengstoff-Attentäter auf die Berliner Siegessäule, Wilhelm Hering, schrieb am 19. 5. 1924 an den österreichischen Anarchisten Pierre Ramus: »In beiden Lagern, sowohl in der AAUE als auch in der FAUD sind anscheinend Kräfte am Werk, die diese Absicht [der Aktionsgemeinschaft, der Verf.] mit allen Mitteln durchkreuzen wollen. Dauernd wird von beiden Seiten nicht das

einigende, sondern das trennende Moment hervorgehoben, großes Mißtrauen gesät und so ein Keil zwischen die Formationen getrieben.« Brief im (zur Zeit der Benutzung noch nicht geordneten) Ramus-Archiv des Internationalen Instituts für Sozialgeschichte Amsterdam.

348 *Der Syndikalist*, 7. Jg. (1925), Nr. 18.

349 *Die Einheitsfront*, 5. Jg. (1925), Nr. 23: *An die Mitglieder der FAUD.*

350 Vgl. dazu: *Die Einheitsfront*, 6. Jg. (1926), Nr. 9: *Der syndikalistische Gesangverein; Volksentscheid: Der 4. August des Syndikalismus;* Nr. 24: *Syndikalistische Kleinbürger*, und öfter.

351 Vgl. *Proletarischer Zeitgeist*, 7. Jg. (1928), Nr. 1: *In den Orkus mit Doktrin und Programm.*

352 *Proletarischer Zeitgeist*, 10. Jg. (1931), Nr. 5: *Antiautoritäre Marxisten?*

353 *Proletarischer Zeitgeist*, 3. Jg. (1924), Nr. 37: *Der Marxismus und wir.*

354 Z. B. *Proletarischer Zeitgeist*, 10. Jg. (1931), Nr. 31: *Sozialdemokratismus auch bei den Syndikalisten in Deutschland.*

355 Vgl. *Proletarischer Zeitgeist*, 11. Jg. (1932), Nr. 9: *Betrachtungen über das Referat R. Oestreichs, gehalten auf dem Kongreß der FKAD.*

356 Vgl. dazu die heftige Polemik gegen den »Konjunkturanarchisten« Pierre Ramus in: *Proletarischer Zeitgeist*, 11. Jg. (1932), Nr. 1 und öfter.

357 S. dazu die von der KAPD herausgegebene Dokumentation: *Das Exekutivkomitee der 3. Internationale und die Kommunistische Arbeiter-Partei Deutschlands*, Berlin o. J. (1921).

358 Besonders in seiner Schrift über den *Linken Radikalismus, die Kinderkrankheit im Kommunismus*, die er im April und Mai 1920 schrieb im Hinblick auf die Auseinandersetzung mit den Linkskommunisten, die man auf dem Zweiten Weltkongreß der Komintern erwartete.

359 Vgl. dazu ausführlicher meine Darstellung in: *Syndikalismus und Linkskommunismus*, a.a.O., S. 251-262.

360 S. z. B.: »Die gesamte 3. Internationale wird uns, wie schon oft, ob der Kritik ihrer Politik von unserer Seite als Antibolschewisten, Konterrevolutionäre usw. schmähen. Wir halten es mit Rosa Luxemburg in ihrer Broschüre über die Russische Revolution, wo sie auf S. 73 schreibt: Sich kritisch mit der russischen Revolution in allen historischen Zusammenhängen auseinanderzusetzen, ist die beste Schulung der deutschen wie der internationalen Arbeiter für die Aufgaben, die ihnen aus der gegenwärtigen Situation erwachsen.« *Die KPD im eigenen Spiegel. Aus der Geschichte der KPD und der 3. Internationale*, Hrsg. KAPD, Wirtschaftsbezirk Berlin-Brandenburg, Berlin 1926, S. 52.

361 S. dazu besonders die Broschüren: *Die Sowjetregierung und die 3. Internationale im Schlepptau der internationalen Bourgeoisie*, Hrsg. KAPD, Berlin 1921, und: Herman Gorter, *Die Kommunistische Arbeiter-Internationale*, Berlin 1923.

362 *Thesen über den Bolschewismus*, in: *Rätekorrespondenz. Theoretisches und Diskussionsorgan für die Rätebewegung*. Ausgabe der Gruppe Internationale Kommunisten Holland; Nr. 3 (1934), These Nr. 39.

363 Vgl. dazu: *Arbeiterdemokratie oder Parteidiktatur*. Hrsg. von Frits Kool und Erwin Oberländer. Eingeleitet von Oskar Anweiler, Freiburg i. Br. 1967, S. 294 ff.

364 Siehe den Diskussionsbeitrag Alexandra Kollontais zu Lenins Referat in:

Protokoll des 3. Kongresses der Komintern (Moskau 22. Juni bis 12. Juli 1921), o. O. (Hamburg) 1921, S. 776 ff. Die Presse der Rätekommunisten würdigte A. Kollontais Ausführungen: »Das Auftreten dieser Genossin aus der russischen Opposition war ein Ereignis, und man kann sagen: von sehr weittragender Bedeutung. Bisher hat es dort noch niemand gewagt, offen gegen die jetzige Politik der Bolschewiki und der Sowjetregierung aufzutreten.« *Kommunistische Arbeiter-Zeitung* (Groß-Berlin), 1. Jg. (1920/21), Nr. 219.

365 A. Kollontai, *Die Arbeiter-Opposition in Rußland.* Mit kritischen Anmerkungen von R. Korpelanski, Mitglied der Revolutionären Arbeiter-Opposition (KAP) Rußlands, Berlin o. J. (1921).

366 S. Oskar Anweilers Einleitung zu: *Arbeiterdemokratie oder Parteidiktatur,* a.a.O., S. 74 f.

367 Die prominenteren Vertreter der Partei-Intelligenz (A. Kollontai, A. G. Schlapnikow) zogen sich nach dem Ende 1921 offenkundigen Scheitern der Opposition von ihr zurück. Zu A. Kollontai s. auch neuerdings ihre Memoiren: Alexandra Kollontai, *Autobiographie einer sexuell emanzipierten Kommunistin,* Hrsg. Iring Fetscher, München 1970.—

368 S. dazu die Dokumentation in: *Kommunistische Arbeiter-Zeitung* (Essener Richtung), 2. Jg. (1922), Nr. 28/29.

369 *Thesen über den Bolschewismus,* in: *Rätekorrespondenz . . .,* Nr. 3, These Nr. 40.

370 Eine Formel Paul Matticks, zitiert in: *Thesen über den Bolschewismus,* Berlin o. J. (ca. 1970), Broschüren-Neudruck der Bolschewismus-Thesen aus der *Rätekorrespondenz,* Nr. 3 (1934).

371 In Gorters Schrift über die Weltrevolution wird diese Neigung besonders deutlich. Obwohl er bereits auf die sehr besonderen und für die soziale Revolution eher atypischen Voraussetzungen der russischen Revolution wie die ausschlaggebende Rolle der armen Bauernmassen und den schwach entwickelten Kapitalismus hinwies, blieb das 1918 geschriebene Kapitel über die Oktoberrevolution ein Hymnus auf deren richtungweisenden Charakter. S. Herman Gorter, *Die russische Revolution,* in: A. Pannekoek, H. Gorter, *Organisation und Taktik der proletarischen Revolution,* a.a.O., S. 102 ff.

372 Otto Rühle, *Von der bürgerlichen zur proletarischen Revolution,* a.a.O., S. 17.

373 *Thesen über den Bolschewismus,* a.a.O., These 6.

374 Otto Rühle, *Von der bürgerlichen zur proletarischen Revolution,* a.a.O., S. 17.

375 *Thesen über den Bolschewismus,* a.a.O., Thesen 8 und 9.

376 A.a.O., These 14.

377 Anton Pannekoek, *Weltrevolution und kommunistische Taktik,* zitiert nach: A. Pannekoek, H. Gorter, *Organisation und Taktik der proletarischen Revolution,* a.a.O., S. 155.

378 Ebenda.

379 Otto Rühle, *Von der bürgerlichen zur proletarischen Revolution,* a.a.O., S. 19. Hervorhebung im Original.

380 *Thesen über den Bolschewismus,* a.a.O., These 19.

381 A.a.O., These 44.

382 Anton Pannekoek, *Der neue Blanquismus,* in: *Der Kommunist* (Bremen), 3. Jg. (1920), Nr. 27; der Artikel ist vollständig abgedruckt in: A. Pannekoek, H. Gorter, *Organisation und Taktik der proletarischen Revolution,*

a.a.O., S. 118 ff.

383 Otto Rühle, *Moskau und wir*, in: *Die Aktion*, Jg. (1920), Nr. 27/38.

383a So die rätekommunistische Standarddefinition; hier nach: *Die Allgemeine Arbeiter-Union. Die revolutionäre Betriebsorganisation*, Hrsg. von der AAUD, Berlin 1923, S. 19.

384 Vgl. bes. Max Hempel, *Marx-Engels und Lenin. Über die Rolle des Staates in der proletarischen Revolution*, in: *Proletarier*, 1. Jg. (1924), Nr. 3.

385 Dies auch der Ausgangspunkt der politisch-ökonomischen Programm-Schrift der Rätekommunisten: *Grundprinzipien kommunistischer Produktion und Verteilung*, Berlin 1930.

386 *Thesen über den Bolschewismus*, a.a.O., These 37.

387 Otto Rühle, *Die Räte*, in: *Die Aktion*, 10. Jg. (1921), Nr. 37/38. Hier zitiert nach: Frits Kool (Hrsg.). *Die Linke gegen die Parteiherrschaft*, a.a.O., S. 534.

388 *Kritik an den Waffen. Eine Betrachtung über wirtschaftliche und politische Arbeiterorganisationen, ihr Wesen, ihre Rolle im proletarischen Klassenkampf*, Hrsg. AAU Bezirk Mitteldeutschland, Leipzig/Chemnitz 1931, S. 24.

389 *Thesen über den Bolschewismus*, a.a.O., These 39.

390 Anton Pannekoek, Nachschrift zu seiner Broschüre *Weltrevolution und kommunistische Taktik*, abgedruckt in: A. Pannekoek, H. Gorter, *Organisation und Taktik der proletarischen Revolution*, a.a.O., S. 164.

391 A.a.O., S. 166.

392 *Thesen über den Bolschewismus*, a.a.O., These 18.

393 Anton Pannekoek, Nachschrift zu *Weltrevolution und kommunistische Taktik*, a.a.O., S. 164.

394 A.a.O., S. 164 f.

395 *Thesen über den Bolschewismus*, a.a.O., These 65.

396 Vgl. bes. *Thesen über den Bolschewismus*, a.a.O., These 57 ff.

397 *Thesen über den Bolschewismus*, a.a.O., These 67.

398 Die künstlerische, aber auch die politische Entwicklung Vogelers ist in den letzten Jahren mehrfach Gegenstand monographischer Darstellungen gewesen: David Erlay, *Worpswede-Bremen-Moskau. Der Weg des Heinrich Vogeler*, Bremen 1972; Heinrich Wiegand Petzet, *Von Worpswede nach Moskau. Heinrich Vogeler. Ein Künstler zwischen den Zeiten*, Köln 1972. Zu den zahlreichen Gedenk-Artikeln zu Vogelers 100. Geburtstag s. die Bibliographie in: Heinrich Vogeler, *Das neue Leben. Ausgewählte Schriften zur proletarischen Revolution und Kunst.* Herausgegeben und eingeleitet von Dietger Pforte, Darmstadt und Neuwied 1973. Vgl. auch ergänzend die Memoiren: Heinrich Vogeler, *Erinnerungen.* Herausgegeben von Erich Weinert, Berlin (Ost) 1952, und von seiner zweiten Ehefrau verfaßt: Zofia Marchlewska, *Eine Welle im Meer. Erinnerungen an Heinrich Vogeler und Zeitgenossen*, Berlin (Ost) 1968.

399 In seinen zahlreichen Vorträgen 1918/1919 sprach er sich vehement gegen die Beteiligung an den Wahlen zur Nationalversammlung aus; neuerdings auch belegt bei David Erlay, a.a.O., S. 81.

400 Auf dem Gründungsparteitag der KAP wurde vermerkt, Vogeler habe das Kampfabzeichen der AAU entworfen. S. *Kommunistische Arbeiter-Zeitung* (Groß-Berlin), 1. Jg. (1920), Nr. 90.

401 Als sich Vogeler in der Los-von-Moskau-Kampagne Ketty Guttmanns

Ende 1924 auf die Seite der KPD stellte, kommentierte die *Einheitsfront* (4. Jg. (1924), Nr. 32): »Wer kennt Heinrich Vogeler? Der hier sprach, war nicht der H. V., den wir bisher gekannt, der unser Kampfabzeichen uns entworfen, der von der KP als sentimentaler, schwärmerischer Kommunist nicht für voll angesehen wurde. [...] Daß H. V. zu dem skandalösen Verhalten der KP-Mitgliedschaft nicht die leiseste Kritik zu äußern wagte, hat ihn gerichtet in den Augen aller antiautoritären Genossen.«

402 S. dazu die Monographie über die Kommune Blankenburg in der Nähe von München, die allerdings nicht ähnlich stark mit der linkskommunistischen bzw. rätekommunistischen Bewegung verbunden war wie der Barkenhoff: Ulrich Linse, *Die Kommune der deutschen Jugendbewegung. Ein Versuch zur Überwindung des Klassenkampfes aus dem Geist der bürgerlichen Utopie. Die ›kommunistische Siedlung Blankenburg‹ bei Donauwörth 1919/20*, München 1973.

403 S. Heinrich Vogeler, *Das neue Leben*, a.a.O., S. 47 ff., sein »Märchen vom lieben Gott«, das er Anfang 1918 an den Kaiser und an Ludendorff geschickt hatte als Appell zur Beendigung des Krieges und das in der Revolution vom Verlag der Bremer »Arbeiterpolitik« massenhaft als Flugblatt verbreitet wurde.

404 Zu Bäumer s. Lothar Peter, a.a.O., S. 285.

405 Heinrich Vogeler, *Siedlungswesen und Arbeitsschule*, Hannover 1919; hier zitiert nach: Heinrich Vogeler, *Das neue Leben*, a.a.O., S. 126.

406 Ebenda, S. 120.

407 Heinrich Vogeler, *Die Arbeitsschule als Aufbauzelle der klassenlosen menschlichen Gesellschaft*, Hamburg 1921.

408 S. dazu David Erlay, a.a.O., S. 164 ff. S. auch den Aufruf der Arbeitsschule Barkenhoff im Organ der Föderation Kommunistischer Anarchisten Deutschlands: *Der Freie Arbeiter*, 14. Jg. (1921), Nr. 38.

409 Friedrich Wolf, *Barkenhoff*, in: *Das Tagebuch*, 28. Jg. (1921), Heft 2.

410 So z. B. die im »Erdbund« zusammengeschlossene Siedlungsbewegung, die radikale Naturschutzbewegung der in einem »Internationalen Bund Naturwarte« zusammengeschlossenen »Naturrevolutionäre«; außerdem spielten in den Worpsweder Diskussionen Vertreter der Anthroposophie, des Vegetariertums, der prinzipiellen Gewaltlosigkeit, der Freikörperkultur usw. eine Rolle.

411 S. dazu die Erörterung der mutmaßlichen Quellen der politischen Ideologie Vogelers von Dietger Pforte in: Heinrich Vogeler, *Der neue Mensch*, a.a.O., S. 22 ff.

412 Heinrich Vogeler, *Die Arbeitsschule als Aufbauzelle . . .*, a.a.O., S. 18.

413 Heinrich Vogeler, *Siedlung und Schulung*, in: *Der Freie Arbeiter*, 15. Jg. (1922), Nr. 43.

414 Vgl. dazu auch das Kapitel *Zersetzungserscheinungen*, in: Heinrich Vogeler, *Erinnerungen*, a.a.O., S. 309 ff.

415 Vogelers erste Frau hatte sich schon zu Beginn des Krieges mit Ludwig Bäumer verbunden; Vogeler lebte seit 1919 mit einer aus Dresden zu der Kommune gestoßenen jungen und agitatorisch begabten Arbeiterin zusammen; als diese sich von ihm ab- und einer anderen Kommune-Mitglied zuwandte, hatte er − »wie ein angeschossenes Tier« (*Erinnerungen*, S. 283) − sich vom Gemeinschaftsleben weitgehend abgesetzt und lebte auf dem Barkenhoff allein in einer eigens für ihn errichteten Klause.

416 S. David Erlay, a.a.O., S. 219 ff. Vogeler erklärte zu seinem Ausschluß

aus der Partei und schließlich auch aus der Roten Hilfe: »Durch die Lebenserfahrung auf dem ›utopischen Barkenhoff‹ fand ich den Weg zur Masse und zum Marxismus. Der feste Glaube an das Werk Lenins und seine Auffassung über die Einheitsfront des Proletariats zum Kampf für seine Klassenziele und zur Durchführung der siegreichen Revolution brachte mich in Opposition zu der Abenteurerpolitik und gegen die revolutionäre Phraseologie der Bürokratie der heutigen Führung der KPD.« (David Erlay, a.a.O., S. 222.)

Anmerkungen zu:
Die antiautoritäre Studentenbewegung in der Bundesrepublik Deutschland

1 Vgl. dazu u. a. die in dieser Diskussion einflußreichen Schriften: Georg Picht, *Die deutsche Bildungskatastrophe*, München 1965, und Stephan Leibfried (Hrsg.), *Wider die Untertanenfabrik. Handbuch zur Demokratisierung der Hochschule*, Köln 1967.

1a Hans-Hermann Hartwich, *Sozialstaatspostulat und gesellschaftlicher status quo*, Köln/Opladen 1970, S. 54.

1b Als umfassendste Kritik an dieser Entwicklung s. Gert Schäfer, Carl Nedelmann (Hrsg.), *Der CDU-Staat. Analysen zur Verfassungswirklichkeit in der Bundesrepublik*, Frankfurt/Main 1969.

1c S. dazu die detaillierte Untersuchung: Eberhard Schmidt, *Die verhinderte Neuordnung 1945-1952. Zur Auseinandersetzung um die Demokratisierung der Wirtschaft in den westlichen Besatzungszonen und in der Bundesrepublik Deutschland*, Frankfurt/Main 1970.

1d Von den rätekommunistischen Sprechern der ersten Stunde starben im KZ u. a. Alexander Schwab, Fritz Wolffheim; in der Emigration starben u. a. Otto Rühle und Franz Pfemfert, beide in Mexiko.

2 Vgl. dazu ausführlich Olaf Ihlau, a.a.O., S. 121 ff.

3 S. dazu Günter Bartsch, *Anarchismus in Deutschland*, Bd. 1: *1945-1965*, Hannover 1972, S. 49 ff.

4 S. dazu Günter Bartsch, a.a.O., S. 75 ff. Zur publizistischen Tätigkeit der FFS s. auch Hans Manfred Bock, *Bibliographischer Versuch zur Geschichte des Anarchismus und Anarcho-Syndikalismus in Deutschland*, in: *Jahrbuch Arbeiterbewegung*, Bd. 1: *Über Karl Korsch*, Frankfurt/Main 1973, S. 327 ff.

5 Günter Bartsch, a.a.O., S. 55, berichtet z. B., daß Jelinek eine Broschüre mit dem Arbeitstitel *Der Bolschewismus als Schreckgespenst der menschlichen Gesellschaft* vorbereitete.

6 Günter Bartsch, a.a.O., S. 188 ff.

7 Zirkularbriefe *Zur Information* von Mitte Januar 1946 über das Thema: *Nationale Frage und Arbeiterklasse*, und vom Juli 1946 über das Thema: *Sein und Bewußtsein.*

8 Vgl. dazu neuerdings: Cajo Brendel, *Die »Gruppe Internationale Kommunisten« in Holland. Persönliche Erinnerungen aus den Jahren 1934-1939*, in: *Jahrbuch Arbeiterbewegung*, Bd. 2: *Marxistische Revolutionstheorien*, Frankfurt/Main 1974, S. 253-263.

9 Alfred Weiland (geb. 1906) kam über die Freie Sozialistische Jugend und die Erziehungsideen Otto Rühles zur rätekommunistischen Bewegung und hatte bereits seit 1925 verantwortliche Funktionen in der Berliner AAU und KAP; dann Mitglied der KAU; Verhaftung 1933 bis 1935, dann Widerstandstätigkeit. (Briefe von Herrn Weiland an den Verf. vom 14. 8. 67 und

15. 10. 67.)

10 Ihlau (a.a.O., S. 142) spricht von einer direkten Beteiligung Karl Schröders, eine Darstellung, die von Alfred Weiland in einem Interview im Oktober 1974 nicht bestätigt wurde.

11 Zu deren Geschichte s. Kurt Kliem, *Der sozialistische Widerstand gegen das Dritte Reich. Dargestellt an der Gruppe »Neu-Beginnen«.* Phil. Diss. Marburg 1957.

12 Vgl. zur Geschichte der SAP: Hanno Drechsler, *Die Sozialistische Arbeiterpartei Deutschlands (SAPD). Ein Beitrag zur Geschichte der deutschen Arbeiterbewegung am Ende der Weimarer Republik*, Meisenheim/Glan 1965.

13 Vgl. dazu Theo Pirker, *Die SPD nach Hitler. Die Geschichte der Sozialdemokratischen Partei Deutschlands 1945-1964*, München 1965, bes. S. 54 ff.

14 Auskunft von Alfred Weiland in einem Interview im Oktober 1974. Nach Weiland wurde *Neues Beginnen* neben der Originalausgabe in insgesamt 16 weiteren, im Abzugverfahren hergestellten Ausgaben verbreitet.

15 *Neues Beginnen*, 1. Jg. (1947), Nr. 1: *Was wollen wir?.*

16 *Neues Beginnen*, 2. Jg. (1948), Nr. 11: *In eigener Sache.*

17 Am deutlichsten wird dieser enge Zusammenhang mit den niederländischen Rätekommunisten in den – im Pannekoek-Archiv des Internationalen Instituts für Sozialgeschichte in Amsterdam befindlichen – Briefen Anton Pannekoeks an Alfred Weiland aus der Zeit zwischen April 1948 und August 1950. (Pannekoek-Archiv Nr. 240, 41 Blätter). Auszüge aus diesen Briefen wurden öfter anonym in *Neues Beginnen* als Zuschrift holländischer Freunde veröffentlicht. Pannekoek schrieb außerdem unter seinen Pseudonymen John Harper und Karl Horner in *Neues Beginnen.*

18 *Neues Beginnen*, 2. Jg. (1948) Nr. 12/13: *Leitsätze über den Kampf der Arbeiterklasse gegen den Kapitalismus. Zusammengefaßt nach den Anschauungen der holländischen Gruppen internationaler Rätekommunisten.*

19 *Neues Beginnen*, 4. Jg. (1950), Nr. 1.

20 *Neues Beginnen*, 3. Jg. (1949), Nr. 3.

21 So insbesondere im Zusammenhang mit Verhaftungen von Linksradikalen in der DDR, z. B. *Neues Beginnen*, 4. Jg. (1950), Nr. 2: *Der bolschewistische Terror geht weiter.*

22 Zitiert nach Olaf Ihlau, a.a.O., S. 143.

23 Brief Pannekoeks an Alfred Weiland vom 9. 5. 1950, Pannekoek-Archiv Nr. 240/38.

24 Pannekoek machte starke Bedenken gegen die IKD-Trotzkisten geltend und empfand es u. a. als eine Art Usurpation, daß sich die Trotzkisten des alten IKD-Etiketts der Bremer Linksradikalen aus dem Jahre 1918 bedienten. S. *Neues Beginnen*, 4. Jg. (1950), Nr. 2.

25 Vgl. *Neues Beginnen*, 4. Jg. (1950), Nr. 1, 3/4, 5 jeweils die Rubrik: *Um die Konzentration der Linken.*

26 *Thomas-Münzer-Briefe*, Nr. 2 (August 1949).

27 Fritz Lamm schrieb unter seinem Pseudonym Thomas Münzer (*Thomas-Münzer-Briefe*, Nr. 2): »Wir gehen von der Wirklichkeit aus und von den Problemen, die uns angehen. Und wenn als Folge unserer Anregung und gemeinsam erworbener Erkenntnis einer in der FDJ und der andere woanders wirkt, das ist uns gleichgültig. Wir wollen keine ›Eroberungspolitik‹, keine Zersetzungstaktik oder ähnlichen alten Kram machen, der auf Überschätzung der Bedeutung der bestehenden Parteien und Gruppen basiert.«

28 *Thomas-Münzer-Briefe*, Nr. 3 (Oktober 1949): *Die Fragestellung.*

29 Ebenda.

30 Vgl. *Thomas-Münzer-Briefe*, Nr. 6 (April 1950): *Renaissance des Marxismus.*

31 Das erste Heft trug den Untertitel *Aussprachehefte radikaler Sozialisten*, vom zweiten Heft an blieb dann der Untertitel *Aussprachehefte für internationale sozialistische Politik.*

32 Das erste Heft erschien – im Vergleich mit *Neues Beginnen* in sorgfältigerem Druck – unter dem Kopftitel *Beiträge zur Zeit* im November 1949.

33 Z. B. die Gedenk-Artikel: *Franz Pfemfert zum 70. Geburtstag*, in: *pro und contra* 1. Jg. (1950), Nr. 2, und *Dem Gedenken Karl Schröders. Von seinen Freunden*, in: *pro und contra* 1. Jg. (1950), Nr. 5.

34 Entsprechende Hinweise von Alfred Weiland; im Impressum der Zeitschrift wurde ausdrücklich auf die Lizenz durch die französische Militärregierung hingewiesen. Ihlau (a.a.O., S. 143) berichtet davon, daß ein Teil des Kreises um *Neues Beginnen* im Sog des Kalten Krieges bezahlte Propagandaaufträge für die Amerikaner übernommen habe, bringt aber keine Belege für diese Behauptung.

35 *Neues Beginnen*, 5. Jg. (1951/52), Nr. 2.

36 Das letzte auffindbare Heft (5. Jg. (1954), Nr. 3) erschien im Oktober 1954.

37 Brief Pannekoeks an Alfred Weiland vom 8. 6. 1950, Pannekoek-Archiv Nr. 240/39.

38 Z. B. *Neues Beginnen*, 5. Jg. (1952), Nr. 6: Georg Weinberg, *Worum es geht. Eine Absage an den Trotzkismus.*

39 Vgl. *Neues Beginnen*, 5. Jg. (1951/52), Nr. 1: Hermann Gall, *Grundsätzliche Bemerkungen zur Gründung der UAPD.* Die »Unabhängige Arbeiterpartei Deutschlands« (UAPD) war nach dem Bruch der jugoslawischen KP mit der Kominform im Juni 1948 von deutschen Sympathisanten des jugoslawischen Weges zum Sozialismus gegründet worden. Vgl. die Hinweise in Nikolaus J. Ryschkowsky, *Die linke Linke*, München/Wien 1968, S. 20 f. Die Geschichte dieses rasch scheiternden Experiments muß noch geschrieben werden.

40 Willy Huhn chrakterisierte seine politisch-theoretische Bindung gelegentlich (Brief an den Verfasser vom 25. 9. 63): »Ich selbst stamme organisatorisch weder aus der FAUD noch aus der KAP, wenn ich mich auch der letztgenannten traditionsmäßig geistig zugehörig fühle.« Neben Huhn, Jacoby/Franck und Lamm/Müntzer stammten die meisten Beiträge von L. A. Jenssen (Pseudonym für Ludwig Jacobsen), einem ehemaligen KP-Mitglied und Spanien-Kämpfer.

41 Besonderer Zielpunkt der Kritik waren dabei die Ausführungen Carlo Schmids zum Marxismus. S. *Funken*, 1. Jg. (1950), Nr. 3 und öfter.

42 Im Verlag des *Funken*, A. J. Schotola/Ulm, erschien u. a. die Rühle-Gedenkschrift von Jacoby/Franck, die bis heute die beste – nicht unkritische – Zusammenfassung der politischen Theorie Rühles ist: Sebastian Franck, *Soziologie der Freiheit. Otto Rühles Auffassung vom Sozialismus. Eine Gedenkschrift*, Ulm/Donau 1951.

43 *Funken*, 4. Jg. (1953), Nr. 2: *Zum Problem Psychologie und historischer Materialismus.*

44 *Funken*, 4. Jg. (1953), Nr. 5.

45 *Funken*, 4. Jg. (1953), Nr. 7. Jacoby explizierte sein Marxismus-Verständnis in dieser Zeit in seiner Schrift: Sebastian Franck, *Zur Kritik der*

politischen Moral. Kritik des politischen Verhaltens, Ulm/Donau 1950.

46 *Funken,* 3. Jg. (1952), Nr. 6.

47 *Funken,* 2. Jg. (1951), Nr. 2: *Realpolitik oder Revolution.* Es muß allerdings bemerkt werden, daß die Bürokratiekritik im *Funken* die theoretische Qualität der entsprechenden Diskussion in der sozialdemokratischen Opposition der Weimarer Zeit bei weitem nicht erreichte, wie sie dort z. B. zum Ausdruck kam in: *Die Organisation im Klassenkampf. Die Probleme der politischen Organisation der Arbeiterklasse,* zuerst erschienen 1930, neu herausgegeben vom Verlag *Neue Kritik* 1967.

48 *Funken,* 2. Jg. (1952), Nr. 11.

49 *Funken,* 2. Jg. (1951), Nr. 7: Horst Kondor, *Bürgerliche oder sozialistische Organisationen?*

50 *Funken,* 3. Jg. (1952), Nr. 1: Anton Pannekoek, *Über Arbeiterräte.* Zu den Gewerkschaften führte er aus: »Die Gewerkschaften waren und sind unentbehrlich als Kampforgane der Arbeiterklasse unter dem Privatkapitalismus. Unter dem Monopol- und Staatskapitalismus, wohin die kapitalistische Entwicklung immer mehr steuert, werden sie zu einem Teil des führenden bürokratischen Apparates, der die Arbeiterklasse in das Ganze einzugliedern hat.«

51 Ebenda.

52 In einer Tonband-Mitteilung vom Jahre 1973 weist Fritz Lamm darauf hin, daß er namentlich mit Henry Jacoby in einer Dauer- Kontroverse über seine SPD-Loyalität stand.

53 *Funken,* 1. Jg. (1951), Nr. 8: *Sozialisten und Antibolschewisten.*

54 *Funken,* 1. Jg. (1950), Nr. 4: *Partisanen des Sowjetimperialismus.*

55 *Funken,* 1. Jg. (1950), Nr. 5: *Gegen die bolschewistische Gefahr.*

56 *Funken,* 1. Jg. (1951), Nr. 11: *Soziale Gegensätze in der UdSSR.*

57 S. *Funken,* 3. Jg. (1953), Nr. 9: *Russische Probleme,* und öfter. Vgl. dazu auch das Kapitel *Das russische Beispiel* in Henry Jacobys wissenschaftlicher Summe seiner Analyse des Bürokratisierungsphänomens: Henry Jacoby, *Die Bürokratisierung der Welt. Ein Beitrag zur Problemgeschichte,* Neuwied und Berlin 1969, S. 183-225.

58 Cycon brach bald nach der Auseinandersetzung um seine als prostalinistisch gewerteten Artikel im *Funken* mit der radikalen Linken und wurde später antikommunistischer Kommentator bei der Tageszeitung *Die Welt.*

59 Vgl. dazu *Funken,* 3. Jg. (1953), Nr. 10: *Russische Probleme,* und öfter.

60 Vgl. bes. *Funken,* 3. Jg. (1953), Nr. 12: L. A. Jenssen, *Josef W. Stalin. Versuch einer leidenschaftslosen Wertung seiner geschichtlichen Persönlichkeit.*

61 *Funken,* 5. Jg. (1954), Nr. 8: *Der Bolschewismus als Manager-Ideologie.*

62 Huhn berief sich in seinen Artikeln namentlich auf Pannekoek, Gorter, Rühle, Laufenberg u. a.: gelegentlich (*Funken,* 2. Jg., 1951, Nr. 10) bringt er im Zusammenhang seiner Ausführungen Auszüge aus der politökonomischen Kollektivarbeit niederländischer und deutscher Rätekommunisten, den *Grundprinzipien kommunistischer Produktion und Verteilung,* deren Neuedition zu seinem Bedauern gescheitert war. Dieser Wunsch wurde erst durch die antiautoritäre Studentenbewegung durch die gleich mehrfache Neuauflage dieser Schrift erfüllt. S. unten das Verzeichnis der Neueditionen linksradikaler Schriften.

63 Vgl. die Kollontai-Zitate in: *Funken,* 3. Jg. (1953), Nr. 3.

64 Vgl. *Funken,* 2. Jg. (1951), Nr. 7: *Lenins Staatskapitalismus 1917 bis 1922.*

65 S. *Funken,* 3. Jg. (1952), Nr. 3. Vgl. auch die Trotzki-Kritik in der vom

Karin Kramer Verlag veröffentlichten Schrift Willy Huhn, *Trotzki – der gescheiterte Stalin*, Berlin 1973.

66 *Funken*, 6. Jg. (1955), Nr. 12.

67 Ein neuerlicher Versuch, ein rätekommunistisches Organ zu lancieren, scheiterte im Jahre 1956. *Von unten auf. Blätter für unmittelbare Demokratie.* Früher ›Neues Beginnen‹, herausgegeben von Jan Wohlrab unter Mitarbeit von Willy Huhn, mußte nach zwei Nummern wieder aufgegeben werden.

68 S. dazu ausführlicher Günter Bartsch, a.a.O., S. 158 ff. Auch Huhns Nachfolger in der Redaktion von *pro und contra*, Hermann Möhring, wurde Ende 1952 während eines Ost-Berlin-Aufenthaltes verhaftet. S. *pro und contra*, 4. Jg. 1953), Nr. 2.

69 S. dazu die ausführliche Dokumentation in Ossip K. Flechtheim (Hrsg.), *Dokumente zur parteipolitischen Entwicklung in Deutschland seit 1945*, Bd. 7: *Innerparteiliche Auseinandersetzungen*, Berlin 1969, S. 13 ff.

70 Vgl. dazu ebenda, S. 17 ff., das Minderheits- Votum des Berufungs-Schiedsgerichts.

71 S. *RC-Bulletin. Diskussions- und Informationsblatt, Republikanischer Club Berlin*, Jg. 1970, Nr. 1: *Nachruf für Willy Huhn*. In einem der letzten Hefte der *Neuen Kritik* (Jg. 1970, Nr. 55/56) wurde als postume Ehrung einer der kritischen Aufsätze Willy Huhns über die deutsche Sozialdemokratie abgedruckt: Willy Huhn, *Etatismus*, »*Kriegssozialismus*«, »*Nationalsozialismus*« *in der Literatur der deutschen Sozialdemokratie*.

72 Zu dieser Tendenz vgl. Theo Pirker, a.a.O., S. 186 ff.

73 Vgl. dazu Theo Pirker, a.a.O., S. 194 ff.

74 Dazu Arnulf Baring, *Außenpolitik in Adenauers Kanzlerdemokratie. Westdeutsche Innenpolitik im Zeichen der Europäischen Verteidigungsgemeinschaft*, München 1971, Bd. 2, S. 58 ff.

75 S. Theo Pirker, a.a.O., S. 204 ff.

76 Ergänzend sei hier verwiesen auf zwei Periodika mit speziellerer Zielsetzung, die ebenfalls Plattformen linkssozialistischer Publizistik waren: Mit philosophischer und literaturtheoretischer Akzentuierung erschien seit 1951, herausgegeben von Wilhelm Alff, *Aufklärung;* mit aktuellen politisch-ökonomischen und kritisch-theoretischen Analysen gab Victor Agartz seit 1956 seine *WISO-Korrespondenz für Wirtschafts- und Sozialwissenschaften* heraus.

77 Die linkssozialistischen Tendenzen der fünfziger und sechziger Jahre können hier nur stark gerafft dargestellt werden, da sie nicht unter den Begriff Linksradikalismus subsumierbar sind, sondern im Zusammenhang mit der Genese der studentischen Protestbewegung behandelt werden müssen. Eine Geschichte der linkssozialistischen Tendenzen in der Bundesrepublik liegt neuerdings vor als Dissertation an der London School of Economics: William D. Graf, *The German Left since 1945. A study of Socialist Opposition and the Social Democratic Party in the German Federal Republic;* Herr Graf stellte mir freundlicherweise Teile seines Manuskriptes zur Verfügung.

78 Peter von Oertzen in: *Sozialistische Politik*, 4. Jg. (1957), Nr. 7: *Das Wahlprogramm der SPD.*

79 *Sozialistische Politik*, 5. Jg. (1958), Nr. 1.

80 *Sozialistische Politik*, 5. Jg. (1958), Nr. 3: *Ein erster Kontakt sozialistischer Kräfte in der SPD.* Dort auch die Entschließung der Tagung. S. auch *Funken*, 9. Jg. (1958), Nr. 3, und: Ossip K. Flechtheim (Hrsg.), *Dokumente zur parteipolitischen Entwicklung . . .*, a.a.O., S. 72-78.

81 S. dazu die umfassende und detaillierte Darstellung bei Hans Karl Rupp, *Außerparlamentarische Opposition in der Ära Adenauer. Der Kampf gegen die Atombewaffnung in den fünfziger Jahren. Eine Studie zur innenpolitischen Entwicklung der BRD*, Köln 1970, bes. S. 30 ff.

82 Vgl. dazu auch Hans Karl Rupp, a.a.O., S. 274 f.

83 S. *Protokoll der Verhandlungen des außerordentlichen Parteitages der SPD vom 13.-15. November 1959*, Bonn 1959, S. 324 f.

84 S. Ossip K. Flechtheim (Hrsg.), *Dokumente...*, a.a.O., S. 135 ff., den vom Kreisverband Marburg-Stadt eingebrachten Antrag zum Grundsatzprogramm-Entwurf des Parteivorstandes. S. auch die frühere und ausführlichere Fassung des Alternativ-Entwurfs in: Wolfgang Abendroth, *Antagonistische Gesellschaft und politische Demokratie. Aufsätze zur politischen Soziologie*, Neuwied und Berlin 1967, S. 407-428.

85 Ossip K. Flechtheim (Hrsg.), *Dokumente...*, a.a.O., S. 119 ff.

86 Ernst Richert, *Die radikale Linke von 1945 bis zur Gegenwart*, Berlin 1969, S. 92.

87 So: Dieter Höhne/Marburg, *Wir und die SPD*, in: *Sozialistische Hefte. Organ der Vereinigung unabhängiger Sozialisten*, 1. Jg. (1961), Nr. 1. Höhne führte zum Verhältnis DFU–VUS aus: »Ich bin der Ansicht, die DFU spricht einen Teil der bürgerlichen Intelligenz an, zeigt Wahlergebnisse. Die Arbeiterkreise aber sind nicht angesprochen worden. In Kreisen der bürgerlichen Intelligenz ist mehr Mut und Einsicht in die Notwendigkeit vorhanden als in Kreisen der Arbeiterschaft«.

88 *Sozialistische Politik*, 6. Jg. (1959), Nr. 11/12: *Wegmarke Godesberg*.

89 S. *Sozialistische Politik*, 6. Jg. (1959), Nr. 8/9: *Gruß an einen Weg-Genossen*.

90 *Funken*, 10. Jg. (1959), Nr. 9: *Nachruf auf uns selbst*.

91 Zur Geschichte des SDS von seiner Gründung bis 1960 liegt an der Universität Gießen eine Dissertation von Volker Briem vor, die demnächst als Buch erscheinen wird.

92 Interview mit der Marburger Studentenzeitschrift *Marburger Blätter*, zitiert in: *Zur Geschichte des Sozialistischen Deutschen Studentenbundes (SDS)*, Sonderausgabe der *Studien von Zeitfragen*, Mainz o. J. (1960), S. 32.

93 Durch die Darstellung des damaligen Herausgebers von *Konkret:* Klaus Rainer Röhl, *Fünf Finger sind keine Faust*, Köln 1974, bes. S. 104.

94 Röhl, a.a.O., S. 132, charakterisiert das politische Engagement Ulrike Meinhofs und der *Konkret*-Gruppe jener Zeit: »Ulrike erfüllte alle Erwartungen. Sie übertraf sie. Sie legte los, als sei sie eine geschulte Kaderleiterin, sie, die keine Zeile von Marx und Lenin kannte. Wie wir, die wir kein Buch von Marx oder Lenin gelesen hatten, kaum einen Aufsatz. [...] Die einzigen, die ich in diesen zwei Jahrzehnten kennengelernt habe, die wirklich gründlich Marx, Engels und Lenin studiert hatten, waren Mitglieder der antikommunistischen Studentengruppen, die sich auf die ideologische Auseinandersetzung mit den ›geschulten Kommunisten‹ vorbereiteten. Sie trainierten für ein Schattenboxen. Es hat diese geschulten Kommunisten nie gegeben. Jedenfalls nicht in der Bundesrepublik.«

95 Vgl. die Presse-Dokumentation in: *Zur Geschichte des Sozialistischen Deutschen Studentenbundes*, a.a.O., S. 10 f.

96 S. ebenda, S. 9.

97 Zur Person Hüllers vgl. Klaus Rainer Röhl, a.a.O., S. 148 f.

98 *Zur Geschichte des Sozialistischen Deutschen Studentenbundes,* S. 11. Der Ausdruck wurde in der Presse nachgerade zum geflügelten Wort.

99 S. den Text der Verlautbarung in: Ossip K. Flechtheim (Hrsg.), *Dokumente . . .,* a.a.O., S. 157.

100 Ebenda, S. 157 f.

101 *Zur Geschichte des Sozialistischen Deutschen Studentenbundes,* S. 17. Der am 18. 3. 1959 von Vorstand und Bundestagsfraktion angenommene Deutschland-Plan sah den Anfang direkter Verhandlungen zwischen beiden deutschen Staaten vor und wurde allgemein als der Anfang einer deutschlandpolitischen Neuorientierung der SPD gewertet. Er wurde von den linkssozialistischen Kräften befürwortet, allerdings nach Jahresfrist von seinem Initiator, Herbert Wehner, zurückgenommen. Vgl. auch Theo Pirker, a.a.O., S. 266 ff., und Ernst Richert, a.a.O., S. 83 ff.

102 Eine Resolution der Göttinger Delegiertenkonferenz bekannte sich zum demokratischen Sozialismus: »Dieser unterscheidet sich grundsätzlich vom Kommunismus vor allem durch die Forderung nach echter demokratischer Kontrolle des gesamten gesellschaftlichen Lebens und auf Wahrung der persönlichen Würde eines jeden Einzelnen.« *Zur Geschichte des SDS,* a.a.O., S. 18. Der Nachfolger Hüllers im Bundesvorsitz des SDS konnte auf eine achtjährige Zuchthausstrafe in der DDR verweisen, die er für sein Eintreten für die SPD nach der Gründung der SED hatte verbüßen müssen. S. Günter Kallauch, *Der unbequeme Verband,* in: *Neue Kritik,* Nr. 2 (Juli 1960).

103 *Zur Geschichte des SDS,* a.a.O., S. 19 ff.

104 S. dazu bes. die Kommentare zur Entwicklung des SDS von Peter von Oertzen in *Sozialistische Politik,* 6. Jg. (1959), Nr. 8/9: *Ein politisches Lehrstück,* 7. Jg. (1960), Nr. 5: *Die Spaltung des SDS.*

105 Zitiert in: *Zur Geschichte des SDS,* a.a.O., S. 19.

106 Vgl. dazu auch Nikolaus J. Ryschkowsky, a.a.O., S. 32 f.

107 S. zu dieser Interpretation Theo Pirker, a.a.O., S. 287 ff.

108 Vgl. dazu bes. die unbeantworteten Briefe in den vom Bundesvorsitzenden des SDS zusammengestellten *Dokumenten über das Verhältnis SPD–SDS aus der Zeit 1959 bis 1962,* herausgegeben von Eberhard Dähne, o. O., o. J. (hektographiert), S. 19 ff.

109 S. Ossip K. Flechtheim (Hrsg.), *Dokumente . . .,* a.a.O., S. 160 ff.

110 S. auch die Entgegnung Abendroths und Dähnes auf die Dokumentation des SPD-Vorstandes in: Ossip K. Flechtheim, ebenda, S. 174 ff.

111 S. den Brief Ossip K. Flechtheims an den Landessekretär der SPD Berlin, der u. a. mitunterzeichnet wurde von Wilfried Gottschalch und Wolfgang F. Haug (Herausgeber der Zeitschrift *Das Argument*), in: Ossip K. Flechtheim, a.a.O., S. 190.

112 Auf die hochschulpolitische Aktivität des SDS kann im folgenden nicht hinreichend eingegangen werden, da im Zusammenhang mit der Genese der antiautoritären Studentenbewegung die Funktion des SDS als sozialistische Organisation im umfassenderen gesellschaftlichen Rahmen von überwiegendem Interesse ist. Vgl. zur hochschulpolitischen Diskussion im SDS zu Beginn der sechziger Jahre die der 16. Delegiertenkonferenz im Oktober 1961 vorgelegte Hochschuldenkschrift *Hochschule in der Demokratie;* neu herausgegeben im Verlag Neue Kritik unter dem Titel *SDS-Hochschuldenkschrift,* Frankfurt/Main 1972; vgl. dort auch das Nachwort des Verlages, das im Vergleich mit der Schrift von 1961 sehr deutlich die weite Entwicklungsspanne hoch-

schulpolitischer Diskussionen und Forderungen der sozialistischen Studentenbewegung zwischen Anfang der sechziger und Anfang der siebziger Jahre belegt.

113 Im Wintersemester 1964/65 bestanden 21 SDS-Hochschulgruppen in der Bundesrepublik. Nimmt man den Verteiler des verbandsinternen *SDS-Infos* zu dieser Zeit als Indiz für die numerische Stärke der Hochschulgruppen, so ergibt sich eine Gesamtzahl von 750. Die Berliner SDS-Gruppe erhielt 150, die Frankfurter 100, die Hamburger 70 *Infos;* nach diesen stärksten Gruppen folgten diejenigen in Kiel, Marburg und München mit je 40 *Info*-Exemplaren. (Angaben nach Dokumenten im Archiv des Bundesvorstands des SDS, das im Verlag Neue Kritik deponiert ist und zum Zeitpunkt der Benutzung noch ungeordnet war).

114 Vgl. dazu: *Der Prozeß des SDS gegen die Bundesregierung*, in: *Neue Kritik*, Beilage zu Nr. 38/39 (Okt./Dez. 1966).

115 Gemäß dem Impressum der *Neuen Kritik.*

116 Ohne organisatorische Verbindung mit dem SDS gewann für dessen Diskussion in der ersten Hälfte der sechziger Jahre die aus der Berliner Anti-Atomtod-Kampagne hervorgegangene und seit Mai 1959 erscheinende Zeitschrift *Das Argument* wachsende Bedeutung.

117 *Neue Kritik*, Sondernummer zur 16. Delegiertenkonferenz (Okt. 1961), S. 19 f.

118 *Neue Kritik*, Nr. 9 (Jan. 1962): *Anmerkungen zum Begriff der Neuen Linken.*

119 *Neue Kritik*, Nr. 8 (Nov. 1961): *Die grundsätzliche Entscheidung des SDS.*

120 Vgl. den Bericht in *Neue Kritik*, Nr. 6 (Juni 1961): *Die Neue Linke in England.*

121 S. dazu auch *Sozialistische Politik*, 7. Jg. (1960): *Neue Kraft der französischen Linken.*

122 Besonders die Kontakte mit der PSIUP und mit Lelio Basso, der an der 16. Delegiertenkonferenz des SDS als Gast teilnahm, gestalteten sich in der Folgezeit sehr intensiv. Zur politischen Konzeption Bassos s. Lelio Basso, *Zur Theorie des politischen Konflikts,* Frankfurt/Main 1969.

122a S. dazu die Dissertation eines der SDS- Bundesvorstands-Mitglieder dieser Jahre: Ursula Schmiederer, *Die Sozialistische Volkspartei Dänemarks. Eine Partei der Neuen Linken,* Frankfurt/Main 1969.

123 *Neue Kritik,* Nr. 33 (Dez. 1965); *Kernpunkte der aktuellen Diskussion im SDS.*

124 Satzung des Sozialistischen Bundes vom Oktober 1962, in: Nikolaus J. Ryschkowsky, a.a.O., S. 131.

125 *Neue Kritik*, Nr. 13 (Nov. 1962): *Nach der Delegiertenkonferenz.*

126 *Neue Kritik*, Nr. 14 (Jan. 1963): *Ein Jahr Neue Linke.*

127 *Neue Kritik*, Nr. 15 (März 1963): Wolfgang Abendroth, *»Alte« und »neue« Linke;* Heinz Brakemeier, *Marxismus – oder neuer Thomismus?*

128 Wolfgang Abendroth, ebenda. Hervorhebungen im Original.

129 Vgl. dazu den kurz nach dem Unvereinbarkeitsbeschluß geschriebenen Aufsatz von Wolfgang Abendroth, der zugleich als Dokument linkssozialistischen Selbstverständnisses gelten kann: Wolfgang Abendroth, *Bilanz der sozialistischen Idee in der Bundesrepublik Deutschland*, in: Hans Werner Richter (Hrsg.), *Bestandsaufnahme. Eine deutsche Bilanz 1962*, München 1962, S. 233 bis 263.

130 Bernd Rabehl, *Von der antiautoritären Bewegung zur sozialistischen Opposition*, in: *Rebellion der Studenten oder Die neue Opposition*, Reinbek bei Hamburg 1968, S. 157.

131 Neuerdings zugänglich als selbständige Publikation: *Die Strategiediskussion des SDS von 1963-1966*, Amsterdam 1972.

132 *Neue Kritik*, Nr. 13 (Nov. 1962): *Nach der Delegiertenkonferenz*.

133 *Neue Kritik*, Nr. 30 (Juni 1965): *Die Strategie der direkten Aktion*.

134 Die Übersetzungen der beiden Hauptwerke des 1962 verstorbenen Soziologen, *Die amerikanische Elite*, Hamburg 1962, und *Kritik der soziologischen Denkweise*, Neuwied 1963, hatten bis Mitte der sechziger Jahre eine ähnliche Bedeutung für die Diskussion im SDS wie in der zweiten Hälfte der sechziger Jahre die Arbeiten von Herbert Marcuse. Vgl. zu Mills auch Michael Vester, *Das Dilemma von C. Wright Mills*, in: *Neue Kritik*, Nr. 27 (Dez. 1964). Zu dem Kreis um die Zeitschrift *Dissent. A Quarterly of Socialist Opinion* (New York), zu dem sowohl Mills als auch Herbert Marcuse in Verbindung standen, s. auch: *Neue Kritik*, Nr. 9 (Jan. 1962): *Voices of Dissent*.

135 So mit explizitem Bezug auf Mills: *Neue Kritik*, Nr. 19/20 (Dez. 1963): Michael Vester, *Falsche Alternativen;* Neue Kritik, Nr. 18 (Nov. 1963): Manfred Liebel, *Die Rolle der Intelligenz in der Bundesrepublik.*

136 *Neue Kritik*, Nr. 18 (Nov. 1963): *Die Aufgaben der jungen Intelligenz im Klassenkampf.* Vgl. auch *Neue Kritik*, Nr. 19/20 (Dez. 1963): *Die Rolle der Intelligenz in der kapitalistischen Gesellschaft.*

137 *Neue Kritik*, Nr. 19/20 (Dez. 1963).

138 Wolfgang Abendroth, *Bilanz der sozialistischen Idee in der Bundesrepublik Deutschland*, a.a.O., S. 261.

139 Michael Vester, *Zur Dialektik von Reform und Revolution*, in: *Neue Kritik*, Nr. 34 (Feb. 1966).

140 Reinhard Hoffmann, *Anmerkungen zur sozialistischen Strategie der Gegenwart*, in: *Neue Kritik*, Nr. 22 (April 1964).

141 *Neue Kritik*, Nr. 8 (Nov. 1961): *Zur Frage der innerparteilichen Demokratie.*

142 *Neue Kritik*, Nr. 9 (Jan. 1962): *Neue Linke, Partei, Staat.* Hervorhebung im Original.

143 Ebenda.

144 *Neue Kritik*, Nr. 8. Vgl. in diesem Zusammenhang auch die 1964 zuerst veröffentlichte wissenschaftliche Arbeit von Wolfgang Abendroth: *Das Problem der innerparteilichen und innerverbandlichen Demokratie in der Bundesrepublik*, neu gedruckt in: Wolfgang Abendroth, *Antagonistische Gesellschaft und politische Demokratie. Aufsätze zur politischen Soziologie*, Neuwied/Berlin 1967, S. 272 ff.

145 *Neue Kritik*, Nr. 22 (April 1964): *Anmerkungen zur sozialistischen Strategie der Gegenwart.*

146 *Neue Kritik*, Nr. 32 (Okt. 1965): *Zur Strategie des Klassenkampfes in der Gegenwart.*

147 *Neue Kritik*, Nr. 8 (Nov. 1961): *Zur Frage der innerparteilichen Demokratie.*

148 Ebenda.

149 *Neue Kritik*, Nr. 13: *Nach der Delegiertenkonferenz.*

150 S. dazu Michael Vester, *Die Linke in den USA*, in: *Neue Kritik*, Nr. 17 (Juli 1963), und Günter Amendt, *Die Studentenrevolte in Berkeley*, in: *Neue*

Kritik, Nr. 28 (Feb. 1965). Zur Entwicklung der Studentenbewegung in den USA s. auch die Darstellung: Susanne Kleemann, *Ursachen und Formen der amerikanischen Studentenopposition*, Frankfurt/Main 1971.

151 Das Folgende nach: Michael Vester, *Die Strategie der direkten Aktion*, in: *Neue Kritik*, Nr. 30 (Juni 1965). 1967 erschien dann in der Außerparlamentarischen Opposition die Übersetzung eines Handbuches der Bürgerrechtsbewegung in den USA: *Anleitung zum Handeln. Taktik direkter Aktion.* Übers. von E. Krippendorff, Berlin 1967.

152 Eingeleitet wurde die Diskussion mit einem temperamentvollen Aufsatz von der Vrings: *Problem einer neuen sozialistischen Strategie*, in: *Neue Kritik*, Nr. 21 (Feb. 1964), in dem er die überkommenen Vorstellungen, Kampfmethoden und Organisationsformen der alten demokratisch-sozialistischen Arbeiterbewegung für wirklichkeitsfremd und wirkungslos erklärte. Da er auch die Marxsche Theorie für »nicht weit genug entfaltet« hielt, »um heute konkrete strategische Prinzipien eines sozialrevolutionären Klassenkampfes vermitteln zu können«, löste er eine ganze Serie von kritischen bzw. polemischen Gegendarstellungen aus. S. *Neue Kritik*, Nr. 21: Fritz Lamm, *Der alte Marx und die neue Linke*; Nr. 23: Elisabeth Lenk, *Geist der Strategie*; Nr. 24: Oskar Negt, *Bemerkungen zur bisherigen Diskussion über eine neue sozialistische Politik*; Nr. 28 u. 29: von der Vring, *Antikritisches zur Strategiediskussion*.

153 *Neue Kritik*, Nr. 32 (Okt. 1965).

154 Mündliche Auskunft von Hartmut Dabrowski, von 1964-1966 stellvertretender Bundesvorsitzender des SDS. Vgl. auch die Kritik Schauers an Vester in seinem Rechenschaftsbericht vor der 20. Delegiertenkonferenz des SDS in: *Neue Kritik*, Nr. 32 (Okt. 1965).

155 Vgl. den Brief des Bundesvorsitzenden des SDS an den Zentralrat der FDJ in: *Neue Kritik*, Nr. 28 (Feb. 1965).

156 Die HSU war die Hochschulorganisation der »Humanistischen Union«, der wohl erfolgreichsten Sammlungsbewegung bürgerlicher kritischer Intelligenz in der BRD der sechziger Jahre, deren – noch nicht geschriebene – Geschichte zur Genese der Außerparlamentarischen Opposition seit 1967 gehört. Sie wurde 1961 von Gerhard Szczesny u. a. in München gegründet und hatte ursprünglich eine stark antiklerikale Zielsetzung.

157 Gemeinsame Erklärung der Höchster Bünde im April 1965, zitiert in: *Demokratie vor dem Notstand. Protokoll des Bonner Kongresses gegen die Notstandsgesetze am 30. Mai 1965* (Sonderheft der *Neuen Kritik*), S. 4.

158 S. dazu neben den zahlreichen Artikeln in der *Neuen Kritik* die weit verbreitete kritische Darstellung der Notstandsgesetzgebung durch den Notstandsexperten des SDS: Jürgen Seifert, *Gefahr im Verzuge. Zur Problematik der Notstandsgesetzgebung*, Frankfurt/Main 1963.

159 Vgl. Ernst Richert, *Die radikale Linke*, a.a.O., S. 101.

160 *Neue Kritik*, Nr. 32 (Okt. 1965); Hervorhebung im Original.

161 S. dazu: Kurt Steinhaus, *Vietnam. Zum Problem der kolonialen Revolution und Konterrevolution*, Frankfurt/Main 1966 (Verlag Neue Kritik); Jürgen Horlemann / Peter Gäng, *Vietnam. Genese eines Konflikts*, Frankfurt/Main 1966.

162 *Vietnam. Analyse eines Exempels.* Informationen über den Studentenkongreß am 22. Mai 1966 in der Universität Frankfurt, Frankfurt/Main 1966 (Flugblatt des Bundesvorstandes des SDS).

163 Anonymer maschinenschriftlicher Programmentwurf in der Delegierten-

mappe der 21. Delegiertenkonferenz des SDS vom 1.-4. September 1966.

164 Vgl. dazu den Überblick in Richard Gombin, *Les origines du gauchisme,* a.a.O., S. 75-98. Vgl. auch die in Buchform erschienenen gesammelten Hefte der Situationisten-Zeitschrift: *Internationale Situationiste* 1958-1969, Amsterdam 1972.

165 Goeschel, Albrecht (Hrsg.), *Richtlinien und Anschläge. Materialien zur Kritik der repressiven Gesellschaft,* München 1968, S. 42. Diese Textsammlung enthält die bisher umfassendste Dokumentation zur Vorgeschichte der antiautoritären Bewegung.

166 S. dazu ebenda, S. 56 f., 60 f. und 73 ff.

167 Albrecht Goeschel, a.a.O., S. 87. Vgl. auch Rudi Dutschke, Wolfgang Lefèvre, Bernd Rabehl, *Rebellion der Studenten oder Die neue Opposition,* a.a.O., S. 62.

168 Sie veröffentlichten: Otto Rühle, *Von der bürgerlichen zur proletarischen Revolution. Zur Diskussion um eine neue Arbeiterbewegung.* Neu herausgegeben von der Gemeinschaft für Wissenschaftlichen Sozialismus e.V. in Zusammenarbeit mit der Redaktion »schwarz auf weiß« und der Münchener Gruppe der Rätesozialisten, München 1965.

169 Vorwort zu Otto Rühle, *Von der bürgerlichen zur proletarischen Revolution,* a.a.O., S. 11.

170 Flugblatt *Kämpfen – aber wie?* der »Aktion der Rätesozialisten«, verso S. auch Albrecht Goeschel (Hrsg.), *Richtlinien und Anschläge,* a.a.O., S. 89 ff.

171 Ebenda.

172 Albrecht Goeschel, a.a.O., S. 114.

173 Vgl. dazu die Artikel von A. J. (vermutlich A. Joffé, Pseudonym Rudi Dutschkes) in: *Anschlag,* Nr. 1 (Aug. 1964): *Die Rolle der antikapitalistischen, wenn auch nicht sozialistischen Sowjetunion für die marxistischen Sozialisten in der Welt,* und: *Das Verhältnis von Theorie und Praxis; Anschlag* Nr. 2 (Nov. 1964): *Der proletarische Internationalismus und der Imperialismus.*

174 Editorial zu *Anschlag* Nr. 2.

175 So Siegward Lönendonker, *Die Politik des Sozialistischen Deutschen Studentenbundes (SDS), Landesverband Berlin. Versuch einer Rekonstruktion der Entwicklung vom Dezember 1964 bis zum April 1967 unter besonderer Berücksichtigung von Organisation, Strategie und Taktik.* Soziologische Diplom-Arbeit an der FU Berlin o. J. S. 34 ff.

176 Bergmann/Dutschke/Lefèvre/Rabehl, *Rebellion der Studenten,* a.a.O., S. 63.

177 Vgl. dazu Wolfgang Lefèvre / Walter Weller, *Zur Geschichte der Berliner Studentenbewegung,* in: Stephan Leibfried, *Wider die Untertanenfabrik. Handbuch zur Demokratisierung der Hochschule,* Köln 1967, S. 205 ff.

178 Zu den hier im einzelnen nicht darstellbaren Vorfällen des Jahres 1965 (Fall Kuby, Fall Krippendorff usw.) s. Hartmut Häußermann / Nils Kadritzke / Knut Nevermann (Hrsg.), *Die Rebellen von Berlin. Studentenpolitik an der Freien Universität. Eine Dokumentation,* Berlin/Köln 1967.

179 Text des Plakates und Darstellung der Plakat-Aktion bei Siegward Lönnendonker, a.a.O., S. 48 ff.

180 Bergmann/Dutschke/Lefèvre/Rabehl, a.a.O., S. 69.

181 Rudi Dutschke war seit Herbst 1965 Mitglied des Bundesvorstandes des SDS, wurde dort aber in den strittigen Fragen der Taktik in der Regel von den übrigen vier Mitgliedern überstimmt.

182 S. dazu Siegward Lönnendonker, a.a.O., S. 64 ff.

183 S. dazu Walter Hollstein, *Der Untergrund. Zur Soziologie jugendlicher Protestbewegungen*, Neuwied und Berlin 1969, S. 51-62.

184 S. Lönnendonker, a.a.O., S. 117 f.; vgl. auch Rudi Dutschke, a.a.O., S. 74: »Als wir am 10. Dezember 1966 wieder einmal wagten, eine Demonstration gegen die US-Aggression in Vietnam durchzuführen, waren dem intensive Diskussionen über die Durchbrechung der Spielregeln der formalen Demokratie auf der Straße vorausgegangen.«

185 Zu den spezifischen Ursachen der Protestbewegung, die hier nicht erörtert werden können, s. René Ahlberg, *Ursachen der Revolte. Analyse des studentischen Protests*, Stuttgart/Berlin 1972; kritisch zur Ursachenanalyse der etablierten Sozialwissenschaften: Ulf Kadritzke, *Rezeption und Interpretation der Studentenbewegung in der empirischen Sozialforschung*, in: *Sozialistische Politik*, 1. Jg. (1969), Nr. 2, und: Uta Stolle, *Die Ursachen der Studentenbewegung im Urteil bürgerlicher Öffentlichkeit*, in: Das Argument, 12. Jg. (1970), Nr. 58.

186 *Neue Kritik*, Nr. 38/39 (Okt./Dez. 1966).

187 Von besonderer Bedeutung waren dabei die von der Außerparlamentarischen Opposition verbreiteten Informationen und Darstellungen der Schrift von Bahman Nirumand, *Persien. Modell eines Entwicklungslandes, oder: Die Diktatur der Freien Welt*. Nachwort von Hans Magnus Enzensberger, Reinbek bei Hamburg 1967, die im Laufe des Jahres 1967 mit über 50 000 Exemplaren vertrieben wurde.

188 Vgl. dazu die Reportage in: Kai Hermann, *Die Revolte der Studenten*, Hamburg ³1968, S. 9 ff., und die Zeugenaussagen in: Knut Nevermann (Hrsg.), *Der 2. Juni 1967. Studenten zwischen Notstand und Demokratie. Dokumente zu den Ereignissen anläßlich des Schah-Besuchs*, Köln 1967, S. 12 ff.

189 Ebenda, S. 27 ff.

190 Rudi Dutschke, a.a.O., S. 80.

191 S. dazu auch die Dokumentation: Heinz Großmann / Oskar Negt (Hrsg.), *Die Auferstehung der Gewalt. Springerblockade und politische Reaktion in der BRD*, Frankfurt am Main 1968.

192 Oskar Negt, *Politik und Gewalt*, in: *Neue Kritik*, Nr. 47 (April 1968); s. auch ders., *Studentischer Protest, Liberalismus, Linksfaschismus*, in: *Kursbuch* Nr. 13 (Juni 1968). S. auch Bahman Nirumand, *Die Avantgarde der Studenten im internationalen Klassenkampf*, in: *Kursbuch* Nr. 13, S. 14.

193 Neben der direkten Beteiligung einer Reihe von SDS-Mitgliedern an der Mai-Revolte in Paris muß hier auch die mobilisierende Funktion der Fernseh-Berichterstattung über die französischen Ereignisse in der BRD vermerkt werden.

194 Vgl. zu den lokalen Ereignissen in München, Frankfurt/Main, Bonn, Tübingen und Hannover den Überblick in: Friedrich Mager / Ulrich Spinnarke, *Was wollen die Studenten?*, Frankfurt/Main 1967; s. auch die kritische Selbstdarstellung des Heidelberger SDS in: *Neue Kritk*, Nr. 50 (Okt. 1968): *Die Entwicklung des Heidelberger SDS seit Juni 1967*. Detailliertere Darstellungen der Entwicklung der einzelnen Hochschulgruppen des SDS fehlen bisher.

195 Gemäß Jahresbericht des Berliner RC vom 25. 5. 1968, masch. schriftliches MS, S. 1.

196 Klaus Meschkat, *Rechenschaftsbericht des Vorstandes*, ebenda, S. 4.

197 Im ersten Jahresbericht des Berliner RC ist von etwa 30 Club-Grün-

dungen in der BRD die Rede. Peter Weigt, *Revolutionslexikon. Handbuch der Außerparlamentarischen Opposition,* Frankfurt/Main 1968, S. 50, spricht von 24 Club-Gründungen in Westdeutschland. S. auch die Adressenliste der Clubs in: Nikolaus J. Ryschkowsky, a.a.O., S. 91.

198 S. dazu die beiden Bundesvorsitzenden des SDS (Sept. 1966 bis Sept. 1967) Reimut Reiche und Peter Gäng, *Vom antikapitalistischen Protest zur sozialistischen Politik,* in: *Neue Kritik,* Nr. 41 (April 1967).

199 S. dazu die beiden Dokumentationen: Günter Amendt (Hrsg.), *Kinderkreuzzug* oder: *Beginnt die Revolution in den Schulen?,* Reinbek bei Hamburg 1968, und: Manfred Liebel / Franz Wellendorf, *Schülerselbstbefreiung. Voraussetzungen und Chancen der Schülerselbstbefreiung,* Frankfurt/Main 1969.

200 Antonius Holtmann, *Schülerorganisationen als außerparlamentarische Opposition,* in: Otto Wilfert (Hrsg.), *Lästige Linke. Ein Überblick über die Außerparlamentarische Opposition der Intellektuellen, Studenten und Gewerkschaften,* Mainz 1968, S. 55.

201 Röhl und Ulrike Meinhof brachen 1964 mit der illegalen KPD; seit 1967 bestanden direkte Kontakte zwischen *Konkret* und den Berliner Antiautoritären; s. Klaus Rainer Röhl, *Fünf Finger sind keine Faust,* a.a.O., S. 182 und S. 275 ff.

202 S. Nikolaus J. Ryschkowsky, a.a.O., S. 57 f. und 146 ff.

203 S. *Sozialistische Hefte,* 6. Jg. (1967), Nr. 4: *Verantwortung der Sozialisten nach Bildung der Großen Koalition,* und: *Das Gebot der Stunde – die sozialistische Volkspartei;* Nr. 5: *Chancen und Notwendigkeit einer sozialistischen Partei,* und öfter.

204 Die älteste Zeitschrift der Linkssozialisten, die *Sozialistische Politik,* hatte zum Jahresende 1966 ihr Erscheinen eingestellt und ihre Leser zum Abonnement des *Expreß International* aufgefordert. S. *Sozialistische Politik,* 13. Jg. (1966), Nr. 11/12. Zum *Expreß International* s. N. J. Ryschkowsky, a.a.O., S. 100 f.

205 *Sozialistische Hefte,* 6. Jg. (1967), Nr. 10: *Sozialistische Arbeiterbewegung und sozialistische Studenten. Zu Problemen des »Sozialistischen Zentrums« und sozialistischer Strategie in der Bundesrepublik.*

206 Zur Politischen Bürokommission des SZ gehörten: Wolfgang Abendroth und Heinz Brakemeier vom SB, Gerhard Gleißberg und Karl A. Otto von der VUS, Eberhard Dähne und Frank Deppe von der ASO, Lorenz Knorr und H. J. Hauß als Vertreter der Sozialisten in der DFU sowie Kurt Erlebach vom »Initiativausschuß zur Wiederzulassung der KPD«. S. *Sozialistische Hefte,* 7. Jg. (1968), Heft 3.

207 »*Macht die Linke stark!*« Flugblatt der Gründungskonferenz des SZ, abgedruckt in: Nikolaus J. Ryschkowsky, a.a.O., S. 152 f.

208 Noch im März 1968 hatte der spätere DKP-Bezirksvorsitzende Manfred Kapluck im VUS-Organ ein *Plädoyer für eine legale KPD* geschrieben und die Perspektive einer Neugründung zugunsten einer Relegalisierung der 1956 verbotenen Partei abgelehnt. S. *Sozialistische Hefte,* 7. Jg. (1968), Heft 3. Text der *Erklärung zur Neukonstituierung einer Kommunistischen Partei* vom 22. 9. 1968 in: Nikolaus J. Ryschkowsky, a.a.O., S. 224-231.

209 Vgl. die Dokumentation in: Nikolaus J. Ryschkowsky, a.a.O., S. 204 ff.

210 S. dazu die Dokumente in: *Sozialistische Hefte,* 7. Jg. (1968), Heft 11.

211 Zur Entwicklung dieses Ende Juni 1968 zustande gekommenen »Gießener Kreises«, dessen wichtigster Repräsentant der Marburger Soziologie-Pro-

fessor Werner Hofmann war, s. Nikolaus J. Ryschkowsky, a.a.O., S. 63 ff.; dort auch Hinweise auf die gegensätzliche Einschätzung der ADF-Initiative in den Reihen der Linkssozialisten.

212 Vgl. dazu Peter Gäng / Reimut Reiche, *Modelle der kolonialen Revolution. Beschreibung und Dokumente*, Frankfurt/Main 1967.

213 Vgl. besonders Reimut Reiche, *Sexualität und Klassenkampf. Zur Abwehr repressiver Entsublimierung*, Frankfurt/Main 1968 (Verlag Neue Kritik).

214 *Neue Kritik*, Nr. 41 (April 1967): *Vom antikapitalistischen Protest zur sozialistischen Politik*. Auch enthalten in der Dokumentation: *Strategie und Organisationsfrage in der antiautoritären Bewegung*, Hrsg. H. Martin, Darmstadt 1970. Vgl. auch den Artikel: *Niederlage und Erfolg der Berliner Protestaktion*, in: *SDS-Korrespondenz*, Nr. 6.

215 *Neue Kritik*, Nr. 42/43 (Aug. 1967): *Sozialistische Politik? Bemerkungen zur Theorie einer Revolution »des einzelnen Menschen in den spätkapitalistischen Gesellschaften«*. Vgl. auch den zwischen beiden Positionen abwägenden Diskussionsbeitrag in: *Neue Kritik*, Nr. 45 (Dez. 1967): *Auf der Suche nach dem »revolutionären Subjekt«*.

216 S. dazu die von der Delegiertenkonferenz angenommene, auf der Grundlage der Berliner SDS-Diskussionen von Wolfgang Lefèvre formulierte *Resolution zur Hochschulpolitik*, in: *Neue Kritik*, Nr. 44 (Nov. 1967). (Zur Rolle Lefèvres in Berlin s. auch Siegward Lönnendonker, a.a.O., S. 93 ff.). Die »traditionalistische« Kritik an der Mehrheitsposition der Konferenz vertraten vom Marburger SDS Frank Deppe, vom Kölner SDS Erich Eisner; s. ihre Beiträge in *Neue Kritik*, Nr. 44: *Parlamentarismus*, und *Der gesellschaftliche Standort der Studentenbewegung*.

217 *Sozialistische Hefte*, 6. Jg. (1967), Nr. 10: *SDS in der Krise*.

218 Ausgeglichener war allerdings die Zusammensetzung des neu geschaffenen »Politkomitees«, das für den Bundesvorstand beratende Funktion hatte; von dessen Mitgliedern vertraten antiautoritäre Argumente: Rudi Dutschke, Wolfgang Lefèvre, Reimut Reiche; traditionalistisch argumentierten: Elmar Altvater, Frank Deppe, Kurt Steinhaus; Helmut Schauer nahm eine Mittlerposition ein.

219 So Herbert Lederer in seinem streitbaren Bericht in: *Sozialistische Hefte*, 6. Jg. (1967), Nr. 12. Zu der Konferenz eingeladen hatten: Hans Magnus Enzensberger, Jürgen Habermas, Klaus Meschkat, Oskar Negt, Reimut Reiche, Jürgen Seifert, Helmut Schauer und Klaus Vack.

220 Vorwort zu der Buchausgabe der antiautoritären Referate der Konferenz im Verlag *Neue Kritik*: Lothar Hack / Oskar Negt / Reimut Reiche, *Protest und Politik*, Frankfurt/Main 1968, S. 8.

221 Zuerst gedruckt ebenda, S. 11-24; abgedruckt auch in: *Strategie und Organisationsfrage der antiautoritären Bewegung*, a.a.O., S. 55 ff., sowie in: Oskar Negt, *Politik als Protest. Reden und Aufsätze zur antiautoritären Bewegung*, Frankfurt/Main 1971, S. 30 ff.; weitere Drucknachweise dieses antiautoritären Selbstverständigungsversuchs in: A. Götz von Olenhusen / Ch. Gnirß, *Handbuch der Raubdrucke 2. Theorie und Klassenkampf. Sozialisierte Drucke und proletarische Reprints. Eine Bibliographie*, Pullach bei München 1973, S. 291.

222 Ebenda, S. 17.

223 Ebenda, S. 20 ff.

224 *Sozialistische Hefte*, 7. Jg. (1968), Nr. 3: *Grußwort des stellvertretenden*

Bundesvorsitzenden des SDS. S. auch *Neue Kritik,* Nr. 46. In den sarkastischen *Anmerkungen zur Sozialistischen Februarkonferenz* in der *Neuen Kritik* Nr. 46 (Febr. 1968) hieß es: »Mit Sicherheit läßt sich konstatieren, daß der traditionelle und sterile Ansatz altsozialdemokratischer Parteiarbeit eine Koordinierung der vorhandenen Aktivitäten und Bewegungen nicht schafft. Sicherlich ist es nicht zufällig, daß sich die Träger realer Bewegung dem Sozialistischen Zentrum bisher ferngehalten haben: die Notstandsopposition, die Kampagne für Abrüstung, der SDS-Gesamtverband, der Republikanische Club Berlin usw.«

225 *Sozialistische Hefte,* 7. Jg. (1968), Nr. 3. Das Bundesvorstandsmitglied des SDS Herbert Lederer beteiligte sich aktiv an der Diskussion des Aktionsprogramms des SZ. Vgl. auch (a.a.O.) seinen Beitrag: *Kampf um Demokratie und Sozialismus verbinden.*

226 Zitiert nach: *Sozialistischer Club-Info,* Nr. 9: *Materialien zur Parlamentarismus-Diskussion. Die Parlamentarismus-Debatte der Linken bei der a.o. DK des SDS vom 29.-31. März 1968.*

227 *SDS-Info,* Nr. 1 (Dez. 1968): *Presseerklärung des Bundesvorstandes des SDS zum Verhältnis SDS und ADF vom 11. 12. 1968.*

228 S. dazu die Dokumentation in: *Neue Kritik,* Nr. 48/49: *Entschließung des SDS-Bundesvorstandes vom 10. August 1968,* und: *Dokumente der 23. ordentliche Delegiertenkonferenz des SDS, 12.-16. September 1968,* Frankfurt/Main 1968, S. 29 ff., dort auch (S. 31) die Darstellung des »Traditionalisten« Herbert Lederer. Vgl. auch: *Der SDS in Sofia. Dokumentation zur Vorgeschichte des Ausschlusses von 5 Genossen aus dem SDS,* Köln 1968, *facit aktuell* Nr. 3. Als Kommentar im Sinne der antiautoritären Bundesvorstands-Mehrheit s. *Neue Kritik,* Nr. 48/49: *Doppelte Loyalität kontra schlechtes Gewissen.*

229 *Neue Kritik,* Nr. 50 (Okt. 1968).

230 Vgl. den Artikel eines der 5 ausgeschlossenen SDS-Mitglieder, Fred Schmid/München, in: *Facit. Zeitschrift marxistischer Studenten,* Nr. 15: *Über das Verhältnis der DKP-Uni-Ausschüsse zum SDS.* S. auch zum Selbstverständnis der »Traditionalisten« nach der 23. DK des SDS ebenda den Aufsatz: J. von Heiseler, *Antiautoritäre Fraktionen und Positionen im SDS.*

231 S. dazu Reimut Reiche, *5 Thesen und eine Schlußfolgerung zur DKP,* Frankfurt 1969, und: FU-Projektgruppe DKP und Bernd Rabehl, *DKP – eine neue sozialdemokratische Partei,* Berlin 1969.

232 Vgl. Hartmut Weyer, *MSB Spartakus. Von der studentischen Protestbewegung zum Klassenkampf,* Stuttgart 1973, S. 21 ff. Herausgeber des Spartakus AMS-Organs *Rote Korrespondenz* war wiederum Fred Schmid/München.

233 Von der Marburger SDS-Gruppe heißt es z. B. in einem Bericht: »Nach der Frankfurter DK wurde die Gruppe von einer antiautoritären Welle heimgesucht, die in einer völligen Zerschlagung der alten Gruppenstruktur mündete. [...] Gleichzeitig löste sich die Gruppe ohne irgendeine konkrete Aktionsstrategie in Basisgruppen auf . . .«. *SDS-Info,* Nr. 2 (1969). In diesem Periodikum, einem Organ, das fast ausschließlich der Selbstdarstellung einzelner SDS-Hochschulgruppen diente, weitere Beispiele.

234 Z. B.: *SDS-Info,* Nr. 9 (20. 3. 1969): *Die antiautoritäre Phase unserer Bewegung liquidieren!*

235 *SDS-Info,* Nr. 7/8 (Febr. 1969).

236 So vor allem Artur Staffelberg, *Revolutionäre und reformistische Politik in der Geschichte der deutschen Arbeiterbewegung*, a.a.O.; s. dazu oben das Kapitel über das historische Selbstverständnis der antiautoritären Bewegung in der BRD.

237 So Abendroth in seiner Rede auf der Gründungskonferenz des »Sozialistischen Zentrums«, abgedruckt in: *Sozialistische Hefte*, 7. Jg. (1968), Nr. 3. Bereits in seiner Kritik an der 22. DK des SDS vom September 1967 hatte Abendroth geschrieben: »Ist es erstaunlich, daß diese Studenten teilweise glaubten, sie müßten die Politik der UdSSR und der sozialistischen Staaten von – wie sie meinen – ›links‹ kritisieren? So drohen sich bei einem Teil der sozialistischen Studenten Stimmungen zu bilden, die (sogar in der Formulierung) mit jenen Illusionen der KAP zu Beginn der zwanziger Jahre fast identisch sind, die einst Lenin in ›Der Radikalismus, die Kinderkrankheit des Kommunismus‹ mit Recht kritisiert hat.« *Sozialistische Hefte*, 6. Jg. (1967), Nr. 10. Aus dem Kreise der Kölner »Traditionalisten« veröffentlichte 1968 Erich Eisner eine Streitschrift gegen die »Antiautoritären«, die deren historische Ursprünge auf die Auseinandersetzung des Willich/Schapper-Flügels mit Marx und Engels im »Bund der Kommunisten« zurückdatiert, besonders aber die Bewegung der »Jungen« und die Rätekommunisten der Weimarer Zeit als ihre Vorläufer herausstellt; nach Eisner ist das wichtigste Merkmal des linken Radikalismus dessen Verwurzelung im »bürgerlichen Individualismus«. S. Erich Eisner, *Gegen die Bürger im Marxpelz. Die antiautoritären »Linken« in der Arbeiterbewegung*, Köln 1968, Fazit-Reihe Nr. 2.

238 *Kursbuch*, Nr. 14 (Aug. 1968), S. 127. Die Aufforderung zur Stellungnahme zum Thema *Ein Gedanke für die Zukunft* war im Januar 1968, *Kursbuch*, Nr. 11, S. 170, erfolgt.

239 Lothar Hack / Oskar Negt / Reimut Reiche, *Protest und Politik*, a.a.O., S. 12.

240 Ebenda, S. 43.

241 Lothar Hack, *Zur Faszination der neuen Unmittelbarkeit*, in: *Protest und Politik*, a.a.O., S. 61 f. Vgl. auch Bernd Rabehl, *Von der antiautoritären Bewegung zur sozialistischen Opposition*, in: Bergmann/Dutschke/Lefevre/Rabehl, *Rebellion der Studenten*, a.a.O., S. 151: »Das ›Wesentliche‹ der Rebellion wurde aber im psychisch bedingten Unbehagen der Jugend gesucht. Die radikal politische Kritik der Studenten wurde in die Idylle des Generationsproblems schematisiert. Darin sah man die Gelegenheit, die Opposition gegen die gesellschaftlichen Autoritäten nach psychologischen und biologischen Gesichtspunkten zu verharmlosen.«

242 *Neue Kritik*, Nr. 38/39 (Oktober/Dezember 1966): *Studentenrevolte in Berkeley und Berlin.*

243 Reimut Reiche, *Die Beschränkung der jugendlichen Protestbewegung*, in: Hack/Negt/Reiche, *Protest und Politik*, a.a.O., S. 32.

244 *Thesen zum Selbstverständnis der antiautoritären Opposition*, in: Böckelmann/Esser/Goeschel/Rabehl/Schwendter, *Thesen zum Selbstverständnis der antiautoritären Opposition* (u. a. Beiträge), Stuttgart o. J. (1968), S. 10. Als Beispiel für die von Böckelmann abgelehnte Deutung s. Erich Eisner, *Der gesellschaftliche Standort der Studentenbewegung*, in: *Neue Kritik*, Nr. 44 (Nov. 1967).

245 *Autorität, Organisation, Revolution*, s'Gravenhage 1972, S. 27 f. Vgl. zur Randgruppen-Theorie Marcuses: Herbert Marcuse, *Der eindimensionale*

Mensch, Neuwied 1967, S. 267 ff.

246 Vgl. dazu Herbert Marcuse, *Ziele, Formen und Aussichten der Studentenopposition*, in: *Das Argument*, 9. Jg. (1967), Nr. 45, S. 398 ff.; Herbert Marcuse, *Das Ende der Utopie. Herbert Marcuse diskutiert mit Studenten und Professoren West-Berlins an der Freien Universität Berlin über die Möglichkeiten und Chancen einer politischen Opposition in den Metropolen in Zusammenhang mit den Befreiungsbewegungen in den Ländern der Dritten Welt*, Berlin 1967; und Herbert Marcuse, *Ist die Idee der Revolution eine Mystifikation? Herbert Marcuse antwortet auf vier Fragen*, in: *Kursbuch*, Nr. 9 (Juni 1967), S. 1 ff.

247 Bergmann/Dutschke/Lefèvre/Rabehl, *Rebellion der Studenten*, a.a.O., S. 86.

248 Hack/Negt/Reiche, *Protest und Politik*, a.a.O., S. 42.

249 Reimut Reiche, *Zur Verteidigung der »neuen Sensibilität«*, in: *Die Linke antwortet Habermas*, Frankfurt/Main 1968, S. 91.

250 Reimut Reiche / Peter Gäng, *Vom antikapitalistischen Protest zur sozialistischen Politik*, in: *Neue Kritik*, Nr. 41. Vgl. auch R. Reiche, *Die Beschränkung der jugendlichen Protestbewegung*, a.a.O., S. 39 ff.

251 S. dazu Lothar Hack, *Zur neuen Faszination der Unmittelbarkeit*, a.a.O., S. 55 ff., und: Lothar Hack, *Am Beispiel Berkeley: Rigider Funktionalismus und neue Unmittelbarkeit*, in: *Neue Kritik*, Nr. 41.

252 Reiche trat ein für eine politisch-psychische Therapiefunktion des SDS: »Wer es grundsätzlich ablehnt, daß die antiautoritäre Bewegung der Schüler und Studenten auch gewisse Funktionen der psychischen Selbstheilung übernehmen muß – mit allen Schwierigkeiten, die dazu gehören – dem bleibt letztlich nur eine andere Alternative: einen numerus clausus der Normalität einzuführen und dafür eine Kontrollinstanz einzusetzen.« (*Die Linke antwortet Habermas*, a.a.O., S. 96). Das in der Fallstudie über den Heidelberger SDS herausgestellte »persönliche Therapiebedürfnis« als Antrieb politischer Aktivität des »linksradikalen Typs« wurde also bereits in der antiautoritären Bewegung erkannt und in ihre taktischen Überlegungen einbezogen. Vgl. zur Motivationsstruktur des »linksradikalen Typs«: Ronald Grossarth-Maticek, *Revolution der Gestörten? Motivationsstrukturen, Ideologien und Konflikte bei politisch engagierten Studenten*, Heidelberg 1975, S. 68 ff. und 130 ff.

253 Reimut Reiche in: Hack/Negt/Reiche, *Protest und Politik*, S. 37 f.

254 Reimut Reiche, *Sexualität und Klassenkampf*, a.a.O., S. 15. Hervorhebungen im Original.

255 Ein von Peter Brückner im apologetischen Sinne gebrauchter Begriff. Johannes Agnoli / Peter Brückner, *Die Transformation der Demokratie*, Frankfurt/Main 1968, S. 107 f.

256 *Resolution zur Hochschulpolitik der 22. DK des SDS*, in: *Neue Kritik*, Nr. 44 (Nov. 1967), S. 18. Vgl. auch: *Strategie und Organisationsfrage in der antiautoritären Bewegung*, a.a.O., S. 46 ff.

257 Rolf Schwendter, *Maximen und Reflexionen zur Praxis der antiautoritären Linken*, in: Frank Böckelmann u. a., *Thesen zum Selbstverständnis der antiautoritären Opposition*, a.a.O., S. 51. Vgl. auch Bahman Nirumand, *Die Avantgarde der Studenten im internationalen Klassenkampf*, in: *Kursbuch*, Nr. 13 (Juni 1968).

258 *Autorität, Organisation, Revolution*, a.a.O., S. 28.

259 Aus den nachgelassenen Entwürfen für seine *Thesen zum allgemeinen*

Verhältnis von wissenschaftlicher Intelligenz und proletarischem Klassenbewußtsein. In: Hans-Jürgen Krahl, Konstitution und Klassenkampf, a.a.O., S. 354.

260 Zuerst erschienen in: Sozialistische Correspondenz-Info, Nr. 25 (Dez. 1969), neu gedruckt u. a. in: Strategie und Organisationsfrage in der antiautoritären Bewegung, a.a.O.; Strategie und Organisationsdebatte, Sondernummer von Info. Hannoversches Centralorgan der Sozialistischen Basis- und Projektgruppen, Hannover o. J. (1970); Hans-Jürgen Krahl, Konstitution und Klassenkampf, a.a.O., S. 330 ff. Vgl. auch dazu, in diesem Punkte kritisch: Helmut Reinicke, Für Krahl, Berlin 1973, S. 52 ff.

261 Hans-Jürgen Krahl, Konstitution und Klassenkampf, a.a.O., S. 25: »Wir meinten, daß allein Randgruppen in Stellvertretung für die Arbeiterklasse handeln und gewissermaßen eine Menschheitsrevolution, ohne Unterschied der Klassen, initiieren könnten. Das alles hat sich sicherlich als Ideologie herausgestellt.«

262 S. dazu: SDS-Info, Nr. 21; dort Helmut Schauer: »Die Streikbewegung der letzten Tage ist seit den dreißiger Jahren die erste spontane Erhebung, in der große Arbeitermassen direkt gegen die Gewerkschaften für ihre Lohninteressen kämpfen.«

263 Symptomatisch dafür war z. B. die große Resonanz des Aufsatzes von Joscha Schmierer, Zur Analyse der Studentenbewegung, in: Rotes Forum (Heidelberg), Nr. 5 (1969); der Aufsatz enthält eine kritische Abrechnung mit den beiden oben referierten Neubestimmungsversuchen des »revolutionären Subjekts«. Neu gedruckt wurde der Essay u. a. in: Strategie und Organisationsdebatte, a.a.O., S. 17-42.

264 Vgl. die Darstellung der Entwicklung des Heidelberger SDS von 1967 bis 1972 in: Ronald Großarth-Maticek, Revolution der Gestörten?, a.a.O., S. 36 ff.

265 Vgl. dazu die Marcuse-Kritik Paul Matticks, des einzigen Veteranen aus der rätekommunistischen Bewegung, der gegenwärtig noch produktiv an der sozialistischen Theoriediskussion teilnimmt: Paul Mattick, Kritik an Herbert Marcuse. Der eindimensionale Mensch in der Klassengesellschaft, Frankfurt/Main 1969.

265a Vgl. dazu Jörg Kammler, Politische Theorie von Georg Lukács. Struktur und historischer Praxisbezug bis 1929, Darmstadt und Neuwied 1974, S. 319-326. S. auch Jahrbuch 1. Arbeiterbewegung. Geschichte und Theorie, Frankfurt/Main 1973, das mehrere informative Arbeiten über Korsch enthält.

266 S. zu Korsch: Sozialistische Politik, 5. Jg. (1958), Nr. 8: Karl Korsch, Das sozialistische und das syndikalistische Sozialisierungsprogramm. Mit Anmerkungen von Peter von Oertzen; 9. Jg. (1962), Nr. 2, Erich Gerlach, Karl Korsch gestorben; Nr. 8: Denkmal für Karl Korsch; s. auch Neue Kritik, Nr. 28 (Nov. 1963): Erich Gerlach, Karl Korsch und der Marxismus. Zu Lukács s. bes. Theo Pinkus (Hrsg.), Gespräche mit Georg Lukács. Hans Heinz Holz, Leo Kofler, Wolfgang Abendroth, Reinbek bei Hamburg 1967.

267 Hans-Jürgen Krahl, Konstitution und Klassenkampf, a.a.O., S. 250.

268 Rudi Dutschke, Ausgewählte und kommentierte Bibliographie, a.a.O., S. 35 f. Vgl. auch Krahls Exzerpte und Notizen zu Marxismus und Philosophie und Geschichte und Klassenbewußtsein aus den Jahren 1966 bis 1968 in: H.-J. Krahl, Konstitution und Klassenkampf, a.a.O., S. 164 ff. u. 136 ff.

269 Dutschke empfahl in seiner Bibliographie (S. 27) nachdrücklich: Karl

Korsch, *Die materialistische Geschichtsauffassung. Eine Auseinandersetzung mit K. Kautsky*, Leipzig 1929.

270 Artur Staffelberg (*Revolutionäre und reformistische Politik in der Geschichte der deutschen Arbeiterbewegung*, S. XV) beruft sich auf Erich Matthias, *Kautsky und der Kautskyanismus. Die Funktion der Ideologie in der deutschen Sozialdemokratie vor dem Ersten Weltkrieg*, in: *Marxismusstudien*, II, 1957, S. 151-197, und auf die Dissertation des Korsch-Schülers Kurt Brandis: *Die deutsche Sozialdemokratie bis zum Fall des Sozialistengesetzes*, Leipzig 1931.

271 Oskar Negt, *Marxismus als Legitimationswissenschaft. Zur Genese der stalinistischen Philosophie*, Vorwort zu: Abram Deborin/Nikolai Bucharin, *Kontroversen über dialektischen und mechanistischen Materialismus*, Frankfurt/Main 1969.

272 Anton Pannekoek, *Lenin als Philosoph. Mit einer Rezension von Karl Korsch und einer Einleitung von Paul Mattick.* Hrsg. von Alfred Schmidt, Frankfurt/Main 1969. Das Buch erschien erstmals 1938 in Amsterdam als vervielfältigtes Manuskript.

273 Ebenda, S. 102.

274 *Thesen zum Selbstverständnis der antiautoritären Bewegung*, a.a.O., S. 38.

275 Bergmann/Dutschke/Lefèvre/Rabehl, *Rebellion der Studenten*, a.a.O., S. 48. Vgl. auch Hans-Jürgen Krahl, *Über Marxismus-Leninismus*, in: *Konstitution und Klassenkampf*, a.a.O., S. 311 f. Als Kritik an der philosophischen Kritik des Leninismus s. Richard Albrecht, *Die Kritik von Korsch und Pannekoek an Lenins »Materialismus und Empiriokritizismus«*, in: *Das Argument*, 14. Jg. (1972), Nr. 74, S. 586 ff.

276 Hans-Jürgen Krahl, *Konstitution und Klassenkampf*, a.a.O., S. 250.

277 S. dazu Günter Bartsch, *Anarchismus in Deutschland*, Bd. 2/3, 1965-1973, Hannover 1973, S. 104 ff. Einschränkend hieß es von seiten des Instituts: »Falsch und zu einfach wäre es jedoch zu meinen, in einer bloßen Identifizierung mit rätekommunistischen Tendenzen der Arbeiterbewegung ließe sich die politische Praxis für heute bestimmen. Die rückwirkende Solidarisierung mit den Rätekommunisten kann nur aktuelle Bedeutung haben, wenn sie bewußte Teilnahme an den sich entfaltenden Klassenkämpfen zum Ziel hat.« Vorbemerkung zu: Otto Rühle, *Von der bürgerlichen zur proletarischen Revolution.* Hrsg. Institut für Praxis und Theorie des Rätekommunismus, Berlin-Wilmersdorf, o. J., Bibliothek der Rätekommunisten Bd. 2.

278 Otto Rühle, *Von der bürgerlichen zur proletarischen Revolution*, München 1965, S. 9-14: *Das russische Problem.*

279 Ebenda, Vorwort der Herausgeber, S. II.

280 Ebenda, S. II f.

281 Bergmann/Dutschke/Lefèvre/Rabehl, *Rebellion der Studenten*, a.a.O., S. 45. Vgl. auch Hans-Jürgen Krahl, *Zu Lenin, Was tun?*, in: *Konstitution und Klassenkampf*, a.a.O., S. 155 ff.

282 *Parlamentarismusdebatte. Pannekoek, Lukács, Friedländer (Reuter), Rudas.* Vorwort Projektgruppe Räte, Berlin 1968, S. 20-62: *Die Entwicklung der Weltrevolution und die Taktik des Kommunismus.*

283 *Rebellion der Studenten*, a.a.O., S. 45.

284 Gabriel und Daniel Cohn-Bendit, *Linksradikalismus*, a.a.O., S. 238. Vgl. das ganze Kapitel *Charakter und Strategie des Bolschewismus*, ebenda, S. 223-260.

285 Anton Pannekoek/Hermann Gorter, *Organisation und Taktik der proletarischen Revolution.* Hrsg. und eingeleitet von Hans Manfred Bock, Frankfurt/Main 1969. Zu den weiteren Neuausgaben rätekommunistischer Literatur, die vor allem aus technischen Gründen (editorische Vorbereitung und Drucklegung) teilweise erst nach dem Ende der antiautoritären Bewegung erschienen, s. u. das Verzeichnis der

Neudrucke aus der Geschichte des linken Radikalismus in Deutschland.

286 S. z. B. Michael Schneider, *Gegen den linken Dogmatismus, eine »Alters-krankheit« des Kommunismus*, in: *Kursbuch*, Nr. 25 (Okt. 1971), bes. S. 91 ff. Götz Eisenberg/Wolfgang Thiel, *Fluchtversuche. Über Genesis, Verlauf und schlechte Aufhebung der antiautoritären Bewegung*, Gießen 1973, bes. S. 61 ff.

287 Vgl. zur Biographie: Ilse Ollendorff-Reich, *Wilhelm Reich. Das Leben des großen Psychoanalytikers und Forschers, aufgezeichnet von seiner Frau und Mitar-beiterin*, München 1975. Zur Reich-Rezeption und -Diskussion in der BRD s. jetzt auch: Helmut Dahmer, *Rückblick auf Wilhelm Reich*, in: *Jahrbuch Arbeiterbewe-gung 3 – Geschichte und Theorie*, Frankfurt/Main 1975, S. 276 ff.

288 Götz von Olenhusen/Gnirß, *Handbuch der Raubdrucke* (a.a.O., S. 335-353) verzeichnet allein 57 Raubdrucke von Reich-Schriften in der BRD in der Zeit von 1965 bis 1970.

289 Ernst Parell (= Wilhelm Reich), *Was ist Klassenbewußtsein? Ein Beitrag zur Diskussion über die Neuformierung der Arbeiterbewegung*, Kopenhagen, Paris, Zürich 1934.

290 Reimut Reiche, *Wilhelm Reich, Die sexuelle Revolution*, in: *Neue Kritik*, Nr. 48/49 (Aug. 1968). Vgl. auch Reimut Reiche, *Sexualität und Klassenkampf. Zur Abwehr repressiver Entsublimierung*, a.a.O., S. 8 f.

291 Wilhelm Reich, *Dialektischer Materialismus und Psychoanalyse*, o. O., 1969, Umschlagtext.

292 *SDS-Info*, Nr. 7/8 (Dez. 1969): *Wer war Wilhelm Reich?* Der Artikel war verfaßt worden aus Anlaß der vorübergehenden Umbenennung des psychologischen Instituts der Universität Hamburg in »Wilhelm-Reich-Institut« im Januar 1969. Mit der gleichen Zielsetzung der Indienstnahme psychoanalytischer Praxis für eine aktuelle Klassenkampf-Strategie das Vorwort zu: Wilhelm Reich, *Der triebhafte Charakter*, o. O. 1969: »Psychotherapie kann nicht nur benutzt werden, um psychisch kaputte Menschen soweit zusammenzuflicken, daß sie ihre Rolle im Produktionsprozeß erfüllen können, sie kann auch dazu dienen, einzelnen oder Gruppen die psychische Stärke zu geben, die notwendig ist, den zermürbenden Kampf gegen unsere repressive Gesellschaftsordnung und ihre Träger zu bestehen. Das ist die Aufgabe der revolutionären Psychoanalyse.«

293 Als Vorabdruck erschienen in der Zeitschrift *Konkret*.

294 Ernst Parell, *Was ist Klassenbewußtsein?* a.a.O., S. 8.

295 Die von Otto Rühles Artikel über den »Autoritären Menschen« verursachte Diskussion in der *Aktion* (s. dazu oben S. 135) wurde neu gedruckt in: Otto Rühle, *Zur Psychologie des proletarischen Kindes*, Hrsg. v. Lutz v. Werder und Reinhart Wolff, Ffm 1969, S. 138-171. Auch Reimut Reiche (*Sexualität und Klassenkampf*, S. 22) verweist gelegentlich auf Rühle.

296 Vgl. z. B. Frank Böckelmann im November 1968: »Nicht zufällig gibt es noch keine Theorie des antiautoritären Kampfes – wobei ich die Möglichkeit einräume, daß es eine solche Theorie im jetzigen Stadium noch gar nicht geben darf.« *Thesen zum Selbstverständnis der antiautoritären Opposition*, a.a.O., S. 10.

297 Z. B. in typischer Kombination: *Einführung in den Marxismus.* Korsch, *Quintessenz des Marxismus;* Pannekoek, *Bolschewismus und Demokratie;* Wilhelm Reich, *Gespräch*, o. O., o. J. (ca. 1969).

298 Hans-Jürgen Krahl, *Zur Geschichtsphilosophie des autoritären Staates*, in: ders., *Konstitution und Klassenkampf*, a.a.O., S. 209.

299 Hans-Jürgen Krahl, a.a.O., S. 214 f.

300 Z. B. Krahl (*Konstitution und Klassenkampf*, S. 207): »Die historischen

Bedingungen für die wirtschaftliche Zusammenbruchskrise des Kapitals sind erfüllt; die geschichtliche Tendenz der kapitalistischen Akkumulation hat längst den Konzentrations- und Zentralisationsgrad des Kapitals erreicht, den Marx und Engels als dessen naturwüchsig herbeigeführten geschichtlichen Endpunkt bezeichneten.«

301 Frank Böckelmann, *Thesen zum Selbstverständnis der antiautoritären Opposition,* a.a.O., S. 3.

302 Ebenda, S. 2.

303 Diese Formulierung taucht leitmotivisch in Krahls Schriften auf; s. z. B. Hans-Jürgen Krahl, *Konstitution und Klassenkampf* a.a.O., S. 213, 251 und öfter.

304 A.a.O., S. 125. Hervorhebung im Original.

305 A.a.O., S. 126.

306 Bergmann/Dutschke/Lefèvre/Rabehl, *Rebellion der Studenten* a.a.O., S. 44.

307 Vgl. Bernd Rabehl (*Kursbuch,* Nr. 14, Aug. 1968): »Nun ist aber die Frage: wie sind die Menschen aus ihrer Hörigkeit zu befreien. [. . .] Das ist nur möglich durch die Aktion [. . .]. Der Parteimarxismus hat diese Frage nie richtig gestellt. Er hat immer nur abgewartet. Sie haben an den objektiven Prozeß geglaubt, an die Dialektik der Produktivkräfte. Sie glaubten, mit den Worten Landauers, die Dampfmaschine werde die Revolution machen«.

308 Vgl. dazu auch Klaus Reblin, *Der Voluntarismus der ›Neuen Linken‹ – eine Analyse ihres Geschichtsverständnisses,* in: Erwin K. Scheuch, *Die Wiedertäufer der Wohlstandsgesellschaft,* a.a.O., S. 168 ff.

309 »Die Organisation ist die Form der Vermittlung zwischen Theorie und Praxis. Und wie in jedem dialektischen Verhältnis erlangen auch hier die Glieder der dialektischen Beziehung erst in und durch ihre Vermittlung Konkretion und Wirklichkeit.« Zitiert in Oskar Negt, *Politik und Protest,* a.a.O., S. 19.

310 Vgl. oben den Abschnitt über den SDS und die Neue Linke.

311 Johannes Agnoli/Peter Brückner, *Transformation der Demokratie* a.a.O., S. 30 ff.

312 *Spiegel*-Gespräch mit Rudi Dutschke, in: *Der Spiegel,* 21. Jg. (1967), Nr. 29.

313 Hack/Negt/Reiche, *Protest und Politik* a.a.O., S. 19.

314 »Niemand wird heute im Ernst bestreiten können, daß angesichts des technokratisch durchorganisierten Spätkapitalismus erst organisiertes Verhalten die Form der Vermittlung von Theorie und Praxis darstellt. Aber ein Moment des Dogmatischen, Unhistorischen, Undialektischen jener formal richtigen Bestimmung entspricht der historischen Schranke des praktischen Bewußtseins von Lukács und gleichzeitig der faktischen Begrenztheit der historisch entstandenen und damit vergänglichen Organisationsform leninistischen Typs.« Hack/Negt/Reiche, *Protest und Politik,* a.a.O., S. 19.

315 Oskar Negt, *Spontaneität und Kaderorganisation,* in£ *Konkret,* Jg. 1969, Nr. 15 Vgl. dort auch die historisch-relativierende Auseinandersetzung Negts mit Lenins Schrift *Der ›linke Radikalismus‹, eine Kinderkrankheit im Kommunismus.*

316 Gabriel und Daniel Cohn-Bendit, *Linksradikalismus,* a.a.O., S. 264.

317 Wolfgang Dreßen, *Antiautoritäres Lager und Anarchismus,* Berlin 1968, S. 13.

318 Helmut Schauer, *Über den Gewerkschaftsapparat und die Grenzen des Aktionsspielraums,* in: *Die Linke antwortet Habermas* a.a.O., S. 180. Vgl. auch die Funktionsbeschreibung der Gewerkschaften im Spätkapitalismus von Rabehl (*Rebellion der Studenten,* S. 177 f.): »Der Staat als Schlichtungsinstanz zwischen Unternehmerverbänden und Gewerkschaften, der über die gesamtgesellschaftliche Produktion im Interesse der expandierenden Industriezweige wacht, bemüht sich,

die Gewerkschaften der staatlichen Lohnpolitik unterzuordnen. Es wird garantiert, daß die Löhne mit dem Steigen der Produktionskapazität, mit der Zuwachsrate erhöht werden, aber dafür müssen die Arbeiterorganisationen gewährleisten, daß keine zusätzlichen Lohnforderungen etc. gestellt und erst recht keine Streiks durchgeführt werden. Die Gewerkschaften werden zu Organen der Disziplinierung der Arbeiter. Die Abwehrkämpfe der Arbeiter in den einzelnen Betrieben und Branchen sind damit zunehmend nicht nur dem Druck des Managements und des Staatsapparates ausgesetzt, sondern auch dem Druck der oberen Gewerkschaftsbürokratie.«

319 Hans-Jürgen Krahl, *Konstitution und Klassenkampf*, S. 152 f.

320 Gabriel und Daniel Cohn-Bendit, *Linksradikalismus* a.a.O., S. 204 f: »Die Gewerkschaften sind ausgesprochen arbeiterfeindliche Organisationen geworden, auf die die Arbeiter keinerlei Einfluß mehr haben. [. . .] Wenn es Ziel des Kampfes gegen Staat und Unternehmertum ist, diesen eine Macht zu entreißen, die sie in ihrem eigenen Interesse monopolisieren, indem sie den Arbeiter auf die Stufe eines bloßen Befehlsempfängers festhalten, so ist klar, daß dieses Ziel nicht mit Hilfe von Organisationen zu erreichen ist, deren Struktur auf die Ausschaltung des Arbeiters hinausläuft.«

321 Vgl. den Bericht des Arbeitskreises in: *RC-Bulletin*, 2. Jg. (1968), 23. Okt. 1968. Es wurde im Wintersemester 1967/68 u. a. referiert über »Die Rätebewegung in Rußland 1905/06 und 1917/21 (Willy Huhn), »Rätebewegung in Deutschland 1918/20« (Reinhard Rürup), »Das Versagen des Parlamentarismus in der Gegenwart und das Rätesystem als Alternative zum Parlamentarismus« (Wilfried Gottschalch); als weitere Themen waren geplant: Rätebewegung und Verfassung, Rätegedanke und Wirtschaft, Rätedemokratie und Partei, Räte und Gewerkschaft, Räte und Bürokratie, Neue Arbeiterklasse und Rätedemokratie.

322 Reimut Reiche/Peter Gäng, *Vom antikapitalistischen Protest zur sozialistischen Politik*, in: *Neue Kritik*, Nr. 41 (April 1967). Hervorhebungen im Original.

323 *Oberbaumblatt*, Berlin, Nr. 5 (Juni 1967): *Zum Verhältnis von Organisation und Emanzipationsbewegung.* Frank Deppe als Vertreter der »Traditionalisten« kritisierte Dutschkes Beiträge zur Organisationsfrage: »Dutschkes Behandlung der Organisationsfrage scheint hier überhaupt mehr von einem diffusen antiorganisatorischen Affekt als von einem kritisch-historischen Begriff des Parteiproblems bestimmt zu sein. [. . .] Die Unterstellung, daß Partei ein historisch gebundener Begriff sei – gebunden an den Parlamentarismus, an bürokratisch fixierte Organisationsprinzipien – unterschlägt bewußt den schöpferischen Begriff der Parteifrage, der heute aus der Diskussion vom Parteibegriff des Kommunistischen Manifests über Lenins ›Was tun?‹ bis hin zum Selbstverständnis der PSU und PSIUP oder der kommunistischen Parteien Westeuropas zu gewinnen ist.« *Neue Kritik*, Nr. 44 (Nov. 1967).

324 Hack/Negt/Reiche, *Protest und Politik*, a.a.O., S. 22. Vgl. auch Oskar Negt, *Aufgaben eines Republikanischen Clubs*, in: ders., *Politik als Protest*, a.a.O., S. 128 ff.; Negt versuchte dort u. a. nachzuweisen, daß »dezentralisierte Praxis« keineswegs zufälliges Ergebnis der APO sei, sondern von der industriellen Entwicklung (Notwendigkeit teamartiger Kooperation aufgrund wachsender Mechanisierung und Automatisierung) selbst erzwungen werde: »Die wachsende Selbstsicherheit der am Produktiosprozeß unmittelbar Beteiligten, die Betriebe selbsttätig zu verwalten und Investitionsentscheidungen sachkompetent kontrollieren zu können, hat ein Klima des antiautoritären Protests geschaffen, das sich von den gewerkschaftlichen Konzeptionen der Mitbestimmung am Arbeitsplatz bis hin zur Neuformulierung von Rätegedanken wirksam zeigt.« (A.a.O., S. 130)

325 *Neue Kritik,* Nr. 44 (Nov. 1967).

326 *Dokumente der 23. ordentlichen Delegiertenkonferenz des SDS,* a.a.O., S. 79 ff. Abgedruckt u. a. in: *Strategie- und Organisationsfrage in der antiautoritären Bewegung,* a.a.O., S. 114 ff. Vgl. auch zu den Hamburger Antiautoritären und ihrer Resolution: Günter Bartsch, *Anarchismus in Deutschland,* Bd. II, a.a.O., S. 98 f. und S. 117 ff.

327 Vgl. dazu den informativen Abriß der Organisationsentwicklung des SDS seit der Ablösung von der SPD im Rechenschaftsbericht des Bundesvorstandes des SDS zur 23. DK in: *Neue Kritik,* Nr. 50 (Okt. 1968), S. 83 ff.

328 Neben dem Hamburger Vorschlag vgl. in *Neue Kritik,* Nr. 50 (Okt. 1968) die Beiträge: Frank Wolff, *Organisation: Emanzipation und Widerstand;* Joscha Schmierer, *Bemerkungen zur Organisationsfrage,* und die Plattform eines Berliner SDS-Kollektivs: *Strategie und Organisation des SDS.*

329 Peter Gäng (*Organisation und Klassenfrage,* in: *Neue Kritik,* Nr. 53, April 1969) bedauerte, »daß die antiautoritäre Bewegung in eine Phase gekommen ist, in der die Organisationsfrage für sie zur Lebensfrage geworden ist. Es steht alternativ, ob es uns gelingt, uns organisatorisch auf Weiterführung und Erweiterung des Kampfes gegen das kapitalistische Herrschaftssystem einzurichten, oder ob die antiautoritäre Bewegung sich in eine linke Subkultur auflöst«. Die organisationsfeindlichen Tendenzen in der Bewegung führte Gäng auf die kleinbürgerliche Sozialbasis der antiautoritären Bewegung zurück.

330 Vorwort des »Instituts für Praxis und Theorie des Rätekommunismus« (Berlin) zur Neuausgabe von Otto Rühle, *Von der bürgerlichen zur proletarischen Revolution,* Berlin 1970.

331 *Partisan,* Nr. 2 (ohne Datierung) mit dem Heftthema *Räte und Anarchismus«: Ansätze unmittelbarer Demokratie in der Studentenbewegung – ein Beitrag zur Rezeption des Rätegedankens,* S. 46.

332 Z. B. erschien die Pannekoeksche prinzipielle Kritik an den Gewerkschaften aus der Sicht der Hamburger Antiautoritären konsequent: »Ihre [der Gewerkschaften] konterrevolutionäre Macht kann nicht durch einen Personenwechsel, durch die Ersetzung reaktionärer durch radikale oder ›revolutionäre‹ Führer vernichtet oder geschwächt werden. Die *Organisationsform* ist es, die die Massen so gut wie machtlos macht und sie daran hintert, die Gewerkschaften zum Organ ihres Willens zu machen.« *Partisan,* Nr. 2, S. 48. Zitiert nach der rätekommunistischen Textedition der Berliner Antiautoritären: *Parlamentarismusdebatte. Pannekoek, Lukács, Friedländer, Rudas,* Berlin 1968. Im Vorwort dieser Publikation würdigte die Berliner »Projektgruppe Räte« u. a. die organisationspolitischen Diskussionsergebnisse der Rätekommunisten positiv: »Die außerparlamentarischen Massenaktionen sollen weitgehend die parlamentarische Kompromißpolitik von bürokratischen Führeroligarchien ersetzen. Die Aufklärung in den Massenaktionen über die Gewalt und die Herrschaftsstruktur der kapitalistischen Gesellschaft erzeugt erst das revolutionäre Selbstbewußtsein des einzelnen Arbeiters und ist die Vorbedingung für die Disziplin im Kampf«. Ein Beispiel kommentarloser Identifizierung war die Neuausgabe der AAU-Organisations-Broschüre aus dem Jahre 1921 durch die Berliner »Aktionsgruppe der Rätekommunisten«: *Die Allgemeine Arbeiter-Union* (revolutionäre Betriebsorganisation), Berlin 1969. Mit Ansätzen einer Diskussion der Aktualisierbarkeit rätekommunistischer Positionen: A. Pannekoek/H. Gorter, *Organisation und Taktik der proletarischen Revolution,* Frankfurt/Main 1969; dort bes.: A. Pannekoek, *Der neue Blanquismus* (S. 118 ff.) und: H. Gorter, *Die Klassenkampforganisation des Proletariats* (S. 228 ff.). Vgl. auch den Rekurs auf

Otto Rühles Organisationskritik und Rätetheorie bei Wilfried Gottschalch, *Parlamentarismus und Rätedemokratie,* Berlin 1968, S. 35 ff.

333 *Neue Kritik,* Nr. 38/39 (Okt./Dez. 1966): *Staatsbankrott.*

334 Zuerst 1967 erschienen im Berliner Voltaire-Verlag, dann 1968 bei den Europäischen Verlagsanstalt (1974 Neuausgabe); Raubdruck 1969 in Mainz.

335 Zu den theoretischen Voraussetzungen von Agnolis Schrift vgl. die teils kritische, teils polemische Auseinandersetzung in: René Ahlberg, *Akademische Lehrmeinungen und Studentenunruhen in der Bundesrepublik. Linker Irrationalismus in politologischen und soziologischen Theorien,* Freiburg i. B. 1970, S. 18 ff.: *Die Involutionstheorie.*

336 Agnoli/Brückner, a.a.O., S. 70.

337 Ebenda, S. 68. Hervorhebung im Original.

338 Johannes Agnoli, *Thesen zur Transformation der Demokratie und zur außerparlamentarischen Opposition,* in: *Neue Kritik,* Nr. 47 (April 1968); vgl. auch Agnoli/Brückner, a.a.O., S. 73 ff.

339 Im Organ der Hamburger Antiautoritären wurde 1968 die Genese ihrer Parlamentarismus-Theorie so skizziert: »Mit Agnolis ›Transformation der Demokratie‹ hat sie [die antiautoritäre Bewegung, Vfr.] das Instrument zu einer vernichtenden, wenn auch vielleicht allzu ausweglosen Parlamentarismuskritik erhalten; die schonungslose Aufdeckung manipulativer Mechanismen im bestehenden, eben parlamentarisch-kapitalistischen Herrschaftssystem ist uns seit Marcuse geläufig . . .«. *Partisan,* Nr. 2 (Ende 1968).

340 *Sozialistischer Club-Info* (Frankfurt/Main), Nr. 9: Thesen zum Parlamentarismus.

341 S. dazu die Ausarbeitung des von Frank Deppe auf der Konferenz gehaltenen Referats: *Parlamentarismus-Parlamentarische Aktion-Sozialistische Politik,* in: *Neue Kritik,* Nr. 44 (Nov. 1967), das Rabehl als das theoretische Gegenreferat zur Position Dutschkes bezeichnet (S. Bernd Rabehl u. a., *DKP – eine neue sozialdemokratische Partei,* a.a.O., S. 192). Vgl. auch zur Marburger ASO-Strategie, die sich u. a. auf Lenins Ausführungen zum Parlamentarismus in seiner *Kinderkrankheits*-Schrift berief: Georg Fülberth/Frank Deppe, *Parlamentarismusdebatte und Wahlverhalten. Anmerkungen zur Diskussion um den Bundestagswahlkampf 1969 und die Beteiligung an Kommunalwahlen,* in: *Sozialistische Hefte,* 7. Jg. (1968), Nr. 8.

342 Vgl. das Wahlprogramm der DL in: Nikolaus J. Ryschkowsky, a.a.O., S. 169 ff. Die DL erhielt bei den Wahlen 2,4% der Stimmen.

343 Von den SDS-Gruppen Freiburg, Konstanz, Heidelberg, Tübingen, Ulm, Mannheim, Stuttgart und Karlsruhe eingebrachter Antrag, zitiert in: Ryschkowsky, a.a.O., S. 200 f.

344 Beschlußprotokoll der außerordentlichen Delegierten Konferenz des SDS vom 29.-31. März 1968, Frankfurt/Main 1968. Hier zitiert nach: Bernd Rabehl u. a., *Die DKP,* a.a.O., S. 78. Vgl. auch zu der Konferenz den Bericht Alexander Mitscherlichs in *Der Spiegel,* 22. Jg. (1968), Nr. 15: *Vaterlose Gesellen.* Sein Eindruck als teilnehmender Beobachter: »Wie steht der SDS zum Parlamentarismus? Die Antwort kommt rasch: überholt, schon immer ein Machtinstrument der Herrschaft, mit dem die Arbeiterschaft schlecht gefahren ist. Niemand scheint zu glauben, daß man ihn beleben kann und sollte.«

345 Eine Zwischenposition in der Parlamentarismus-Frage nahmen Helmut Schauer und Fritz Lamm ein, die gegen eine Parteigründung aber für eine Beteiligung der vereinten Linken am Wahlkampf plädierten. Vgl. *Neue Kritik,* Nr. 45 (Dez. 1967): *Der lange Marsch vor der Institution des Parlaments,* und *Neue Kritik,*

Nr. 46 (Febr. 1968): Fritz Lamm, *Brief an einige Genossen zur Bundestagswahl 1969.*

346 S. Presseerklärung des Bundesvorstandes des SDS zum Verhältnis SDS und ADF vom 11. 12. 1968, in: *SDS-Info*, Nr. 1 (Dez. 1968).

347 S. z. B. die Diskussion im Anschluß an den ADF-Aufruf zu einem Wahlbündnis für 1969 in: *Kürbiskern*, Jg. 1968, S. 648-673, und *Kürbiskern*, Jg. 1969, S. 191 ff.: Yaak Karsunke, *Große APO-Koalition*, und Hannes Stütz, *Wählen oder Nichtwählen?* Vgl. auch für die Parlamentarismus-Theorie der ADF:Werner Hofmann, *Über die Notwendigkeit einer Demokratisierung des Parlaments*, in: *Sozialistische Politik* (Berlin), 1. Jg. (1969), Nr. 2.

348 Flugblatt des SDS: *Erklärung des SDS-Bundesvorstandes zur Bundestagswahl 1969.*

349 *Der Spiegel*, 21. Jg. (1967), Nr. 29.

350 Wilfried Gottschalch, *Parlamentarismus und Rätedemokratie*, Berlin 1968, S. 15 ff.

351 A.a.O., S. 32 f. Zu den Essentials der Rätedemokratie s. auch die Göttinger Studentenzeitschrift *Politikon*, Nr. 25 (Okt. 1968). Weitere Beiträge antiautoritärer Rätediskussion in Studentenperiodika der Jahre 1967 bis 1970 werden referiert in: Günter Bartsch, *Schulen und Praxis des Anarchismus*, Troisdorf 1974, S. 132 ff.: *Die Rätediskussion.*

352 Gottschalch z. B. beruft sich (*Rätedemokratie*, a.a.O., S. 35-37) in seiner Kritik am »autoritären Kommunismus« auf Otto Rühle und Leo Trotzki.

353 S. dazu die kritisch-konstruktiv wägenden Beiträge, in denen allerdings die Räte nicht als radikale Alternative zur parlamentarischen Demokratie angesehen, sondern unter dem Aspekt demokratischer Partizipationssteigerung erörtert werden in: *Probleme der Demokratie heute*, Sonderheft 2 der *Politischen Vierteljahresschrift*, Opladen 1971: Udo Bermbach, *Rätesystem als Alternative? Zum Repräsentationscharakter direkt-demokratischer Organisationsprinzipien* (S. 110 ff.); Jürgen Fijalkowski, *Bemerkungen zu Sinn und Grenzen der Rätediskussion* (S. 139 ff.); Wilfried Gottschalch, *Modelltheoretische Darlegung zum Problem der Rätedemokratie* (S. 86 ff.); Bernd Rabehl, *Thesen zur Rätedemokratie* (S. 96 ff.). Vgl. auch Rabehls Aufsätze: *Bemerkungen zum Problem der Rätedemokratie in der hochindustrialisierten Gesellschaft*, in: *Berliner Zeitschrift für Politologie*, 2. Jg. (1968), S. 14 ff., und: *Rätedemokratie in der hochindustrialisierten Gesellschaft*, in: *Sozialistische Politik*, 1. Jg. (1969), S. 26 ff. Kritisch ablehnend mit Verweis auf das Scheitern der historischen Rätebewegungen: Gerhard A. Ritter, *Direkte Demokratie und Rätewesen in Geschichte und Theorie*, in: Erwin K. Scheuch, *Die Wiedertäufer der Wohlstandsgesellschaft*, a.a.O., S. 188 ff., und: René Ahlberg, *Akademische Lehrmeinungen*, a.a.O., S. 42 ff.: *Räteherrschaft als Alternative.*

354 Wilfried Gottschalch, *Parlamentarismus und Rätedemokratie*, a.a.O., S. 41 (unter Verwertung eines Zitats von Otto Kirchheimer).

355 *Kursbuch*, Nr. 14 (Aug. 1968): *Ein Gespräch über die Zukunft mit Rudi Dutschke, Bernd Rabehl und Christian Semler.*

356 Wilfried Gottschalch, *Thesen zur Diskussion über Rätedemokratie*, unveröffentl. Manuskript, S. 3.

357 Gottschalch, *Parlamentarismus und Rätedemokratie*, S. 27.

358 Dazu stark rezipiert: Klaus Meschkat, *Die Pariser Kommune von 1871 im Spiegel der sowjetischen Geschichtsschreibung*, Wiesbaden 1965; Raubdruck Köln 1971.

359 S. dazu die USPD-Texte in: Wilfried Gottschalch, a.a.O., S. 81 ff., 90 ff. und

96 ff. Die Hamburger Antiautoritären versahen das Rätemodell Ernst Däumigs mit dem Zusatz: »In Anlehnung an historische Modelle, dem Aufbau nach modifiziert, ist eine Übertragung des Rätesystems auch auf hochindustrielle Strukturen denkbar.« *Partisan*, Nr. 2, S. 107.

360 Vgl. dazu die oben in Anmerkung 332 aufgeführte Literatur. Ebenfalls verbreitet war die historische Überblicksdarstellung über die Räte-Idee und die Räte-Bewegungen: Eric Ertl, *Alle Macht den Räten!*, Frankfurt/Main 1968.

361 Dazu besonders Wilfried Gottschalch, *Parlamentarismus und Rätedemokratie*, S. 29 ff.

362 Die Kronstadt-Diskussion wurde neu belebt durch das diesem Thema gewidmete Dossier H. M. Enzensbergers in: *Kursbuch*, Nr. 9 (Juni 1967): *Kronstadt 1921 oder die Dritte Revolution.* Enzensberger unterstrich die Aktualität des Themas (S. 32): »Die Aktion der Kronstädter drückt, zum ersten Mal in der Geschichte, den Widerspruch zwischen den Interessen der siegreichen Revolution und den Interessen der kommunistischen Staatspartei aus. Dieser Widerspruch ist seither nicht aufgehoben worden; deshalb ist das Problem, vor das sich die Aufständischen auf der einen, Lenin und Trotzkij auf der anderen Seite gestellt sahen, ein Problem der Zukunft.« Vgl. dazu bes. Gabriel und Daniel Cohn-Bendit, *Linksradikalismus*, a.a.O., S. 253 ff.: *Exkurs über Kronstadt.* Vgl. auch das Protokoll der im Mai 1971 in Berlin abgehaltenen Konferenz zum 50. Jahrestag der Kronstadt-Ereignisse: Johannes Agnoli/Cajo Brendel /Ida Mett, *Die revolutionären Aktionen der russischen Arbeiter und Bauern. Die Kommune von Kronstadt*, Berlin 1974.

363 *Parlamentarismusdebatte.* Pannekoek, Lukács, Friedländer (Reuter), Rudas. Vorwort Projektgruppe Räte, Berlin 1968.

364 Bernd Rabehl in: ders., *DKP – eine neue sozialdemokratische Partei*, a.a.O., S. 193.

365 *Parlamentarismusdebatte*, a.a.O., Vorwort, S. 5.

366 Vorwort zu: *Nieder mit dem bürgerlichen Parlament. Alle Macht den Räten*, Flugschrift. – *Wählen oder nicht wählen?* Flugschrift der Kommunistischen Arbeiter-Partei Deutschlands, Marburg o. J. (ca. 1969).

367 Vgl. die Dokumentation und Darstellung dieser Entwicklung in: Günter Bartsch, *Anarchismus in Deutschland*, Bd. 1, a.a.O., bes. S. 264 ff.

368 Vgl. z. B. *Sozialistische Politik*, 5. Jg. (1958), Nr. 12: Erich Gerlachs Nachruf auf Rudolf Rocker, 6. Jg. (1959), Nr. 11/12: Erich Gerlach, *Direkte Demokratie gegen Bürokratie.* Jürgen Seifert bemerkt zu Recht, Gerlach habe durch seine Arbeiten über Karl Korsch und den Anarcho-Syndikalismus »in bestimmten Ansätzen die neue in der Bundesrepublik entstehende Linke« geprägt. *Nachruf auf Erich Gerlach*, in: *Jahrbuch 1. Arbeiterbewegung, Geschichte und Theorie*, Frankfurt/Main 1973, S. 13 f. Gerlach war nach Ausschluß aus der KPD Mitglied der SAPD und nach dem Zweiten Weltkrieg langjähriger SPD-Landtagsabgeordneter in Niedersachsen. Vgl. auch den Syndikalismus-Aufsatz Gerlachs aus dem Jahre 1969, abgedruckt in: *Arbeiterselbstverwaltung. Arbeiterkontrolle, Räte, Syndikalismus*, Berlin 1971 (K. Kramer-Verlag).

369 Zuerst gedruckt nachweisbar im Editorial zu: *MAD. Materialien, Analysen, Dokumente* (Hamburg), Nr. 1 (Sept. 1971). Der Kronstadt-Kongreß im Mai 1971 in Berlin fand statt unter dem Transparent: »Lenin?? Marx! Bakunin!!!«, s. Agnoli/Brendel/Mett, *Die revolutionären Aktionen . . .*, a.a.O., S. XVII.

370 Wolfgang Dreßen, *Antiautoritäres Lager und Anarchismus. Mit einem Lesebuch*, Berlin 1968. Vgl. auch ergänzend Wolfang Dreßen, *Gegen Narzißmus und Volkstümelei*, in: *Kursbuch*, Nr. 19 (Dez. 1969).

371 Dreßen bezog sich auf Engels' Schrift *Von der Autorität* (1873) als »einem der Ausgangspunkte des Reformismus in der deutschen Sozialdemokratie« (S. 26). Eben diesen Text nahm Hans Magnus Enzensberger zum Anlaß einer kritischen Glosse und des Hinweises, daß »die Fragen, die der Anarchismus aufgeworfen hat, keineswegs erledigt sind.« *Kursbuch*, Nr. 14 (Aug. 1968), S. 70.

372 Wolfgang Dreßen, a.a.O., S. 29.

373 Ebenda, S. 33.

374 Ebenda, S. 32.

375 Ebenda, S. 32.

376 Bernd Rabehl, *Zum Begriff der revolutionären Realpolitik. Versuch einer Kritik am Anarchismus Cohn Bendits*, in: Frank Böckelmann u. a., *Thesen zum Selbstverständnis der antiautoritären Opposition*, a.a.O., S. 32-48. Er warf im wesentlichen Cohn-Bendit vor, in die Fehler des Anarchismus zurückzufallen: »Obwohl Cohn-Bendit sich bemüht hatte, die ›Spontaneität‹ klassen- und schichtenspezifisch, im Prozeß der Aktionen darzustellen, wird diese ›Spontaneität‹ letztlich zur abstrakten Heilserwartung gegenüber dem Prinzip der Staatlerei.« (S. 46)

377 Bernd Rabehl, *Karl Marx und der SDS*, in: *Der Spiegel*, 22. Jg. (1968), Nr. 18.

378 Bernd Rabehl, *Zum Begriff der revolutionären Realpolitik*, a.a.O., S.41.

379 Ebenda, S. 41.

380 Eine Zusammenstellung der studentischen und der kommerziellen Neudrukke anarchistischer Literatur von Mitte der sechziger Jahre bis Ende 1972 in meinem *Bibliographischen Versuch zur Geschichte des Anarchismus und Anarcho-Syndikalismus in Deutschland*, in: *Jahrbuch 1. Arbeiterbewegung. Geschichte und Theorie*, Frankfurt/M. 1973, S. 331 ff.

381 Zum Phänomen der »Raubdruck«-Bewegung in der antiautoritären Revolte vgl. den Einleitungs-Essay zu: Götz von Olenhusen/Gnirß, *Handbuch der Raubdrucke 2*, a.a.O., S. 11 ff.: *Theorie und Klassenkampf. Sozialisierte Drucke und proletarische Reprints*.

382 Arschinoff, P., *Geschichte der Machno-Bewegung 1918-1921*. Vorwort IPTR. K. Mandelbaum, *Das russische Agrarproblem bei Marx, Engels, Lenin*, Berlin 1969. Eine weitere Neuedition erschien 1971 in Zürich.

383 Gabriel und Daniel Cohn-Bendit, *Linksradikalismus*, a.a.O., S. 242 ff.: Exkurs über die Machno-Bewegung.

384 Vorwort des IPTR, a.a.O.

385 Rudolf Rocker, *Der Bankrott des russischen Staatskommunismus*. Hrsg. anarchosyndikalistisches Kollektiv und situationistisches Kollektiv, Berlin 1968. Rudolf Rocker/Emma Goldman, *Der Bolschewismus: Verstaatlichung der Revolution*, Berlin 1968 (enthält neben der oben genannten Rocker-Broschüre: Emma Goldman, *Die Ursachen des Niedergangs der russischen Revolution*, 1922.

386 Die 1922 in Pfemferts *Aktions*-Verlag erschienene Arbeit des Schweizer Anarchisten Brupbacher erschien mit aktualisierendem Untertitel: Fritz Brupbacher, *Marx und Bakunin. Ein Beitrag zur Geschichte der Internationalen Arbeiter-Assoziation und zur Diskussion über autoritären und antiautoritären Kommunismus*, Berlin 1969. Vgl. auch *Partisan*, Nr. 2: *Bakunin-Marx*, ein Auszug aus Rudolf Rockers Schrift *Der Bankrott des russischen Staatskommunismus*, und ebenda: *Marxens Kritik an Bakunin*, eine Exzerptensammlung aus Marx' Schriften.

387 Die einzige (kommerzielle) Neuedition von Stirner-Schriften bis Ende der sechziger Jahre wurde besorgt von dem Kritiker der antiautoritären Bewegung Hans G. Helms (s. dazu oben den Abschnitt: *Anarchismus als historischer Bezug*): Max Stirner, *Der Einzige und sein Eigentum und andere Schriften*. Ausgewählt und mit

einem Nachwort versehen von Hans G. Helms, München 1968. In *Partisan* Nr. 2 entspann sich eine heftige Kontroverse darum, ob Stirner positiv zu würdigen sei.

388 Achim von Borries / Ingeborg Brandies (Hrsg.), *Anarchismus. Theorie, Kritik, Utopie,* Frankfurt/Main 1970, S. 11 ff.: *Ein Gespräch mit Augustin Souchy,* Zitat S. 34.

389 Ebenda, S. 35.

390 *Theoretisch-praktische Erklärung der Anarchos von Wetzlar* (undatiert), in: Günter Bartsch, *Anarchismus in Deutschland,* Bd. 3, a.a.O., S. 403. Sie beriefen sich namentlich (S. 403) auf Rosa Luxemburg, Otto Rühle, Karl Korsch, Wilhelm Reich, Ernesto Guevara und Régis Debray.

391 Ebenda, S. 405.

392 Zu den internationalen Vorläufern und Parallelen s. Walter Hollstein, *Der Untergrund,* a.a.O., S. 128 ff.

393 Vgl. die Resolution des Berliner Landesverbandes des SDS zur Suspendierung der Kommune I in: *Neue Kritik,* Nr. 41 (April/Mai 1967). Zur theoretischen Kritik an der Kommune I s. Reimut Reiche, *Sexualität und Klassenkampf,* a.a.O., S. 150 ff. Siegward Lönnendonker (a.a.O., S. 131) kommt in seiner Darstellung des Kommune-Ausschlusses zu dem Ergebnis, daß vor allem das permanent undemokratische Verhalten der Kommune I, »die sich keiner Diskussion im SDS stellte«, den Ausschlag für die Suspendierung gegeben habe.

394 Helmut Kreuzer (*Die Boheme. Beiträge zu ihrer Beschreibung,* Stuttgart 1968, S. V.) definiert den Begriff Boheme als »eine Subkultur von Intellektuellen – in denjenigen industriellen oder sich industrialisierenden Gesellschaften des 19. und 20. Jahrhunderts, die ausreichend individualistischen Spielraum gewähren und symbolische Aggressionen zulassen, – Randgruppen mit vorwiegend schriftstellerischer, bildkünstlerischer oder musikalischer Aktivität oder Ambition und mit betont un- oder gegenbürgerlichen Einstellungen und Verhaltensweisen.«

395 Albrecht Goeschel (Hrsg.), *Richtlinien und Anschläge,* a.a.O., S. 51.

396 Walter Hollstein, a.a.O., S. 129.

397 Kommune 2. *Versuch der Revolutionierung des bürgerlichen Individuums. Kollektives Leben mit politischer Arbeit verbinden!* Berlin 1969, S. 13: *Die Entstehung der Kommune in der antiautoritären Bewegung,* hier S. 13 u. 18.

398 Ebenda, S. 19 u. 20.

399 Kommune I. *Quellen zur Kommuneforschung,* Berlin 1968, ohne Pag. Nachgedruckt in: Albrecht Goeschel (Hrsg.), a.a.O., S. 100 ff. und in: *Strategie und Organisationsfrage in der antiautoritären Bewegung,* a.a.O., S. 23 ff.

400 *Strategie und Organisationsfrage . . .,* S. 23.

401 Peter Brückner, *Nachruf auf die Kommune-Bewegung,* in: Diethart Kerbs (Hrsg.), *Die hedonistische Linke. Beiträge zur Subkultur-Debatte,* Neuwied/Berlin 1970, S. 125. Ähnlich auch die Definition »progressiver Subkulturen« von Rolf Schwendter, der zwischen 1967 und 1970 eine Theorie der Subkultur zu erarbeiten versuchte. Nach Schwendter waren »progressive Subkulturen« charakterisiert durch die Dialektik »zwischen Privatleben und politischer Praxis, zwischen direkten und indirekten Unterdrückungsinstanzen, zwischen Erfordernissen des Kampfes und Erfordernissen der Emanzipation . . .« Rolf Schwendter, *Theorie der Subkultur,* Köln/Berlin 1971, S. 302.

402 Kommune I. *Quellen zu Kommuneforschung,* a.a.O., S. 19.

403 Vgl. dazu Rainer Langhans, *Was hier in Berlin los war – für Zeitungsleser,* in: *Neue Kritik,* Nr. 40 (Febr. 1967).

404 Kommune 2, a.a.O., S. 34.

405 Ebenda, S. 36 ff.

406 Rechenschaftsbericht des SDS-Bundesvorstandes zur 22. Delegiertenkonferenz, zitiert in: Kommune 2, a.a.O., S. 44.

407 Kommune 2, a.a.O., S. 301. Zu den antiautoritären Kinderläden vgl. Lutz von Werder, *Von der antiautoritären zur proletarischen Erziehung. Ein Bericht aus der Praxis*, Frankfurt/Main 1972. In der ersten Jahreshälfte 1969 gab es Initiativen für die Gründung von antiautoritären Kinderläden in Aachen, Augsburg, Berlin, Bochum, Erlangen, Essen, Frankfurt/Main, Freiburg, Gießen, Göttingen, Hamburg, Hannover, Heidelberg, Kassel, München, Nürnberg, Stuttgart, Sylt und Würzburg. S. die Adressenliste in *SDS-Info*, Nr. 11/12 (Mai 1969); dort auch Diskussionsbeiträge.

408 *Bücher-Info*, Nr. 3 (Nov./Dez. 1972) des Karin Kramer Verlages: *Geschichte des Verlages*. Der Verlag, der sich auf anarchistische und rätekommunistische Literatur sowie auf antiautoritäre Erziehungs-Schriften spezialisierte, ging aus der Auflösung der *Linkeck*-Kommune hervor.

409 Der Plan einer »Untergrund«-Zeitung der Kommune II scheiterte. (Kommune 2, a.a.O., S. 113). Sie bestritt, wie die *Linkeck*-Kommune und die Kommune I, einen Teil ihres Lebensunterhaltes mit der Raubdruck-Produktion, insbesondere mit Reproduktionen von Texten der »Sex-Pol-Bewegung«. S. Kommune 2, a.a.O., S. 58.

410 Kommune 2, a.a.O., S. 307 ff.: *Die neue Qualität von Kommunen.*

411 *Zirkular über unsere bisherige Entwicklung*, in: Kommune I, a.a.O.

412 Kommune 2, a.a.O., S. 35. Vgl. auch Kunzelmanns vielzitierte Wendung: »Was geht uns Vietnam an? Ich habe Orgasmus-Schwierigkeiten!«

413 Vgl. dazu die Selbstdarstellung der Kommune I in: *Pardon*, Jg. 1967, Nr. 8. S. dazu auch kritisch Reimut Reiche, *Sexualität und Klassenkampf*, a.a.O., S. 156 f.

414 *Bücher-Info*, Nr. 3 des Kramer-Verlages.

415 Kommune 2, a.a.O., S. 44.

416 Ebenda, S. 208 ff.

417 Sie konstatierten bei diesen Bemühungen den Mangel an einer »revolutionären Psychoanalyse«: »Die marxistische Theorie beschreibt die Deformation des Menschen auf einem derartigen Abstraktionsniveau (Entfremdung, Verdinglichung, Praxis), daß die subjektiven Erfahrungen und Gefühle (Leid, Angst, Aggression, Einsamkeit) nicht von ihr getroffen werden. Auf der anderen Seite steht die bürgerliche Psychologie und Psychoanalyse, die durch ihre fundamentale Spaltung von Individuum und Gesellschaft die persönlichen Gefühle zwar erfassen, aber keine Verbindung zu gesellschaftlichen Prozessen herstellen können . . . Eine revolutionäre Sozialpsychologie gibt es bisher nur in Ansätzen (Reich, Fromm, Reiche).« Kommune 2, a.a.O., S. 33. Vgl. in diesem Zusammenhang auch Heide Berndt, *Kommune und Familie*, in: *Kursbuch*, Nr. 17 (Juni 1969).

418 Vgl. dazu Kommune 2, a.a.O., S. 68 ff.; s. auch *Kursbuch*, Nr. 17 (Juni 1969): Kommune 2, *Kindererziehung in der Kommune.*

419 *Bücher-Info* Nr. 3 des Kramer-Verlages.

420 Vgl. die individuellen Erfahrungsberichte der Kommune-Mitglieder, in: Kommune 2, a.a.O., S. 277 ff.

421 Ebenda, S. 310.

422 Z. B. die Reportage in: *Der Spiegel*, 25. Jg. (1971) Nr. 33: Peter Brügge, *Über die apolitische Jugendbewegung in der Bundesrepublik.*

423 Rolf Schwendter (*Theorie der Subkultur*, a.a.O., S. 305 ff.) stellt einen Katalog solcher Praxisbereiche auf; er umfaßt: Betriebe, Technologie, Internationa-

lismus, Konsum, Institutionen, Hochschulen, Wohnbezirke, Umweltgestaltung, Schulen, Kinderläden, Randgruppen, Medien, Kunst/Agitation, Bundeswehr, Justiz, Medizin.

424 Vgl. Agnoli/Brückner, *Die Transformation der Demokratie*, a.a.O., S. 111: *Die ›Kommune 1‹: Zur Bedeutung der Desintegration.*

425 Peter Brückner, *Nachruf auf die Kommune-Bewegung*, a.a.O., S. 139 f. Ähnlich Arno Klönne, *Antikapitalismus und Subkultur*, in: *links. Sozialistische Zeitung*, Nr. 25 (Sept. 1971).

426 Für diesen Abschnitt konnte das reiche Quellenmaterial, das mit der kaum zu überblickenden Vielzahl von Periodika der einzelnen Gruppen vorliegt, auch nicht annähernd vollständig ausgewertet werden. Die Darstellung stützt sich außer auf eigene Quellenauswertung auf die ersten Zusammenfassungsversuche der Entwicklungstendenzen auf der äußersten Linken seit Beginn der siebziger Jahre. Die am umsichtigsten recherchierte Vorarbeit wurde von einem Intimfeind der radikalen Studentenbewegung, 1970 Bundesvorsitzender des RCDS, vorgelegt: Gerd Langguth, *Protestbewegung am Ende. Die Neue Linke als Vorhut der DKP*, Mainz 1971. Die Darstellung von Günter Bartsch (*Anarchismus in Deutschland*, Bd. 2/3, 1965-1973, a.a.O.) ist aus einer vage sympathisierenden Perspektive geschrieben. Solidarisch-kritisch ist die Studie: Margareth Kukuck, *Student und Klassenkampf. Studentenbewegung in der BRD seit 1967*, Hamburg 1974. Alle Publikationen enthalten umfangreiche Dokumentationen.

427 Vgl. Frank Wolff, *Zur Diskussion um die Auflösung des SDS-Bundesvorstandes*, in: *Sozialistische Correspondenz-Info*, Nr. 36 (März 1970).

428 S. dazu die Dokumentation in *Rotes Forum. Sozialistische Correspondenz*, Jg. 1970, Nr. 4. (Das Frankfurter *SC-Info* stellte sich als Ersatz für das verbotene Heidelberger SDS-Organ *Rotes Forum* zur Verfügung).

429 Udo Knapp, *Zur Auflösung des SDS-Bundesvorstandes*, in: *Sozialistische Correspondenz-Info*, Nr. 38/39 (März 1970).

430 Zu den »Roten Zellen« s. vor allem den ersten Jahrgang von *Rote Presse Korrespondenz* (Berlin). Vgl. auch zu ihrer Verbreitung Gerd Langguth, a.a.O., S. 63 ff.

431 Zum Beispiel in Frankfurt/Main seit März 1969 das *Sozialistische Correspondenz-Info*, die *APO-Press* in Hamburg, die seit Februar 1969 erscheinende *Rote Presse Korrespondenz der Studenten-, Schüler- und Arbeiterbewegung* in Berlin.

432 So der Bericht eines vorübergehend arbeitenden Koordinationsbüros der anarchistisch-rätekommunistischen Gruppen vom Oktober 1972, zitiert in: Günter Bartsch, a.a.O., Bd. 2, S. 215.

433 Vgl. dazu Günter Bartsch, a.a.O., Bd. 2. S. 170 ff.

434 Weiland äußerte sich – teilweise in der sozialdemokratischen Presse – vehement kritisch gegen die antiautoritären Studenten.

435 Sie gaben, auf frühere Titelköpfe der linksradikalen Presse zurückgreifend, ab April/Mai 1969 *Neues Beginnen* heraus, das ab Oktober 1971 als *Zeitgeist* weitererschien. Vgl. auch Günter Bartsch, a.a.O., Bd. 2, S. 150 u. 165.

436 Vgl. dazu Gerd Langguth, a.a.O., S. 173 ff.

437 Die zuvor in Berlin lancierte rätekommunistische Zeitschrift *Die soziale Revolution ist keine Parteisache!* stellte nach der zweiten Nummer im November 1971 ihr Erscheinen ein.

438 *Politikon. Studentenzeitschrift Göttingen*, Nr. 43 (Mai 1974), Editorial zum Wiedererscheinen der Zeitschrift, die seit Ende 1972 nicht mehr erschienen war. Eine Auswahl von Artikeln aus der Zeitschrift von 1968 bis 1972 erschien in

Buchform: *Politikon. Klassenkämpfe, Selbstverwaltung und Räte in Europa*, Hamburg 1974.

439 *Politikon*, Nr. 30 (Febr. 1970): *Von der antiautoritären Bewegung zur antiautoritären Organisation.*

440 Nach Günter Bartsch (a.a.O., Bd. 2, S. 71) trat der Sozialistische Bund kollektiv dem SB bei.

441 Vorbemerkung zu einer Sammlung von Beiträgen aus der Zeitschrift *links:* Sozialistisches Büro (Hrsg.), *Für eine neue sozialistische Linke. Analysen, Strategien, Modelle*, Frankfurt/Main 1973.

442 Ebenda, S. 11.

443 Gründungserklärung des Sozialistischen Büros, in: *Für eine neue Linke* (a.a.O.), S. 13. Vgl. auch das *Spiegel*-Interview mit Oskar Negt in: *Der Spiegel*, 26. Jg. (1972), Nr. 25.

444 Sozialistisches Büro (Hrsg.), *Thesen des Sozialistischen Büros*, Offenbach 1975, S. 22: *Herkunft und Funktion des SB innerhalb der westdeutschen Linken.*

445 Ihre Auflage bewegte sich 1972 zwischen 10 000 und 12 000. S. dazu und zur allgemeinen Charakteristik des SB: *Pardon*, 12. Jg. (1973), Nr. 1.

446 Der *express* ging hervor aus der Fusion der Betriebskorrespondenz des SB mit dem *express international*, der seinerseits Nachfolgeorgan der linkssozialistischen *Sozialistischen Politik* war.

447 Vgl. dazu Gerd Langguth, a.a.O., S. 72 ff., und Margareth Kukuck, a.a.O., S. 110 ff.

448 Plattform der PL/PI, verabschiedet vom 2. Plenum; hier zitiert nach: *Die Partei aufbauen! Plattformen, Grundsatzerklärungen der KPD/AO, KPD/ML – ZK-Linie, KPD/ML – Bolschewik-Linie, KPD/ML – Neue Einheit, Rote Garde, KB/ML, PL/PI, Proletarische Front*, Berlin 1971, S. 25.

449 S. dazu Günter Bartsch, a.a.O., S. 67 ff.

450 *Programmatische Erklärung der Proletarischen Front*, in: *Die Partei aufbauen!* (a.a.O.), S. 162.

451 Die ambivalente Einstellung des SDS dieser Zeit zur beginnenden Mao-Rezeption kommt in folgender Glosse Reimut Reiches zur 1967 erscheinenden ersten deutschsprachigen Ausgabe der *Worte des Vorsitzenden Mao Tse-tung* zum Ausdruck: »Es stehen so viele wunderschöne Sätze darin, wie man in der Peking Rundschau wunderschöne und einem ans Herz gehende Märchen und Volksweisheiten lesen kann. Aber damit führt man keinen revolutionären Kampf im eigenen Lande; damit kann man sich nur trösten; das ist recht so, aber auch gefährlich. Es besteht aktuell die Gefahr, daß jeder dahergelaufene Student und jeder muntere Jugendliche nach dem ersten Mißerfolg oder nach dem ersten Erfolg der ersten politischen Aktion, an der er sich beteiligte, die Bibel aufschlägt und jeden Interpreten ›widerlegt‹. Noch vor einem halben Jahr hätte es niemand gewagt, auf einer SDS-Versammlung sich auf Mao mit einem Zitat zu berufen, heute geschieht es ständig, aber unter affektiertem Gelächter der Lesenden und der Hörenden. Jetzt müssen wir lernen, ihn richtig zu lesen: aus der Revolution der Dritten Welt zu lernen.« *Neue Kritik*, Nr. 41 (April 1967): *Worte des Vorsitzenden Mao.*

452 Vgl. dazu *Rote Presse Korrespondenz*, 1. Jg. (1969), Nr. 15: *Konzept zur Gründung einer Massenorganisation.* Vgl. auch die nachfolgenden Beiträge zur Organisationsfrage.

453 Vgl. Gerd Langguth, a.a.O., S. 84 ff., und Margareth Kukuck, a.a.O., S. 124 ff.

454 *Vorläufige Plattform der Aufbauorganisation für die Kommunistische Partei*

Deutschlands, hier zitiert nach: *Die Partei aufbauen!* a.a.O., S. 6. S. auch die Stellungnahmen dazu in: *Rote Presse Korrespondenz* 1. Jg. (1969), Nr. 56/57.

455 Ebenda, S. 6.

456 *Rote Presse Korrespondenz* 1. Jg. (1969), Nr. 126-128; abgedruckt im dokumentarischen Anhang von Gerd Langguth, a.a.O., S. 284-290.

457 Die *Rote Presse Korrespondenz* wurde 1970 zum Zentralorgan des KSV. Die Auflage der *Roten Fahne. Zentralorgan der KPD* wurde 1973 in informierten Kreisen auf etwa 10 000 geschätzt. S. *Neues Rotes Forum,* 4. Jg. (1973), Nr. 1/2, S. 107.

458 Z. B. *Neues Rotes Forum,* 3. Jg. (1972), Nr. 2: *Kampf dem Zirkelwesen! Für den Wiederaufbau der Kommunistischen Partei!*

459 Als Gastdelegierte werden im Bericht von der Gründungskonferenz aufgezählt Vertreter des »Kommunistischen Bundes Braunschweig«, der »Kommunistischen Gruppen« in Eschwege, Frankfurt/Offenbach und Hamburg, des »Kommunistisches Bundes/Aufbaukollektiv Hameln«, der »Proletarischen Linken« in Hamm, des »Kommunistischen Bundes/Aufbaukollektiv Hannover«, des »Kommunistischen Bundes Hildesheim«, der »Roten Zellen Kiel«, der »Kommunistischen Gruppen« in Köln und Oldenburg, der »Kommunistischen Fraktion Ruhrgebiet«, des »Arbeiter- und Jugendvereins Waiblingen«, der »Kommunistischen Gruppe Wetzlar«, der »Kommunistischen Gruppe Wiesbaden (Initiative)«, des »Kommunistischen Bundes Wiesbaden (Aufbaugruppe)«, des »Kommunistischen Bundes Wilhelmshafen«, der »Sozialistischen Arbeitsgemeinschaft/Marxisten-Leninisten Worms« und der »Kommunistischen Gruppe Westberlin (Initiative)«. S. *Ergebnisse der Gründungskonferenz des KBW. Grundsatzerklärung, Programm, Statut, Resolutionen,* Mannheim o. J. (1973), S. 7 f.

460 Zu den – hier wie andernorts – lebhaften Differenzen und Gruppenkämpfen in Heidelberg nach Verbot des SDS s. Gerd Langguth, a.a.O., S. 129 ff.

461 *Neues Rotes Forum,* 2. Jg. (1971), Nr. 3: *Programmatische Erklärung der Gruppe Neues Rotes Forum.*

462 S. *Plattform des Kommunistischen Bundes/ML,* in: *Die Partei aufbauen!* a.a.O., S. 99-145; s. besonders den Abschnitt: *Abgrenzung zu den anderen proletarischen Organisationsansätzen in Westberlin.* S. auch zur Entstehung des KB/ML in West-Berlin Gerd Langguth, a.a.O., S. 80 ff.

463 *Ergebnisse der Gründungskonferenz des KBW* a.a.O., S. 12.

464 Ebenda, S. 51.

465 Die lokalen Blätter der fusionierenden Gruppen stellten ihr überregionales Erscheinen ein. Das *Neue Rote Forum* erschien 1973 nach eigenen Angaben mit etwa 20 000 Exemplaren, die vom »Kommunistischen Bund Bremen« (KBB) herausgegebene *Wahrheit. Kommunistische Arbeiter-Korrespondenz* wurde mit etwa 10 000 aufgelegt.

466 S. das Programm des KSB in: *Programme progressiver Studentenverbände,* Starnberg 1974, S. 103-120.

467 *Proletarische Front. Organ der proletarischen Front Gruppe Hamburg,* 1. Jg. (1971), Nr. 3. Die PL/PI grenzte sich gegen die ML-Gruppen ab: »An ihnen kritisierten sie [die Initiatoren der PL/PI, Verf.] den Versuch, Voraussetzungen für proletarische Praxis schaffen zu wollen, indem man Praxis storniert, Klassiker studiert und sich nach Maximen organisiert, die nicht im Hinblick auf Praxis entwickelt, sondern aus Büchern abgeleitet sind.« *Die Partei aufbauen!* a.a.O. S. 21.

468 *Plattform des Kommunistischen Bundes/ML,* in: *Die Partei aufbauen!* a.a.O., S. 128.

469 Abgedruckt in: Gerd Langguth, a.a.O., S. 276 ff., und in: *Die Partei aufbauen!* a.a.O., S. 45 ff.

470 *Die Partei aufbauen!*, a.a.O., S. 49 ff.

471 S. dazu: *Die linkssektiererische Linie in der KPD/ML*, herausgegeben vom KJVD (Neue Einheit), Berlin 1970, auszugsweise abgedruckt in: *Die Partei aufbauen!* a.a.O., S. 88 ff.

472 Zum KAB/ML mit dem Vorort in Tübingen s. Gerd Langguth, a.a.O., S. 120 ff.

473 Nikolaus J. Ryschkowsky, a.a.O., S. 51 ff., weist hin auf die Zeitschriften *Neuer Roter Turm* und *Was tun* (Mannheim). In sowjetkommunistischer Diktion wird das Trotzkismus-Etikett in einem sehr weiten Sinne gebraucht und umfaßt u. a. auch rätekommunistische Positionen, obwohl es sich bei diesen um eine historisch und theoretisch eindeutig selbständige Tendenz handelt. Aufgrund dieser fälschlichen Subsumtion wird die Bedeutung des Trotzkismus für die antiautoritäre Bewegung bisweilen überschätzt. Zur rätekommunistischen Trotzkismus-Kritik s. bes. Willy Huhn / Paul Mattick, *Trotzki, der gescheiterte Stalin*, Berlin 1973 (Kramer-Verlag).

474 Vorwort der GIM zum Neudruck der *Sozialistischen Politik*, Bd. 1, Nov. 1954 – April 1957, o. O. o. J. (ca. 1973), S. 2.

475 Vgl. Gerd Langguth, a.a.O., S. 152 ff.

476 Bereits 1949 hatte es eine trotzkistische Organisation mit dem Namen »Internationale Kommunisten Deutschlands« (IKD) gegeben, die die Zeitschrift *Unser Weg* herausgab.

477 S. Günter Bartsch, a.a.O., S. 66 f.

478 Ernest Mandel, *Die Radikalisierung der Jugend*, Mannheim o. J. (1970), S. 15.

479 Zitiert bei Gerd Langguth, a.a.O., S. 162.

480 Das Folgende nach Gerd Langguth, a.a.O., S. 167-171, und Günter Bartsch, a.a.O., Bd. 2/3, S. 66 f.

481 *Kommune 2*, a.a.O., S. 17.

482 Hans-Jürgen Krahl, *Konstitution und Klassenkampf*, a.a.O., S. 147.

483 Prozeßaussage der Angeklagten, zitiert in: Andreas Baader, Gudrun Ensslin, Thorwald Proll, Horst Söhnlein, *Vor einer solchen Justiz verteidigen wir uns nicht! Schlußwort im Kaufhausbrandprozeß*, Frankfurt/Main o. J. (1969), S. 3.

484 Ein SDS-Sprecher erklärte bei der Verhaftung der vier Warenhaus-Brandstifter: »Wenn es sich herausstellen sollte, daß ein Mitglied des SDS an dieser Aktion beteiligt war, würde es sofort aus der Organisation ausgeschlossen.« Vgl. Reimut Reiche in: *Die Linke antwortet Habermas*, a.a.O., S. 95. Reiche sprach sich gegen einen solchen Ausschluß aus, deutete aber die Brandstiftung als einen Akt von Psychopathen, die »unter den psychischen Belastungen, die ihnen in unserer Gesellschaft auferlegt werden, zusammenzubrechen« drohten.

485 Zum Verständnis der Gewaltanwendung gegen Sachen als Mittel des Kampfes gegen die Manipulationszentren und Repressionsinstanzen des Kapitalismus s. Oskar Negt, *Rechtsordnung, Öffentlichkeit und Gewalt*, in: Heinz Grossmann/Oskar Negt (Hrsg.), *Die Auferstehung der Gewalt* a.a.O.; abgedruckt in: Oskar Negt, *Politik als Protest* a.a.O., S. 102 ff.

486 So die »Erklärung des Landesverbandes Berlin des SDS zum sogenannten Brandstiftungsprozeß«, in: Andreas Baader u. a., *Vor einer solchen Justiz . . .*, a.a.O., S. 26.

487 Dieser Solidarisierungsprozeß kann exemplarisch beobachtet werden in den *Konkret*-Artikeln von Ulrike Meinhof, die gesammelt publiziert wurden in: Ulrike

Meinhof, *Dokumente einer Rebellion. 10 Jahre »Konkret«-Kolumnen*, Hamburg 1972; s. dort bes. S. 72 ff. und S. 87 f. den Kommentar zum Prozeß der Baader-Gruppe: *Warenhausbrandstiftung*. Zum politischen Werdegang Ulrike Meinhofs in der zweiten Hälfte der sechziger Jahre s. dort auch den Aufsatz von Renate Riemeck, *Wahres über Ulrike*.

488 Abgedruckt in: Reinhard Rauball (Hrsg.), *Die Baader-Meinhof-Gruppe*, Berlin 1973, S. 83 ff.

489 S. ebenda, S. 33 ff.: *Chronik der Straftaten und Fahndungsbilanz*.

490 Zuerst erschienen unter dem Tarntitel *Die neue Straßenverkehrsordnung*; im Herbst 1971 im Wagenbach-Verlag als »Rotbuch 29«; die Rest-Auflage dieser Ausgabe wurde beschlagnahmt. Im folgenden zitiert nach: *Der bewaffnete Kampf in Westeuropa*, Amsterdam o. J. (Verlag Kollektive Arbeit).

491 Ebenda, S. 15 f.

492 Ebenda, S. 16.

493 Ebenda, S. 22.

494 Ebenda, S. 22.

495 Ebenda, S. 43 f.

496 S. dazu Gerd Langguth, a.a.O., S. 55 ff., der das prinzipielle Bekenntnis dieser Gruppen zur Gewalt in historisch revolutionären Situationen und ihre Ablehnung der RAF-Aktivität belegt, allerdings diese Ablehnung als überwiegend taktisch bedingt interpretiert. Als umfassende Dokumentation der Stellungnahmen zur Strategie des bewaffneten Kampfes vgl. *Der Kampf geht weiter, Holger! Dokumente und Diskussionsbeiträge zum Konzept Stadtguerilla*, München 1975.

497 Zusammenfassende Darstellungen der DKP gibt es bislang nicht. Ansätze dazu in der von aktiven Sozialdemokraten verfaßten Schrift: Helmut Bilstein / Sepp Binder / Manfred Elsner / Hans Ulrich Klose / Friedrich O. J. Roll, *Organisierter Kommunismus in der Bundesrepublik Deutschland. DKP, SDAJ, MSB Spartakus*, Opladen 1972 und: Manfred Rowold, *Im Schatten der Macht. Zur Oppositionsrolle von nicht etablierten Parteien in der Bundesrepublik Deutschland*. Mit einem Vorwort von Karl Dietrich Bracher, Düsseldorf 1974. Speziell zur Betriebsarbeit der DKP vgl. Gerd Walter, *Theoretischer Anspruch und politische Praxis der DKP. Eine Analyse am Beispiel der Betriebsarbeit*, Meisenheim/Glan 1973. Speziell zu dem im Mai 1971 auf Bundesebene konstituierten »Marxistischen Studentenbund Spartakus« s. Hartmut Weyer, *MSB Spartakus. Von der studentischen Protestbewegung zum Klassenkampf*, Stuttgart 1973. Vgl. auch zum MSB Spartakus ergänzend: Gerd Langguth, a.a.O., S. 181-197, und Margareth Kukuck, a.a.O., S. 163-190.

498 Vgl. dazu *Marxistische Blätter*, 14. Jg. (1976), Nr. 2: Günter Weiss, *Zur Funktion maoistischer und trotzkistischer Splittergruppen*, und: Willi Gerns, *Das Märchen von der Restauration des Kapitalismus in der Sowjetunion – Bestandteil des maoistischen Antisowjetismus*. Die im Untertitel der Arbeit von Gerd Langguth suggerierte Funktion der linksradikalen Gruppen als »Vorhut der DKP« wird durch das vom Verfasser selbst ausgebreitete Material durchgehend widerlegt.

Verzeichnis der Neudrucke von Schriften aus der Geschichte des linken Radikalismus in Deutschland seit 1966

Das nachfolgende Verzeichnis soll einem doppelten Zweck dienen. Es soll erstens einen mühelosen Zugang zu den wichtigsten Dokumenten aus der Geschichte des linken Radikalismus in Deutschland ermöglichen; die aufgeführten Neudrucke sind teilweise noch im Buchhandel erhältlich. Zweitens belegt es deutlich den kompakten Einfluß der älteren Manifestationen des linken Radikalismus in Deutschland, besonders der rätekommunistischen Tradition, auf die radikale Studentenbewegung seit Mitte der sechziger Jahre. Erst die radikale Studentenbewegung hat diese Texte einer mehr als dreißigjährigen Vergessenheit entrissen. Nach zwölfjähriger Unterdrückung dieser Schriften durch die Nationalsozialisten und nach ihrer Verbannung in der Nachkriegszeit (im Zeichen parteikommunistischer Herrschaft in der DDR und im Zeichen des Antikommunismus in der BRD) wurden die in ihnen festgehaltenen Diskussionsergebnisse erst in der bundesrepublikanischen Studentenbewegung der späten sechziger Jahre wiederaufgegriffen und im Rahmen der antiautoritären Bewegung aktualisiert.

Das nachfolgende Verzeichnis, das zum Jahresende 1974 abgeschlossen wurde, enthält zunächst eine chronologisch angeordnete Aufstellung der Anthologien mit Texten aus den älteren linksradikalen Bewegungen; es folgt dann eine auf Vollständigkeit angelegte, alphabetisch angeordnete Zusammenstellung der Neudrucke einzelner Titel (Aufsätze, Agitationsschriften und Monographien) aus der Geschichte des linken Radikalismus in Deutschland.

Textsammlungen*

1967

I   HILLMANN, Günther (Hrsg.), Selbstkritik des Kommunismus. Texte der Opposition, Reinbek bei Hamburg 1967, Rowohlt Verlag, 252 S.

1968

II   GOTTSCHALCH, Wilfried, Parlamentarismus und Rätedemokratie.

---

* In diesen Teil des Verzeichnisses wurden nur neuere Anthologien älterer linksradikaler Texte aufgenommen. Die von den älteren linksradikalen Bewegungen selbst herausgegebenen Textsammlungen sind im zweiten Teil des Verzeichnisses als Einzeltitel angegeben.

Mit einem Lesebuch, Berlin 1968, Wagenbach Verlag, Rotbuch 10, 126 S.

III   PANNENKOEK/LUKACS/FRIEDLÄNDER/RUDAS, Parlamentarismus-debatte. Vorwort Projektgruppe Räte, Berlin 1968, Underground Press, 96 S.

1969

IV   ALBERS, Detlev / MÜLLER, Richard / DÄUMIG, Ernst / LAUFEN-BERG, Heinrich, Theorie und Praxis der Arbeiterräte, Berlin, Frankfurt, Dublin, Santiago de Chile o. J. (ca. 1969), Ça ira Presse, 77 S.

V   BOCK, Hans Manfred, Syndikalismus und Linkskommunismus von 1918 bis 1923. Zur Geschichte und Soziologie der Freien Arbeiter-Union Deutschlands (Syndikalisten), der Allgemeinen Arbeiter-Union Deutschlands und der Kommunistischen Arbeiter-Partei Deutschlands, Meisenheim/Glan 1969, Anton Hain Verlag (Dokumentarischer Anhang S. 349-426) (Raubdruck 1970)

VI   EINFÜHRUNG in den Marxismus. KORSCH, Quintessenz des Marxismus. PANNEKOEK, Bolschewismus und Demokratie. Wilhelm REICH, Gespräch, o. O. o. J. (ca. 1969), 30 S.

VII   IHLAU, Olaf, Die Roten Kämpfer. Ein Beitrag zur Geschichte der Arbeiterbewegung in der Weimarer Republik und im Dritten Reich, Meisenheim/Glan 1969, Anton Hain Verlag (Dokumentarischer Anhang S. 150-167) (Nachdruck 1971)

VIII   NIEDER mit dem bürgerlichen Parlament! Alle Macht den Räten! / Wählen oder nicht wählen?. Zwei Flugschriften der Kommunistischen Arbeiter-Partei Deutschlands, Marburg/Lahn o. J. (ca. 1969) european underground press syndicate sektion marburg, 15 u. 3 S.

IX   PANNEKOEK, Anton / GORTER, Herman, Organisation und Taktik der proletarischen Revolution. Herausgegeben und eingeleitet von Hans Manfred Bock, Frankfurt/Main 1969, Verlag Neue Kritik, Archiv Sozialistischer Literatur 11, 254 S. (Raubdruck 1970)

X   RÜHLE, Otto, Zur Psychologie des proletarischen Kindes. Herausgegeben von Lutz von Werder und Reinhart Wolff, Frankfurt/Main 1969, März Verlag, März-Archiv 7, 216 S. (2. Auflage 1970)

1970

XI   DIE LINKE gegen die Parteiherrschaft. Herausgegeben und eingeleitet von Frits Kool, Freiburg i. B. 1970, Walter Verlag, Dokumente der Weltrevolution 3, 640 S.

1972

XXIV JUNG, Franz, Joe Frank illustriert die Welt. Die roten Jahre 1. Herausgegeben von Walter Fähnders, Helga Karrenbrock und Martin Rector, Darmstadt und Neuwied 1972, Luchterhand Verlag, 247 S.

XXV PANNEKOEK, A. / HUHN, W. / CANNE MEIER, H. / MATTICK, P., Partei und Revolution, Berlin o. J. (ca. 1972), Karin Kramer Verlag, 158 S.

1973

XXVI BERS Günter, Wilhelm Hasselmann 1844-1916. Sozialrevolutionärer Agitator und Abgeordneter des deutschen Reichstags, Köln 1973, Einhorn Presse (Dokumentarischer Anhang S. 69-167)

XXVII HUHN, Willy, Trotzki – der gescheiterte Stalin / MATTICK, Paul, Bolschewismus und Stalinismus. Einleitung, Berlin 1973, Karin Kramer Verlag, 143 S.

XXVIII JUNG, Franz, Die Eroberung der Maschinen. Die roten Jahre 2. Herausgegeben von Walter Fähnders, Helga Karrenbrock und Martin Rector, Darmstadt und Neuwied 1973, Luchterhand Verlag, 227 S.

XXIX KORSCH/MATTICK/PANNEKOEK, Zusammenbruchstheorie des Kapitalismus oder Revolutionäres Subjekt, Berlin 1973, Karin Kramer Verlag, 126 S.

XXX THEORIE und Praxis der direkten Demokratie. Texte und Materialien zur Räte-Diskussion. Herausgegeben und eingeleitet von Udo Bermbach, Opladen 1973, Westdeutscher Verlag, 380 S.

XXXI VOGELER, Heinrich, Das neue Leben. Ausgewählte Schriften zur proletarischen Revolution und Kunst. Herausgegeben und eingeleitet von Dietger Pforte, Darmstadt und Neuwied 1973, Luchterhand Verlag, 269 S.

1974

XXXII PANNEKOEK, Anton Neubestimmung des Marxismus 1. Diskussion über Arbeiterräte. Einleitung Cajo Brendel, Berlin 1974, Karin Kramer Verlag, 118 S.

AN DIE FREUNDE *und Mitglieder des Proletarischen Theaters!, in: »Kommunistische Arbeiter-Zeitung« (Berlin), 2. Jg. (1921), Nr. 209.*

AN DIE FREUNDE und Mitglieder des Proletarischen Theaters, in: (XIX), S. 208 f.

AN DIE LINKSRADIKALEN ORTSGRUPPEN *und Genossen!, in: »Arbeiterpolitik«, 2. Jg. (1917), Nr. 30.*

AUFRUF der Bremer und Hamburger Linksradikalen vom Juli 1917, in: (V), S. 350 f.

AN DAS DEUTSCHE PROLETARIAT!, *in: »Die Aktion«, 10. Jg. (1920), Nr. 15/16.*

AUFRUF des Gründungsparteitages der »Kommunistischen Arbeiter-Partei Deutschlands« (KAPD) am 4. und 5. April 1920 in Berlin, in: (V), S. 406 f.

BORCHARDT, *Julian, Das Kapital. Kritik der politischen Ökonomie von Karl Marx. Gemeinverständliche Ausgabe besorgt von Julian Borchardt, Berlin 1922, Verlag Laub, XVII u. 336 S.*

(BORCHARDT, Julian), Karl Marx, Das Kapital. Schulungstext. Eine Zusammenfassung aller drei Bände von Julian Borchardt, o. O. o. J. (ca. 1971), 336 S.

BROH, *James, Erwiderung auf Rühle, in: »Die Aktion«, 15. Jg. (1925).*

BROH, James, Erwiderung auf Rühle, in: (X), S. 149 ff.

CANNE MEIER, *Henk, Das Werden einer neuen Arbeiterbewegung, in: »Rätekorrespondenz. Theoretisches und Diskussionorgan für Rätebewegung. Ausgabe der Gruppe Internationale Kommunisten (Holland)«, 2. Jg. (1935), Nr. 8/9.*

CANNE MEIER, Henk, Das Werden der neuen Arbeiterbewegung, in: (XVIII), S. 139 ff.

CANNE MEIER, *Henk, Le mouvement des conseils ouvriers en Allemagne (1918-1933), in: »Informations Correspondance Ouvrières«, Jg. 1965, Nr. 42.*

CANNE MEIER, Henk, Die Arbeiterrätebewegung in Deutschland (1918-1933), in: »Internationale Information & Korrespondenz. Die Soziale Revolution ist keine Parteisache« (Berlin), Jg. 1971, Nr. 2, S. 56-82 (Übersetzung).

DIE ALLGEMEINE ARBEITER-UNION *(revolutionäre Betriebsorganisation). Herausgegeben vom Wirtschaftsbezirk Groß-Berlin, Berlin 1921, Verlag der KAPD, 48 S.*

DIE ALLGEMEINE ARBEITER-UNION (revolutionäre Betriebsorganisation). Herausgegeben von der Aktionsgruppe der Rätekommunisten, Berlin

---

* Die in Klammern gesetzten römischen Ziffern verweisen auf die im ersten Teil des Verzeichnisses aufgeführten Textsammlungen.

1969, 48 S.

Aus den Richtlinien der Allgemeinen Arbeiter-Union Deutschlands, in: (V), S. 381 ff. (Auszug).

Ein Brief *über proletarische Kultur, in: »Kommunistische Arbeiter-Zeitung« (Berlin), 1. Jg. (1920), Nr. 131.*

Ein Brief über proletarische Kultur, in: (XIX), S. 120 ff.

Gorter, *Herman, Der Imperialismus, der Weltkrieg und die Sozialdemokratie, Amsterdam 1915, SDP, 152 S.*

Gorter, Herman, Die Ursachen des Nationalismus im Proletariat, in: (IX), S. 73 ff. (Auszug).

Gorter, *Herman, Die Weltrevolution, Amsterdam 1918, Bos, 96 S.*

Gorter, Herman, Die russische Revolution, in: (IX), S. 102 ff. (Auszug).

Gorter, *Herman, Het opportunisme in de Nederlandsche Communistische Partij, Amsterdam 1921, Bos, 31 S.*

Gorter, Herman, Der Opportunismus in der niederländischen Kommunistischen Partei, in: (X), S. 260 ff. (Übersetzung).

Gorter, *Herman, Offener Brief an den Genossen Lenin. Eine Antwort auf Lenins Broschüre: Der Radikalismus, eine Kinderkrankheit des Kommunismus, Berlin o. J. (1921), KAPD, 88 S.*

Gorter, Herman, Offener Brief an den Genossen Lenin. Eine Antwort auf Lenins Broschüre: Der Radikalismus, eine Kinderkrankheit des Kommunismus, o. O. o. J. (ca. 1968), 88 S.

Gorter, Herman, Offener Brief an den Genossen Lenin. Eine Antwort auf Lenins Broschüre: Der Radikalismus, eine Kinderkrankheit des Kommunismus, in: (IX), S. 168 ff.

Gorter, Herman, Offener Brief an den Genossen Lenin, in: (XI), S. 416 ff.

Gorter, Herman, Offener Brief an den Genossen Lenin, in: (XX), S. 295 f. (Auszug).

Gorter, Herman, Offener Brief an den Genossen Lenin. Eine Antwort auf Lenins Broschüre: Der Radikalismus, eine Kinderkrankheit des Kommunismus, in: (XVI), S. 121 ff. (Auszug).

Gorter, Herman, Offener Brief an den Genossen Lenin. Eine Antwort auf Lenins »Der linke Radikalismus – eine Kinderkrankheit des Kommunismus, Hamburg 1973, Association Verlag, 80 S.

Gorter, *Herman, Die Klassenkampforganisation des Proletariats, Berlin o. J. (1921), KAPD, 32 S.*

Gorter, Herman, Die Klassenkampforganisation des Proletariats, in: (IX), S. 228 ff.

Grundprinzipien *kommunistischer Produktion und Verteilung, Berlin 1930, Neuer Arbeiter Verlag, 147 S.*

Grundprinzipien kommunistischer Produktion und Verteilung. Kollektivarbeit der Gruppe Internationale Kommunisten (Holland). Einleitung von Paul Mattick, Berlin 1970, Bibliothek der Rätekommunisten, Bd. 1,

176 S.

GRUNDPRINZIPIEN kommunistischer Produktion und Verteilung, in: (XVIII), S. 16 ff.

(ANONYM), *Ein offenes Wort an das deutsche Proletariat!, in: »Freiheit, Sozialdemokratisches Organ«, London, Jg. 1880, Nr. 31.*

HASSELMANN, Wilhelm, Ein offenes Wort an das deutsche Proletariat, in: (XXVI), S. 159 ff.

HASSELMANN, *Wilhelm, Kein Personenkultus mehr! Keine Phrasen mehr! in: »Amerikanische Arbeiterzeitung«, New York, Jg. 1886, Nr. 1.*

HASSSELMANN, Wilhelm, Keinen Personenkultus mehr! Keine Phrasen mehr!, in: (XXVI), S. 164 ff.

HAUSMANN, *Raoul, Puffke propagiert Proletkult, in: »Die Aktion«, 11. Jg. (1921), S. 131 ff.*

HAUSMANN, Raoul, Puffke propagiert Proletkult, in: (XIX), S. 111 ff.

HERRMANN-NEISSE, *Max, Die bürgerliche Literaturgeschichte und das Proletariat, Berlin-Wilmersdorf 1922, Verlag die Aktion, 22 S.*

HERRMANN-NEISSE, Max, Die bürgerliche Literaturgeschichte und das Proletariat, in: (XIX), S. 64 ff.

HOELZ, *Max, Vom »Weißen Kreuz« zur roten Fahne. Jugend-, Kampf- und Zuchthauserlebnisse, Berlin 1929, Malik Verlag, 393 S.*

HOELZ, Max, Vom »Weißen Kreuz« zur roten Fahne. Jugend-, Kampf- und Zuchthauserinnerlebnisse, Frankfurt/Main 1969, Verlag Neue Kritik, 393 S.

HOELZ, Max, Die letzte Schlacht verlieren sie!, o. O. o. J. (ca. 1971), (Auszug S. 47-128).

HOELZ, *Max, Anklagerede gegen die bürgerliche Gesellschaft. Gehalten vor dem Moabiter Sondergericht am 22. Juni 1921 in Berlin, Berlin 1921, Frankes Verlag, 29 S.*

HOELZ, Max, Hölz' Anklagerede gegen die bürgerliche Gesellschaft. Gehalten vor dem Moabiter Sondergericht am 22. Juni 1921 in Berlin, Marburg/Lahn 1969, European Underground Press syndicate, 22. S.

HÖLZ, Max, Anklagerede gegen die bürgerliche Gesellschaft, in: »Kürbiskern«, Jg. 1970, Heft 3, S. 398 ff.

HOELZ, Max, Proletarische Gewalt gegen bürgerliches Gesetz. Rede gegen das bürgerliche Gericht, o. O. o. J., Kleine Bibliothek des Marxismus-Leninismus Nr. 2 (Text identisch mit der Broschüre von 1921, aber andere Druckvorlage).

HÖLZ, *Max, Aus meinem Leben. (Einziger wortgetreuer, vom Verfasser autorisierter Druck nach dem Manuskript). Vor der Sonderjustiz. (Prozeßbericht, Reden der Verteidiger und ungekürzte Schlußrede Max Hölz'), Berlin o. J. (1921).*

HÖLZ, Max, Schlußrede, in: (X), S. 496 ff. (Auszug).

JUNG, *Franz, Proletarische Erzählkunst, in: »Proletarier. Monatsschrift für Kommunismus«, 1. Jg. (1920), Nr. 1.*

Jung, Franz, Proletarische Erzählkunst in (XIX), S. 116 ff.

Jung, *Franz, Joe Frank illustriert die Welt, Berlin-Wilmersdorf 1921, Verlag »Die Aktion«.*

Jung, Franz, Joe Frank illustriert die Welt, in: (XXIV), S. 31 ff.

Jung, *Franz, Proletarier. Erzählung, Berlin 1921, Malik Verlag, 87 S.*

Jung, Franz, Proletarier. Erzählung, in: (XXIV), S. 71 ff.

Jung, *Franz, Die rote Woche. Roman, Berlin 1921, Malik Verlag.*

Jung, Franz, Die rote Woche. Roman, in: (XXIV), S. 143 ff.

Jung, *Franz, An die Arbeitsfront nach Sowjetrußland. Zum Produktionskampf der Klassen, Berlin und Leipzig 1922, Vereinigung Internationaler Verlagsanstalten, 47 S.*

Jung, Franz, An die Arbeitsfront nach Sowjetrußland. Zum Produktionskampf der Klassen, in: (XXIV), S. 201 ff.

Jung, *Franz, Die Eroberung der Maschinen. Roman, Berlin 1923, Malik Verlag.*

Jung, Franz, Die Eroberung der Maschinen. Roman, in: (XXVIII), S. 21 ff.

Jung, *Franz, Der Weg nach unten. Aufzeichnungen aus einer großen Zeit, Neuwied am Rhein 1961, Luchterhand Verlag, 482 S.*

Jung, Franz, Der Torpedokäfer. Unveränderte Neuausgabe von »Der Weg nach unten«. Mit einem Nachwort von Walter Fähnders, Helga Karrenbrock und Martin Rector. Neuwied und Berlin 1972, Sammlung Luchterhand, 499 S.

Kanehl, *Oskar, Kunst und Künstler im Proletariat, in:* Friedrich, *Ernst, Oskar Kanehl, der proletarische Dichter. Sein Leben. Auszüge aus seinen Werken, Berlin o. J.*

Kanehl, Oskar, Kunst und Künstler im Proletariat, in: (XIX), S. 122 ff.

Kanehl, *Oskar, Zur Diskussion über Rühles autoritären Menschen und die Revolution, in: »Die Aktion«, 15. Jg. (1925).*

Kanehl, Oskar, Zur Diskussion über Rühles autoritären Menschen und die Revolution, in: (X), S. 144 ff.

Laufenberg, *Heinrich, Geschichte der Arbeiterbewegung in Hamburg, Altona und Umgebung, Hamburg 1911/1931, 646 u. 747 S.*

Laufenberg, Heinrich, Geschichte der Arbeiterbewegung in Hamburg, Altona und Umgebung, Glashütten/Taunus 1974, Auvermann Verlag, XI u. 646 u. 747 S.

Laufenberg, *Heinrich, Die Räteidee in der Praxis des Hamburger Arbeiterrates, in: »Archiv für Sozialwissenschaft und Sozialpolitik«, Bd. XLV (1919), Heft 3.*

Laufenberg, Heinrich, Die Räteidee in der Praxis des Hamburger Arbeiterrates, in: (IV), S. 50 ff.

Laufenberg, Heinrich, Die Räteidee in der Praxis des Hamburger Arbeiterrates, in: (XXX), S. 51 ff.

Laufenberg, *Heinrich* / Wolffheim, *Fritz, Moskau und die deutsche*

Revolution. Eine kritische Erledigung der bolschewistischen Methoden,
Hamburg o. J. (1920).

LAUFENBERG, Heinrich / WOLFFHEIM, Fritz, Moskau und die deutsche
Revolution, in: (XVII), S. 160 ff.

LAUFENBERG, *Heinrich, Die Hamburger Revolution, Hamburg 1919.*

LAUFENBERG, Heinrich, Die Hamburger Revolution, in: (XI), S. 210 ff.

LEITSÄTZE *der Kommunistischen Arbeiter-Internationale, in: »Kommuni-*
stische Arbeiter-Zeitung (Essener Richtung)«, 1. Jg. (1920), Nr. 1.

Aus den Leitsätzen der Kommunistischen Arbeiter-Internationale (KAI),
in: (V), S. 423 ff. (Auszug).

LEITSÄTZE *über die Rolle der Partei in der proletarischen Revolution, in:*
»Proletarier. Monatsschrift für Kommunismus«, 1. Jg. (1921), Heft 7.

LEITSÄTZE über die Rolle der Partei in der Revolution, in: (I), S. 51 ff.

MATTICK, *Paul, Die Grundlagen einer revolutionären Krisentheorie, in:*
»Proletarier. Zeitschrift für Theorie und Praxis des Rätekommunismus«,
1. Jg. (1933), Nr. 1.

MATTICK, Paul, Die Grundlagen einer revolutionären Krisentheorie, in:
(XXIX), S. 71 ff.

MATTICK, *Paul, Zur Marxschen Akkumulations- und Zusammenbruchs-*
theorie, in: »Rätekorrespondenz. Theoretisches und Diskussionsorgan für
die Rätebewegung«, 1. Jg. (1934), Nr. 4.

MATTICK, Paul, Zur Marxschen Akkumulations- und Zusammenbruchstheorie, in: (XXIX), S. 46 ff.

(ANONYM), *Die Gegensätze zwischen Luxemburg und Lenin, in: »Räte-*
korrespondenz. Theoretisches und Diskussionsorgan für die Rätebewe-
gung«, 2. Jg. (1935), Nr. 12.

MATTICK, Paul, Die Gegensätze zwischen Luxemburg und Lenin, in:
(XXV), S. 125 ff.

MATTICK, Paul, Die Gegensätze zwischen Luxemburg und Lenin, in:
(XVIII), S. 168 ff.

(ANONYM), *Probleme der neuen Arbeiterbewegung, in: »Rätekorrespon-*
denz. Theoretische und Diskussionsorgan für die Rätebewegung«, 2. Jg.
(1935), Nr. 15.

MATTICK, Paul, Probleme der neuen Arbeiterbewegung, in: (XXV), S.
49 ff.

MOST, *Johann, Kapital und Arbeit. Ein populärer Auszug aus ›Das*
Kapital‹ von Marx, Chemnitz 1876.

MOST, Johann, Kapital und Arbeit. ›Das Kapital‹ in einer handlichen
Zusammenfassung. Von Marx und Engels selbst revidiert und überarbeitet, Frankfurt/Main 1972, Suhrkamp Verlag, 106 S.

MOST, *John, Memoiren. Erlebtes, Erforschtes und Erdachtes, New York*
1903-1906, 3 Bde.

MOST, Johann, Ein Sozialist in Deutschland. Herausgegeben und mit
einem Nachwort von Dieter Kühn, München 1974, Carl Hanser Verlag,

180 S.

Most, *John, Für die Einheitsfront des revolutionären Proletariats. Das Ziel des Kommunismus: Kommunistischer Anarchismus. Mit Einleitungen von Rudolf Rocker und Franz Pfemfert, Berlin-Wilmersdorf 1921, Verlag »Die Aktion«, 23 S.*

Most, John, Kommunistischer Anarchismus / Nettlau, Max, Zwischen Autorität und Freiheit, Berlin 1968, Underground Press, 34 S.

Müller, *Hans, Der Klassenkampf in der deutschen Sozialdemokratie, Zürich 1892, Verlag Schabelitz, 140 S.*

Müller, Hans, der Klassenkampf und die Sozialdemokratie. Zur Geschichte der »Jungen«, der linken Opposition in der frühen SPD (1870/1890). Artur Staffelberg, Revolutionäre und reformistische Politik in der Geschichte der deutschen Arbeiterbewegung, Frankfurt/M., Hannover, Heidelberg, Berlin 1969, Druck- und Verlagskooperative, LVIII und 140 S.

Nieder *mit dem bürgerlichen Parlament! Alle Macht den Räten!, Herausgegeben von der KAPD/AAUD, Berlin 1924, Buchhandlung für Literatur und Antiquariat.*

Nieder mit dem bürgerlichen Parlament! Alle Macht den Räten!, in: (VIII), S. 5 ff.

Pannekoek, *Anton, Ethik und Sozialismus. Umwälzungen im Zukunftsstaat. 2 Vorträge gehalten für die sozialdemokratischen Vereine im 12. und 13. sächsischen Reichstagswahlkreis, Leipzig 1906, Leipziger Buchdruckerei, 47 S.*

Pannekoek, Anton, Umwälzungen im Zukunftsstaat, in: (XXXII), S. 77 ff.

Pannekoek, *Anton, Der Kampf der Arbeiter. Sieben Aufsätze aus der Leipziger Volkszeitung, Leipzig 1907, Leipziger Buchdruckerei, 31 S.*

Pannekoek, Anton, Der Kampf der Arbeiter. Sieben Aufsätze aus der Leipziger Volkszeitung 1907, Kiel o. J. (ca. 1970), 31 S.

Pannekoek, *Anton, Die taktischen Differenzen in der Arbeiterbewegung. Herausgegeben im Auftrage des Vorstandes der Sozialdemokratischen Landesorganisation Hamburgs. Agitations-Ausgabe, Hamburg 1909, Verlag Erdmann Dubber, 132 S.*

Pannekoek, Anton, Die taktischen Differenzen in der Arbeiterbewegung. Herausgegeben im Auftrage des Vorstandes der Sozialdemokratischen Landesorganisation Hamburgs. Agitations-Ausgabe, o. O. o. J. (ca. 1970), 132 S.

Pannekoek, Anton, Die Klassen der bürgerlichen Gesellschaft und ihre Funktion im Klassenkampf. Urspr. Titel »Die taktischen Differenzen in der Arbeiterbewegung«. Ein glänzendes Beispiel für marxistische Soziologie, Kiel 1970, 132 S.

Pannekoek, Anton, Die taktischen Differenzen in der Arbeiterbewegung. Reprint der Ausgabe Hamburg 1909, Berlin 1973, Verlag O, 132 S.

PANNEKOEK, Anton, *Massenaktion und Revolution, in: »Die Neue Zeit«, 30. Jg. (1912), Bd. 2.*

PANNEKOEK, Anton, Massenaktion und Revolution, in: (XII), S. 264 ff.

PANNEKOEK, *Anton, Marxistische Theorie und revolutionäre Taktik, in: »Die Neue Zeit«, 31. Jg. (1912/13), Bd. 1.*

PANNEKOEK, Anton, Marxistische Theorie und revolutionäre Taktik, in: (IX), S. 49 ff.

PANNEKOEK, Anton, Marxistische Theorie und revolutionäre Taktik, in: (XI), S. 179 ff.

PANNEKOEK, *Anton, Der Marxismus als Tat, in: »Lichtstrahlen. Monatliches Bildungsorgan für denkende Arbeiter«, 2. Jg. (1915), Nr. 6.*

PANNEKOEK, Anton, Der Marxismus als Tat, in: (XXXII), S. 17 ff.

PANNEKOEK, *Anton, Liberaler und imperialistischer Marxismus, in: »Lichtstrahlen. Monatliches Bildungsorgan für denkende Arbeiter«, 2. Jg. (1915), Nr. 7.*

PANNEKOEK, Anton, Liberaler und imperialistischer Marxismus, in (XXXII), S. 27 ff.

PANNEKOEK, *Anton, Was ist Sozialismus?, in: »Lichtstrahlen. Monatliches Bildungsorgan für denkende Arbeiter«, 2. Jg. (1915), Nr. 11.*

PANNEKOEK, Anton, Was ist Sozialismus?, in: (XXXII), S. 47 ff.

PANNEKOEK, *Anton, Der Imperialismus und die Aufgaben des Proletariats, in: »Vorbote. Internationale Marxistische Rundschau«, 1. Jg. (1916), Nr. 1.*

PANNEKOEK, Anton, Der Imperialismus und die Aufgaben des Proletariats, in: (III), S. 7 ff.

PANNEKOEK, Anton, Der Imperialismus und die Aufgaben des Proletariats, in: (IX), S. 88 ff.

PANNEKOEK, *Anton, Bolschewismus und Demokratie. Herausgegeben von der Ortsgruppe Neumünster der Internationalen Kommunistischen Partei, Neumünster 1919, Verlag Gottesleben, 14 S.*

PANNEKOEK, Anton, Bolschewismus und Demokratie, o. O. o. J. (ca. 1968), 7 S.

PANNEKOEK, Anton, Bolschewismus und Demokratie, in: (VI), S. 25 ff.

HORNER, *Karl (Pseud.), Sozialdemokratie und Kommunismus, Hamburg o. J. (1919), Verlag Carl Hoym, 29 S.*

PANNEKOEK, Anton, Sozialdemokratie und Kommunismus, in: (XXXII), S. 52 ff.

PANNEKOEK, *Anton, Der neue Blanquismus, in: »Der Kommunist« (Bremen), 3. Jg. (1920), Nr. 27.*

PANNEKOEK, Anton, Der neue Blanquismus, in: (IX), S. 118 ff.

PANNEKOEK, *Anton, Die Entwicklung der Weltrevolution und die Taktik des Kommunismus, in: »Kommunismus. Zeitschrift der Kommunistischen Internationale« (Wien), 1. Jg. (1920).*

PANNEKOEK, Anton, Die Entwicklung der Weltrevolution und die Taktik des Kommunismus, in: (III), S. 20 ff.

PANNEKOEK, Anton, *Weltrevolution und kommunistische Taktik, Wien 1920, Verlag der Arbeiterbuchhandlung, 50 S.*

PANNEKOEK, Anton, Weltrevolution und kommunistische Taktik, in: (IX), S. 123 ff.

PANNEKOEK, Anton, Weltrevolution und kommunistische Taktik, in: (XI), S. 355 ff.

PANNEKOEK, Anton, Weltrevolution und kommunistische Taktik, in: (XVI), S. 32 ff.

PANNEKOEK, *Anton, Marxismus und Idealismus, in: »Proletarier. Monatsschrift für Kommunismus«, 2. Jg. (1921).*

PANNEKOEK, Anton, Marxismus und Idealismus, in: (XXXII), S. 21 ff.

(ANONYM), *Die Zusammenbruchstheorie des Kapitalismus, in: »Rätekorrespondenz. Theoretisches und Diskussionsorgan für die Rätebewegung«, 1. Jg. (1934), Nr. 1.*

(ANONYM), Die Zusammenbruchstheorie des Kapitalismus, in: (XVIII), S. 114 ff.

PANNEKOEK, Anton, Die Zusammenbruchstheorie des Kapitalismus, in: (XXIX), S. 20 ff.

(ANONYM), *Partei und Arbeiterklasse, in: »Rätekorrespondenz. Theoretisches und Diskussionsorgan für die Rätebewegung«, 3. Jg. (1936), Heft 15.*

PANNEKOEK, Anton, Partei und Arbeiterklasse, in (XXV), S. 69 ff.

HARPER, *John, Lenin als Philosoph, Amsterdam 1938, Bibliothek der »Rätekorrespondenz« Bd. 1.*

PANNEKOEK, Anton, Lenin als Philosoph. Herausgegeben von Alfred Schmidt. Mit einer Rezension von Karl Korsch und einem Vorwort von Paul Mattick, Frankfurt/Main 1969, Europäische Verlagsanstalt, 140 S. (Raubdruck ca. 1970).

AARTSZ, *P. (Pseud.), De Arbeidersraden, Amsterdam 1946, De Vlam.*

PANNEKOEK, Anton, »Sie hat die Einsicht der Arbeiter verdunkelt und ihr Gefühlsleben vergiftet«, in: (XI), S. 562 ff. (Übersetzung, Auszug).

PANNEKOEK, Anton, Die Arbeiterräte, in: (XX), S. 40 f. (Übersetzung, Auszug).

PANNEKOEK, *Anton, 5 Thesen über den Kampf der Arbeiterklasse gegen den Kapitalismus, in: »Southern Advocate for Workers Councils«, Jg. 1947 Nr. 33.*

PANNEKOEK, Anton, 5 Thesen über den Kampf der Arbeiterklasse gegen den Kapitalismus, in: (XXV), S. 77 ff.

PANNEKOEK, *Anton, Über Arbeiterräte, in: »Funken«, 3. Jg. (1952), Nr. 1.*

PANNEKOEK, Anton, Über Arbeiterräte, in: (XXXII), S. 50 f.

PLÄTTNER, *Karl, Das Fundament und die Organisierung der sozialen Revolution, o. O. O. J. (Magdeburg 1919), Verlag KPD Bezirkssekretariat Sachsen-Anhalt, 38 S.*

PLÄTTNER, Karl, Die soziale Revolution, Berlin 1973, Karin Kramer Verlag, 42 S.

PROGRAMM *der Kommunistischen Arbeiter-Partei Deutschlands, Berlin 1920, KAPD, 16 S.*

PROGRAMM der Kommunistischen Arbeiter-Partei Deutschlands, in: (V), S. 407 ff.

PROGRAMM der Kommunistischen Arbeiter-Partei Deutschlands, in: (VII), S. 157 ff.

PROGRAMM der Kommunistischen Arbeiter-Partei Deutschlands, in: (XI), S. 315 ff.

PROLETARISCHES *Theater, in: »Proletarier. Monatsschrift für Kommunismus«, 1. Jg. (1920), Nr. 2.*

PROLETARISCHES Theater, in: (XIX), S. 201 f. (Auszug).

PROLETARIER *Deutschlands! Tretet ein in die Allgemeine Arbeiter-Union, die deutsche Organisation des Verbandes der Industriearbeiter der Welt!, in: »Kommunistische Arbeiter-Zeitung« (Hamburg), 1. Jg. (1919), Nr. 104.*

PROLETARIER Deutschlands! Tretet ein in die »Allgemeine Arbeiter-Union«, die deutsche Organisation des »Verbandes der Industriearbeiter der Welt, in: (V), S. 355 ff.

RICHTLINIEN *der Vereinigung Unabhängiger Sozialisten, in:* ROCKER, *Rudolf, Memoiren Bd. 1. Die Jugend eines Rebellen, Masch. Ms. im Internationalen Institut für Sozialgeschichte/Amsterdam, S. 364 f.*

RICHTLINIEN der Vereinigung Unabhängiger Sozialisten aus dem Jahre 1891 in: (V), S. 349.

RICHTLINIEN *für die Allgemeine Arbeiter-Union (Einheitsorganisation), in: »Die Aktion«, 11. Jg. (1921), Nr. 41/42.*

RICHTLINIEN für die Allgemeine Arbeiter-Union (Einheitsorganisation), in (V), S. 405.

RÜHLE, *Alice /*RÜHLE, *Otto, Am anderen Ufer. Blätter für sozialistische Erziehung, Dresden/Leipzig 1925.*

RÜHLE, Alice und Otto, Erziehung und Gesellschaft, Berlin 1972, Karin Kramer Verlag, 160 S.

RÜHLE, *Alice, Erziehung und Klassenkampf, in: »Das proletarische Kind. Monatsblätter für proletarische Erziehung«, 2. Jg. (1926), S. 217 f.*

RÜHLE, Alice, Erziehung und Klassenkampf, in: Soll Erziehung politisch sein? Herausgeber Arbeitsgruppe »Revolutionäre Erziehung«, Berlin o. J. (1969), S. 44 ff.

RÜHLE, *Alice, Erziehung zum Klassenbewußtsein, in: »Das proletarische Kind. Monatsblätter für proletarische Erziehung«, 2. Jg. (1926), S. 221 ff.*

RÜHLE, Alice, Erziehung zum Klassenbewußtsein, in: Soll Erziehung politisch sein? Herausgeber Arbeitsgruppe »Revolutionäre Erziehung«, Berlin o. J. (1969), S. 48 ff.

RÜHLE, *Alice, Soll Erziehung politisch sein?, in: »Das proletarische Kind.*

Monatsblätter für proletarische Erziehung«, 2. Jg. (1926), S. 220 f.

RÜHLE, Alice, Soll Erziehung politisch sein?, in: Soll Erziehung politisch sein? Herausgeber Arbeitsgruppe »Revolutionäre Erziehung«, Berlin o. J. (1969), S. 47 f.

RÜHLE-GERSTEL, *Alice, Das Frauenproblem der Gegenwart. Eine psychologische Bilanz, Leipzig 1932, Verlag S. Hirzel, 418 S.*

RÜHLE-GERSTEL, Alice, Die Frau und der Kapitalismus, Frankfurt/Main o. J. (ca. 1971), Verlag Neue Kritik, 430 S., Archiv Sozialistischer Literatur 19.

RÜHLE, *Otto, Kinder-Elend, Proletarische Gegenwartsbilder, München 1906, Verlag Birk, 92 S.*

RÜHLE, Otto, Kinder-Elend. Proletarische Gegenwartsbilder, o. O. o. J. (ca. 1971), 92 S.

RÜHLE, *Otto, Klassenkampf – Massenkampf, in: »Jugend-Internationale. Kampf- und Propagandaorgan der internationalen Verbindung sozialistischer Jugendorganisationen«, 1. Jg. (1915), Nr. 1.*

RÜHLE, Otto, Klassenkampf – Massenkampf, in: (XV), S. 5 ff.

RÜHLE, *Otto, Erziehung zum Sozialismus. Ein Manifest, Berlin 1919, Verlag Gesellschaft und Erziehung, 22 S.*

RÜHLE, Otto, Erziehung zum Sozialismus, in: (XXI), S. 1 ff.

RÜHLE, *Otto, Die kommunistische Arbeitserziehung, in: »Die Aktion«, 9. Jg. (1919).*

RÜHLE, Otto, Die kommunistische Arbeitserziehung, in: Proletarische Erziehung Sowjet Union 1917-1930, o. O. o. J. (ca. 1970), o. Pag.

RÜHLE, *Otto, Die Revolution ist keine Parteisache, Berlin 1920, Verlag »Die Aktion«.*

RÜHLE, Otto, Die Revolution ist keine Parteisache, in: (XI), S. 329 ff.

RÜHLE, *Otto, Eine neue kommunistische Partei?, in: »Die Aktion«, 10. Jg. (1920), Nr. 17/18.*

RÜHLE, Otto, Eine neue kommunistische Partei?, in: (XV), S. 10 ff.

RÜHLE, *Otto, Das kommunistische Schulprogramm, Berlin-Wilmersdorf 1920, Verlag »Die Aktion«, 40 S.*

RÜHLE, Otto, Das kommunistische Schulprogramm, in: (XV), S. 23 ff.

RÜHLE, *Otto, Grundfragen der Organisation, in: »Die Aktion«, 11. Jg. (1921), Nr. 37/38 ff.*

RÜHLE, Otto, Grundfragen der Organisation, in: (V), S. 396 ff. (Auszüge).

RÜHLE, Otto, Grundfragen der Organisation, in: (XV), S. 20 ff.

RÜHLE, Otto, Die Räte, in: (XI), S. 534 ff. (Auszug).

RÜHLE, *Otto, Das proletarische Kind. Eine Monographie, völlig neu bearbeitete und erweiterte Auflage, München 1922, Verlag A. Langen, 373 S.*

RÜHLE, Otto, Das proletarische Kind. Eine Monographie, völlig neu bearbeitete und erweiterte Auflage, o. O. o. J. (ca. 1970), 373 S.

RÜHLE, Otto, *Die Sozialisierung der Frau, Dresden 1924, Verlag »Am anderen Ufer«, 79 S.*

RÜHLE, Otto, Die Sozialisierung der Frau, in: (XIII), S. 140 ff.

RÜHLE, Otto, Die Sozialisierung der Frau, o. O. o. J. (ca. 1970), 79 S.

RÜHLE, Otto, Die Sozialisierung der Frau, o. O. o. J. (ca 1971), 56 S.

RÜHLE, Otto, *Von der bürgerlichen zur proletarischen Revolution, Dresden 1924, Verlag »Am anderen Ufer«, 76 S.*

RÜHLE, Otto, Von der bürgerlichen zur proletarischen Revolution. Zur Diskussion um eine neue Arbeiterbewegung. Neu herausgegeben von der Gemeinschaft für Wissenschaftlichen Sozialismus e. V. (GWS), in Zusammenarbeit mit der Redaktion »Schwarz auf Weiß« und der Münchner Gruppe der Rätesozialisten, München o. J. (1965), 54 S.

RÜHLE, Otto, Parlament und Parteien, in: (II), S. 47 ff. (Auszug).

RÜHLE, Otto, Die proletarische Revolution, in: (II), S. 118 ff. (Auszug).

RÜHLE, Otto, Von der bürgerlichen zur proletarischen Revolution, in: (XIV), S. 3 ff.

RÜHLE, Otto, Betriebsorganisation und Arbeiterunion, in: (XXX), S. 34 ff. (Auszug).

RÜHLE, Otto, *Die Seele des proletarischen Kindes, Dresden 1925, Verlag »Am anderen Ufer«.*

RÜHLE, Otto, Die Seele des proletarischen Kindes, in: (X), S. 9 ff.

RÜHLE, Otto, *Der autoritäre Mensch und die Revolution, in: »Die Aktion«, 15. Jg. (1925).*

RÜHLE, Otto, Der autoritäre Mensch und die Revolution, in: (X), S. 138 ff.

RÜHLE, Otto, *Andere Verhältnisse und andere Menschen, in: »Die Aktion«, 15. Jg. (1925), Sp. 173 ff.*

RÜHLE, Otto, Andere Verhältnisse und andere Menschen, in: (XV), S. 48 ff.

RÜHLE, Otto, *Das verwahrloste Kind, Dresden 1926, Verlag »Am anderen Ufer«, 35 S.*

RÜHLE, Otto, Das verwahrloste Kind, o. O. 1970, Idefix-Press, 35 S.

RÜHLE, Otto, *Geschichte der Revolutionen Europas, Dresden 1927, 357 u. 336 u. 302 S.*

RÜHLE, Otto, Die Revolutionen Europas, Gießen 1974, Focus Verlag, 3 Bde., 357, 336 u. 302 S.

RÜHLE, Otto, *Illustrierte Kultur- und Sittengeschichte des Proletariats. Mit einem Vorwort von A. Lunatscharski, Bd. 1, Berlin 1930, Neuer Deutscher Verlag, 590 S.*

RÜHLE, Otto, Illustrierte Kultur- und Sittengeschichte des Proletariats. Mit einem Vorwort von A. Lunatscharski, Frankfurt/Main 1970, Verlag Neue Kritik, 590 S.

RÜHLE, Otto, *Mut zur Utopie. Baupläne für eine neue Gesellschaft, Prag 1939 (unveröffentlichter Druck).*

Rühle, Otto, Baupläne für eine neue Gesellschaft, in: (XXIII), S. 13-222.

Rühle, *Otto, Brauner und roter Faschismus (unveröffentlichtes Manuskript 1939).*

Rühle, Otto, Brauner und roter Faschismus, in: (XXII), S. 7 ff.

Rühle, *Otto, Weltkrieg, Weltfaschismus, Weltrevolution (unveröffentlichtes Manuskript 1940).*

Rühle, Otto, Weltkrieg, Weltfaschismus, Weltrevolution, in: (XXII), S. 73 ff.

(Rühle, *Otto), Karl Marx. Das Kapital. Kritik der politischen Ökonomie. Ottos Rühles Kurzausgabe. Mit einer kritischen Einführung in den Marxismus von Sebastian Franck, Offenbach a. Main 1949, Bollwerk Verlag, 157 S.*

(Rühle, Otto), Karl Marx. Das Kapital. Kritik der politischen Ökonomie. Otto Rühles Kurzausgabe. Mit einer kritischen Einführung in den Marxismus von Sebastian Franck, Oberaula 1970, Marxismus Verlag, 155 S.

Schröder, *Karl, Vom Werden der neuen Gesellschaft, Berlin o. J. (1920).*

Schröder, Karl, Vom Werden der neuen Gesellschaft, in: (XI), S. 338 ff.

Schüller, *Hermann, Thesen über proletarische Kultur und die kulturellen Aufgaben revolutionärer Arbeiter vor der Diktatur, in: »Kommunistische Arbeiter-Zeitung« (Berlin), 1. Jg. (1920), Nr. 112.*

Schüller, Hermann, Thesen über proletarische Kultur und die kulturellen Aufgaben revolutionärer Arbeiter vor der Diktatur, in: (XIX), S. 149 ff.

Thesen *über den Bolschewismus, in: »Rätekorrespondenz. Theoretisches und Diskussionsorgan für die Rätebewegung. Ausgabe der Gruppe Internationale Kommunisten Holland«, 1. Jg. (1934), Nr. 3.*

Thesen über den Bolschewismus, Berlin o. J. (ca. 1971), Kollektiv-Verlag, 62 S.

Thesen über den Bolschewismus, in: (VII), S. 151 ff. (Auszüge).

Vogeler, *Heinrich, Das neue Leben. Ein kommunistisches Manifest, Hannover 1919, Verlag Steegemann.*

Vogeler, Heinrich, Das neue Leben. Ein kommunistisches Manifest, in: (XXXI), S. 55 ff.

Vogeler, *Heinrich, Über den Expressionismus der Liebe, Hannover 1919, Verlag Stegemann.*

Vogeler, Heinrich, Über den Expressionismus der Liebe, in: (XXXI), S. 100 ff.

Vogeler, *Heinrich, Siedlungswesen und Arbeitsschule, Hannover 1919, Verlag Steegemann.*

Vogeler, Heinrich, Siedlungswesen und Arbeitsschule, in: (XXXI), S. 115 ff.

Vogeler, *Heinrich, Proletkult. Kunst und Kultur in der kommunistischen Gesellschaft, Hannover 1920, Verlag Steegemann.*

VOGELER, Heinrich, Proletkult. Kunst und Kultur in der kommunistischen Gesellschaft, in: (XIX), S. 107 ff. (Auszug).

VOGELER, Heinrich, Proletkult. Kunst und Kultur in der kommunistischen Gesellschaft, in: (XXXI), S. 191 ff.

VOGELER, *Heinrich, Die Arbeitsschule als Aufbauzelle der klassenlosen menschlichen Gesellschaft, Hamburg 1921, Verlag Hanf.*

VOGELER, Heinrich, Kommune Barkenhoff, in: (XXXI), S. 140 ff. (Auszug).

VOGELER, *Heinrich, Reise durch Rußland. Die Geburt des neuen Menschen, Dresden 1925, Verlag Reissner.*

VOGELER, Heinrich, Reise durch Rußland. Die Geburt des neuen Menschen. Mit einem Text von Jan Vogeler und einem Nachwort von Dietger Pforte, Wissmar 1974, Anabas Verlag, 150 S.

WÄHLEN *oder nicht wählen? Flugschrift der Kommunistischen Arbeiter-Partei Deutuchlands, Berlin 1920.*

WÄHLEN oder nicht wählen?, in: (VIII), S. 1 ff.

WOLFFHEIM, *Fritz, Betriebsorganisation oder Gewerkschaften?, Hamburg o. J. (1919).*

WOLFFHEIM, Fritz, Betriebsorganisation oder Gewerkschaften? in: (XI), S. 248 ff.

Bibliothek Suhrkamp